성경과 함께 읽는

성경 1장 칼럼

김명제 지음

2권

| 사무엘상 ~ 욥기 |

서 문

강원도 태백에 있는 석탄박물관에 간 적이 있습니다. 아주 오래 전이어서 세세한 기억은 사라졌지만 절대 잊혀 지지 않은 것이 있습니다. 땅 속에 있는 광물이 너무나 많고 아름답다는 것입니다. 한국에서 캐낸 것만 해도 이 정도이니 지구, 나아가 우주에는 내가 알고 있는 광물의 만만배가 있다고 해도 과언이 아닐 것입니다. 우리는 이미 땅 위와 바다 속과 우주가 놀랍고 아름다운 것을 알고 있습니다. 하나님의 창조의 손길이 보이지 않는 땅 아래까지 이렇게 아름다운 것으로 채워 놓은 것에 감동이 밀려옵니다. 현실적으로 우주에 갈 리 없고 바다 속도 여행할 것 같지는 않지만 매일 밟고 사는 땅은 마치 이웃과 같다는 생각이 듭니다. 손 내밀면 닿을 수 있는 곳에 천국의 보화를 놓아두신 원리를 소환합니다.

(마 13:44) “천국은 마치 밭에 감추인 보화와 같으니 사람이 이를 발견한 후 숨겨 두고 기뻐하며 돌아가서 자기의 소유를 다 팔아 그 밭을 사느니라”

석탄박물관에서는 광부가 캐낸 찬란한 광물을 보았지만 그리스도인은 성경에서 보화를 채광 할 수 있습니다. 성경은 영원한 최고의 베스트셀러이고 관련 서적은 홍수처럼 넘치고 있습니다. 한국의 그리스도인에 있어서 성경은 마치 내 몸과 같은 땅처럼 아주 가까이에 있습니다. 경건을 갈망하는 신실한 기독교인은 성경을 사모하며 열심히 읽습니다. 말씀 사역자는 설교와 교육을 위해 성경을 연구하고 교재를 만듭니다. 저 또한 결신 이후 46년을 성경과 씨름하며 진력하였습니다. 2020년 코비드 상황에서 10독을 작정하고 성경에 올 인한 적이 있었습니다. 목표를 달성하고자 TV도 편하게 보지 못하고 눈을 혹사해가며 성경을 읽었습니다. 그 결과 충격적인 결론을 내리게 되었습니다. 소위 성경을 수도 없이 읽은 전문가인 저도 성경이 이토록 어려운데 성도들은 어찌할까라는 질문입니다.

성경을 의무적으로 읽지만 이해하고 적용하기에는 그 벽이 너무 두껍고 높은 현실에 직면해 있습니다. 성경을 해석하는 전문적인 책을 참고하기도 하고 설교 서적을 이용하기도 하지만 지구력에 허점이 생깁니다. 영적 감각은 매일 성경 읽고 기도하고 교제하는 것에서 가다듬어 지는데 여기에 구멍이 생기게 되는 것입니다. 성경을 직면하고 정주행하는 시스템을 위한 긴박성이 요구되었습니다.

(히 3:13) “오직 오늘이라 일컫는 동안에 매일 피차 권면하여 너희 중에 누구든지 죄의 유혹으로 완고하게 되지 않도록 하라”

성경 통독을 위한 가이드와는 다른 성경의 각 장을 짧고 쉽게 해석하며 적용하는 콘텐츠에 눈을 뜨게 되었습니다. 책과 멀어진 디지털 영상시대에 성경 1장을 정독하고 5분 안으로 읽을 수 있는 칼럼이 떠올랐습니다. 도입부를 흥미 있게 시작하고 본문을 이해하며 신구약의 복음적 통찰을 중심으로 저술하였습니다. 나아가 영적인 은혜와 신앙의 활력을 얻는 결론을 내리도록 하였습니다. 본문 내용에 따라 역사 신학과 시대성찰의 메시지가 들어간 것도 있습니다. 이 책을 저술하면서 뇌리를 맴돌고 입술에서 나온 말이 있었습니다. “하나님 죄송해요"입니다. 패역한 선민의 회개하지 않는 모습이 우리, 아니 나의 모습이라는 것을 깨달았기 때문입니다. 그럼에도 심판을 늦추시고 '남은 자(The remnant)'를 통한 회복을 섭리하시는 마음을 알아 챌 때 두려운 신앙을 가다듬게 되었습니다. 하나님을 향한 거룩한 긴장과 함께 경외의 사랑을 고백할 수 있었습니다. 유기적 영감설에 의한 성경저자들의 감동을 조금이나마 느낄 수 있었습니다.

신앙생활과 목회현장의 점철된 성패의 경험들이 겸손하게 글을 쓰게 한 것 같습니다. 영적으로 몸부림친 육필의 글이 독자의 성경 보화의 채광도구로 사용되면 참 좋겠습니다. 진리의 보물은 성령님을 모신 내가 손을 내밀면 바로 잡을 수 있는 곳에 도착되어 있습니다.

(신 30:13-14) "이것이 바다 밖에 있는 것이 아니니 네가 이르기를 누가 우리를 위하여 바다를 건너가서 그의 명령을 우리에게로 가지고 와서 우리에게 들려 행하게 하랴 할 것도 아니라 오직 그 말씀이 네게 매우 가까워서 네 입에 있으며 네 마음에 있은즉 네가 이를 행할 수 있느니라 보라 내가 오늘 생명과 복과 사망과 화를 네 앞에 두었나니"

2023년 12월

인천 연수구에서

김명제

일러두기

1. 권별 안내

① 제 1권 : 창세기-룻기

② 제 2권 : 사무엘상-욥기

③ 제 3권 : 시편-이사야 1부(39장) *시편 119편은 4개입니다.

④ 제 4권 : 이사야 2부(40장)-마태복음

⑤ 제 5권 : 마가복음-요한계시록

2. 개인적인 적용

① 기도를 먼저 하고 성경의 각 장을 먼저 읽는 것이 좋습니다.

② 정독을 원칙으로 하고 사정이 되는대로 여러 번 읽으면 좋습니다.

③ 칼럼을 읽고 사정에 따라 참고 성구도 찾아 읽으면 됩니다.

④ 시간이 되면 성경 본문을 다시 정독할 때 본문을 이해하게 됩니다.

⑤ 말씀 사역자가 평생 설교할 수 있는 소스(source)가 담겨 있습니다.

3. 공동체의 적용

① 가족과 교회 공동체에서 함께 사용할 수 있습니다.

② 성경 내용을 주제로 대화와 토론을 하므로 영육간의 성숙을 이룹니다.

③ 기독교 가정의 자녀에게 성경을 읽도록 하는 기능을 줍니다.

④ 교인이었다가 떠난 분과 성경에 관심 있는 비신자에게 선물로 적당합니다.

4. 부록 사용법

책의 마지막에 있는 3가지(성숙, 기도, 전도) 경건의 도구를 사용법대로 성실하게 사용하면 능력 있는 사역자의 길을 갈 것입니다.

목차

사무엘상 · 18

사무엘하 · 78

열왕기하 · 166

역대상 · 214

역대하 · 268

에스라 · 335

느헤미야 · 354

에스더서 · 377

욥기 · 396

부록 · 474

사무엘상

♦ 사무엘상 1장 성경칼럼

11절 | 서원하여 이르되 만군의 여호와여 만일 주의 여종의 고통을 돌보시고 나를 기억하사 주의 여종을 잊지 아니하시고 주의 여종에게 아들을 주시면 내가 그의 평생에 그를 여호와께 드리고 삭도를 그의 머리에 대지 아니하겠나이다

20절 | 한나가 임신하고 때가 이르매 아들을 낳아 사무엘이라 이름하였으니 이는 내가 여호와께 그를 구하였다 함이더라

"지구에 물(공기)이 없다면?"

질문 자체가 말이 안 되지만 목적은 '근본이 없으면 끝장이다'라는 답을 추출하기 위해서입니다. 만약 지금의 대한민국이 자유민주주의가 아닌 공산주의였다면 어떠했을까 라는 상상을 해보면 끔찍하지 않습니까? 정치 체제의 차이로 인한 인간 삶의 구별과 가치는 인류 역사가 증언하고 있습니다. 개인이 아무리 탁월해도 국가에게 주어진 체제가 악하다면 꼼짝 못하고 당하게 된다는 뜻입니다.

사무엘서에 들어서면서 체제 이야기가 도입된 것은 이스라엘의 체제가 전환되는 것을 이해해야 하기 때문입니다. 모세오경에서는 '신정체제(Theocracy)'가 설립되는데 이것은 율법과 성전과 제사를 통하여 하나님이 다스리는 것입니다. 여호수아서와 사사기와 룻기에서 보듯이 신정체제를 거부한 인간의 패역으로 인한 고통은 '왕정체제(Monarchy)' 도래의 배경이 됩니다. 중앙집권적 통치자(왕)의 부재로 한 지파가 멸절될 뻔하고 동족상잔

의 전쟁도 일어났습니다. 이스라엘 백성들이 왕을 세워달라는 요청을 하나님께서 허락하신 것은 최선이 아닌 차선이었고 인간을 위한 배려입니다.

왕정체제는 외적으로는 백성들의 타락을 견제하지만 하나님의 통치를 망각하고 세속화되는 위험이 따라 옵니다. 하나님께서 원하신 왕정체제의 조건은 선한 인간 왕을 세워 당신의 통치를 대행케 하시는 것이기에 이미 율법에 왕의 규례를 정해 주신 바 있습니다(신 17:14-20). 결국 하나님의 간접 통치는 '신정주의적 왕정체제'로 나아가는데 사무엘서가 그 시작이 됩니다. 하지만 이 체제는 열왕기서에 들어서며 왕국이 몰락하고 포로생활로 전락함으로 불완전하다는 것이 증거 됩니다. 우리가 알듯이 완전한 신정왕국은 대망의 메시야이신 예수 그리스도에 의해 이루어지는 것입니다.

(눅 17:21) "또 여기 있다 저기 있다고도 못하리니 하나님의 나라는 너희 안에 있느니라"

사무엘기는 원래 한권이지만 상하로 나누어지고 주요인물은 사무엘과 사울과 다윗입니다. 시대적 배경은 사사시대 말년 사무엘의 출생부터 사울을 거쳐 다윗의 죽음까지 100년(B.C. 1075년-B.C.975년)에 걸친 역사서입니다. 사무엘은 마지막 사사이면서 최초 선지자이고 제사장의 역할을 맡아 왕정제도를 세웠습니다. 사무엘은 3직(사사, 선지자, 제사장)을 감당했고 나실인으로 성별된 삶을 살았기에 예수님을 예표합니다. 한나가 임신할 수 없는 상태(2-5절)에서 서원기도를 통해 사무엘을 하나님께 바치는 것(10-11절)은 기도응답(19-20절)의 모델이 됩니다. 사무엘은 성경의 수많은 인물 중에 자녀교육의 실패(삼상 8:3)외에는 큰 흠을 남기지 않았습니다. 나실인 사무엘은 성별된 삶을 살고 싶은 영적 나실인인 그리스도인(엡 1:4)의 본보기가 됩니다.

젖을 뗀 후에 성막에 맡겨진 사무엘을 하나님께서 책임지고 끝까지 이끌어 가셨다는 것(24-27절)은 주안에 거하는 그리스도인에게 큰 소망입니다(요 14:20). 말단일지라도 하나님의 영역에서 지속적으로 머물 때 오는 영적 유익은 엄청난 것입니다(28절).

(시 84:10) "주의 궁정에서의 한 날이 다른 곳에서의 천 날보다 나은즉 악인의 장막에 사는 것보다 내 하나님의 성전 문지기로 있는 것이 좋사오니"

♦ 사무엘상 2장 성경칼럼

10절 | 여호와를 대적하는 자는 산산이 깨어질 것이라 하늘 에서 우레로 그들을 치시리로다 여호와께서 땅 끝까지 심판을 내리시고 자기 왕에게 힘을 주시며 자기의 기름 부음을 받은 자의 뿔을 높이시리로다 하니라

17절 | 이 소년들의 죄가 여호와 앞에 심히 큼은 그들이 여호와의 제사를 멸시함이었더라

"망하는 법, 흥하는 법"

어느 누구도 성공하고 잘 살기를 원하지, 실패하여 망하고 싶어 하는 사람은 없을 것입니다. 흥망의 방법과 사례는 널려 있지만 하나님의 방법보다 나은 것은 없습니다. 하나님의 방법은 바로 성경에 나오고 이 범위는 금생만이 아니라 내세에까지 연결됩니다. 교육 효과로서 가장 효과적인 방법은 이야기를 통하여 하는 것입니다. 그 이유는 가장 오래 깊이 뇌리에 새길 수 있기 때문입니다.

사무엘상 2장은 이야기를 통해 흥한 사람(가문)과 망한 사람(가문)의 이야기를 극적으로 기술하고 있습니다. 먼저 한나의 찬가를 통해 은혜와 축복을 받은 자의 모습이 얼마나 영광스러운지를 드러내고 있습니다. 그 내

용을 찬찬히 음미해 보면 한나가 소원했던 아들을 낳은 것 때문에 나온 감사 찬양에 그치지 않은 것을 발견합니다. 하나님의 절대 주권이 온 우주와 세상만사에 미치고 개인의 경제와 출산과 신분의 모든 문제가 하나님께 있음을 노래합니다. 나아가 하나님의 나라를 예표 하는 이상적인 지상 왕국의 건설에 대한 예언을 합니다. 성령의 감동으로 이 사역에 쓰임 받을 자가 사무엘임을 예시합니다.

이 찬가는 성경 구속의 진리를 꿰뚫는 황금 열쇠 같은 내용으로 일명 '구약교회의 송가'로도 불립니다. 한나의 영적 탁월함은 믿음의 남편 엘가나와 시너지 효과를 이루어 사무엘의 신앙교육으로 나타납니다(19절). 사람은 소원을 이룬 후에 나쁜 방향으로 변화되기 쉬운데 이 가문은 좋은 일들이 계속됩니다. 감사하는 자에게 감사할 일이 더해지는 원리대로 사무엘을 하나님께 드림으로 이후 5남매를 낳게 하십니다(20-21절). 당시 극도로 부패했던 종교인들과는 달리 사무엘은 하나님과 사람에게 더욱 은총을 받게 됩니다(18, 26절).

이제 안타깝지만 망하는 가문인 엘리 제사장의 가문에 눈을 돌려 보겠습니다. 엘리 제사장의 영적 안목은 부실해서 경건한 한나의 기도도 불량하게 보았습니다(1:12-16). 가장의 영적 피폐는 자녀 교육에 그대로 이어져 두 아들은 불량자가 되었습니다(12절). 여기서 불량자(벨리알의 아들들)란 사악하고 무익한 마귀 자식이란 뜻을 가지고 있습니다. 하나님을 모르니 대적하게 되고 제사를 업신여겨 탐욕을 채우고 백성들을 괴롭히며 성막에서 봉사하는 여인을 겁탈합니다(13-17, 22절).

나이 많은 아버지 엘리는 강한 질책도 못하고 회개도 없으니 하나님의 죽음의 징벌이 떨어지고 엘리 가문은 몰락합니다(23-25절). 세상은 낙관적 교육 방법이 옳다 하지만 성경은 부모의 적극적 개입의 매서운 징계가 죄인 된 자녀에게 필수임을 강조합니다(잠 3:12). 신앙 명문가정의 축복을 사모하여 받아야 하겠습니다.

(잠 13:24) "매를 아끼는 자는 그의 자식을 미워함이라 자식을 사랑하는 자는 근실히 징계하느니라"

♦ 사무엘상 3장 성경칼럼

10절 | 여호와께서 임하여 서서 전과 같이 사무엘아 사무엘아 부르시는지라 사무엘이 이르되 말씀하옵소서 주의 종이 듣겠나이다 하니

18절 | 사무엘이 그것을 그에게 자세히 말하고 조금도 숨기지 아니하니 그가 이르되 이는 여호와이시니 선하신 대로 하실 것이니라 하니라

"잘 듣고 잘 전하는 자"

인간관계나 사회 현상에서 말(정보)이 사실로만 제대로 전달된다면 갈등은 반의반으로 줄어들 것입니다. 아주 작은 몇 명의 그룹 안에서도 잘 듣고 잘 전하는 것이 얼마나 어렵다는 것을 실감합니다. 원인을 찾자면 근본적으로는 인간의 이기심과 자기중심적인 면이 있을 것입니다. 나아가 사람은 감정에 의한 비언어적 메시지가 있어 전해지는 과정의 곡해가 생길 수 있습니다. 구약의 선지자는 하나님의 말씀을 잘 듣고 잘 전하는 사명을 받은 자입니다. 이 직임을 잘 감당하는 선지자가 있었지만 정반대의 거짓 선지자가 훨씬 많았음을 성경은 증언합니다(마 7:15).

(겔 22:28) "그 선지자들이 그들을 위하여 회를 칠하고 스스로 허탄한 이상을 보며 거짓 복술을 행하며 여호와가 말하지 아니하였어도 주 여호와께서 이같이 말씀하셨느니라 하였으며"

사무엘상 3장에 들어서며 이제 소년 사무엘이 하나님의 선지자로 소명 받는 장면이 나옵니다. 마치 칠흑 같은 흑암의 밤을 물리친 먼동처럼 등장하는 사무엘의 모습은 기대를 일으키기에 부족함이 없습니다. 사사시대를 마치는 마지막 사사이면서 신정왕국을 여는 선지자로서 하나님의 음성을 듣고 있습니다. 엘리 제사장의 어두운 영성과 대조되는 사무엘의 준비는 한밤중이라도 네 번씩 달려 나가는 성실함으로 나타납니다(4-9절).

선지자는 하나님과 토론하는 자세가 아닌 말씀을 듣고 전하는 근본 태도를 가져야 합니다. 오늘날 선지자 역할을 하는 목사와 교사가 말씀만을 전하는 게 아니라 듣는 자들이 듣고 싶어 하는 것을 전하는 것은 아주 위험한 것입니다. 개혁교회의 설교가 '성경만을', '성경전부'를 전하는 원리는 선지자의 사명에서 나온 것입니다. 사무엘이 하나님께 첫 번째로 듣고 전한 메시지는 엘리 제사장 가문의 멸망에 대한 계시입니다(11-14절). 사무엘에게 있어서 최고의 인간 권위인 엘리 제사장에게 이 내용을 전하는 것은 아주 어렵고 위험한 일이 분명합니다.

그러나 엘리 제사장의 부름을 받은 사무엘은 세세히 숨김없이 그대로 전합니다(18절). 이 계시의 내용이 얼마나 충격적인 것인지를 표현하는 것이 11절의 '두 귀가 울리리' 입니다. 우리가 하나님의 경고와 심판의 말씀을 듣고 얼마나 놀라고 있는지를 상기해 봅니다. 최고의 신앙의 명문 가문이 영적 사명을 감당하지 못했을 때 얼마나 처절하게 몰락하는지는 4장에 펼쳐집니다. 한편 하나님의 뜻을 목숨 걸고 순종하는 사무엘의 명성은 이스라엘 전 국토(단에서 브엘세바)에 퍼져나가고 범접 못 할 권위가 세워집니다(19-20절).

말씀을 정성과 신중함으로 받는 것은 이제 신약성도들에게 성경으로 다가와 있습니다. 초대교회의 베뢰아 사람처럼 말씀을 받고 지키며 전하는 신실한 그리스도인이 되어야 하겠습니다.

(행 17:11) "베뢰아에 있는 사람들은 데살로니가에 있는 사람들보다 더 너그러워서 간절한 마음으로 말씀을 받고 이것이 그러한가 하여 날마다 성경을 상고하므로"

♦ 사무엘상 4장 성경칼럼

11절 | 하나님의 궤는 빼앗겼고 엘리의 두 아들 홉니와 비느하스는 죽임을 당하였더라

21절 | 이르기를 영광이 이스라엘에서 떠났다 하고 아이 이름을 이가봇이라 하였으니 하나님의 궤가 빼앗겼고 그의 시아버지와 남편이 죽었기 때문이며

"성공을 원하면 실패의 요소를 찾아 제거하라"

다방면에 걸쳐 최고의 성공을 거둔 벤자민 프랭클린의 명언입니다. 인생에서 성공의 비결은 수도 없이 많습니다. 성공을 위해서는 실패의 요소를 제거해야 하는데 상대적인 것은 다를 수 있으나 절대적 요소는 딱 한가지입니다. 누구도 피해갈 수 없는 실패의 요소는 '하나님이 함께 하지 않는 것'입니다. 제 아무리 좋은 조건을 갖추었다 하여도 하나님의 임재와 동행이 없는 자는 현세에서는 넘어갈 수 있으나 내세에서는 꼭 멸망하게 되어 있습니다.

하나님이 함께 하신다는 뜻의 이름이 임마누엘인데 바로 구주 예수님의 별칭입니다(사 7:14, 마 1:23). 그러면 임마누엘의 영광스런 이름에 반대되는 절망의 이름이 있다면 무엇일까요? 오늘 나오는 '이가봇'이라는 이름입니다(21절). 엘리 제사장의 며느리가 가문의 몰락 가운데 죽어가며 해산한 아들의 이름으로 '영광이 이스라엘에게서 떠났다'라는 뜻입니다.

4장은 이스라엘과 엘리 제사장 가문의 완벽한 실패와 멸망이 기술되어 있습니다. 하나님의 영광이 떠난 존재가 얼마나 치욕스럽고 고통스러운지가 절절히 펼쳐집니다. 이스라엘이 전쟁은 하나님께 속한 것임을 구속사속에서 배웠음에도 하나님의 약속을 붙잡지 않고 블레셋과의 전쟁에 나섭니다. 4,000명의 군사가 죽임을 당하고 나서야 원인을 찾아 나섭니다. 언약궤가 진중에 없어서 패배했다는 분석 끝에 실로에 있는 언약궤를 모셔옵니다. 이 때 온 이스라엘의 사기가 얼마나 충천했는지 땅이 울려 블레셋 사람이 듣고 두려워 떱니다(5-8절).

그렇다면 이어지는 전쟁에서는 이스라엘이 대승을 거두는 것이 당연한 수순일 것입니다. 그러나 결과는 정반대로 목숨을 걸고 항전한 블레셋의 승리로 이스라엘 보병 3만 명이 죽고 하나님의 궤는 빼앗기고 엘리 제사장의 두 아들은 죽임을 당합니다(9-11절). 언약궤가 없었던 1차 전쟁보다 언약궤가 있었던 2차 전쟁이 더 큰 패배가 된 이유는 무엇일까요? 한 마디로 결론을 내면 언약궤 자체가 하나님의 능력이 될 수 없다는 것입니다. 언약궤는 하나님과 이스라엘의 언약을 상기하고 하나님의 통치를 확인하는 거룩한 상징물이었습니다. 즉 이스라엘의 범죄로 하나님의 임재가 떠난 법궤는 단순한 궤짝에 불과합니다.

상징을 본질로 생각하여 저지르는 신앙의 오류는 우리에게도 얼마든지 있습니다. 보이는 기독교의 상징물들(십자가, 성경책, 교회당, 직분, 소속감 등)을 신성시하여 의지하는 것은 기독교 부적을 갖고자 하는 것과 같습니다. 더 깊이 보자면 말씀을 믿고 행하는 것이 아닌 지식과 자랑의 수단이 된다면 주술적 믿음으로 전락하게 됩니다. 비참한 최후를 맞이하는 엘리(12-18절)는 외식하는 신앙을 가진 자의 자화상입니다(마 15:8-9, 딤후 3:5). 절대로 이가봇의 길은 거부하고 임마누엘의 복을 누리기를 원합니다.

4절 | 그 이튿날 아침에 그들이 일찍이 일어나 본즉 다곤이 여호와의 궤 앞에서 또 다시 엎드러져 얼굴이 땅에 닿았고 그 머리와 두 손목은 끊어져 문지방에 있고 다곤의 몸뚱이만 남았더라

9절 | 그것을 옮겨 간 후에 여호와의 손이 심히 큰 환난을 그 성읍에 더하사 성읍 사람들의 작은 자와 큰 자를 다 쳐서 독한 종기가 나게 하신지라

"잽(jab)도 안 되는 것이..."

잽이란 권투에서 가볍게 툭 치는 펀치를 말합니다. 잽도 안 되는 것이란 말은 너는 나에게 할 주먹거리도 안되니 상대할 수 없다는 뜻입니다. 일상생활에서 실제상으로 큰 차이가 안 나는데도 이 말을 자주 쓰는 것은 싸우기 귀찮다는 느낌일 때도 쓰기 때문입니다. 반대의 경우 내가 절대 대들거나 이기려고 시도해서는 안 될 상대가 있습니다. 나보다 천배나 강한 자에게 대들어 이기려는 사람은 없습니다. 인간과 하나님과의 관계를 드러내 보겠습니다. 의외로 하나님을 이겨보려고 어리석은 시도를 하는 사람이 많습니다. 하나님을 모르는 사람은 몰라서 그럴 수 있지만 그리스도인이 이 모습이라면 큰일 납니다.

4장에서 블레셋은 이스라엘과의 전쟁에서 대승을 거둔 후 언약궤라는 거대한 전리품을 노획했습니다. 우리가 알고 있듯이 이스라엘의 패배는 이방인을 도구로 삼아 행하신 하나님의 징벌이었습니다. 신비한 것은 하나님께서는 자기 백성의 연단을 위해서는 잠시의 영광을 내려놓으신다는 것입니다. 우리는 신자의 실패가 하나님의 영광을 실추시킬 수 있다는 것을 알고 근신해야 합니다. 승리한 블레셋은 스스로 높아져 자신들의 신이 강해서 이겼다고 자만하였습니다. 의기양양하게 이스라엘의 하나님을 저주하

고 법궤를 아스돗에 있는 다곤 신당에 감사하며 바칩니다.

블레셋에게 행한 하나님의 징벌은 그들의 부르짖음이 하늘에 사무칠 정도로 엄중했습니다(8절). 하나님께서는 세상의 온갖 우상과는 비교가 안 되는 절대자이심을 보여 주십니다. 다곤 신상은 산산조각이 나고 아스돗 사람들에게 임한 독종은 그 지경을 초토화시킵니다(3-7절). 비상이 걸린 블레셋은 법궤를 가드로 옮겼지만 더 큰 재앙이 임합니다. 에그론에 이른 법궤는 이제 심판의 상징이 되었습니다.

여기서 하나님의 말씀을 뜻하는 법궤(출 25:16, 21)의 이중성에 눈을 돌려 봅니다. 지금 이 시대에는 법궤의 역할을 하는 구원의 복음이 있습니다. 십자가의 복음은 믿음의 사람에게는 구원의 기쁨이 되지만 거부하는 자에게는 멸망의 도구로 작용됩니다.

(고전 1:18) "십자가의 도가 멸망하는 자들에게는 미련한 것이요 구원을 받는 우리에게는 하나님의 능력이라"

하나님의 말씀을 저울질 하는 철학과 성경을 공격하는 얕은 과학과 성경의 우월성을 끌어내리는 세속적 도덕은 미련한 것이고 심판의 대상입니다. 자기 백성을 징계하지만 자기 백성을 치는 자는 멸절하시는 하나님의 신비한 섭리를 깨닫게 됩니다.

♦ 사무엘상 6장 성경칼럼

12절 | 암소가 벧세메스 길로 바로 행하여 대로로 가며 갈 때에 울고 좌우로 치우치지 아니하였고 블레셋 방백들은 벧세메스 경계선까지 따라 가니라

19절 | 벧세메스 사람들이 여호와의 궤를 들여다 본 까닭에 그들을 치사 (오만) 칠십 명을 죽이신지라 여호와께서 백성을 쳐서 크게 살륙하셨으므로 백성이 슬피

울었더라

"어느 장단에 맞춰야 하나?"

변덕이 심한 어떤 대상을 향한 볼멘소리입니다. 한결같은 기준이 없이 그때그때 다르게 생각하고 행동한다면 상대하기 어렵고 좋은 관계로 이어지기는 힘듭니다. 공평을 근본으로 일관성과 형평성으로 잘 훈련되어 있는 자여야만 공동체의 리더가 될 수 있습니다. 그런데 성경을 읽다가 하나님을 향하여 일관성이 없지 않으신가 하는 의심을 품은 적은 없으십니까? 이 질문에 불쑥 그런 적이 있다고 대답하는 신자가 많을 것입니다. 만약 하나님께서 일관성이 없는 분이라면 큰일이며 성경의 많은 말씀이 가짜가 됩니다.

하나님은 변역치 않으시고(말 3:6, 삼상 15:29) 예수님은 영원토록 동일하신 분입니다(히 13:8). 그러면 왜 신자는 하나님에 대하여 일관성이 없다는 부정적 이미지를 가지게 되었을까요? 인간과 하나님의 차이가 너무 심하기 때문입니다.

(사 55:8-9) "이는 내 생각이 너희의 생각과 다르며 내 길은 너희의 길과 다름이니라 여호와의 말씀이니라 이는 하늘이 땅보다 높음 같이 내 길은 너희의 길보다 높으며 내 생각은 너희의 생각보다 높음이니라"

하나님과 인간의 극명한 차이를 나타내는 분야중의 하나가 징계에 대한 것입니다. 하나님께는 죄를 가지고 나갈 수가 없기에 신자는 반드시 죄에 대한 징계를 받아야 합니다. 이 시기에 있어서 죄를 짓는 즉시 징계 받을 때가 있고 그렇지 않을 때가 분명히 있습니다. 그렇다면 일관성이 없지 않느냐는 것을 넘어 하나님의 공평하심에 이의를 제기할 수도 있게 됩니다.

5장의 법궤를 약탈해 간 블레셋의 즉각적 심판에 이어 6장에서도 돌아온 법궤를 만홀히 여긴 벧세메스 백성들에게 거침없는 징벌이 떨어집니다(19절). 7개월 만에 100% 하나님의 능력만으로 돌아온 법궤를 들여다 보다 죽어버리는 이스라엘의 영적 수준을 보게 됩니다(민 4:19-20). 이처럼 즉각적 징계는 모세 권위를 도전한 고라일당(민 16장)과 안식일을 범한 자(민 15:32-36)와 제사를 변질시킨 나답과 아비후(레 10:1-11)에게 내려졌습니다. 신약에서는 초대교회의 영적질서를 위해 성령님과 사도를 속인 아나니아와 삽비라 부부가 즉사하는 장면이 있습니다(행 5:1-11).

성경의 이런 사례와는 다르게 오늘날 우리에게는 죄를 지었음에도 즉각적 징계가 가해지지 않는다는 것을 느끼실 것입니다. 그 이유는 신자에게 특별계시인 성경이 주어졌고 성령이 내주하시기 때문입니다. 죄지은 성도는 말씀과 성령에 의하여 이미 심적 고통을 받고 있는데 이것은 어마어마한 역설적 은혜입니다. 6장에서 불신자를 대표하는 블레셋이 법궤를 수레에 태우는 망발(민 4:15)을 저질렀음에도 용납하신 것은 영적으로 무지한 자를 대하는 하나님의 또 다른 은혜입니다(7-12절). 믿지 않는 자들의 무지는 인정해 주시지만 믿는 자들의 죄악은 세밀히 감찰하시는 주님을 의식해야 합니다. 즉각적 징벌이 내려지지 않는다고 계속 죄에 머문다면 그 말로는 처참할 것입니다. 말씀에 의하여 영적감각을 날카롭게 세우는 하나님의 사람으로 살기를 원합니다.

♦ 사무엘상 7장 성경칼럼

4절 | 이에 이스라엘 자손이 바알들과 아스다롯을 제거하고 여호와만 섬기니라

12절 | 사무엘이 돌을 취하여 미스바와 센 사이에 세워 이르되 여호와께서 여기까지 우리를 도우셨다 하고 그 이름을 에벤에셀이라 하니라

"첫 단추를 잘 꿰어야.."

첫 단추를 잘못 꿰면 다음 단추도 다 잘못 꿰게 됩니다. 옷이야 다시 풀고 시작하면 되지만 인생 주요사역들의 첫 단추를 잘못 꿰면 그 타격은 막대합니다. 운동선수가 슬럼프가 왔을 때 원인을 찾기 위해 몸부림치는 것도 첫 단추를 다시 찾아 꿰는 과정이라고 볼 수 있습니다. 세상의 일보다 억만 배나 중요한 영적 세계에도 잘못 꿰는 단추가 있습니다. 안개 속을 헤매듯이 어디서부터 잘못되었는지 도저히 모르게 나동그라져 있는 신앙의 혼돈 상태를 연상해 보십시오. 영적 세계는 세상의 방법으로 해결하려고 할수록 더 엉키고 뒤죽박죽되고 악화됩니다.

그리스도인들이 영적으로 침체되어 있을 때 어떤 수순으로 가야 하는지를 보여주는 정답이 7장에 나옵니다. 6장까지 하나님의 강권적 섭리로 언약궤가 이스라엘에 무사히 돌아오는 것을 보았습니다. 법궤가 기럇여아림에 20년간 안치되고 이제 사무엘은 어엿한 성인이 되었습니다(1-2절). 영적 권위를 가진 사무엘은 이제 전 이스라엘을 향하여 하나님께 돌아오라고 외칩니다. 사무엘을 통하여 주신 이스라엘 영적부흥의 과정은 우리에게도 똑같이 적용되는 원리입니다.

첫째, 이방신들과 아스다롯을 제거하라고 합니다(3절). 참된 회심의 첫 단계는 죄를 버리고 단절하여 결별해야 하는 것입니다. 끈적끈적한 죄를 미워하고 떠나는 결단을 못해 회심에 실패하는 신자는 너무나 많습니다. 둘째, 사무엘은 미스바에 모여 기도하고 금식하라고 명령합니다(5-6절). 지도자와 백성들이 일심으로 기도하는 것은 개인적인 기도보다 훨씬 큰 능력과 영향력을 끼칩니다. 금식에 해당되는 원어 '춤'은 '입을 덮다'라는 뜻으로 진심으로 겸손히 회개한다는 것입니다.

셋째, 적군이 몰려올 때 백성들은 두려워했지만 사무엘은 계속 기도하라고 하며 온전한 번제(예배)를 드렸습니다(7-9절). 그 결과는 하나님께서 발하신 우레로 적군은 어지러워지고 이스라엘에게 승리를 안겨줍니다(10-11절). 전쟁은 하나님께 속한 것이라는 대원리(삼상 17:47, 대하 20:15)가 그대로 이루어지는 순간입니다. 우리나라의 현안인 남북 간의 통일 전쟁을 하나님의 능력으로 해결해 달라는 기도를 강력하게 해야 합니다.

넷째, 하나님께서 주신 승리의 은혜를 잊지 않도록 오고 오는 세대에 전하는 에벤에셀의 기념석을 세웠습니다(12절). 미스바(파수대)에 세워진 에벤에셀(도움의 돌)의 기념비는 지금도 회개로 오는 승리에 대한 상징적 용어로 불리어집니다. 40년간의 블레셋의 압제를 끊는(13-14절) 미스바의 기적은 회개의 첫 단추가 꿰어졌을 때 시작되었습니다. 나의 미스바와 한국교회의 미스바를 간절히 구합니다.

♦ 사무엘상 8장 성경칼럼

6절 | 우리에게 왕을 주어 우리를 다스리게 하라 했을 때에 사무엘이 그것을 기뻐하지 아니하여 여호와께 기도하매

22절 | 여호와께서 사무엘에게 이르시되 그들의 말을 들어 왕을 세우라 하시니 사무엘이 이스라엘 사람들에게 이르되 너희는 각기 성읍으로 돌아가라 하니라

"딸이 결혼하겠다고 남자를 데리고 왔다. 조폭을.."

무슨 생뚱맞은 상황 극이냐고 의아해 하시겠지만 사무엘상 8장의 이야기입니다. 드라마를 더 써 내려가 보겠습니다. 남자는 잘 생기고 훤칠하고 돈도 잘 쓰고 성격도 시원해 보입니다. 그러나 부모는 그 남자가 질이 안 좋은 깡패임을 알고 있었습니다. 겉보기에는 매력적인 남자이지만 어느 순

간 변하여 자기 딸을 괴롭힐 것은 뻔합니다. 부모는 딸을 붙들고 간곡하게 설득합니다. 저 남자와 살다가는 인생 다 망친다고 말하지만 들을 자세가 안 되어 있습니다. 몸도 돈도 다 뺏기고 종살이하며 거지같이 자유가 없는 지옥생활이 될 것이라고 구체적으로 간곡하게 설득합니다(10-17절).

딸은 부모가 잘못 봤다고 큰소리치며 꼭 결혼하겠다고 고집을 피웁니다(19-20절). 부모는 설득을 포기하고 마지못해 결혼을 허락합니다(21-22절). 그리고 덧붙이는 말이 참 비극적입니다. '네가 괴롭게 되어 후회하며 찾아 와 매달려도 안 듣겠다(18절)'고 선언합니다. 이스라엘은 이 말대로 북왕국의 폭군 치하에서 학정에 시달리다가 망하고 맙니다(사 1:15).

왕을 세워 자신들을 다스리게 해 달라는 이스라엘 백성들의 요구는 사사시대의 고통이 배경입니다. 350년 동안 악순환의 원인이 말씀을 잊은 자기들에게 있는 것이 아니라 이방나라처럼 멋진 왕이 없어서라고 보았습니다(20절). 마침 사무엘은 늙었고 사사가 된 두 아들은 형편없었기에 이 요구는 정당하게 보이기도 합니다(1-2절). 하나님이 안 보이면 세상 것만 보이는 법이라서 인간에게 왕은 가장 속기 쉬운 매력을 가지고 있습니다. 그러나 분명한 것은 인간 왕 중에는 선한 자가 거의 없다는 사실입니다. 이는 '후흑론'을 집필한 '이종오'가 인류 역사의 통치자들을 분석하여 내린 결론입니다.

여기서 이스라엘에게 왕을 허락하신 하나님의 경륜에 대하여 눈을 돌려보는 것이 필요합니다. 하나님께서는 인간의 잘못된 선택을 그 대가를 치르는 경험을 통해 깨닫게 하십니다. 실제로 이스라엘 백성은 왕정의 폭압에 시달렸고 결국 앗수르와 바벨론에 의하여 멸망됩니다. 그런데 합력하여 선을 이루시는 하나님께서는 이러한 대실패를 통해 구원의 왕이신 메시야를 대망하도록 준비하십니다.

성도의 두 나라 섬김은 실제상황이지만 세속 나라의 한계를 알고 하나님 나라에 우선순위를 두는 것이 참된 지혜임을 깨닫게 됩니다(엡 1:21).

(시 5:2) "나의 왕, 나의 하나님이여 내가 부르짖는 소리를 들으소서 내가 주께 기도하나이다"

♦ 사무엘상 9장 성경칼럼

2절 | 기스에게 아들이 있으니 그의 이름은 사울이요 준수한 소년이라 이스라엘 자손 중에 그보다 더 준수한 자가 없고 키는 모든 백성보다 어깨 위만큼 더 컸더라

17절 | 사무엘이 사울을 볼 때에 여호와께서 그에게 이르시되 보라 이는 내가 네게 말한 사람이니 이가 내 백성을 다스리리라 하시니라

"우연, 재수, 궁합"

상인에게는 그 나름대로의 금기어가 있고 운동선수들은 각자에게 징크스가 있다고 말합니다. 정치인은 차별적 언어를 쓸 때 매장되는 경우가 있고 신앙인에게도 교리에 어긋나는 용어가 있습니다. 그런 측면에서 앞의 세 단어는 그리스도인이 조심해서 써야 할 내용이 담겨 있습니다. '우연의 연속이다'의 기독교적 용어는 '하나님께서 세밀하게 섭리하셨다'입니다. '재수가 좋았다'는 것은 '하나님께서 은혜를 베푸셨다'고 바꾸어 써야 합니다. 모든 일이 착착 잘 맞았다는 뜻인 '궁합'은 '하나님께서 정확히 인도하셨다'라고 간증해야 마땅합니다.

백성들의 요청에 의하여 사사시대가 마감되고 심판적 허락이 떨어진 왕정시대가 들어서는 9장에 이르렀습니다. 분명히 엄청난 구속사의 전환기인데 그 내용을 세상적 용어로 표현하면 우연과 재수와 궁합으로 보입니

다. 아버지 기스의 지시에 순종하여 잃어버린 암나귀를 찾아 나서는 사울을 만나게 됩니다(3절). 금방 찾았으면 좋았을 터인데 온 지경을 헤매다 숩땅에 이르게 됩니다. 사울은 사환에게 아버지가 걱정할 터이니 돌아가자고 하는데 의외의 조언이 나옵니다(4-5절).

이 성에 하나님의 사람이 있는데 그의 말은 반드시 다 응하니 찾아 가자고 요청합니다(6절). 사울은 예의 바르게 선물을 준비하여 나서는데 중간에 소녀를 만나 사무엘의 행방에 대한 온전한 정보를 얻게 됩니다(7-13절). 사울이 사무엘을 찾도록 하는 수순에 우연이 아닌 하나님의 인도하심이 작동되었습니다. 그뿐 아니라 하나님께서는 사무엘에게도 왕으로 세울 사울에 대하여 미리 알려 주시는 것을 목격합니다(15-17절).

작은 일의 연속으로 정확한 타이밍에 만나 명확하게 왕으로 세워지는 이 스토리는 전지전능하신 하나님을 모르고는 이해할 수 없습니다. 이것은 우리 신앙생활의 전 영역이 하나님의 돌보심에 있다는 것을 확신할 수 있게 합니다.

(마 10:29-30) "참새 두 마리가 한 앗사리온에 팔리지 않느냐 그러나 너희 아버지께서 허락하지 아니하시면 그 하나도 땅에 떨어지지 아니하리라 너희에게는 머리털까지 다 세신 바 되었나니"

9장에서 주목할 것은 사울이 처음 등장할 때의 자세입니다. 효심이 깊어 아버지께 순종하였고 맡은 일에 성실하게 임했고 아래 사람에게도 조언을 받는 겸손함도 있었습니다. 그 외모는 성경의 모든 인물 중에 가장 탁월했고(2절) 윗사람에 대한 권위도 지켰습니다(22-27절). 유다와 에브라임 같은 강한 지파가 아닌 가장 작은 베냐민 지파 출신이었다는 것은 일개 필부에 불과했다는 것입니다. 하지만 이것은 지파적 경쟁을 잠재우게 되어 왕이 되는데 있어 장점으로 작용됩니다(21절).

우리는 전체적으로 볼 때 사울이 겸손으로 시작했다가 교만으로 멸망당한 비극적 모델임을 알고 있습니다. 사울의 생애를 따라가며 교만하면 절대 안 되는 반면교사의 교훈을 얻는 신앙여행이 이어집니다.

(약 4:6) ".. 하나님이 교만한 자를 물리치시고 겸손한 자에게 은혜를 주신다 하였느니라"

♦ 사무엘상 10장 성경칼럼

6절 | 네게는 여호와의 영이 크게 임하리니 너도 그들과 함께 예언을 하고 변하여 새 사람이 되리라

8절 | 너는 나보다 앞서 길갈로 내려가라 내가 네게로 내려가서 번제와 화목제를 드리리니 내가 네게 가서 네가 행할 것을 가르칠 때까지 칠 일 동안 기다리라

"숙성에 대하여"

숙성이란 충분히 이루어지고 잘 익은 상태를 말합니다. 음식에 있어서 발효되고 숙성된 것이 몸에 좋다는 것은 정설입니다. 우리가 사람을 평가할 때도 가벼운 사람은 믿지 못하지만 숙성의 기간을 거친 진중한 사람은 인정합니다. 무협지의 용어로는 내공이 강하다고 하고 정치적 수식어는 경륜이 깊다고 합니다. 사람의 숙성은 단기간에 이룰 수 없으며 숙성의 수단은 고난을 겪는 것이며 그 고통이 더할수록 실력은 강해집니다. 성경에는 욥기에서 이 원리를 실증하고 있는데(욥 23:10) 맹자의 '고자하'편에 나오는 문장은 숙고할 만합니다.

"하늘이 장차 그 사람에게 큰일을 맡기려 할 때는 반드시 먼저 그 심지

를 괴롭게 하고, 그 살과 뼈를 고달프게 하며, 그 신체와 피부를 주리게 하고, 그 몸을 궁핍하게 하며, 그가 하는 일마다 잘못되고 뒤틀리게 하는데, 이는 그 사람 마음을 분발시키고, 성격을 강인하게 함으로서, 그의 부족한 능력을 키워 주려는 것이다." 인간의 숙성도가 얼마나 어려운지를 실감나게 설파하고 있습니다.

사울이 이스라엘의 왕으로 세움 받는 10장을 묵상하면서 이 이야기를 하는 것은 사울의 숙성기간이 좀 더 길었으면 좋았을 것이라고 생각해서입니다. 사울은 사무엘로부터 기름부음을 받고 나름의 확신 과정을 거치게 됩니다. 사무엘은 소극적인 성품으로 출발한 사울에게 세 가지 징조를 통하여 왕으로서의 소명을 불러일으킵니다. 암나귀를 찾게 되고 떡 두 덩이를 받게 되고 선지자의 무리를 만나 예언도 하게 됩니다(2-13절). 이 때 사무엘은 사울에게 가르칠 것이 있다는 첨언을 합니다(8절).

이제 공식적인 왕으로서의 인정 절차를 밟게 되는데 그 방법은 온 회중 앞에서의 제비뽑기입니다. 수백 만 명 중에 사울이 뽑혔는데 이는 인간의 수단이 아닌 전적인 하나님의 주권적 역사임을 확증합니다(17-22절). 출중한 풍채의 사울이 뽑히자 만족하여 연호하는 백성들의 모습은 세속적 인본주의의 전형입니다(24절). 결국 하나님의 뜻보다 사람의 눈치를 봐야 하는 근본 위치에서 출발한 왕의 한계를 예상하게 됩니다. 사울의 겸손한 모습과 도량이 넓은 마음은 왕으로서 장점이지만 그보다 더 중요한 것은 하나님의 명령에 순종하는 것입니다.

바로 이것 때문에 왕이 된 사울은 사무엘과 함께 하는 훈련의 숙성기간이 꼭 필요했던 것입니다. 겸손하게 사무엘의 영적 훈련 코스를 거쳤으면 하는 것은 다윗의 오랜 연단과 비교할 때 아쉬운 것입니다. 누구나 장단점이 있기 마련인데 결국 하나님의 사람은 하나님께 훈련받겠다는 각오와 실천이 있느냐에 달렸습니다. 천성적으로 좋은 성품도 중요하지만 우리는 말씀과 성령의 능력으로 변화된 성품을 목표로 정진해야 할 것입니다.

(갈 5:16) "내가 이르노니 너희는 성령을 따라 행하라 그리하면 육체의 욕심을 이루지 아니하리라"

♦ 사무엘상 11장 성경칼럼

2절 | 암몬 사람 나하스가 그들에게 이르되 내가 너희 오른 눈을 다 빼야 너희와 언약하리라 내가 온 이스라엘을 이같이 모욕하리라

6절 | 사울이 이 말을 들을 때에 하나님의 영에게 크게 감동되매 그의 노가 크게 일어나

"평화는 힘의 자손이다"

타이롤(B.taylor)의 금언으로 역사는 힘이 없는 자에게 평화가 없음을 증명합니다. 세상의 이 원리를 영적세계에서 적용하자면 힘의 성질만 바꾸면 됩니다. 세상의 힘이 물리적이라면 영적인 힘은 믿음입니다. 믿음이 없어 세상의 요구를 두려워하며 들어주다 보면 어느새 가지고 있던 믿음마저 다 뺏기고 온갖 수치를 당하게 됩니다.

사무엘상 11장을 여는 길르앗 야베스와 암몬 족속과의 쟁투는 신앙의 힘이 얼마나 소중한지를 보여줍니다. 길르앗은 요단 동편의 므낫세 반 지파에게 분배되었던 땅입니다. 본래의 요단 서편만을 허락하신 하나님의 뜻에 거역하여 인간의 간곡한 요구로 주어진 땅입니다. 사람의 욕심이 들어간 사안들은 그 대가를 치르기에 그들은 두고두고 동족의 소외와 종교적 불편과 이방의 침략이라는 삼중고를 당하게 됩니다.

암몬 족속은 롯과 둘째 딸과의 근친상간으로 난 벤아미의 후손(창 19:38)으로 우상숭배가 극심했습니다. 침공한 암몬 사람 나하스는 언약하거나 굴종해서는 해서는 안 될 대상입니다. 두려움 끝에 하는 신앙의 양보는 한번으로 끝나지 않아 오른 눈을 다 빼 버리겠다는 위협으로 나아갑니다(2절). 죄에 대한 한걸음 후퇴가 계속되면서 수치를 겪고 생명까지 앗아가는 사례(삼손, 솔로몬)는 비일비재합니다. 결국 길르앗 야베스의 사건은 사울의 부상과 함께 왕권이 강화되는 전쟁의 서막이 됩니다. 만약 길르앗이 적국에 함락된다면 요단 동편의 두 지파 반은 큰 손상을 입게 되고 서쪽 지파들까지 위협을 당하게 될 것입니다.

사분오열되어 있는 이스라엘 공동체에 사울의 강력한 왕권이 요구되도록 섭리하시는 하나님을 발견하게 됩니다. 왕으로 세움을 받았지만 비판적인 세력들의 영향으로 사사 같은 생활(5절)을 하던 사울에게 소명이 떨어집니다. 삼만 삼천 명의 군사가 운집하여 치른 전쟁에서의 대승은 암몬의 격멸을 가져 왔고 사울의 중앙집권적 왕권이 성립됩니다. 사울은 하나님의 능력(6절)과 사무엘의 지도력(14절) 가운데 거둔 전과에 대한 겸손함을 보입니다.

과거의 사울을 경멸하였던 자들(10:27)을 색출하여 처벌해 달라는 청원을 만류하는 모습을 보입니다(12-13절). 아량과 관용의 사람으로 화합을 이루는 상승기의 사울은 이스라엘 초대 왕으로서 자격이 있습니다. 신분이 낮고 보잘 것 없는 사울이었지만 다듬어서 이스라엘 초대 왕으로 세우시는 하나님의 손길을 체험할 수 있습니다. 그 과정에서 때와 환경을 사용하시고 하나님의 사람됨을 만들어 가시는 광경은 우리에게도 동일하게 임합니다.

나의 그리스도인 됨의 여정은 생명력 있는 믿음의 구사에 달렸음을 깨닫게 됩니다. 나의 작은 믿음이 계속 발휘되어 큰 믿음으로 나아가도록 은혜를 구합니다.

(마 17:20) ".. 만일 너희에게 믿음이 겨자씨 한 알 만큼만 있어도 이 산을 명하여 여기서 저기로 옮겨지라 하면 옮겨질 것이요 또 너희가 못할 것이 없으리라"

♦ 사무엘상 12장 성경칼럼

4절 | 그들이 이르되 당신이 우리를 속이지 아니하였고 압제하지 아니하였고 누구의 손에서든지 아무것도 빼앗은 것이 없나이다 하니라

23절 | 나는 너희를 위하여 기도하기를 쉬는 죄를 여호와 앞에 결단코 범하지 아니하고 선하고 의로운 길을 너희에게 가르칠 것인즉

"뻔뻔한 사람, 당당한 사람"

사람의 근본적 성격을 두 가지로 나누자면 내성적인 것과 외향적인 것입니다. 그중에 외향적인 사람은 자기를 나타내기를 좋아하는데 뻔뻔하게 굴 경우에는 상대하기가 버겁습니다. 뻔뻔하다는 것은 겉과 속이 다른 것이고 거짓과 위선으로 포장되었다는 것입니다. 이것과 대조되는 것이 있다면 당당한 사람입니다. 이 당당함은 도덕적으로나 행위의 열매로 볼 때 흠결이 없을 때 나옵니다. 소위 털어서 먼지 안 나는 사람이 없다고 하는데 있다 에 해당되어야 합니다.

사무엘상 12장에는 이 불가능한 것 같은 영역에 거한 인물이 나오는데 바로 사무엘입니다. 사무엘은 11장에서 사울 왕의 권위 갱신을 이루고 이제 이스라엘의 통치권을 이양하고 있습니다. 이제 사사직과 구속사를 회고하며 백성들과 담론하는 사무엘의 캐릭터는 영적 당당함이라고 정의할 수 있습니다. 신자가 지향해야 할 목표인 영적 당당함의 길을 보여주는 사무

엘을 배우는 것은 매우 유익할 것입니다. '어리석은 자는 자기의 경험을 통해 배우고 지혜로운 자는 남의 경험을 통해 배운다'는 잠언을 적용할 수 있기 때문입니다

12장에는 말의 내용보다 말하는 사람이 더 중요하다는 것이 증명되는 장면이 펼쳐집니다. 사무엘은 자기에 대해 백성들에게 세 가지를 대답하라고 요구합니다. 백성을 속이거나 압제한 적이 있는지, 뇌물을 취하거나 부정 축재를 했는지, 새 지도자가 출현했을 때 권력을 이양했는지를 묻습니다(1-3절). 백성들은 이구동성으로 없다고 하며 사무엘의 뛰어난 도덕성과 권력 이양의 단호한 실천에 존경을 표합니다(1-5절). 사무엘의 이어지는 설교가 당당하고 감화력이 있는 것은 이처럼 고결한 도덕성과 하나님의 임재가 있었기 때문입니다.

사무엘의 메시지의 능력은 초자연적인 표징인 우레와 비를 내림으로 강한 효과를 나타냅니다. 팔레스틴 기후에서 밀 수확기인 늦봄에는 비를 볼 수 없는데 이 증표를 통해 그의 메시지가 얼마나 중요한지를 강조합니다(16-18절). 사무엘이 절규하듯 뿜은 경고의 말씀은 순종의 여부에 따른 상벌의 법칙입니다. 왕을 세워 달라는 백성들의 요구가 하나님께 대한 반역임을 선포하고 그 선택에 대한 책임을 일깨우고 있습니다(12-15절).

마지막으로 두려워하는 백성들에게 권면과 위로를 보내는 사무엘의 모습은 영적 아름다움이 넘쳐흐릅니다. 유익되지도 않고 구원도 못시키는 헛된 우상을 섬기면 멸망한다는 것을 제발 명심하고 오직 하나님만 진실하게 섬기라고 선포합니다(20-22절). 또한 구약적 중보자로서의 사무엘은 기도를 쉬는 죄를 범하지 않겠다고 서원합니다(23절). 이것은 신약성도가 믿음으로 하지 않는 모든 것은 죄임을 알고 적용하는 것의 예표가 됩니다. 범사

에 믿음으로 행하여 영적으로 당당한 신자로 살기를 원합니다.

(롬 14:23) ".. 믿음을 따라 하지 아니하는 것은 다 죄니라"

♦ 사무엘상 13장 성경칼럼

8절 | 사울은 사무엘이 정한 기한대로 이레 동안을 기다렸으나 사무엘이 길갈로 오지 아니하매 백성이 사울에게서 흩어지는지라

13절 | 사무엘이 사울에게 이르되 왕이 망령되이 행하였도다 왕이 왕의 하나님 여호와께서 왕에게 내리신 명령을 지키지 아니하였도다 그리하였더라면 여호와께서 이스라엘 위에 왕의 나라를 영원히 세우셨을 것이거늘

"만나기만 하면 싸우네"

불과 기름이 만나면 화재가 나듯 부딪치면 사고가 나는 관계가 있습니다. 좀 그만 잠잠해질 만도 한데 그칠 기미가 보이지 않습니다. 이럴 때의 해결은 절대적 격리와 페널티(벌칙)라는 방법이 있는데 간단치가 않습니다. 우리가 신앙생활을 하면서 장기간에 걸쳐 수없이 만나는 난적이 있다면 '상황윤리(situation ethics)'입니다. 상황윤리란 절대적 법과 원리에 구애받지 않고 당면한 상황에서 최선의 '사랑을 위한 선택'을 말합니다. 일반적인 생활의 원리로 볼 때 너무나 당연하게 느껴지는 이유는 사랑을 목적으로 하기 때문입니다. 신자들도 자신과 타인을 위한 선택으로 판단하고 아무런 갈등을 느끼지 않을 수 있습니다.

하지만 이 상황윤리는 분명한 반 기독교적인 성격을 가지고 있습니다. 그 이유는 하나님이 빠져 있고 신자의 목적인 하나님 사랑의 절대성을 의식하지 않기 때문입니다. 첫째 계명인 하나님 사랑이 안 될 때 둘째 계명인 이웃 사랑도 이루어지지 않습니다.

(마 22:37~39) "예수께서 이르시되 네 마음을 다하고 목숨을 다하고 뜻을 다하여 주 너의 하나님을 사랑하라 하셨으니 이것이 크고 첫째 되는 계명이요 둘째도 그와 같으니 네 이웃을 네 자신 같이 사랑하라 하셨으니"

신자가 눈만 뜨면 싸우는 것이 인본주의적 상황윤리라는 것을 알게 됩니다. 안 보이는 하나님보다 눈앞에 벌어지는 다급한 상황을 해결해야 하는 사람으로서는 최대의 적입니다. 사무엘상 13장에서 사울은 하나님 앞에 버림받는 출발의 죄를 짓게 되는데 바로 상황윤리 때문입니다. 블레셋이라는 강적 앞에 군사를 모으기는 했으나 두려움 끝에 점점 흩어져 갑니다(5-7절). 사무엘이 오기로 약속한 날인데 이상하게도 지체가 됩니다. 제사를 지내야 하는데 절차를 갖추기에는 상황이 두렵고 다급합니다. 하나님과의 절대적 신뢰관계가 형성되기 전 두려움이 지배하여 성급해지는 신자의 전형적 모습입니다.

결국 사울은 사무엘을 끝까지 기다리지 못하고 제사를 지내고 긴장한 가운데 사무엘을 맞이합니다(8-11절). 책망하는 사무엘에게 변명하는 부득이함으로라는 말은 상황윤리를 대표하는 단어입니다(12절). 우리가 신앙대로 끝까지 인내하지 못할 때 쓰는 말과 동일합니다. 이 때 사울이 경고의 말을 듣고 회개하며 다시는 불순종하지 않았다면 기회가 있었을지도 모릅니다. 분명히 사무엘을 통해 사울의 왕조가 당대에서 끝나지 않을 수도 있음을 말씀하고 있기 때문입니다(13절).

이 사건은 예배의 목적인 하나님께 영광은 잊고 의무만으로 예배하는 자에 대한 강력한 경고이기도 합니다. 하나님의 명령을 성실히 지켜 하나님께서 책임져 주시는 길을 가도록 하겠습니다.

♦ 사무엘상 14장 성경칼럼

6절 | 요나단이 자기의 무기를 든 소년에게 이르되 우리가 이 할례 받지 않은 자들에게로 건너가자 여호와께서 우리를 위하여 일하실까 하노라 여호와의 구원은 사람이 많고 적음에 달리지 아니하였느니라

7절 | 무기를 든 자가 그에게 이르되 당신의 마음에 있는 대로 다 행하여 앞서 가소서 내가 당신과 마음을 같이 하여 따르리이다

"왜 2명일까?"

하나님께서 인간을 구원하시는 숫자는 한 명 단위입니다. 부모가 잘 믿었다고 자녀가 무조건 구원받지 못함은 누구나 잘 압니다. 그런데 하나님께서 사람을 하나님 사역에 사용하시는 방법에는 2명의 원리가 있습니다. 더 정확히는 1명의 신앙 영웅을 독불장군으로 사용함보다 2명 이상이 합력하여 일하시는 것을 기뻐하시는 것입니다.

(마 18:20) "두세 사람이 내 이름으로 모인 곳에는 나도 그들 중에 있느니라"

예수님께서 제자들을 전도 파송하실 때 2명씩 짝을 지어 보내신 것은 큰 의미가 있습니다(눅 10:1).성경은 1명보다 2명 이상의 협동사역이 효율적인 면과 함께 실패 방지의 목적이 있다는 것을 증거 합니다.

(전 4:9-10) "두 사람이 한 사람보다 나음은 그들이 수고함으로 좋은 상을 얻을 것임이라 혹시 그들이 넘어지면 하나가 그 동무를 붙들어 일으키려니와 홀로 있어 넘어지고 붙들어 일으킬 자가 없는 자에게는 화가 있으리라"

우리는 사사기에서 삼손에게 동행하여 협조하고 조언할 단 한 사람이 없

어서 실족한 것을 명확히 목격했습니다. 신앙 사역에 2명의 협력 원리는 함께 한 두 사람의 온전한 신앙 일치를 전제로 합니다. 서로 자기 주머니를 채우려는 두 사람의 협력은 오히려 하나님의 사역을 훼손할 것이 분명합니다.

사무엘상 14장에는 영적으로 미흡한 사울 왕에게 요나단이라는 탁월한 영적 감각을 가진 아들이 등장합니다. 13장은 막강한 철제 무기를 보유한 블레셋 전력과 비교해 이스라엘 병사들은 축소되었고(600명) 무기 소유도 거의 없다는 것으로 마쳤습니다(13:15-22). 이대로 전면 전투에 들어가면 이스라엘군은 필히 패배할 것이고 다시 블레셋의 속국이 될 것이 뻔합니다. 아버지와는 다르게 요나단은 전쟁이 숫자에 의하여 승패가 결정되는 것이 아니라 하나님께서 함께 해야 함을 알고 있었습니다(6절).

요나단의 이 신앙은 하나님께서 주신 이성의 지혜와 합하여 기습이라는 전략에 이르게 됩니다. 아버지의 영적 상태를 잘 알고 있는 요나단은 병기 든 소년 1명에게만 함께 하자고 합니다. 적극 호응하여 따르는 무명의 소년은 영육의 기개가 아주 뛰어남을 알 수 있습니다(7절). 만일 요나단에게 이 한 명이 없었다면 또 다른 국면이 되었을 수도 있습니다. 다윗도 초기에 이 소년과 같은 반열에서 출발한 것을 보았을 때(16:21) 믿는 측근 한 사람의 위대한 가치를 알 수 있습니다.

요나단과 소년 병사의 기습은 하나님의 증표(8-15절)와 함께 대 성공을 거두었고 본대의 합류로 승리를 이끌게 됩니다. 이 과정에서 사울의 서투른 지휘와 서약은 요나단의 생명을 위협하는 부작용을 일으키지만 백성들의 변호로 해결이 됩니다(24-45절). 아버지의 불신앙에 맹종치 않는 아들의 발걸음이 돋보이지만 상비군 시행을 통해 왕국은 다져지고 저자는 이것이 사울의 업적이라고 기록합니다(52절). 인간의 장단점 모든 것을 하나님의 방법으로 사용하시는 섭리에 놀라며 우리도 그 손길을 사모하여 갈망합니다. 신실한 신앙의 한 사람을 저에게 주시고 저도 그런 사람이 되기를 원합니다.

♦ 사무엘상 15장 성경칼럼

22절 | 사무엘이 이르되 여호와께서 번제와 다른 제사를 그의 목소리를 청종하는 것을 좋아하심 같이 좋아하시겠나이까 순종이 제사보다 낫고 듣는 것이 숫양의 기름보다 나으니

35절 | 사무엘이 죽는 날까지 사울을 다시 가서 보지 아니하였으니 이는 그가 사울을 위하여 슬퍼함이었고 여호와께서는 사울을 이스라엘 왕으로 삼으신 것을 후회하셨더라

"평생 추구하고 성취한 것이 허상이었다?"

'한 여름 밤의 꿈'은 셰익스피어의 낭만 희극입니다. 사랑의 기쁨과 슬픔이 소용돌이치는 감정에 실려 역동적으로 쏟아져 나옵니다. 우리가 한 여름 밤의 꿈이라는 말을 들을 때 쑥 들어오는 것은 지난날을 돌아보니 실상이 아닌 허상을 붙들고 살았다는 느낌입니다. 어쩌면 우리 인생은 잠시 꾸었던 꿈처럼 순식간에 허무하게 가 버린다는 생각이 듭니다. 그토록 모질게 살아왔던 인생 고비 고비가 마지막 성적표에서 실체가 아닌 그림자였다고 판정된다면 얼마나 당황스럽겠습니까?

사무엘상 15장의 사울을 보면서 하나님과 교제가 끊어진 지도자의 비참한 허상과 실상을 발견합니다. 최고 권력자의 자리에 올랐지만 그 자리가 얼마나 중요하고 영적으로 깨어 있어야 하는 것을 모르고 있습니다. 이미 13장에서 하나님의 시험(test)에 불합격한 사울이 다시 주어진 기회인 2차 시험을 통과하지 못하는 비극을 보게 됩니다. 사울은 하나님의 뜻을 겸손히 받드는 것을 잊고 외적 환경에 의하여 교만해지고 하나님과 대적하는

치명적 선택을 합니다.

사무엘을 통하여 아말렉 족속을 진멸하라는 명령을 받고 승리는 합니다(2-8절). 문제는 하나님의 명령은 모든 소유와 아이와 가축까지 모두 죽이라는 것이었는데 불순종한 것입니다(8절).아각 왕을 사로잡고 짐승 중 좋은 것은 제물 사용을 핑계로 노획물로 삼습니다. 이 부분에 있어서 성경을 깊이 통찰하지 않은 분들은 의문을 제기할 수 있습니다. 사울의 행동이 인간적으로 볼 때 자비롭고 합리적인 면이 있지 않느냐고 보는 것입니다. 나아가 하나님께서 내리신 모조리 진멸하라는 명령이 너무 잔혹하지 않느냐며 하나님께 책임을 돌리는 역전도 가능합니다.

이 딜레마 같은 질문의 대답은 여러 차례 설명을 했지만 '진멸을 통한 헌신의 원리'에서 나옵니다. 이 원리는 이스라엘은 신정국가로서 하나님께 대적한 자와 그 소유는 완전히 진멸해야 공의가 실현된다는 것에서 나옵니다. 심판의 목적과 함께 영적인 오염을 방지해야 하는 것인데 신약에서도 이 원리는 연속됩니다(갈 5:19-21). 사무엘의 책망 앞에 철저히 회개하기보다 핑계를 대는 사울의 모습은 결국 최후통첩을 받습니다(24-26절). 제사는 그림자이고 순종이 실체임을 모르는 신앙인의 전형적인 결말입니다(22절).

우리가 예배에 형식만 갖추고 인격적 헌신의 마음이 없거나 말씀을 실천하겠다는 의지가 없으면 사울의 길을 가는 것입니다. 사울과 사무엘의 헤어지는 모습은 성경에서 최고도의 비극적인 장면에 해당됩니다(34-35절). 신정왕국의 왕이 하나님의 선지자를 만나지 못한다는 것은 하나님이 그를 버렸다는 증거이기 때문입니다. 사무엘기는 핑계대고 계산하며 진실한 회개를 안 하는 자의 말로가 얼마나 비참한지를 이어 갑니다. 우리 신앙의 끝 날이 교만한 모습이 아니길 간절히 기도합니다.

♦ 사무엘상 16장 성경칼럼

7절 | 여호와께서 사무엘에게 이르시되 그의 용모와 키를 보지 말라 내가 이미 그를 버렸노라 내가 보는 것은 사람과 같지 아니하니 사람은 외모를 보거니와 나 여호와는 중심을 보느니라 하시더라

13절 | 사무엘이 기름 뿔병을 가져다가 그의 형제 중에서 그에게 부었더니 이 날 이후로 다윗이 여호와의 영에게 크게 감동되니라 사무엘이 떠나서 라마로 가니라

"결정권자"

어떤 모임이든 결정의 주체가 있습니다. 군주정은 왕 한 사람이 결정하고 귀족정은 소수의 귀족들이 통치하고 민주정은 시민 모두에 의해 권력이 행사 됩니다. 현재 대한민국은 민주정을 근본으로 대표자를 뽑아 정치하는 '대의민주주의 체제'라고 볼 수 있습니다. 군주정은 선한 왕의 권위가 다스리면 백성들이 편안해지지만 악한 왕이 등장하면 아주 심각한 사태가 벌어집니다. 군주정이 타락하면 참주정이 되는데 여기서 참은 '주제넘다'는 뜻으로 아무도 인정하지 않는 권위가 상실된 자가 억지로 다스리는 체제를 말합니다.

군주정의 왕은 무소불위한 권력이 있지만 왕을 세운 권위인 하나님께 버림받으면 참주정이 되어 폐위가 됩니다. 성경은 왕을 세우고 폐하는 결정권자가 하나님이심을 정확하게 선포하고 하나님께서 진정한 왕이심을 선포합니다(시 95:3).

(호 13:11) "내가 분노하므로 네게 왕을 주고 진노하므로 폐하였노라"

이스라엘 백성들의 요구로 사울이 왕으로 세워졌지만 두 번의 시험(13, 15장)에 불합격함으로 그는 폐위의 길을 가게 됩니다. 실상 심판적인 허락으로 세워진 사울을 하나님께서 처음부터 왕이 아닌 지도자로 부른 것을

유의해야 합니다(9:16). 16장에서 이번에 기름 부을 자를 왕이라고 표현한 것과 대조됩니다(1절). 백성들의 요구에 의한 것이 아닌 하나님께서 친히 선택한 다윗이기에 사울과 다른 과정이 나타납니다.

사울은 사람들이 보기에 용모와 신장이 탁월한 왕의 재목이었지만 다윗은 아예 후보에서도 제외되는 출발을 보입니다(4-10절). 다윗을 세워 나가시는 모습을 통해 하나님께서 자기 사람을 어떻게 만들어 가시는 것을 배울 수 있습니다. 첫째 하나님께서는 사람의 외모보다 중심을 보십니다(7절). 여기서 중심의 원어 '레브'를 직역하면 마음(heart)이란 뜻입니다. 하나님께서는 마음의 눈을 가지고 신앙과 겸손, 진실한 인격을 감찰합니다(딤후 2:21).

둘째, 하나님의 일꾼들은 부르심과 함께 성령의 은사를 주십니다(12-13절). 하나님의 능력이 함께 해야 도덕성을 소유하고 직분을 감당할 실력도 갖출 수 있기 때문입니다. 셋째, 하나님의 종에게 있어서 연단의 과정이 필수임을 보여 주십니다. 다윗은 소년 시절 왕으로 기름 받은 후에 적어도 10-15년 동안의 온갖 연단을 받고 30세에 유다 왕으로 등극합니다(삼하 5:4).

고난 속이지만 영적 상승을 하는 다윗과 반대로 사울은 왕위에 있지만 하강기로 돌진 합니다.하나님의 신이 떠난 사울은 무엇을 하여도 백약이 무효이어서 영육이 악화되고 있습니다(14절). 신약의 성도에게 성령님이 내주하신다는 실재가 얼마나 영광스러운 능력인지를 실감합니다(엡 1:13-14). 중심이 늘 주님께 있게 하옵소서(엡 6:5-7).

♦ 사무엘상 17장 성경칼럼

45절 | 다윗이 블레셋 사람에게 이르되 너는 칼과 창과 단창으로 내게 나아오거니와 나는 만군의 여호와의 이름 곧 네가 모욕하는 이스라엘 군대의 하나님의 이름으로 네게 나아가노라

49절 | 손을 주머니에 넣어 돌을 가지고 물매로 던져 블레셋 사람의 이마를 치매 돌이 그의 이마에 박히니 땅에 엎드러지니라]

"다윗의 물맷돌, 나의 물맷돌"

너무 재미있고 시대에 맞는 주제로 화제를 몰고 오는 영화와 드라마가 있습니다. 출연진의 명연기와 스탭진의 높은 작업 도에 박수를 보내지만 최고의 공로자는 작가입니다. 시나리오와 각본이 졸작이면 아무리 뛰어난 연기자와 감독이 있어도 시원찮게 끝나는 것을 많이 보았기 때문입니다. 성경에는 인간이 상상하지도 못할 드라마가 너무나 많습니다. 그중에서도 신자와 불신자를 막론하고 베스트 5에 항상 들어갈 이야기가 있다면 다윗과 골리앗의 전투입니다. 우리는 이 이야기를 너무 많이 듣고 결과도 이미 알기에 면역성이 생겼지만 실상으로 들어가면 그 스릴(아찔한 느낌)은 역대 최고입니다.

이스라엘의 원수인 블레셋 군의 대장군 골리앗은 키가 280cm이고 전신을 무장하고 큰 창을 들었습니다. 민족의 복수심이 끓어올라 이번 전쟁에서 이스라엘을 멸절시키려는 전의가 불 타 오릅니다. 에베스담밈 골짜기에 진을 친 양군의 대치에서 사기가 떨어진 이스라엘을 마구 조롱합니다. 40일간 대책 없이 수치를 당하는 이스라엘에게 우여곡절 끝에 다윗이 등장합니다(12-31절). 인간의 시각에서 보면 우여곡절이지만 우리는 하나님의 치밀한 각본이 작동되고 있음을 눈치 챌 수 있습니다.

맞부딪친 다윗과 골리앗의 말싸움은 겉으로는 사기 진작으로 보이지만 실제로는 신앙에 대한 전투입니다. 다윗이 보기에 하나님을 모독하는 골리앗은 이미 죽은 목숨이나 다름없었습니다(45-46절). 어린 시절부터 율법을 배우고 들판에서 양을 치며 하나님을 경험한 다윗에게 하나님을 업신여기는 자는 이미 이긴 것입니다. 이것은 하나님의 영광을 위한 싸움은 반드시 이길 것이라는 미래적 확신에서 나온 것입니다. 다윗이 취한 전술은 몸에 맞지 않는 갑옷은 벗어 던지고 자신에게 익숙한 물매와 돌을 잡은 것입니다(38-40절).

이 선택은 하나님의 능력을 절대 의지하는 면과 함께 인간의 전문 헌신의 도구를 찾는 작업입니다. 내 속에 하나님께서 들어 사용하실 그 무엇이 어떤 것인가를 찾는 것입니다. 목동 시절 늘 사용했던 물맷돌이 하나님의 능력과 함께 할 때 골리앗을 죽였습니다(48-51절). 우리가 생활하면서 아주 익숙히 하나님께 훈련받은 그 무엇이 영적전쟁의 승리도구가 되는 것입니다. 성경에는 생활 가까이에 있는 지팡이, 나팔, 항아리, 횃불, 턱뼈, 기름, 물 등이 승리도구로 사용 되었습니다.

무명 소년의 한 끼 도시락 오병이어가 주님 손에 드려졌을 때 장정만 세어도 5천 명이 흡족하게 먹는 기적을 이루었습니다(막 6장). 전설만 같았던 다윗과 골리앗의 이야기가 나의 물맷돌을 찾아 사용하는 순간 나의 간증으로 변환될 수도 있다는 것에 깜짝 놀라지 않을 수 없습니다. 성실한 생업과 신실한 신앙 가운데 익숙하게 가다듬은 나의 물맷돌은 과연 무엇일까요? 하나님 주권과 인간 자유의지의 조화라는 주제는 항상 흥미진진합니다.

♦ 사무엘상 18장 성경칼럼

3절 | 요나단은 다윗을 자기 생명 같이 사랑하여 더불어 언약을 맺었으며
11절 | 그가 스스로 이르기를 내가 다윗을 벽에 박으리라 하고 사울이 그 창을 던졌으나 다윗이 그의 앞에서 두 번 피하였더라

"살면서 무엇이 가장 어렵습니까?"

이 질문의 대상을 성인으로 할 때 몇 가지 대답을 추론해 보겠습니다. 스스로에게는 육신의 정욕을 이기는 것이 힘들다고 할 것입니다. 사회적 관계에서는 돈을 버는 일이 엄청 힘듭니다. 행복과 보람을 찾는 단계에서는 사랑받는 일과 존경받는 것이 어렵습니다. 이 분야가 가장 어려운 이유는 자연적 인간은 다른 사람에 대한 존경과 숭앙을 절대 안하는 존재이기 때문입니다. 하나님을 떠난 인간의 실존은 철저한 자기중심적이고 타인에 대한 경계에 날이 서 있습니다. 세상의 존경에 많은 과장과 왜곡이 있다는 사실은 역사가 증명합니다.

사무엘상 18장은 다윗의 부상과 함께 사울이 질투하는 모습이 적나라하게 그려지고 있습니다.

다윗은 전 방위적으로 사랑과 존경을 넓혀 가는데 그 근원은 바로 하나님께서 함께 하심에 있습니다(14, 28절). 적대적이어야 할 사울의 아들 요나단과 딸 미갈도 다윗을 끔찍이 사랑하고 있습니다(1-3, 20절). 다윗의 부상을 견제해야 할 궁중 관리와 모든 서민들까지 온통 다윗을 사랑하고 있습니다(5-7, 16절). 역사상 유례가 없는 이런 다윗의 모습을 보고 누가 연상됩니까?

(눅 2:52) "예수는 지혜와 키가 자라가며 하나님과 사람에게 더욱 사랑스러워 가시더라"

구약에서 예수님의 모형에 가장 가까운 사람이 다윗임을 알 수 있고 이스라엘을 구원할 자임을 드러내고 있습니다. 정치적으로 정적의 위치에 있어 원수 같아야 할 요나단의 다윗 사랑은 깊이 묵상할 주제입니다. 혈연보다 진하고 친구 우정의 차원을 뛰어넘는 이 관계는 여호와 신앙의 권능에서만이 나올 수 있습니다(1-4절). 사람과 사람 사이의 진정한 사랑과 우정은 그리스도 안에서의 믿음이 아니고는 불가능하다는 사실을 보여 줍니다.

이 결론을 뒷받침하는 인물이 바로 사울입니다. 하나님께서 버리고 악신이 임한 사울의 몰락하는 추한 모습은 안타깝기 그지없습니다. 다윗의 인기가 높아지고 민심이 옮겨지는 상황을 목격하며 질투에 몸부림치며 직접 창을 던지기까지 합니다(10-11절). 선택하여 하는 일이 하나님의 뜻이 아니니 빈번한 에러가 납니다(13절).

하나님을 떠난 인간의 꾀는 점점 자기 자신을 옥죄이고 주변을 괴롭힙니다. 우리 눈앞에 잘됨과 못됨의 분깃점이 하나님과의 관계에서 결정된다는 확정적 그림이 펼쳐져 있습니다.

(시 62:5~6) “나의 영혼아 잠잠히 하나님만 바라라 무릇 나의 소망이 그로부터 나오는도다 오직 그만이 나의 반석이시요 나의 구원이시요 나의 요새이시니 내가 흔들리지 아니하리로다”

주님과 밀착하여 동행하기를 소원합니다.

♦ 사무엘상 19장 성경칼럼

6절 | 사울이 요나단의 말을 듣고 맹세하되 여호와께서 살아 계심을 두고 맹세하거니와 그가 죽임을 당하지 아니하리라

12절 | 미갈이 다윗을 창에서 달아 내리매 그가 피하여 도망하니라

"내 모든 것을 다해 너를 지키겠다!"

위기에 처한 자에게 이 말은 복음이지만 누가 하느냐에 따라 결과는 판이합니다. 힘이 없는 필부가 하는 말이라면 귀담아 들을 필요가 없습니다. 그런데 세계 최고의 힘을 가진 미국 대통령이나 부자 순위 1위가 했다면 믿고 안심해도 될 것입니다. 사울과 다윗은 쉽게 표현하기 어려운 관계로 얽혀 있습니다. 왕과 신하이지만 신구 권력 교체로 정적이 되었고 장인과 사위 관계이지만 신뢰는 흐르지 않습니다. 이 근원에는 다윗이 구국의 영웅으로 백성들의 신망을 받는 것에 대한 사울의 시기심에 있습니다. 나아가 사울은 왕권의 촛대가 다윗에게 넘어간 것을 알고 있습니다. 권력의 속성상 태양은 두 개가 없듯이 다윗은 사울에게 있어서 제거 대상이 되었습니다.

사울의 권력은 이제 공식적으로 다윗을 제거하는데 전력을 쏟게 되고 모든 신하에게 살해 명령이 내려집니다(1절). 3천 년 전의 군주정에서 왕이 한 사람을 죽이겠다고 전심을 다하는 이 광경에 골육이 떨리지 않습니까? 일반적으로는 하나마나한 싸움이지만 다윗의 배후에는 하나님이 있습니다. 전능하신 하나님께서 모든 걸 동원해서 다윗을 지키고 정하신 뜻을 이루시겠다고 하시는 것입니다. 문제는 하나님은 보이지 않는 분이시고 그 역사는 인간의 차원과는 다르다는데 있습니다 .

19장에 나오는 방법만 하더라도 사람의 힘으로 될 수 있는 것이 아닙니다. 18장에서의 살해 기도가 우발성이 있었다면 이번에는 수금을 타는 다윗에게 작심하고 직접 창을 던집니다(9-10절). 사울의 무예로 볼 때 성공했을 살해가 실패한 것은 하나님의 특별한 보호가 있었음이 분명합니다. 이어지는 미갈이 다윗을 도피시키는 것(11-17절)은 요나단의 우정(2-7절)과 함께 사울의 가족이 다윗 편에 서는 독특한 구조를 가지고 있습니다. 왕인 아버지의 정적인 원수의 편에 설 수 있는 자녀가 어떻게 가능하겠습니까? 이것 역시 하나님의 손길로서 사람을 감동시키어 사용하시는 것으로 보아야 합니다.

우리는 직접 역사하시는 하나님을 볼 수 없지만 인간을 통해 섭리하심을 보는 영안을 구해야 합니다. 마지막으로 끝까지 회개하지 않고 다윗을 죽이려는 사울과 그의 사자들에게 하나님의 신이 역사하시는 것을 목격합니다. 위로부터 강권적으로 역사하는 하나님의 영을 거부할 자는 아무도 없습니다.

신령한 예언을 하고 묵시적 황홀경에 빠져 다윗을 해하려는 계획이 수포로 돌아갑니다(20-21절). 사울마저 그 뜨거움에 옷을 벗고 종일 벌거숭이로 있게 하여 다윗에게 피할 시간을 주니 하나님의 방법에는 당할 자가 없습니다(24절). 다윗의 하나님은 나에게도 환난 날의 산성이며 피난처가 되심을 믿습니다(시 59:16-17).

♦ 사무엘상 20장 성경칼럼

3절 | 다윗이 또 맹세하여 이르되 내가 네게 은혜 받은 줄을 네 아버지께서 밝히 알고 스스로 이르기를 요나단이 슬퍼할까 두려운즉 그에게 이것을 알리지 아니하리라 함이니라 그러나 진실로 여호와의 살아 계심과 네 생명을 두고 맹세하노니 나와 죽음의 사이는 한 걸음 뿐이니라

41절 | 아이가 가매 다윗이 곧 바위 남쪽에서 일어나서 땅에 엎드려 세 번 절한 후에 서로 입 맞추고 같이 울되 다윗이 더욱 심하더니

"모든 것이 사라져야 증명되는 것"

효심과 우정과 사랑은 듣기만 해도 흐뭇하고 귀하며 아름답습니다. 그

런데 이 앞에 '진정한'이란 수식어가 붙는 순간 복잡해집니다. '아, 그런 건 없지'라고 탄식이 나올 수도 있습니다. 대부분의 효도와 우정과 사랑은 주고받는(give and take) 조건에서 이루어지기 때문입니다. 한편이 아무 것도 없어 받을 것이 없는데 수평적인 좋은 관계를 지속적으로 유지할 수 있느냐는 반문입니다. 병든 부모와 배우자를 돌보며 사는 모습은 진정한 효도이며 사랑으로 인정할 수 있습니다. 우정으로 들어오면 더 어렵다는 것이 정설입니다. 목숨을 걸고 사랑하고 끝까지 의리를 지키는 친구란 너무 생소하지 않습니까?

수많은 우정의 사례 중에 관포지교와 오성과 한음이 생각나지만 기독교 문화권에서는 단연코'다윗과 요나단'입니다. 사무엘상에서 시작된 이 이야기는 역사 이래 가장 역동적인 우정을 보여 줍니다. 다윗과 요나단은 모든 것을 다 바치고 나누는 우정의 요소만 보면 타 이야기와 비슷하지만 구별되는 한 가지가 있습니다. 바로 하나님 앞에서 이루어지는 신앙의 영적 관계입니다. 요나단은 인간적으로 다윗이 좋아 권력과 부귀를 버린 측면보다 하나님의 뜻을 순종하여 모든 것을 포기한 것이 더 강합니다.

자신이 아버지에게 버림받고 죽을 수도 있었음에도 하나님이 선택한 왕인 다윗을 위한 행동을 하였습니다(24-40절). 성경은 다윗이 요나단을 향하여 얼마나 감사하며 예의를 갖추었는지 여러 차례 절절히 기록하고 있습니다. 이별의 장면에서 왕자에 대한 예우와 함께 생명의 은인에 대한 감사로 세 번 엎드려 절합니다(41절). 같이 울되 다윗이 더 심하게 울었다는 것은 보는 우리에게도 그 마음이 전달됩니다.

요나단의 사후에 그와 맺은 약정(15절)을 지켜 그의 후손을 돌보는 다윗의 신실함에 마음이 훈훈해집니다(삼하 9:6-7). 이 거룩한 우정의 거름이 있다면 사울의 악역과 함께 죽음을 눈앞에 두고 행하는 절실함입니다. 다윗이 잘못이 없음에도 생명의 위협을 받아 도피하며 고백한 신앙이 '죽음과 나는 한 걸음 뿐'이라는 말입니다(3절).

한 걸음 딛고(1초 후에) 죽을 수도 있으니 한 순간도 하나님 앞에서 안 살 수가 없는 것입니다. 모든 것이 사라지고 나서야 증명되는 진정한 우정은 죽음을 의식하고 사는 자에게 주어지는 선물입니다. 주님이 제자들을 친구로 불러 주셨다는 것은 우리에게도 똑같은 초청장을 주신 것입니다. 예수님의 친구가 되는 축복이 다윗과 요나단으로 가는 비결임을 깨닫습니다.

(요 15:15) "이제부터는 너희를 종이라 하지 아니하리니 종은 주인이 하는 것을 알지 못함이라 너희를 친구라 하였노니 내가 내 아버지께 들은 것을 다 너희에게 알게 하였음이라"

♦ 사무엘상 21장 성경칼럼

6절 | 제사장이 그 거룩한 떡을 주었으니 거기는 진설병 곧 여호와 앞에서 물려 낸 떡밖에 없었음이라 이 떡은 더운 떡을 드리는 날에 물려 낸 것이더라

13절 | 그들 앞에서 그의 행동을 변하여 미친 체하고 대문짝에 그적거리며 침을 수염에 흘리매

"최고의 공포 앞에서"

공포란 두렵고 무서운 감정입니다. 공포의 강도를 지수로 표시할 때 가장 강한 영역은 생명에 대한 위협일 것입니다. 벌레와 맹수와 질병과 환경의 공포가 있지만 언제 어떻게 죽을지 모르는 공포는 이성을 마비시킵니다. 왕이 모든 것을 동원해 죽이려 하고 전국에 지명 수배를 내려 어딜 가든지 위험하다면 그 공포는 어떻겠습니까? 다윗이 최고의 인기와 존경을 받는

위치에서 언제 죽을지 모르는 반역자로 유랑자 신세가 되었습니다. 신분의 급전직하는 고난의 점입가경으로 달려갑니다. 성막이 있는 놉에 이르러 제사장 아히멜렉을 만나서 행동하는 모습은 예전의 당당한 다윗이 아닙니다.

골리앗을 무너뜨리고 블레셋 군대와 싸워 이길 때의 담대함은 사라지고 타협하며 거짓말(2, 8절)도 합니다. 정처 없는 도망을 위해 제사장을 찾아갔지만 뾰족한 길을 찾지 못하고 진설병 논란이 벌어집니다. 진설병을 먹는 것은 잠시의 굶주림에 대한 해결 방법이었지만 그 여파는 신앙의 본질로 발전합니다. 예수님과 바리새인의 유명한 안식일 논쟁에 이 사건이 인용되었던 것입니다.

(마 12:4~5) “그가 하나님의 전에 들어가서 제사장 외에는 자기나 그 함께 한 자들이 먹어서는 안 되는 진설병을 먹지 아니하였느냐 예수께서 이르시되 다윗이 자기와 그 함께 한 자들이 시장할 때에 한 일을 읽지 못하였느냐”

제사장에게만 거룩한 진설병을 먹게 한 율법 규례(출 25:30)의 본래 목적은 거룩한 떡이 부정하게 소용되는 것을 막기 위해서입니다. 그런데 굶주린 다윗 일행이 부정하지 않음이 증명된 후에(3-6절) 이 떡을 먹었다는 것은 거룩한 진설병보다 사람이 더 중요하다는 증명입니다. 이 논쟁은 안식일에 병자를 고친 예수님은 안식일보다 더 존귀한 안식일의 주인이 되신다고 결론이 맺어집니다(마 12:6-8).

곤경과 굶주림에 처한 처량한 다윗을 통해서 하나님의 뜻을 선명히 보여주셨습니다. 이스라엘 땅 어디에도 피난처를 구할 수 없다고 판단한 다윗은 이제 원수의 나라 블레셋으로 피신합니다. 이 선택은 다윗의 정체가 발각됨으로 체포당할 위기에 봉착합니다(11-12절). 위기를 벗어나고자 미친 척하는 연기를 펼치고 간신히 도망 나오는 다윗의 모습은 여러 측면의 메시지가 생깁니다(10-15절). 긍정적으로는 바닥까지 경험하는 훈련과 위기를 벗어나는 기지로 볼 수 있습니다. 부정적으로는 하나님의 사람으로서 외형적으로 가장 추한 광인의 흉내를 내는 것이 불신앙의 형벌로 보는 것입니다.

논란의 추는 어디론가 기울어지겠지만 중요한 것은 다윗의 이 경험은 어떤 지경에서도 오직 하나님만 의지하는 사람으로 만들어 간 것은 분명합니다. 깊은 골짜기가 큰 산을 만들듯이 최고의 고난은 신앙의 거목을 만들어 갑니다. 21장의 사건들이 다윗의 신앙여정에 얼마나 큰 영향을 끼쳤는지는 이때를 배경으로 쓴 3편의 시편(34, 52, 56편)을 통하여 드러납니다.

(시 56:13) "주께서 내 생명을 사망에서 건지셨음이라 주께서 나로 하나님 앞, 생명의 빛에 다니게 하시려고 실족하지 아니하게 하지 아니하셨나이까"

♦ 사무엘상 22장 성경칼럼

2절 | 환난 당한 모든 자와 빚진 모든 자와 마음이 원통한 자가 다 그에게로 모였고 그는 그들의 우두머리가 되었는데 그와 함께 한 자가 사백 명 가량이었더라

20절 | 아히둡의 아들 아히멜렉의 아들 중 하나가 피하였으니 그의 이름은 아비아달이라 그가 도망하여 다윗에게로 가서

"세상에 건너뛰는 법은 없다!"

사람은 한방에 대박을 꿈꾸지만 단계를 거치지 않는 성공은 없습니다. 공짜는 없다와 대가를 치른 것만이 가치가 있다는 말이 유사 문장입니다. 실력이 없이 이룬 성공은 모래위에 지은 집과 같습니다. 성경은 이 실력을 주님 말씀을 지키는 실천으로 정해 주십니다.

(마 7:26) "나의 이 말을 듣고 행하지 아니하는 자는 그 집을 모래 위에 지은 어리석은 사람 같으리니"

하나님께서 믿음의 지도자를 훈련시키는 길에는 건너뛰는 법이 없도록 설계하셨습니다. 그러면 반드시 건너뛰어야 하는 그것은 과연 무엇일까요? 하나님 앞에서 자신이 얼마나 죄와 허물뿐인 미약한 자임을 자각하는 단계입니다. 여기에 이르기 위해서는 뼈아픈 고통과 질곡의 골짜기를 겪지 않으면 안 되게 되어 있습니다. 이 단계를 거치고 쓰임 받은 인물(아브라함, 야곱, 요셉, 모세, 욥, 다니엘, 베드로, 바울 등)은 수도 없이 많습니다.

특별히 다윗은 이 주제의 대표주자입니다. 다윗은 그가 쓴 시편에서 자신의 약함을 고백하며 오직 하나님만이 피난처가 되신다는 고백을 수없이 하였습니다(시 59:16-17). 이 고백은 실제적으로 세상 어디에서도 자신의 피난처를 발견하지 못하고 방랑한 경험에서 나온 것입니다. 그 비참함 속에 비겁하고 잔꾀도 쓰고 거짓말도 하고 미치광이 연기도 하였습니다. 수염에 침을 질질 흘리고 문을 치며 낙서하고 횡설수설하기까지 합니다(21장).

그럼에도 불구하고 끝까지 보호하시고 책임지시는 하나님의 은혜로 이제 22장에 들어서며 아둘람 굴에 이르게 됩니다. 이 아둘람 굴은 다윗에게 있어서 이전의 분위기와 다른 전환의 계기를 주게 됩니다. 사울의 폭정으로 환난을 당한 약하고 빚지고 원통한 자들이 다윗에게 모여듭니다(1-2절). 바닥까지 가본 다윗이기에 이제 사람을 품을 수 있는 단계로 나갈 수 있게 되었고 자위대가 구성된 것입니다. 그뿐 아니라 꺼져가는 사울과 정반대로 선지자 갓이 찾아오고 변을 피한 제사장 아비아달도 다윗에게 오게 됩니다(5, 20절).

외적 처지는 빈곤하지만 영적으로는 왕인 다윗과 선지자 갓과 제사장 아비아달이 연결되어 신정왕국의 면모가 갖춰진 것입니다. 이 과정에서 이방 에돔 사람 도엑을 통한 제사장 가문 몰살(17-19절)이 일어나는데 엘리 제사장 가문 멸망 예언에 대한 성취입니다(2:31-36, 3:11-14).

조상의 죄로 후손이 몰살되는 것 같은 이 사건은 이해가 어렵지만 후손 개인에게는 순교적 죽음의 의미로 해석해야 함을 보여 줍니다. 하나님이 떠난 사울의 발버둥과 하나님과 함께 하는 다윗의 단단함을 극명하게 보여주는 22장을 보며 어떤 생각이 드십니까? 나에게 오는 훈련의 단계를 감사하며 받겠다는 다짐을 하게 됩니다.

♦ 사무엘상 23장 성경칼럼

12절 | 다윗이 이르되 그일라 사람들이 나와 내 사람들을 사울의 손에 넘기겠나이까 하니 여호와께서 이르시되 그들이 너를 넘기리라 하신지라

27절 | 전령이 사울에게 와서 이르되 급히 오소서 블레셋 사람들이 땅을 침노하나이다

"배신"

사람을 못 견디게 하는 것 중의 상위랭킹에 배신이 있습니다. 배신을 참기 어려운 이유는 그 성격이 배은망덕이기 때문입니다. 아무 사이가 아닌데 기대에 어긋났다고 배신했다고 하지 않습니다. 사랑하고 구해주고 은덕을 베풀었는데 보답하기는커녕 해를 끼친다면 그 배신감에 치를 떨게 됩니다. 세상대로 하자면 배신자를 응징하고 몇 배나 복수하는 것이 당연하지만 그리스도인은 그럴 수 없다는 것이 고민입니다. 구약의 동해보복법(출 21:23)은 같은 수준으로 보복하라고 하지만 신약에서는 원수를 사랑하라

는 새 계명이 주어집니다.

(마 5:44) "나는 너희에게 이르노니 너희 원수를 사랑하며 너희를 박해하는 자를 위하여 기도하라

바울은 도저히 이해가 되지 않는 원수사랑 명령의 이유를 원수는 하나님께서 갚아 주시기 때문이라고 정리해 줍니다.

(롬 1219) "내 사랑하는 자들아 너희가 친히 원수를 갚지 말고 하나님의 진노하심에 맡기라 기록되었으되 원수 갚는 것이 내게 있으니 내가 갚으리라고 주께서 말씀하시니라"

결국 인간적으로 못 견디는 배신에 대한 대처는 하나님과의 관계가 키(key)가 됨을 알 수 있습니다. 전장에서 추종자들과 결집하여 자위대를 만든 다윗에게 날카로운 소식이 날라 옵니다. 블레셋이 그일라의 타작마당을 탈취한다는 것입니다(1절). 이것은 한해 농사의 모든 것을 뺏긴다는 것이니 생명을 앗아가는 것과 같습니다. 백성을 사랑하여 의로운 분노를 일으킨 다윗은 이 사안에 대하여 하나님의 뜻을 묻습니다(2절). 다윗은 하나님의 허락을 받고 강력한 블레셋 군대를 도륙하고 곡식과 가축을 찾아옵니다.

다윗은 그일라 주민에게는 생명의 은인이고 구원자임이 분명합니다(4-5절). 그러나 그일라 사람들의 배신은 사울의 위협 속에서 대의보다 실리를 택함으로 일어납니다. 인간의 수많은 배신의 뿌리는 세상을 사랑하며 눈앞의 이익을 택하는 경향에 있습니다.

(겔 33:31) "백성이 모이는 것 같이 네게 나아오며 내 백성처럼 네 앞에 앉아서 네 말을 들으나 그대로 행하지 아니하니 이는 그 입으로는 사랑을 나타내어도 마음으로는 이익을 따름이라"

다윗이 하나님의 보호와 인도로 십 광야에 이르렀을 때도 십 사람들의 밀고로 최대의 위험에 봉착합니다(19-23절). 위기일발의 순간 사울에게 블레셋 침공 급보가 전해지고 사울 군대가 회군함으로 다윗 일행은 구사일생으로 살아납니다(27-28절). 이 광경을 보고 모든 것을 동원하여 역사하시는 하나님의 완벽한 작품이 아니라고 할 사람은 없습니다. 배신의 위기를 헤쳐 나온 다윗의 방법은 하나님과의 교제를 통하여 인간의 배신까지 통찰할 수 있는 지혜였습니다(10-13절). 또한 요나단과의 해후를 통한 신앙의 격려와 인간적인 위로도 하나님의 색다른 손길입니다(14-18절). 배신에 칭칭이며 잠을 못 이루는 그리스도인의 고통에 대한 하나님의 해결은 지금도 계속되고 있습니다.

♦ 사무엘상 24장 성경칼럼

5절 | 그리 한 후에 사울의 옷자락 벰으로 말미암아 다윗의 마음이 찔려
15절 | 그런즉 여호와께서 재판장이 되어 나와 왕 사이에 심판하사 나의 사정을 살펴 억울함을 풀어 주시고 나를 왕의 손에서 건지시기를 원하나이다 하니라

"한번 더 생각하는 사람"

짐승과 사람의 차이는 생각하는 것에 있습니다. 짐승이 인간 보편의 가치인 정의를 상상할 수 없고 이타주의 사랑에 고민할 리도 없습니다. 만약 사람이 생각하지 않고 본능적인 감각에 의해서만 행동한다면 짐승의 차원으로 떨어지고 말 것입니다. 그러면 생각의 내용은 무엇일까요? 흔히 즉흥적인 사람에게 한번만 더 생각해 보라고 했을 때의 생각은 너에게 이익이 되고 피해를 당하지 않을 것이라는 내용입니다. 그러나 하나님의 사람에게 한번만 더 생각해 보라는 것은 '하나님의 뜻이 무엇인지 떠올려 보라'는 것입니다.

아무리 좋은 인간적 생각이라도 하나님의 뜻과 어긋나면 나쁜 사고로 이어 집니다. 하나님의 뜻은 성경에 있으므로 말씀에 대한 지식에 생각을 잇대어야 합니다. 즉 결정적인 순간에 자신에게 있는 말씀을 생각해야 하나님의 뜻을 알 수 있다는 것입니다. 우리가 평상시에 성경을 읽고 묵상하고 암송하고 연구하여 영적 저축을 해놓는 것은 정말 소중합니다.

(시 119:11) “내가 주께 범죄 하지 아니하려 하여 주의 말씀을 내 마음에 두었나이다”

사무엘상 24장은 하나님의 뜻에 생각이 없는 사울과 하나님의 뜻을 생각하여 순종하는 다윗의 짜릿한 이야기입니다. 블레셋의 침공을 방어하고 다시 집요하게 다윗을 죽이려고 엔게디까지 추격해 온 사울의 모습은 마치 마귀의 속성과 닮았습니다(벧전 5:8). 사울은 다윗이 은신하고 있는 굴속에 용무를 보러 찾아들게 됩니다(3절). 부하들은 사울을 죽일 절호의 기회라고 생각하고 다윗에게 사울을 죽이라고 충언합니다(4절). 상황적으로 볼 때 다윗은 무방비의 사울을 죽일 완벽한 기회를 잡은 것이고 민심이 떠난 사울을 죽이면 다윗이 왕이 되는 것은 아주 순탄할 것입니다. 나아가 이 모든 것은 하나님께서 조성해 놓으신 것이라는 주변 분위기도 잡혀 있습니다(4절).

그러나 다윗의 선택은 사울을 죽이지 않고 겉옷자락만 가만히 베고 맙니다(4절). 그 후 마음이 찔렸다고 하였는데 이는 여호와께 기름 부은 자에 대한 결례로 신앙 양심이 괴로웠다는 뜻입니다(5-6절). 당시에 아무도 몰랐던 다윗의 하나님에 대한 뜻은 무엇이었을까요? 복수는 하나님께 맡겨야 하는 것(히 10:13)과 신정왕국의 왕으로 기름부음 받은 자의 처분권은 오직 하나님께 있다는 것이었습니다. 구약의 왕은 영적으로 하나님의 대리자이고 오실 메시야의 예표(9:16)이기에 그에 대한 대적은 하나님께 대한 도전이 되는 것을 알았습니다.

이 원리는 신약으로 이어져 하나님의 위임권위를 맡은 자에 대한 순종으로 나타나게 됩니다. (벧전 5:5) "젊은 자들아 이와 같이 장로들에게 순종하고 다 서로 겸손으로 허리를 동이라 하나님은 교만한 자를 대적하시되 겸손한 자들에게는 은혜를 주시느니라"

이어지는 다윗과 사울의 대화는 사과(16-19절)와 인정(20절)을 거쳐 후손의 보호에 대한 맹세(27절)로 나아갑니다. 이 좋은 상태가 회개하지 않는 사울의 생각 없음으로 깨지는 비극은 무척 안타깝습니다(26장).

♦ 사무엘상 25장 성경칼럼

13절 | 다윗이 자기 사람들에게 이르되 너희는 각기 칼을 차라 하니 각기 칼을 차매 다윗도 자기 칼을 차고 사백 명 가량은 데리고 올라가고 이백 명은 소유물 곁에 있게 하니라

33절 | 또 네 지혜를 칭찬할지며 또 네게 복이 있을지로다 오늘 내가 피를 흘릴 것과 친히 복수하는 것을 네가 막았느니라

"하늘이 준 브레이크"

고속도로에 차량이 많아 속도를 내지 못할 때의 기분을 아실 것입니다. 빨리 가려고 통행료까지 내며 선택했는데 일반도로로 빠질 수도 없으니 짜증이 나는 것은 당연합니다. 꼼짝없이 갇혀 있는 기분인데 그 상황을 역전시키는 생각이 있습니다. 혹시 고속도로를 과속하다가 사고 위험이 있어 하나님께서 억지로 천천히 가라고 브레이크를 주신 것은 아닌가 입니다. 이 생각을 하고 그 의미를 되새기면 신기하게도 꽉 막힌 도로 사정에 여유를 가지게 됩니다.

공감 못할 비약적 적용일 수도 있지만 인생 전체로 보면 이 원리는 면면

히 흐르고 있습니다. 겉으로 보면 마땅찮은 환경이나 사람이 신앙 여정에서 내 마음대로 폭주하지 못하게 하는 제어 장치가 되는 일은 아주 흔합니다. 다만 이 브레이크는 잘 안 보여서 하나님께서 주신 은혜임을 모르는 것이 대부분의 인간수준입니다. 우리가 성경을 정독 묵상하면서 간접 경험을 통해 이 브레이크를 안다면 큰 유익이 될 것입니다.

사무엘상 25장은 이스라엘 민족의 국부 같은 사무엘의 죽음을 보도함으로 시작됩니다(1절). 사울시대 종막의 느낌이 나고 다윗에게는 조언 받을 스승이 사라진다는 행간이 읽혀집니다. 이어지는 다윗과 아비가일과의 스토리에서 하늘이 주신 브레이크라는 주제가 등장합니다. 아비가일은 나발의 아내인데 남편의 수준은 그 이름만큼 형편없습니다. '나발(원어:나벨)'은 '어리석고 우매하고 괴팍하다'는 뜻이니 본명이 아니라 그의 행실에 따라 불리우는 별명임이 분명합니다. 반면에 아내인 '아비가일'은 '기쁘게 하는 자'라는 뜻으로 내면과 외면 모두에서 최고의 아름다운 찬사를 받고 있습니다.

바란 광야로 거처를 옮긴 다윗은 나발에게 10명의 소년을 보내어 식량을 요청합니다(4절). 다윗은 이전에 나발의 목동들에게 도움을 주었던 적이 있어서 이를 상기시키며 양식을 청했고 잔치 기간이었기에 시기적으로도 무리가 없었습니다(7-8절). 하지만 졸부이고 수전노인 나발의 반응은 다윗을 무시하고 모욕하기까지 합니다. 다윗은 분노하여 즉시 나발을 치기 위해 직접 나서서 400명의 군사를 출동시킵니다(13절). 이대로라면 나발의 가족과 일군들은 몰살될 것이 틀림없고 이후의 다윗은 폭군으로 프레임이 짜여 지고 전파될 것입니다.

한 순간의 분노를 이기지 못하여 신정왕국의 왕으로서 큰 하자가 생길 위기에 아비가일이라는 브레이크가 등장합니다. 총명한 아비가일은 음식을 준비함과 함께 엎드려 다윗이 하나님의 뜻을 찾도록 하는 읍소를 합니다(14-30절). 말이 읍소이지 무죄한 피를 흘리지 말라는 하늘의 영적 메시지로서 살기등등한 다윗에게 제동이 걸립니다(32-35절). 아비가일을 보내주심으로 아찔한 살생을 금하여 다윗을 보호하신 하나님(33절)은 우리에게도 다양하게 다가오십니다.

나발이 죽은 후에 다윗의 아내가 되는 아비가일의 축복은 메신저의 역할을 잘하는 자에게 주시는 상급입니다(36-39절). 주님께서 나에게 주신 환경과 사람의 브레이크를 발견하여 감사하는 지혜자가 되기를 소원합니다.

♦ 사무엘상 26장 성경칼럼

8절 | 아비새가 다윗에게 이르되 하나님이 오늘 당신의 원수를 당신의 손에 넘기셨나이다 그러므로 청하오니 내가 창으로 그를 찔러서 단번에 땅에 꽂게 하소서 내가 그를 두 번 찌를 것이 없으리이다 하니

25절 | 사울이 다윗에게 이르되 내 아들 다윗아 네게 복이 있을지로다 네가 큰 일을 행하겠고 반드시 승리를 얻으리라 하니라 다윗은 자기 길로 가고 사울은 자기 곳으로 돌아가니라

"우리 어디서 만난 적 있지요?"

이 말은 남녀 간의 소위 작업 시작 멘트중의 상위에 해당된다고 합니다. 작업은 말을 이어가는 것이 생명인데 이 말을 듣게 되면 생각을 하게 되고 다음 말이 이어질 수 있는 것입니다.

성경에는 많은 부분에서 비슷한 내용과 교훈이 반복되어 나타납니다. 아브라함이 아내 사라를 아내로 속여 낭패를 본 사건(창 12, 20장), 광야의 이스라엘 백성들의 불평과 반석에서 물이 솟아난 사건(출 17장, 민 20장), 잠언의 반복된 교훈들이 있습니다.

사무엘상 26장에 나오는 다윗이 사울을 죽일 수 있는 십 황무지에서의 사건은 24장의 내용과 아주 유사합니다. 성경이 반복된 이야기와 교훈을 기록하는 의도는 무엇일까요? 성경에서 2라는 수는 증인의 숫자입니다(신 19:15). 법정에서 유죄를 확정하려면 2명 이상의 증인이 같은 말을 해야 되듯이 하나님의 뜻도 거듭된 강조가 필요하다는 것입니다. 어리석은 인간의 죄 성은 반복되기에 이를 고치는 방법도 더 많은 수정이 따라야 합니다. 같은 교훈이지만 유사한 이야기의 반복으로 과거의 교훈을 통해 오늘의 나를 가르치는 효과를 가져 옵니다. 아이가 부모와 선생님의 반복된 교육으로 위험을 피하는 습관을 만들어 가는 것과 같은 원리입니다.

24장에서 다윗의 후의로 생명을 건지고 좋은 마음으로 헤어졌던 사울이 십 사람의 밀고를 받고 3천명을 동원해 다시 다윗을 추격해 옵니다(2절). 일시적 회개의 헛됨과 하나님 없이 사는 자의 사악함을 목격합니다. 24장과 다른 점은 적진에 입성한 다윗과 아비새가 엔게디 굴과는 다르게 부하인 아비새가 사울을 죽이겠다고 자원한 점입니다(8절). 여기서 다윗은 자기 손이 아닌 남의 손으로 사울을 제거할 수 있었습니다. 사울의 포악성은 이미 드러났고 사울을 죽이는 것은 정당방위가 될 수 있습니다.

그러나 다윗의 선택은 역시 하나님의 뜻을 따르는 것으로 아비새의 요청을 물리칩니다(9-10절). 아비새가 다윗의 허락을 받고 사울을 죽였다면 다윗은 살인 교사범으로서 공범이 되고 그 심판을 받게 될 것입니다. 그리스도인이 죄를 방관하거나 묵인하고 덮는 것은 영적인 교사범에 해당되는 것임을 알고 조심해야 합니다. 다윗은 잠든 사울에게서 창과 물병만을 취득하고 사울의 사령관 아브넬을 책망합니다(13-16절). 다시 한 번 다윗이 자기를 살려준 것을 안 사울은 다윗에게 사죄를 하는데 이는 완전 패배를 인정하는 자세입니다(21절).

과거의 경험이 거울이 되어 교훈을 얻는다면 성경은 그와 비교할 수 없는 엄청난 생명의 보화를 안겨 줍니다. 말씀에 착념하여 사울의 길에서 떠나 다윗의 길을 가야 하겠습니다.

(딤후 3:16-17) "모든 성경은 하나님의 감동으로 된 것으로 교훈과 책망과 바르게 함과 의로 교육하기에 유익하니 이는 하나님의 사람으로 온전하게 하며 모든 선한 일을 행할 능력을 갖추게 하려 함이라"

♦ 사무엘상 27장 성경칼럼

4절 | 다윗이 가드에 도망한 것을 어떤 사람이 사울에게 전하매 사울이 다시는 그를 수색하지 아니하니라

7절 | 다윗이 블레셋 사람들의 지방에 산 날 수는 일 년 사 개월이었더라

"허송세월과 그리스도인"

허송세월이란 아무 일도 안하고 열매도 없이 보낸 허무한 시간을 말합니다. 허송세월보다 더 허무한 것은 삶을 갉아 먹으며 자신을 망가뜨리고 사는 삶인데 불신자의 세월입니다. 낚시 애호가들이 세월을 낚는다고 할 때 시간에 대한 가치가 달라집니다. 강태공의 일자 낚시대는 고기는 걸리지 않지만 '세월을 낚는 상징'으로 남아 있습니다. 다른 사람이 볼 때는 분명히 허송생활인데 무언가를 위한 담금질이 있다면 세월을 낚는 것이 됩니다.

그리스도인을 세상 사람들이 볼 때 허송세월을 하는 것처럼 보입니다. 밥 나오고 돈 나오는 실리는 없고 안 보이는 것을 찾아 헤매는 어리석은 사람으로 보입니다. 예배드리고 기도한다고 일당이 나오는 것이 아닌데, 나아가 헌금하고 희생봉사를 하니 도저히 이해가 안 될 것입니다. 그러나 그리스도인들은 하나님의 주권을 믿고 알기에 이 길을 몸부림치며 갑니다.

(마 6:33) “그런즉 너희는 먼저 그의 나라와 그의 의를 구하라 그리하면 이 모든 것을 너희에게 더하시리라”

이 결론을 인정한 그리스도인의 다음 숙제는 잘못된 선택과 행동에 대한 이해입니다. 이 문제는 하나님의 뜻과 다른 선택을 수없이 하고 사는 우리 신앙생활의 현안입니다. 하나님께서 가라고 한 곳을 거절하고 내가 생각하기에 좋은 곳이라 판단하여 선택한 곳이 얼마나 많습니까?

하나님을 떠나 산 곳에서의 시간은 과연 허송세월로만 끝날까요?

사무엘상 27장은 다윗의 블레셋 망명생활을 통해 이 문제에 대한 답을 보여 줍니다. 26장까지 사울의 포악함과 변덕에 의한 추격에 지쳐버린 다윗은 이제 이방 땅인 블레셋으로 이주하게 됩니다(1절). 다윗이 고백한 것처럼 이 결정은 인간적 수준으로는 합리적이고 지혜로운 선택으로 보입니다. 이미 군병만 6백 명이고 식솔까지 치면 몇 천명되는 공동체를 살리기 위한 고육지책일 수 있습니다(2절). 하지만 원수격인 블레셋에 신정왕국의 왕으로 기름 받은 자가 의탁하는 것은 하나님의 뜻에는 맞지 않습니다. 하나님에게는 불가능이 없는데 오랜 세월의 위협에 믿음이 약해지고 낙심을 하게 되었습니다.

가드 왕 아기스와 정치군사적 줄다리기를 하고 거짓말(8-10절)도 해야 하는 망명생활은 다윗에게 고달픈 세월이었습니다. 1년 4개월 동안 이방에 던져진 다윗은 동족을 쳐야 하는 위기에 처합니다(7절, 28:1). 구속의 역사에서 다윗의 이 선택은 이스라엘 전체의 왕으로 등극을 늦추고 헤브론 유다 왕으로 7년 반을 지낸 원인으로 기록됩니다(삼하 5:5).

조금만 더 이스라엘 땅에 버티고 있었다면 사울이 죽은 후에 바로 이스라엘 전체 왕이 되었을 것이라는 가정에서 나온 추론입니다. 망명생활은 분명한 대가를 치렀지만 이 시행착오는 다윗이 성군으로 가는 타산지석이 된 것이 분명합니다. 후에 나단의 책망에 바로 무릎을 꿇는 다윗은 하나님을 두려워하는 신앙이 있었기에 나온 것입니다(삼하 12:10-13). 하나님의 사람은 모든 것이 합력하여 선을 이루신다는 하나님의 약속이 주어졌습니다(롬 8:28).

♦ 사무엘상 28장 성경칼럼

6절 | 사울이 여호와께 묻자오되 여호와께서 꿈으로도, 우림으로도, 선지자로도 그에게 대답하지 아니하시므로

11절 | 여인이 이르되 내가 누구를 네게로 불러 올리랴 하니 사울이 이르되 사무엘을 불러 올리라 하는지라

"저주받은 증거"

정상적인 사람은 축복을 받고 싶어 하고 저주를 받으려는 사람은 없습니다. 축복과 저주는 그 영역이 육과 혼(마음)과 영에 걸쳐 주어집니다(요삼 1:2).

(살전 5:23) "평강의 하나님이 친히 너희를 온전히 거룩하게 하시고 또 너희의 온 영과 혼과 몸이 우리 주 예수 그리스도께서 강림하실 때에 흠 없게 보전되기를 원하노라"

축복을 받은 증거는 성경에 너무 확실하게 나와 있어서 이미 정리가 되어 있으실 것입니다. 문제는 저주인데 분별하기가 쉽지 않습니다. 성경은 물질적으로 풍성하고 세상의 행복을 누리고 있음에도 예수님을 안 믿는 자는 저주받았다고 확증합니다(눅 16:25). 나사로와 부자의 축복과 저주는

내세에서 결정되었는데 그렇다면 금생에서의 저주 증거는 무엇일까요?

사무엘상 28장에 나오는 사울의 모습에서 저주의 증거는 확연히 나타납니다. 막강한 블레셋과의 길보아 전투가 시작되면서 사울은 두려워 떨며 하나님께 어찌해야 할지 물어 봅니다(5-6절). 생사를 건 전쟁에서 하나님의 뜻을 물었지만 아무런 응답을 받지 못합니다. 사울에게서 하나님의 영이 떠났고 주변에 제사장과 선지자도 모두 떠났습니다. 영안이 열린 자라면 사악하고 졸렬한 사울과 함께 할 수 없었고 이것은 하나님의 계시가 끊어진 것을 뜻합니다. 하나님의 계시가 끊어진 사울의 상태가 저주의 실상입니다. 이 저주는 사울이 스스로 신정왕국의 왕 되기를 거부하고 교만하여 불순종한 죄에서 왔습니다. 만약 그리스도인에게 특별계시인 성경 말씀이 끊어졌다면 다른 형편이 아무리 좋아도 저주받은 것임을 알아야 합니다.

계시가 끊어진 사울의 다음 수순은 비정상적인 접신을 통하여 예언을 받고자 시도하는 것이었습니다(7-8절). 초혼술을 하는 접신녀를 만나 영적 혼란을 겪는 사울의 모습이 저주의 증거입니다. 성경은 신접자, 무당, 박수, 요술가 등을 접하는 것을 철저히 금하고 있고 이를 어기면 저주받는다고 선언합니다.

(신 18:10-11) "그의 아들이나 딸을 불 가운데로 지나게 하는 자나 점쟁이나 길흉을 말하는 자나 요술하는 자나 무당이나 진언자나 신접자나 박수나 초혼자를 너희 가운데에 용납하지 말라"

현대 그리스도인이 성경외의 다른 요소를 가지고 무엇을 정하려고 한다면 그것이 바로 저주받은 모습입니다. 변장하고 초혼자를 만난 사울이 죽은 사무엘의 혼을 만나는 장면은 정확한 해석이 필요합니다. 정통적인 해석은 사무엘의 영혼이 귀신처럼 나타난 것이 아니라 사단의 미혹이라는 것입니다. 성경은 죽은 자는 위로 올라간다고 하는데(전 3:21) 사무엘을 아래서 불러 올렸다고 하는 것(11-14절)은 진짜 사무엘이 아니라는 증거입니다. 죽은 영혼은 분리되어 옮겨질 수 없고 다시 이승으로 돌아올 수 없음을 성경은 분명히 말씀합니다(눅 16:22-31). 사기적 미신에 속는 어리석음을 벗어나 주어진 날들을 말씀의 원리대로 사는 성실함이 하나님의 뜻입니다. 말씀이 공급되지 않는 신자가 사울의 후예라는 결론은 영적 경종을 울리게 합니다.

♦ 사무엘상 29장 성경칼럼

2절 | 블레셋 사람들의 수령들은 수백 명씩 수천 명씩 인솔하여 나아가고 다윗과 그의 사람들은 아기스와 함께 그 뒤에서 나아가더니

11절 | 이에 다윗이 자기 사람들과 더불어 아침에 일찍이 일어나서 떠나 블레셋 사람들의 땅으로 돌아가고 블레셋 사람들은 이스르엘로 올라가니라

"불신자 가운데 있는 그리스도인에 대하여"

'자의 반 타의 반'이란 말이 있습니다. 타의에 의한 강제성에 더하여 자신이 선택한 것이 합쳐 이루어진 상황을 말합니다. 신앙인으로서는 불신앙인과 접해 사는 것은 불가피하다는 것이 타의이고 신앙인으로서의 목적을 위해 자원하는 경우는 자의에 해당됩니다. 성경에서는 신앙인이 불신앙인과 본질적으로 합쳐질 수는 없다고 분명히 선언합니다.

(약 3:11) "샘이 한 구멍으로 어찌 단 물과 쓴 물을 내겠느냐"

그러나 물리적인 면에서 수많은 이유로 얼마든지 어울려 사는 것이 현실입니다.

(고전 5:10) "이 말은 이 세상의 음행하는 자들이나 탐하는 자들이나 속여 빼앗는 자들이나 우상 숭배하는 자들을 도무지 사귀지 말라 하는 것이

아니니 만일 그리하려면 너희가 세상 밖으로 나가야 할 것이라"
그러므로 이 주제는 그리스도인이 매일 부딪치는 현안임이 분명합니다.

28장이 하나님이 떠난 사울의 피폐한 모습을 그렸다면 29장은 다윗이 불신앙인(블레셋)과 함께 했을 때 처한 위기를 보여 줍니다. 여기에서 다윗은 사울의 절망하는 결론과 다른 위기극복의 경험을 하게 됩니다. 그것도 아주 극적이고 짜릿하게 이루어져서 보는 이들을 설레게 합니다. 블레셋과 이스라엘이 맞붙는 전쟁에서 다윗은 블레셋 지경에 들어와 있습니다. 가드 왕 아기스의 신임을 받아 이스라엘을 치는 선봉장이 되는 것이 당연시되는 상황입니다. 만약 여기서 발을 빼다가는 배신자로 몰려 죽거나 망명지를 쫓겨나게 됩니다. 그렇다고 블레셋과 합세하여 자신의 고국을 친다면 이스라엘 왕으로서의 정치적 생명은 끝나게 됩니다.

이러지도 저러지도 못하고 누구에게도 말할 수 없는 진퇴양난에 빠졌습니다. 이 위기는 다윗이 자신의 꾀로 위기를 극복하고자 아기스에게 거짓말을 하고 거짓 신임을 얻었기에 나온 결과입니다. 심은 대로 거두는 보편적 법칙이 적용되었지만 하나님의 특별 은혜는 멈추지 않았습니다. 다윗을 이대로 놔두면 그를 왕으로 세워 구속사를 이루실 하나님의 뜻에 제동이 걸리는 것입니다. 하나님의 놀라운 간섭은 블레셋의 수령(방백)을 움직여서 다윗이 시글락에 돌아가도록 한 것입니다. 당시 블레셋은 집단지도체제여서 아기스가 수령들의 요구를 받아 들여야만 했습니다(2-5절).

다윗이 선택한 블레셋 생활은 영적 황폐기에 해당되어 수치와 위기를 겪지만 하나님의 섭리는 선을 이루어 갑니다. 아기스와의 악한 관계를 만들지 않은 이 상황(6-11절)은 후에 다윗이 유다 왕으로 즉위하는데 아기스가 방해하지 않는 것으로 작용합니다. 우리는 불신세계 사람들의 지혜와 능력까지 통제하시고 사용하시는 하나님의 오묘한 손길을 목격하고 있습니다. 부족하여 넘어지는 우리들을 불쌍히 여기시고 선하게 인도하옵소서!

♦ 사무엘상 30장 성경칼럼

8절 | 다윗이 여호와께 묻자와 이르되 내가 이 군대를 추격하면 따라잡겠나이까 하니 여호와께서 그에게 대답하시되 그를 쫓아가라 네가 반드시 따라잡고 도로 찾으리라

24절 | 이 일에 누가 너희에게 듣겠느냐 전장에 내려갔던 자의 분깃이나 소유물 곁에 머물렀던 자의 분깃이 동일할지니 같이 분배할 것이니라 하고

"위기에 진가가 드러난다"

직업에 귀천이 없다는 말은 인간론의 핵심으로 인간은 차별받지 말아야 하는 것과 맞닿아 있습니다. 직업 자체가 좋아보여도 하나님 앞과 인류사 관점에서 그렇지 않을 수 있는 것은 분명히 존재합니다. 꼭 직업 분류를 한다면 타인에게 유익을 주느냐와 해악을 끼치느냐로 구분할 수는 있습니다. 그러므로 어떤 일을 하느냐보다 더 중요한 것은 그 일을 어떻게 하느냐 입니다.

주님께서 말씀하신 달란트 비유(마 25:15-30)는 이 문제에 대한 정답입니다. 2달란트 받은 자와 5달란트 받은 자가 그 남긴 것은 다르지만 똑같이 정확하게 칭찬받았습니다. 하지만 1달란트 받은 자는 사용하지 않고 땅에 숨겼기에 큰 책망을 받고 그것마저 뺏겨 버립니다. 하나님 나라는 받은 것이 아닌 일하는 자세로 상급이 결정된다는 것을 주님께서 확증해 주셨습니다. 일하는 자세의 핵심은 청지기로서의 책임과 성실함임이 분명합니다.

지금까지 사울과 다윗의 여정을 쫓아오면서 둘 사이의 가장 큰 차이는

무엇일까요? 둘 다 왕으로 기름부음 받은 것은 같지만 일하는 자세가 전혀 다른 점입니다. 신정왕국의 왕은 철저히 하나님의 뜻을 묻고 행하는 것이 기본인데 사울은 여기서부터 어긋났습니다. 다윗도 완벽하지 않아서 이 실수를 하지만 돌이키는 순발력에서 사울과 달랐습니다.

사무엘상 30장은 동족상잔의 전쟁을 피한 다윗이 시글락에 도착하면서 시작됩니다(1절). 아말렉의 침입으로 다윗의 망명지는 노략당하고 식솔들은 포로로 잡혀 갔고 백성들은 책임을 다윗에게 돌려 죽이려 합니다(2-6절). 이 위기의 순간 다윗이 붙잡은 분은 하나님이었습니다. 다윗은 블레셋의 망명지에서 영적으로 다운되어 있었지만 위기의 순간에 하나님을 바라보는 자세를 잊지 않았습니다(6-8절). 하나님의 약속을 받고 출정한 아말렉과의 전투는 대승을 거두었고 엄청난 전리품을 획득했습니다. 전쟁에 앞서 아말렉에서 버림받은 애굽 소년을 구해 준 기사는 다윗의 인간사랑 품성을 보여줍니다(11-15절).

다윗의 탁월함은 노획물을 나누는 과정에서 드러납니다. 전쟁에 직접 참여한 자와 후방 지원부대에 거친 불평을 잠재우고 공평하게 나누어 주었습니다(22-24절). 모두 전심을 다하여 참전한 그 자세에 대해 공평한 상급을 받게 한 것이고 이는 전통이 되었습니다(25절). 이 원리는 신약에서 성령의 은사를 받은 성도들이 경쟁하지 않고 한 몸의 지체의식을 가지고 교회를 섬기는 것과 같습니다(고전 12:14-27). 위기 시에 하나님을 바라보는 것과 백성을 사랑하고 공평하게 대하는 태도가 지도자의 자질임을 확인해 주는 30장입니다. 위기를 위기로만 보지 말고 주님을 만나는 기회가 되기를 원합니다.

♦ 사무엘상 31장 성경칼럼

6절 | 사울과 그의 세 아들과 무기를 든 자와 그의 모든 사람이 다 그 날에 함께 죽었더라
10절 | 그의 갑옷은 아스다롯의 집에 두고 그의 시체는 벧산 성벽에 못 박으매

"멋진 출발, 비참한 최후"

인간의 생애는 처음과 나중이 다 좋은 것이 최상일 것입니다. 그러나 현실적으로 이런 사람은 거의 없습니다. 출발은 미약해도 마지막이 영광스럽다면 그 인생은 바람직하고 성공한 것입니다. 성경에서 신앙인의 삶은 이런 패턴이라고 정의합니다(욥 8:7).

(마 13:31~32) "또 비유를 들어 이르시되 천국은 마치 사람이 자기 밭에 갖다 심은 겨자씨 한 알 같으니 이는 모든 씨보다 작은 것이로되 자란 후에는 풀보다 커서 나무가 되매 공중의 새들이 와서 그 가지에 깃들이느니라"

이와 반대되는 유형은 처음에는 멋지게 출발했으나 마지막에 비참하게 끝나는 것인데 바로 사울이 대표 인물입니다. 사무엘상 9장에 처음 등장한 사울은 뛰어난 외모와 겸손한 성품과 뛰어난 무술과 영성이 있었습니다. 하나님의 선택과 사무엘의 기름부음과 백성들의 인기로 이스라엘 초대 왕이 되었을 때의 영광은 찬란했습니다. 사울은 외모와 능력 면에서 조건을 갖추었지만 그의 실족은 가장 중요한 자질을 유지하지 못한 데에 있었습니다. 그것은 바로 '순종'하는 것인데 이것이 하나님의 종의 가장 중요하고 필수적인 덕목입니다. 아무리 다른 조건이 좋아도 순종하는 훈련을 받지 아니하면 하나님께서 사용하실 수 없습니다. 사울은 이 순종에 대한 시험을 받았고 수차례 기회를 얻었음에도 결국 실패했습니다(13, 15장).

30장에서 다윗의 결정적인 승리와 대조적으로 31장은 사울이 블레셋과의 전쟁에서 비참하게 패하는 장면이 기록되어 있습니다. 그의 세 아들이 죽었고 사울도 다른 선택지가 없이 자결을 하게 됩니다(2-6절) 그뿐 아니라 그의 시체는 목이 달아난 상태로 벧산 성벽에 못 박힙니다(8-10절). 길르앗 야베스 거민들에 의해 그와 아들들의 시체는 수거되어 불사르게 되고 사울 시대는 마감됩니다(11-13절). 사울은 왕에게 요구되는 조건을 많이 갖추었지만 결국 인간이 세운 왕의 한계를 넘지 못했습니다.

하나님께 배우고 연단 받으려하기보다 백성의 눈치를 보다가 불순종의 열매를 맺는 비극을 가져왔습니다. 구속사로 볼 때 사울은 하나님의 마음에 합한 자인 다윗을 연단시키는 시험 석과 같은 역할을 합니다. 사울은 10년 내지 15년 정도 다윗을 위협하며 다윗의 그릇을 합당하게 연마하는 도구로 쓰입니다.

마치 은혜가 오기 전에 율법이 모질게 죄인을 정죄하고 심판해서 은혜만을 사모하게 하는 것과 닮았습니다. 우리가 사울을 반면교사로 삼아 순종과목을 훈련받겠다는 결단을 한다면 다윗의 길로 들어선 것입니다. 능력보다 순종이 우선임을 마음속 깊이 새깁니다.

(갈 3:24) “이같이 율법이 우리를 그리스도께로 인도하는 초등교사가 되어 우리로 하여금 믿음으로 말미암아 의롭다 함을 얻게 하려 함이라”

사무엘하

♦ 사무엘하 1장 성경칼럼

14절 | 다윗이 그에게 이르되 네가 어찌하여 손을 들어 여호와의 기름 부음 받은 자
죽이기를 두려워하지 아니하였느냐 하고
23절 | 사울과 요나단이 생전에 사랑스럽고 아름다운 자이러니 죽을 때에도 서로
떠나지 아니하였도다 그들은 독수리보다 빠르고 사자보다 강하였도다

"소인배, 대인"

마음 씀씀이가 좁고 간사한 사람들이나 그 무리를 소인배라고 합니다. 그렇다면 그 반대인 도량이 넓고 관대한 사람은 대인배라고 부를 수 있으나 '배'의 뜻인 무리가 부정적 의미이기에 대인이라고 칭합니다. 우리는 사무엘상에서 사울이라는 인물의 그릇이 얼마나 소인배였는지를 목격했습니다. 사람이 원해서 세운 왕의 한계에 그의 불순종이 더해져 비참한 죽음을 당하였습니다. 옛 부터 군자(대인)가 아닌 소인배가 나라를 다스리면 백성이 곤고하였듯이 사울시대의 이스라엘은 피골이 상접한 몰골이었습니다.

사무엘하는 먼저 다윗 왕국이 정착하고 발전 번성하는 흥왕기를 기록합니다(1-10장). 이어지는 쇠퇴기는 다윗이 간음과 살인의 이중적 범죄를 저지르고 당하는 고통을 기록합니다(11-20장). 이 와중에서도 회개케 하시는 하나님의 자상하신 배려와 택한 백성을 향한 주권적 사랑은 계속됩니다. 사무엘하는 다윗의 장점뿐 아니라 그의 죄악과 단점까지 낱낱이 기록함으로서 독자들이 오직 하나님의 은총만을 사모하게 합니다.

사울과 다윗의 다른 점은 1장에서부터 확연히 드러납니다. 사울의 죽음 소식을 접한 다윗의 반응은 일반 상식과 전혀 맞지 않습니다. 다윗에게 있어서 사울은 정적이며 원수이기에 그의 죽음 앞에 손뼉 치며 쾌재를 부르는 것이 본성일 것입니다. 핍박과 죽음의 위협은 사라지고 왕권이 눈앞에 왔는데 기뻐할 다윗은 오히려 크게 애통합니다. 소인배처럼 사람을 속이려는 연기가 아니라 영혼 깊숙이에서 나온 진정한 슬픔입니다. 다윗의 이 고상한 인품과 청결한 성품은 하나님을 아는 신실한 신앙이 아니면 나올 수 없습니다.

이것을 전혀 상상하지도 못한 소인배 같은 아말렉 소년의 다윗 속이기가 실패로 돌아가는 것은 너무나 당연합니다. 만약 다윗이 위선적이고 소인배적 그릇이었다면 왕권의 상징(왕관과 팔고리, 10절)을 가져온 그에게 큰 상을 내렸을 것입니다. 기름부음 받은 왕에게 손을 댄 자에 대한 다윗의 의로운 분노에 아말렉 소년은 처형됩니다(15절). 이 사건은 아말렉 소년과 같은 불의와 거짓으로 이익을 취하려는 신앙인에 대한 경고이기도 합니다.

다윗의 슬픔와 애통은 하나님의 백성이 이방인에게 패배하여 모욕을 당하고 하나님의 영광이 실추된 사실에 맞닿아 있음을 '활 노래'를 통해 알게 됩니다. 다윗이 조가(활 노래)에서 사울왕가를 애도하고 백성에게 노래를 가르친 것은 빛나는 신앙인격에서 나온 것입니다(17-18절). 사적 이해를 극복하고 감정과 원한을 초월하여 하나님의 뜻만을 바라보는 신앙의 수준에서 나올 수 있는 덕목입니다.

우리가 작은 자기감정도 제어하지 못하고 하나님의 뜻을 애써 외면하는 것과 얼마나 비교되는지요? 사울에게 있는 미덕과 요나단의 의리를 칭송하는 다윗의 관용은 신앙의 대인으로 부족함이 없습니다(19-27절). 연단 속에 일구어진 다윗의 그릇을 밝히 보며 믿음의 정진을 다짐해 봅니다.

♦ 사무엘하 2장 성경칼럼

1절 | 그 후에 다윗이 여호와께 여쭈어 아뢰되 내가 유다 한 성읍으로 올라가리이까 여호와께서 이르시되 올라가라 다윗이 아뢰되 어디로 가리이까 이르시되 헤브론으로 갈지니라

5절 | 다윗이 길르앗 야베스 사람들에게 전령들을 보내 그들에게 이르되 너희가 너희 주 사울에게 이처럼 은혜를 베풀어 그를 장사하였으니 여호와께 복을 받을지어다

"첫 공식 일정"

국민에게 잘 알려진 직책을 맡은 지도자의 첫 공식일정은 뉴스가 됩니다. 일반적으로 국립묘지 참배가 많은데 그보다 더 주목해야 할 것이 있는데 첫 결재 사안입니다. 이것은 지도자가 책임을 지고 할 정치와 정책의 방향성을 보여주는 상징이 되기 때문입니다. 1장에서 사울과 요나단의 죽음에 대한 애도를 마친 다윗이 이제 2장에 이르러 첫 공식일정을 시작합니다.

첫 번째로 한 것은 하나님의 뜻을 여쭙는 것이었습니다(1절). 망명지에서 유다로 올라가야 하는지를 묻고 허락이 떨어지자 어느 성읍으로 가야 하는지를 여쭙게 됩니다. 자기 마음과 상황보다 하나님의 뜻에 따라 순종하겠다는 것은 오랜 경험 끝에 나온 성숙한 태도입니다. 사울이 자기 고집대로 경거망동하게 행동한 것과 크게 대조됩니다. 두 번째는 자기 주변의 사람들을 챙기는 행동입니다(2-3절). 피난 시절 유랑할 때 동고동락하며 큰 힘이 되었던 다윗의 추종자들을 안전하게 배려합니다. 사울은 다윗의 힘을 통해 국난을 극복했지만 은혜를 저버리고 오히려 해를 끼친 것을 우리는 잘 압니다. 지도자가 은혜를 모르고 보답을 안 하고 교만해지면 따를 자가 없습니다.

세 번째는 공평성을 가지고 선정을 베풀었습니다. 사울 왕의 시체를 수거하여 장사를 지낸 길르앗 야베스 사람들을 선대하고 축복을 내렸습니다(4-7절). 많은 사람에게 노출된 지도자가 공평성을 잃고 유익에 따라 편 가르기를 하면 지도력을 잃게 됩니다. 사울이 많은 공을 세운 다윗을 질투한 것이 그의 몰락의 뿌리였음을 목격했습니다. 다윗이 헤브론에서 유다 왕으로의 등극한 것은 당연한 하나님의 뜻이었지만 세상의 권력구조는 다른 11지파에 의한 왕의 옹립으로 복잡해집니다. 사울의 맹장인 아브넬에 의해 사울의 아들 이스보셋이 마하나임을 수도로 삼아 이스라엘의 왕이 됩니다(8-10절).

양대 진영으로 갈라진 두 왕국은 충돌을 피할 수 없었습니다. 여기서 중요한 쟁점은 어느 편에서 먼저 도발 하였는가 입니다. 다윗은 동족간의 피를 흘리는 것이 안 되는 것과 하나님이 하실 역사를 기다리는 훈련이 되어 있었습니다. 결국 터진 내전에서 다윗 편이 승리를 거두고(12-17절) 요압의 동생 아사헬은 전사합니다(18-23절). 휴전은 이루어지고 동족간의 내전은 모두에게 상처를 준다는 것을 깨닫게 합니다(26-28절).

이 전쟁의 교훈은 교회의 성도들이 큰 명분 없이 싸우는 것은 누가 이기든 의미가 없고 사탄이 원하는 것임을 직시해야 합니다. 하나님 편에서 하나님의 뜻을 구하여 행하는 신중한 지도자가 되어야 하겠습니다.

♦ 사무엘하 3장 성경칼럼

14절 | 다윗이 사울의 아들 이스보셋에게 전령들을 보내 이르되 내 처 미갈을 내게로 돌리라 그는 내가 전에 블레셋 사람의 포피 백 개로 나와 정혼한 자니라 하니

37절 | 이 날에야 온 백성과 온 이스라엘이 넬의 아들 아브넬을 죽인 것이 왕이 한 것이 아닌 줄을 아니라

"판단, 능력, 행동"

어떤 조직이든지 지도자는 정확한 판단을 해야 하고 능력을 축적해야 하고 타이밍에 맞추어 행동해야 합니다. 하나님 나라의 지도자는 이런 일반적 조건과 함께 영적 근원에서 나오는 자질이 추가됩니다. 판단은 진리(말씀)에 입각해야 하고 능력은 하나님께서 주신 것(은사)이어야 하고 행동은 정직(진실)하게 하나님 앞에서 해야 합니다. 이 엄청난 요구에 자신 있다고 나설 사람은 없을 것입니다. 하지만 작은 일에 자주 훈련받다 보면 위기 시에 성령님의 도우심으로 할 수 있게 하십니다.

사무엘상 3장에 나오는 다윗의 모습을 성찰하며 이 주제를 나의 것으로 적용할 수 있을 것입니다. 하나의 기업을 일으키는 것도 매우 어려운데 나라를 건국하고 안정시키고 수성하는 것은 최고의 과업입니다. 사울 사후에 유다와 이스라엘로 나누어진 이 시기가 얼마나 복잡할 것인지는 능히 짐작이 갑니다. 유다의 다윗이 점진적인 흥왕기로 가는 반면에 사울의 후광으로 왕이 된 이스보셋은 실권을 아브넬에게 빼긴 채 쇠퇴하고 있습니다(1, 6절). 아브넬이 사울의 첩을 통간한 사건으로 이스보셋과의 내분이 생기고 아브넬의 배신이 일어납니다(7-11절).

투항한 아브넬과 다윗의 협약은 이루어지고 통일 왕국을 위한 발걸음이 시작됩니다(12절). 여기서 우리는 다윗의 이해하기 어려운 한 가지 판단을 만나게 됩니다. 협약의 성사 조건으로 자기의 과거 아내였던 미갈을 돌려줄 것을 요구한 것으로 아브넬은 이를 신속하게 실행합니다(13-16절). 사울의 딸이며 구구한 사연 속에 남의 아내가 된(삼상 25:44) 여인을 데려 오라는 것은 그 가정을 깨는 비인도적 행동으로 보입니다. 그러나 다윗의 이 행동은 이전의 잘못된 절차를 돌려놓으려는 목적을 가졌습니다. 자의로 이

혼한 것이 아니었기에 다윗은 본부인에 대한 도리를 다한 것이고 미갈을 사울의 딸로서의 위치로 회복시키려는 목적이 있었습니다.

자기를 죽이려는 사울 왕가이었지만 괘념치 아니하고 영광을 보존해 주고 이스라엘 백성들의 마음을 보살펴서 화합을 이루게 합니다. 이 지혜로운 처사는 아브넬이 요압에 의하여 살해당한 사건의 후속 처리에서 더 깊게 나타납니다. 요압이 아브넬을 죽인 것은 동생 아사헬의 원수를 갚는 외면적인 것과 함께 실세간의 쟁투가 이면에 깔려 있습니다. 백성들이 얼마든지 다윗과 요압이 합작하여 아브넬을 죽였다고 할 수 있는 사안입니다.

이 때 다윗이 한 행동은 아브넬에 대한 진정한 애도와 요압에 대한 저주였습니다(28-29절). 자신의 조카이며 개국 공신인 요압에 대한 치리는 쉽지 않은 것이지만 공의에 의한 통치를 실천합니다. 나아가 금식을 단행함으로서 연대 책임을 지고 하나님께 회개합니다(31-35절). 진실한 다윗의 행동에 백성들은 한 마음이 되었습니다(36-37절).

다윗은 나라의 근본이 정치군사적 위용에 있는 것이 아니라 겸손하게 하나님의 통치를 받아야 한다는 것을 보여 주었습니다. 하나님 중심의 사고와 힘과 행동을 할 수 있는 훈련은 한이 없습니다.

♦ 사무엘하 4장 성경칼럼

7절 | 그들이 집에 들어가니 이스보셋이 침실에서 침상 위에 누워 있는지라 그를 쳐죽이고 목을 베어 그의 머리를 가지고 밤새도록 아라바 길로 가

12절 | 청년들에게 명령하매 곧 그들을 죽이고 수족을 베어 헤브론 못 가에 매달고 이스보셋의 머리를 가져다가 헤브론에서 아브넬의 무덤에 매장하였더라

"상 받으려고 한 일인데.."

어린 시절 부모나 선생님에게 잘 보이려고 한 일이 칭찬이 아닌 꾸중으로 돌아온 경험이 있었을 것입니다. 어린 마음에 본 가치가 성숙한 어른과 다르기 때문에 나오는 해프닝입니다. 성경의 인간론에서 유출한 유명한 문장이 있습니다. '사람은 지옥에 가기 위하여 노력할 필요가 없다. 그냥 살다보면 지옥에 가 있을 것이기 때문이다'입니다. 이 말을 좁게 적용하면 사람은 흘러 가는대로 살면 악행을 저지르는 악인이 될 수밖에 없다 입니다. 하나님을 만나 무언인가의 작용을 받지 않은 자연인의 모습을 성경은 냉혹하게 선포합니다.

(롬 3:14~16) "그 입에는 저주와 악독이 가득하고 그들의 목구멍은 열린 무덤이요 그 혀로는 속임을 일삼으며 그 입술에는 독사의 독이 있고 그 발은 피 흘리는 데 빠른지라"

불신자를 뜻하는 자연인의 모습이 이토록 절망적이라면 하나님의 작용을 받은 그리스도인의 상태는 어떨까요?

(엡 5:8-9) "너희가 전에는 어둠이더니 이제는 주 안에서 빛이라 빛의 자녀들처럼 행하라 빛의 열매는 모든 착함과 의로움과 진실함에 있느니라"

빛의 자녀라 칭하는 그리스도인은 빛이신 주님의 간섭(작용)을 받았다는 뜻이니 자연인과 다른 세계에 거하는 것은 당연합니다.

그렇다면 4장에 나오는 하나님의 사람 다윗이 세상의 가치와 전혀 다른 판단과 행동을 한 것이 이해가 됩니다. 이스보셋이 다스리던 이스라엘은 실세였던 아브넬의 살해 소식을 듣자 망연자실합니다(1절). 기울어지는 해를 어쩔 수 없듯이 국운이 다한 상태에서 기회주의적인 악인의 책동이 시작됩니다. 우리는 불신자가 중간지대가 아닌 마귀 영역에 거한다는 분별력을 가져야 합니다. 마귀 영역은 거짓말과 욕심과 살인으로 버무려져 있습니다(요 8:44).

탐욕스럽고 비열하고 사악한 열심을 가진 레갑과 바아나가 등장합니다(2절). 침상에 있는 자기 주군 이스보셋을 잔인하게 죽이고 머리를 잘라 의기양양하게 다윗에게로 달려옵니다(5-8절). 그들은 다윗이 크게 기뻐하며 큰 상을 줄 것이라고 예상했을 것입니다. 다윗이 하나님의 작용을 받은 착함과 의로움과 진실함의 사람이라는 것을 상상도 못했습니다.

다윗은 생명의 위협을 받으며 유랑하는 중에 사울을 죽일 수 있는 기회에 두 번이나 살려준 적이 있었습니다. 그 이유는 하나님의 기름부음 받은 자는 인간이 손댈 수 없다는 것이며 잔혹한 살인은 안 된다는 점이었습니다. 세상권력 속성은 목적을 위해선 수단 방법을 가리지 않지만 주의 종은 신앙인격에 의하여 순종하며 때로는 의로운 분노(9-11절)도 있어야 합니다. 저들은 다윗에게 상을 받으려 하다가 도리어 처형을 당하고 다윗은 공의롭게 이스보셋을 아브넬과 합장하여 장례를 치릅니다(12절).

4장은 요나단의 아들 므비보셋이 장애자가 되는 사건을 삽입함으로서 후계자가 사라진 사울 왕가의 진멸을 보여줍니다(4절). 이 과정이 다윗의 직접적인 피 흘림이 없이 이루어진다는 것을 보여줌으로 하나님의 섭리를 묵상하도록 합니다. 결정적인 순간에 신앙인격이 나온다는 것을 알고 범사에 훈련받아야 하겠습니다.

♦ 사무엘하 5장 성경칼럼

1절 | 이스라엘 모든 지파가 헤브론에 이르러 다윗에게 나아와 이르되 보소서 우

리는 왕의 한 골육이니이다

10절 | 만군의 하나님 여호와께서 함께 계시니 다윗이 점점 강성하여 가니라

"겪어야 아는 잘 믿어야 할 이유"

누가 나에게 경험해 보니 이제 알겠지 라고 한다면 실패의 수업료를 치른 이후일 것입니다. 실패의 수업료가 감당할 수 있는 수준이라면 그나마 다행인데 치명적이라면 심각합니다. 사무엘상 5장에 이르러 갑자기 이스라엘 전체에 잘 되어지는 분위기가 넘쳐흐릅니다. 사울 왕국이 그 잔재까지 마감되고 다윗의 통일왕국이 시작되었기 때문입니다. 갈등과 반목과 분열의 소용돌이가 열 두 지파가 합심하여 다윗을 추대하면서 갈무리됩니다.

다윗은 이미 두 번의 기름부음(삼상 16:13, 2:4)을 받았지만 이제 모든 지파 모든 장로로부터 왕으로서의 기름부음을 받습니다(1, 3절). 사울을 왕으로 세울 때는 사람의 필요에 의한 것이었는데 이제는 하나님께서 세운 왕이 다윗임을 고백하고 있습니다(2절). 사울 시대의 폭압과 외침의 시달림을 겪어 보았고 사울 왕가가 완전 몰락한 현실에서 이제 하나님의 뜻을 순종하겠다는 의지가 역력합니다. 하나님께서는 자기 백성들이 모진 수업료를 치르더라도 영적인 철이 들어 깨닫고 돌아오기를 원하셨을 것입니다. 혹시라도 이 시행착오와 비싼 수업료를 치르지 않고 하나님의 뜻에 순종하는 직행노선을 간다면 얼마나 좋겠습니까?(사 1:19~20).

이스라엘의 신앙적 돌이킴으로 벌어지는 번성과 형통과 승리는 참 멋지고 아름답습니다. 다윗은 여부스족의 진 친 난공불락의 예루살렘 성을 힘들이지 않고 함락하고 히람 왕의 원조로 더 견고하게 축조합니다(6-11절). 성벽의 강건함은 외적으로는 안정의 요소이지만 영적 의미는 하나님과의 관계

에서 오는 보장인 것을 다윗은 고백합니다(12절). 우리도 모든 범사가 하나님이 주관하서서 부여하신 것이라는 것을 잊지 말고 감사해야 할 것입니다.

구약성경을 읽은 성도들에게 이방나라 중에서 이스라엘의 가장 큰 적을 묻는다면 블레셋이 떠오를 것입니다. 블레셋은 여호수아 사후부터 수백 년 동안 이스라엘을 괴롭혀 온 원수입니다. 침략도 당했고 그들의 속국으로 지배도 받았던 이스라엘에게는 늘 가슴에 가시처럼 꽂혀있는 현안입니다. 그리스도인으로 비유하자면 영적 전쟁의 상대인 마귀 세력과 흡사한 위치로 볼 수 있습니다. 그런데 이 국가적 난제였던 블레셋을 다윗이 즉위하고 일어난 전쟁에서 멋지게 축출해 버립니다. 전쟁에 승리한 후 다윗이 명명한 전승지 바알브라심은 바알을 흩어 격파했다는 뜻입니다(20절).

이 전쟁 역시 거대한 적군을 다윗의 소수 부대가 격파한 것으로 하나님의 전쟁 승리 공식이 적용되었습니다. 다윗이 예수님의 구약적 모형임을 보여 주는 전쟁임을 알 수 있습니다. 다윗에게 붙은 자들이 승리의 영광을 얻었듯이 예수님과 연합한 신자의 승리는 보장됩니다(요 14:13-14). 다윗의 공과는 함께 기록되지만(13-16절) 하나님께서 다윗 편이 된다는 근본은 끊어지지 않습니다. 예수님 잘 믿고 하나님 뜻에 순종하겠습니다.

♦ 사무엘하 6장 성경칼럼

7절	여호와 하나님이 웃사가 잘못함으로 말미암아 진노하사 그를 그 곳에서 치시니 그가 거기 하나님의 궤 곁에서 죽으니라
14절	다윗이 여호와 앞에서 힘을 다하여 춤을 추는데 그 때에 다윗이 베 에봇을 입었더라

"속도보다 방향"

차를 운전할 때 목적지에 속히 가기를 원합니다. 주행속도에 따라 빨리 도착할 수는 있으나 만약 방향을 잘못 잡으면 아예 다른 곳으로 가게 됩니다. 인생에서도 선한 동기와 철저한 준비를 했음에도 결과에서 다른 곳에 도착되어 있을 수 있습니다. 영적 지식은 방향과 같아서 영적으로 무지하면 하나님의 뜻과 다른 결과를 가져 옵니다.

사무엘하 6장에는 왕권의 안정을 이룬 다윗이 하나님의 궤를 옮기는 과정의 실패와 회복이 기록되고 있습니다. 여기에 나오는 하나님의 궤는 그동안 법궤, 언약궤, 증거궤로 불리 우고 있으며 보이는 세계에서 최고 가치가 있는 성물입니다. 성막 지성소의 중심에 위치하고 하나님께서 임재 하는 속죄소의 시은좌이기도 합니다(2절). 이스라엘의 패역으로 이방인에게 넘어갔다가 7-80년 동안 바알레유다(기럇여아림)에 방치되어 있는 상태입니다.

신앙심이 투철한 다윗은 하나님의 궤를 예루살렘에 가져와야 한다고 생각하고 철저한 준비를 합니다. 3만 명의 군사와 새 수레와 온갖 악기를 갖춘 연주대의 주악이 울려 퍼집니다(1-5절). 이대로 순조롭게 진행되어 백성들의 환호를 받으며 입성하면 심히 아름다운 축복이 되었을 것입니다. 하지만 이 작전은 대실패로 끝나게 됩니다. 운송 책임자였던 웃사가 말이 뛰는 바람에 흔들리는 법궤를 잡다가 그 자리에서 즉사해 버리고 말았습니다(6-8절).

다윗의 선한 열심과 웃사의 순발 있는 대처로 보이는 겉모습과 다르게 하나님의 징계가 임한 이 사건의 원인은 무엇일까요? 하나님의 뜻을 모르는 영적 무지에 기인합니다. 하나님께서 정하신 법궤의 이동 방법은 철저히 레위(고핫) 자손의 어깨로만 메어야만 합니다(민 4:15). 수레가 멋지고 효율적이라고 생각하여 준비한 다윗과 고핫 자손이 아닌 웃사가 책임자가 된 것이 잘못된 것입니다. 인간이 좋아 보이는 수단과 방법이 하나님의 원하시는 것이 아니라면 영적 불법이 된다는 것을 명심해야 합니다(마 7:21-23).

두려워하는 다윗은 법궤를 오벧에돔의 집에 3개월 동안 안치하는데 이로 말미암아 그 집은 축복이 임합니다(12절). 하나님의 것에 대한 소유가 이토록 영광스럽고 모시는 태도에 따라 복과 저주가 임한다는 사실은 매우 놀랍습니다. 시행착오의 원인을 안 다윗은 이제 율법의 절차에 따라 법궤를 예루살렘으로 모셔 옵니다. 궤를 어깨에 메게 하고 제사를 드리고 다윗은 베로 된 에봇을 입습니다(13-15절). 왕복을 벗고 평민들이 입는 베 에봇을 입는다는 것은 하나님 앞에 자신은 한 평범한 백성임을 고백하는 것입니다.

이것은 우리가 예배드릴 때 모든 계급장과 명예와 자존심을 내려놓고 오직 하나님께만 경배해야 함을 보여 줍니다. 하나님으로 말미암아 춤추며 기뻐하는 다윗을 육안으로만 보고 업신여긴 미갈의 비극은 참담합니다(20-23절). 하나님을 아는 지식을 풍성하게 하시고 하나님을 뜻에 온전하게 순종하기를 원합니다.

♦ 사무엘하 7장 성경칼럼

2절 | 왕이 선지자 나단에게 이르되 볼지어다 나는 백향목 궁에 살거늘 하나님의 궤는 휘장 가운데에 있도다

13절 | 그는 내 이름을 위하여 집을 건축할 것이요 나는 그의 나라 왕위를 영원히 견고하게 하리라

"한 가지를 잘 해서 백 가지 축복을 받은 사람"

총명한 사람을 한 마디 하면 열 마디 알아듣습니다. 성경의 수많은 인물 중에 하나님께서 기뻐하시는 한 가지를 잘 해서 무궁한 축복을 받은 사람이 바로 다윗입니다. 다윗은 성경에서 최고의 칭찬인 하나님의 마음에 맞는 사람이라고 못 박아 기록되었습니다(행 13:22). 과연 다윗이 하나님을 기쁘시게 한 것 중에 가장 큰일은 무엇일까요?

각자가 떠오르는 사안이 있겠지만 성경신학적인 증거로서 꼽는다면 사무엘하 7장에 나오는 다윗의 성전 건축에 대한 소원입니다. 그 이유는 다윗이 뜨겁고 진실한 신앙인격을 걸고 한 이 소원에 대하여 하나님께서는 다윗 언약(8-17절)으로 응답하셨기 때문입니다. 다윗은 화려한 백향목 궁전에 살면서 하나님의 궤가 허술한 회막에 거하는 것에 대하여 마음이 찔렸습니다. 보편적 인간은 어려울 때 하나님을 찾고 번성을 누릴 때는 교만해져서 하나님과 멀어지는데 다윗은 달랐습니다.

나단을 통해 전해진 다윗의 소원에 대한 하나님의 응답은 거절이었습니다. 다윗의 그 소원은 갸륵하지만 하나님께서는 성전의 본질에 대하여 말씀하십니다. 하나님께서 이스라엘 백성들과 함께 한 성막은 본래 하나님의 집이 아니었다는 것입니다(5-7절). 이 세상 모두를 다 동원하여 집을 짓는다 해도 하나님께서 거하실 집은 없습니다.

(사 66:1) "여호와께서 이와 같이 말씀하시되 하늘은 나의 보좌요 땅은 나의 발판이니 너희가 나를 위하여 무슨 집을 지으랴 내가 안식할 처소가 어디랴"

그렇다면 광야 시절에 성막의 속죄소에 하나님께서 임재하시는 상징은 무엇을 의미하는 것일까요? 하나님은 영이시기에 보이는 어떤 장소나 집에 머물 수 없고 하나님의 백성들 마음에 좌정하십니다. 구약 백성들은 우상을 버리고 하나님을 마음에 모셔야 했던 것이고 신약 성도들은 구속되어 성령을 몸에 모시게 되는 것입니다.

(고전 6:19) "너희 몸은 너희가 하나님께로부터 받은바 너희 가운데 계신 성령의 전인 줄을 알지 못하느냐 너희는 너희 자신의 것이 아니라"

다윗의 소원은 보이는 성전을 짓고자 하는 것이었지만 하나님께서는 다윗의 후손에게 영원한 성전 건축을 허락하셨습니다. 여기서 다윗의 후손은 1차적으로는 솔로몬이지만 궁극적으로는 예수 그리스도이십니다(12-13절). 다윗의 후손들에게 왕위가 영원히 이어질 것이라는 언약은 육신적 후손들만 보면 4백년 만에 끝났습니다. 하지만 다윗 언약의 효력은 메시야 예수 그리스도의 대속으로 인하여 영원한 왕권으로 성취되었습니다.

다윗 언약은 주님의 몸인 교회로 이어졌고 우리는 다윗의 영적 후손이 되었습니다(마 16:18).

다윗의 소원은 다윗 언약을 통해 작게는 왕권의 창성함이 보장되었고(8-11절) 크게는 영원한 성전의 비밀을 계시 받게 된 것입니다(12-17절). 광야에서 외적으로 초라하게 보인 성막은 하나님의 자기비하로서 성육신의 예수님을 계시했고 신약의 유형교회도 그 길을 따라 가고 있습니다. 하지만 학개 선지자는 보이는 성전의 영광보다 주님이 함께 하시는 것은 교회(성도)의 영광이 더 크다는 비밀을 선포합니다.

(학 2:9) "이 성전의 나중 영광이 이전 영광보다 크리라 만군의 여호와의 말이니라 내가 이 곳에 평강을 주리라 만군의 여호와의 말이니라"

♦ 사무엘하 8장 성경칼럼

4절 | 그에게서 마병 천칠백 명과 보병 이만 명을 사로잡고 병거 일백 대의 말만

남기고 다윗이 그 외의 병거의 말은 다 발의 힘줄을 끊었더니

14절 | 다윗이 에돔에 수비대를 두되 온 에돔에 수비대를 두니 에돔 사람이 다 다윗의 종이 되니라 다윗이 어디로 가든지 여호와께서 이기게 하셨더라

"백년대계, 천년대계"

백년대계 하면 바로 떠오는 것이 교육입니다. 수시로 바뀌는 교육정책을 비판하며 제발 길고 넓게 보며 후대를 생각하라는 말이 이어 집니다. 사람은 백년은커녕 십년도 정확히 모르며 계획은 세우지만 수많은 시행착오를 겪습니다. 유한한 인간에 비하여 무한하신 하나님의 계획과 그 성취를 섭리라고 부릅니다. 영원하신 하나님의 계획을 유한한 인간이 이해하고 적응하는 것은 당연히 버겁습니다. 하지만 하나님께서는 언약이라는 교집합을 통해 하나님의 사람을 그 경륜에 참여하게 하십니다.

사무엘하 8장을 사자성어로 표현한다면 다윗 왕의 승승장구입니다. 한번의 전쟁 승리가 아니라 연전연승을 통해 그동안의 이스라엘 적대국들을 정복해 나갑니다. 블레셋, 모압, 아람, 하맛, 에돔 등을 항복시키고 조공을 거두어들입니다(1-14절). 성경은 이 승리의 원인을 정확하게 여호와께서 이기게 하셨더라(6, 14절)고 선포합니다.

(대상 29:11) "여호와여 위대하심과 권능과 영광과 승리와 위엄이 다 주께 속하였사오니 천지에 있는 것이 다 주의 것이로소이다 여호와여 주권도 주께 속하였사오니 주는 높으사 만물의 머리이심이니이다"

이때의 다윗시대에 이스라엘 역사상 가장 광대한 영토가 주어졌는데 바로 천 년 전의 언약이 성취된 것입니다. 다윗시대가 약 B.C.1,000년이라면 아브라함은 약 B.C.2,000년의 인물입니다. 아브라함에게 천 년 전에 주었

던 광대한 땅을 소유할 것이라는 언약이 다윗 시대에 문자 그대로 이루어졌습니다.

(창 15:18) "그 날에 여호와께서 아브람과 더불어 언약을 세워 이르시되 내가 이 땅을 애굽 강에서부터 그 큰 강 유브라데까지 네 자손에게 주노니"

하나님의 언약은 인간에게는 잘 안 보이지만 반드시 성취되며 막을 자가 없음을 확인할 수 있습니다. 창세기를 읽으면서 아브라함 언약이 자신의 시대에 성취된 것을 확인하는 다윗의 마음은 얼마나 감격스러웠을까요? 다윗은 전쟁의 과정에서 이 감격을 되새기고 있었기에 영적감각이 깨어 있을 수 있었습니다. 군사력의 핵심인 말의 발 힘줄을 끊어 버려 전쟁을 군마에 의지하지 않고 오직 하나님만을 의지한 것입니다(4절). 이 순종은 하나님께서 이전에 왕이 행할 율례를 명령하셨는데 온전히 지킨 것입니다(신 17:16). 사울이 탐심으로 영적 감각이 무너져 노획물을 탐하여 버림받는 요인을 만든 것과 비교됩니다(삼상 15:9, 21)

다윗은 보물 등의 전리품을 하나님께 바침으로 승리의 영광을 오직 하나님께 드리고 있습니다(11-12절). 우리는 승리와 축복을 받는 목적이 하나님께 영광을 돌리기 위해서이고 어긋날 경우 교만해진다는 것을 명심해야 합니다(벧전 4:11). 다윗의 승리와 그 영광이 이제 주님의 몸인 신약교회(성도)에 주어졌다는 것을 알고 그 권세를 누립시다(마 16:18-19).

(고전 15:57) "우리 주 예수 그리스도로 말미암아 우리에게 승리를 주시는 하나님께 감사하노니"

♦ 사무엘하 9장 성경칼럼

1절 | 다윗이 이르되 사울의 집에 아직도 남은 사람이 있느냐 내가 요나단으로 말

미암아 그 사람에게 은총을 베풀리라 하니라

13절 | 므비보셋이 항상 왕의 상에서 먹으므로 예루살렘에 사니라 그는 두 발을 다 절더라

"마음이 짠하다"

부사 한 마디에 많은 감정이 들어가는 것이 있습니다. '참 거시기하다'라고 할 때 수많은 의미가 있듯이 '짠하다'라는 토로는 말로 표현하기 어려운 감정이 실려 있습니다. 누군가를 향하여 안타깝고 가엾고 시리고 불편하고 아픈 마음이 드신 적이 있으십니까? 잘 해 주고 싶은데 어떤 이유에서든 마음대로 잘 되지 않을 때도 있습니다. 주님께서는 짠한 마음이 드는 누군가가 있어 씨름하고 있다면 그 자체가 하나님의 복을 받은 것이라고 말씀하십니다.

(마 5:7) "긍휼히 여기는 자는 복이 있나니 그들이 긍휼히 여김을 받을 것임이요"

다윗의 전성기에 갑작스럽게 삽입된 9장의 다윗과 므비보셋의 이야기는 독특한 메시지가 있습니다. 정복전쟁에서의 용맹한 다윗의 기상과 대조되는 그의 섬세한 감성의 서사를 보여 줍니다. 다윗이 몰락한 선 대 왕인 사울의 가문에 살아남은 자를 찾는데 요나단의 아들 므비보셋이 등장합니다(1-6절). 신분은 몰락한 왕조의 후예이고 신체적으로는 두 발을 절었으며 거처는 황무지(로드발:목초가 없는)에 버려진 상태입니다(3-4절). 다리를 절었다는 기사가 반복되어 나오는데 그 배경은 5살 때 사울과 요나단의 전사 소식을 듣고 유모가 안고 도망하다가 떨어 뜨려 다친 것입니다(4:4).

므비보셋을 보는 다윗의 눈에는 눈물이 그렁거리고 마음에는 형언하기

어려운 짠함이 흐릅니다. 환난 속에서 마음을 같이 하고 여호와 신앙으로 맺혀진 진정한 친구 요나단의 얼굴이 떠오릅니다. 무엇을 해 주어도 모자라고 아무리 쳐다보아도 부족하다고 느껴집니다. 다윗은 자기 이익이나 정치적 목적이 전혀 없이 요나단을 생각하며 후의를 베풉니다. 왕자의 신분을 회복시키고 사울 가의 소유를 돌려주고 왕궁에 거처를 마련합니다. 이 모든 것보다 더욱 찬란한 영광은 다윗 왕과 매일 식탁에 앉아 음식을 먹고 교제하는 관계가 된 것입니다(13절).

이 놀랍고 신비한 광경을 보면서 섬광이 스치듯 무언가 낯설지 않다는 생각이 들지 않으십니까? 먼저 다윗이 므비보셋을 이렇게 후대하게 된 이유가 어디에 있는지에 대한 깨달음입니다. 바로 다윗 자신이 하나님 앞에서 므비보셋처럼 수많은 은총을 입었다는 것을 알았다는 점입니다. 하나님께 큰 사랑을 받은 자가 사람과의 관계에서 사랑을 펼칠 수 있는 능력이 있습니다(요일 4:19-21). 다윗의 무조건적인 사랑은 하나님께서 받을 자격이 전혀 없는 우리에게 예수님의 대속으로 구원의 선물을 주는 것의 그림자입니다(엡 2:8).

마지막으로 주목할 사안은 므비보셋의 반응입니다. 만약 므비보셋이 다윗의 초청을 외면하고 후의를 거부했다면 어찌 되었을까에 대한 질문입니다. 다행히 그는 자기를 개같이 여기며 겸손하게 은혜를 받아들여 왕자의 특권을 누렸습니다(8-12절). 아, 그러나 지금 우리 주변에는 주님의 은혜를 거부하는 '엉뚱한 므비보셋'의 비극이 넘쳐나고 있습니다(고전 1:18).

♦ 사무엘하 10장 성경칼럼

4절 | 이에 하눈이 다윗의 신하들을 잡아 그들의 수염 절반을 깎고 그들의 의복의

중동볼기까지 자르고 돌려보내매

19절 | 하닷에셀에게 속한 왕들이 자기가 이스라엘 앞에서 패함을 보고 이스라엘과 화친하고 섬기니 그러므로 아람 사람들이 두려워하여 다시는 암몬 자손을 돕지 아니하니라

"목적, 명분, 일치"

어떤 일이든 목적(purpose)을 가지고 진행해야 성취도가 높아집니다. 목적에는 올바른 도리인 명분(casus)이 있어야 하는데 명분은 정당성이 있기에 호응을 불러 옵니다. 목적과 명분이 정해지면 성취를 위한 능력이 있어야 하는데 가장 중요한 에너지는 일치(하나됨, unity)입니다. 주의 사역에 있어서 목적은 하나님의 영광이고 명분은 하나님의 기뻐하심과 교회에 유익이 되는 것입니다.

(엡 5:10~11) "주를 기쁘시게 할 것이 무엇인가 시험하여 보라 너희는 열매 없는 어둠의 일에 참여하지 말고 도리어 책망하라"

다수가 좋아하는 것이 목적과 명분이 아님을 우리는 성경에서 보았고 신앙현장에서 체험하였습니다. 소수이지만 하나님의 뜻이라면 목숨을 걸고 전진하는 의인들에 의해 성경과 교회사는 쓰여 졌습니다.

(롬 14:8) "우리가 살아도 주를 위하여 살고 죽어도 주를 위하여 죽나니 그러므로 사나 죽으나 우리가 주의 것이로다"

주를 위하여 생명을 건 소수가 하나 되어 싸우는 집단을 성경은 십자가의 군병이라고 칭합니다(엡 6:11, 딤후 2:3-4). 강한 십자가 군병들이 요구되는 이유는 상대인 악한 대적들이 평범하지 않기 때문입니다. 10장에 나오는 다윗의 2차 정복전쟁은 악랄한 세력들의 도전을 물리치고 승리하는 비결을 한눈에 보여 줍니다. 다윗은 암몬 왕 아기스가 죽자 조문 사절단을

파견합니다(1-2절). 다윗의 호의를 하눈은 관리들의 간언에 넘어가 사절단을 모욕함으로 갚습니다(3절). 자유의 상징인 수염을 절반 깎았다는 것은 노예로 취급하는 것이며 엉덩이가 보이도록 옷을 자른 것은 사람 취급도 안 하는 수치를 준 것입니다(4절).

사절단을 돌려보낸 암몬 자손은 다윗이 두려워 아람과 동맹을 맺고 33,000명의 용병을 고용합니다(6절). 다윗은 군대 장관인 요압과 용사들을 파병하는데 소수인 요압 군이 승리를 거둡니다. 승리가 당연한 것은 여호와의 이름으로 치르는 성전의 명분이 확실했기 때문입니다. 적들은 용병의 연합군으로 단합을 이루지 못했지만 이스라엘군은 여호와 군대의 소수 정예로 사기가 높았습니다.

뒤이은 아람의 강국 소바 왕 하닷에셀 연합군의 도발은 다윗이 직접 지휘한 이스라엘군에게 대패합니다(15-18절). 이 전쟁은 악한 세력이 하나님의 군대를 두려워하여 도전하지 못하고 굴종하게 하는 결과를 가져옵니다(19절). 이 전쟁의 영적인 그림은 현대인의 신앙생활에도 그대로 이루어지는 전투임을 알아챌 수 있습니다. 세상을 지배하는 사단의 세력은 하나님의 교회를 향해 얕보고 조롱하고 야비하게 침략한다는 점을 분별해야 합니다. 그러나 영적인 목적과 명분에 목숨을 건 십자가 군병의 일치된 힘은 반드시 승리한다는 점입니다. 십자가 군병의 승리는 악인을 패퇴시키며 하나님의 영광 앞에 두려움을 갖게 하는 결과를 가져 옵니다. 우리 조국 교회도 의로운 영적전투에서 승리하게 하옵소서!

♦ 사무엘하 11장 성경칼럼

2절 | 저녁 때에 다윗이 그의 침상에서 일어나 왕궁 옥상에서 거닐다가 그 곳에서

보니 한 여인이 목욕을 하는데 심히 아름다워 보이는지라

27절 | 그 장례를 마치매 다윗이 사람을 보내 그를 왕궁으로 데려오니 그가 그의 아내가 되어 그에게 아들을 낳으니라 다윗이 행한 그 일이 여호와 보시기에 악하였더라

"마이너리티 리포트"

2002년 개봉된 톰 크루즈 주연의 영화 제목입니다. 지금처럼 스마트 폰이 없던 시절에 액정을 쓱 밀면 화면이 열리는 것에 신기해했던 것이 생각납니다. 이 영화의 획기적 메시지는 마치 예언처럼 잠재적 범죄자를 다 잡아내 범죄 예방을 한다는 것에 있습니다. 죄를 밥 먹듯이 짓고 사는 인간에게 죄를 안 지을 수 있는 방법이 있다면 얼마나 좋을까요? 죄를 지을 확률에 따라 예방 조치한다면 좋겠지만 만일 이것이 실행된다면 인권유린이라는 또 다른 쟁점이 발생합니다. 그러면 좁혀서 인간은 언제 범죄에 빠질 가능성이 높을까요? 어렵고 힘든 고난의 시기일 때도 범죄 하지만 평탄과 번성의 때가 더 범죄에 취약하다고 성경은 증언합니다.

(호 4:7) "그들은 번성할수록 내게 범죄하니 내가 그들의 영화를 변하여 욕이 되게 하리라"

11장에는 선하고 의로운 영적 인물의 대표였던 다윗이 급전직하하여 호세아 말씀의 모델로 등장합니다. 군사적 승리와 정치적 번영과 영적 성숙에 의한 아름다움을 보여준 이전 장면은 묻혀 버리고 갑자기 최악의 범죄자가 되어 버립니다. 다윗의 범죄 원인으로 등장하는 구절은 1절부터 바로 나옵니다. 온 이스라엘 군이 암몬 족속을 정벌하려고 랍바 성을 포위하고 있는데 다윗은 예루살렘 성에 그대로 있었다는 것입니다. 승리가 보장된 전투이기에 일반적으로는 아무런 문제가 없겠지만 영적인 면에서는 마귀에게 틈을 보였습니다.

다윗은 어느덧 나태하고 교만했으며 하나님보다 사람을 더 의지하고 있었던 것입니다. 이 영적 방심은 낮잠을 즐기다가 깨어 궁중 옥상에 바람을 쐬러 나가면서 폭발합니다. 영적 마이너리티 리포트가 작동되었다면 이때가 다윗을 제어할 타이밍이 아닌가 생각됩니다. 최고 권력자의 눈에 심히 아리따운 여인의 목욕하는 장면이 클로즈업되었습니다. 범죄의 시발은 영적 해이감에서 시작되어 안목의 정욕으로 진전되는데 접수되는 순간 그 속도는 브레이크 없는 급행열차와 같습니다.

눈의 유혹은 마음에 자리 잡고 마음의 중심을 하나님 앞에서 지키지 못할 때에 영적 안전은 깨져 버립니다(잠 4:23, 사 26:3). 여인의 신상을 알아보고 데려오고 동침하는 범행의 가속도에 마비된 양심은 제동을 걸지 못합니다(3-4절). 죄를 짓는 자를 옥죄여 끌고 가는 사단의 계략은 잔혹하게 계속됩니다. 밧세바는 임신을 했고 다윗은 죄를 덮고자 모략을 꾸며 남편인 우리야를 죽이고 여인을 아내로 삼습니다(14-26절).

성군 다윗이 6, 7계명을 정면으로 범하고 악랄한 죄인이 되었습니다(27절). 하나님 앞에서 깨어 살지 못한 양심은 거짓과 잔인한 마음을 만들었고 그 후유증이 얼마나 비참한지는 이후에 계속됩니다. 훗날 다윗의 뼈아픈 상처와 진실한 회개가 우리에게는 반면교사로 다가옴을 감사드립니다.

♦ 사무엘하 12장 성경칼럼

13절 | 다윗이 나단에게 이르되 내가 여호와께 죄를 범하였노라 하매 나단이 다윗에게 말하되 여호와께서도 당신의 죄를 사하셨나니 당신이 죽지 아니하려니와

23절 | 지금은 죽었으니 내가 어찌 금식하랴 내가 다시 돌아오게 할 수 있느냐 나는 그에게로 가려니와 그는 내게로 돌아오지 아니하리라 하니라

"재물, 건강, 사랑, 지혜보다 더 소중한 것은?"

재물과 건강과 사랑과 지혜는 이 세상 삶에서 꼭 필요한 것입니다. 차원이 다른 영적 삶에서 이것보다 더 중요한 것이 있다면 무엇이 떠오르십니까? 성경적 정답은 회개입니다. 언뜻 이해가 안 되겠지만 회개가 없는 신앙은 가짜이기 때문입니다. 회개의 첫째 느낌은 뉘우친다는 것이지만 원어(메타노니아)는 '방향을 돌이키다'는 뜻입니다. 회개가 그토록 중요한 것은 회개하기가 너무나 어려워서입니다. 진정한 회개는 잘못을 뉘우치고 반성하는 차원을 넘어 돌이켜서 행동하는데 이르러야 합니다. 죄인 된 인간이 죄악의 관성(습관)을 끊고 하나님께 돌아오는 것은 인간의 능력으로는 거의 불가능합니다. 하나님의 불가항력(저항이 불가능함)적인 은혜를 입지 않고서는 회개는 일어나지 않습니다.

12장의 다윗의 회개는 11장의 다윗의 치명적 범죄만큼이나 유명한 장면입니다. 다윗이 정욕적 간음죄와 악랄한 모살 죄를 저지른 지 1년 정도 지난 어느 날 하나님께서 나단 선지자를 보냅니다. 밧세바가 아이를 낳은 후이었는데(11:27) 그렇다면 다윗은 1년여 동안 영적감각이 마비되어 있었다는 결론입니다. 왕의 권력으로 범죄를 덮었기에 회개할 필요가 없다고 생각했을 것입니다. 우리가 죄를 짓고서도 회개의 긴박성을 느끼지 못하는 것은 사람만 속이면 되고 하나님께서 감찰하신다는 것을 잊어서입니다.

나단의 비유를 통한 죄의 지적에 다윗은 바로 죄를 인정합니다. 변명도 안하고 긴 말도 없이 통곡하고 금식하며 죄악을 토설합니다(시 51, 32편). 그의 죄는 율법에 의하면 정확하게 사형에 해당되는 범죄입니다(레 20:10, 24:17). 다윗이 나단 선지자를 보내 주셔서 회개의 기회를 주신 하나님께 얼마나 감사했을까를 묵상해 봅니다. 회개하는 다윗에게 하나님께서는 죄를 사하시고 목숨은 살려 주시되 두 가지 징벌을 말씀하십니다(13절).

다윗의 생명을 유지시키신 것은 하나님의 아버지 되신 사랑(겔 18:23)과 다윗과 맺은 언약(7:4-17)에 있습니다. 다윗에 대한 하나님의 사랑은 지금 우리에게 예수님의 대속적 사랑으로 확대되어 나타났으니 감격스럽지 않을 수 없습니다(사 53:1-6). 우리는 하나님의 용서가 너무 커서 죄를 짓고 회개만 하면 된다고 판단하면 큰 착각입니다.

다윗에게 주어진 두 가지 책벌은 그의 앞날에 잔혹한 대가를 치르게 하고 후대에게는 큰 경계를 줍니다. 밧세바 사이에 낳은 초생자는 병들어 죽게 되어 하나님의 공의를 나타냅니다(15-18절). 다윗과 그의 후손 대부분이 전쟁과 살인 사건에 휘말리고 근친상간과 다윗의 후궁이 겁탈당하는 예언(10-11절)은 실제화 됩니다(13-18장). 다윗은 아들이 죽은 후 금생과 내세를 명확히 분별하며 심기일전합니다(19-23절) 이 모습은 우리가 남은 삶에 최선을 다하겠다는 각오와 닮았습니다.

♦ 사무엘하 13장 성경칼럼

15절 | 그리하고 암논이 그를 심히 미워하니 이제 미워하는 미움이 전에 사랑하던 사랑보다 더한지라 암논이 그에게 이르되 일어나 가라 하니

39절 | 다윗 왕의 마음이 압살롬을 향하여 간절하니 암논은 이미 죽었으므로 왕이 위로를 받았음이더라

"아픈 손가락"

여러 자식 중에 병이 있거나 경제적으로 힘들어 안타까운 자녀를 아픈 손가락이라고 표현합니다. 자녀가 부모의 애틋한 마음을 알아주면 다행이

지만 반항적이라면 가정에 여러 문제가 발생합니다. 그리스도인은 신앙의 명문 가정을 꿈꾸지만 이루기는 매우 힘듭니다. 가장 중요한 성취의 조건인 부모의 모범됨을 해내지 못하기 때문입니다. 재물과 권력과 명예를 갖춘 명망가의 가정이라도 신앙의 덕목을 갖추지 못한다면 충돌이 생길 수밖에 없습니다. 돈과 권력에 신앙의 절제가 없다면 방탕과 교만으로 치달아 가게 되어 있습니다.

부자는 천국 들어가기가 거의 불가능하다는 주님의 말씀은 현실적 상황에 근거한 것입니다(마 19:23-24). 부자는 바쁘고 누릴 것도 많아 정적인 신앙세계로 들어오기가 어렵고 부자 부모가 영적 교육을 하는 경우는 거의 없습니다.

13장은 다윗 가문의 성 스캔들과 참혹한 살인 이야기입니다. 당대 최고 신앙의 명문가이지만 자녀들의 단단히 아픈 모습에 심장이 찌릿합니다. 아픈 손가락을 올바로 처치하지 못해 수욕을 겪는 아버지 다윗의 처참한 행로는 참 살벌합니다. 다윗 가문의 근친상간과 골육간의 살인은 이미 예언되어 있었고(12:10) 사실은 다윗이 뿌린 씨앗에서 시작되었습니다. 다윗이 밧세바와 우리야에게 행한 잔인무도한 범죄가 자식들에 의해 재현되고 있는 것입니다. 더 깊이 들어가자면 왕은 아내를 많이 두지 말아야 하는 율례(신 17:17)를 어긴 다윗의 축첩에 의한 후유증이기도 합니다.

맏아들 암논이 이복누이 다말을 연모하여 강간한 것은 신앙교육이 전혀 안되어 있는 증표입니다. 근친상간이 수간과 남색과 더불어 사형에 해당된다는 율법(레 20:13-17)을 배우지 않았을 가능성이 큽니다. 간교한 사촌 요나답의 꾀에 넘어간 것도 주색에 파묻혀 지혜를 잃었기 때문입니다(3-5절). 사랑이 아닌 욕망에 의한 성의 향락은 다말을 욕보이고 난 뒤 증오하는 변태로 바뀝니다(15절). 결국 다말의 오빠인 압살롬에 의해 살해된 암논의 처참함은 다윗이 초기대응을 잘못했기 때문입니다. 다윗이 노하는 것으로 그치지 말고 법에 의한 징계를 내렸다면 이렇게 진행되지 않았을 것입니다.

그 후에 펼쳐진 압살롬에 대한 애증의 아픈 손가락 처리도 결국 큰 화근을 불러옵니다(39절).

육적 장자인 암논과 뒤이은 장자인 압살롬의 몰락은 영적 자질을 갖추지 못하면 지도자 반열에서 탈락된다는 이면의 원칙을 보여 줍니다. 부모는 영적 실력과 모범을 보여야 하고 후손은 의무적으로 경건의 훈련을 받아야 합니다. 바울이 디모데를 영적 아들로 삼아 지도자로 세운 원리는 영적 자녀 교육의 모델이 됩니다. 우리도 영육의 아픈 손가락에 역전이 일어나기를 소원합니다.

(딤전 6:11) “오직 너 하나님의 사람아 이것들을 피하고 의와 경건과 믿음과 사랑과 인내와 온유를 따르며”

♦ 사무엘하 14장 성경칼럼

20절 | 이는 왕의 종 요압이 이 일의 형편을 바꾸려 하여 이렇게 함이니이다 내 주 왕의 지혜는 하나님의 사자의 지혜와 같아서 땅에 있는 일을 다 아시나이다 하니라

33절 | 요압이 왕께 나아가서 그에게 아뢰매 왕이 압살롬을 부르니 그가 왕께 나아가 그 앞에서 얼굴을 땅에 대어 그에게 절하매 왕이 압살롬과 입을 맞추니라

"공의와 사랑의 교집합"

하나님께서 인간을 대하시는 대표적 성품은 공의와 사랑입니다. 사랑에 대하여는 너무나 익숙해서 언급을 덜해도 될 것입니다(요일 4:16). 공의는

넓게 보면 사랑 안에 있고 구약에 주로 실행되었기에 사랑보다 멀리 있는 느낌입니다. 분명한 것은 공의가 없는 사랑은 무질서하고 혼란을 부르는 부작용이 있다는 사실입니다. 그 반대인 사랑이 없는 공의는 정죄가 판치고 교만해지는 폐단이 있습니다. 하나님의 사람이 사역에 쓰임 받을 때 사랑과 공의로 행한다면 가장 훌륭한 지도자라고 볼 수 있습니다.

우리는 다윗이 상승기를 이룬 10장까지 사랑과 공의의 지도자로서 빛났던 광경을 목격했습니다. 하나님의 뜻인 공의를 인간의 생각보다 앞세워 순종한 그의 몸부림은 멋지고 아름다웠습니다. 그러나 11장부터 다윗은 영적 방심으로 범죄를 저질렀고 예전의 예민함을 잃어버리며 추락이 계속됩니다. 안 드는 칼을 든 요리사처럼 결정적일 때 사랑과 공의를 함께 행하는 실력이 없어진 것입니다. 암논의 근친상간에 이어 압살롬의 근친살인은 다윗 가에 피바람을 불렀고 이를 수습할 다윗은 영적감각이 상실되어 위기가 닥칩니다.

만약 다윗이 하나님의 공의에 대한 감각이 있었다면 압살롬을 징계했어야 마땅합니다. 그러나 다윗에게는 눈에 넣어도 아프지 않은 압살롬에 대한 사랑이 먼저였습니다. 율법에 의하여 압살롬을 징벌해야 하나님의 공의가 서고 국가의 기강이 잡힐 터인데 자식사랑에 매여 우유부단합니다. 이 틈새를 권력의 냄새를 기가 막히게 맡는 요압이 파고듭니다(1절). 드고아의 지혜로운 여인과 콤비를 이루어 다윗의 감정을 건드립니다(4-11절).

비유를 통한 접근은 나단 선지자와 유사하지만 이들에게는 하나님의 뜻과 능력이 없었습니다. 다윗의 약점을 파고들어 감정을 북돋고 하나님의 사자라는 최고의 아부 멘트를 날립니다(20절). 결국 압살롬의 귀성 목적은 이루어지고 우여곡절을 거쳐 다윗과 압살롬의 상면이 성사됩니다(21-24, 28-33절). 이 사건은 하나님의 뜻인 공의에 둔감할 때 반란이 나고 악은 휘

몰아친다는 것을 보여 줍니다.

현대 교회가 죄에 대한 공의적인 권징이 사라져서 거룩을 잃은 것은 큰 손해를 본 것입니다. 잠재적 후계자인 압살롬의 부상은 인간적 왕을 요구하는 세태와 짝을 이룹니다(25-26절). 압살롬은 큰 키와 아름다운 머리칼을 선물로 받았지만 공의를 행하지 못하고 그 장점은 사형도구가 되어 버립니다(18:9). 그리스도인은 하나님의 선물인 은사와 소유를 하나님을 위해 사용해야 합니다. 그렇지 아니하고 사리사욕을 위해 쓴다면 저주로 바뀐다는 것이 너무 놀랍습니다. 사랑과 공의의 교집합을 훈련받아 하나님께서 주신 선물을 사용하도록 기도합니다.

♦ 사무엘하 15장 성경칼럼

6절 | 이스라엘 무리 중에 왕께 재판을 청하러 오는 자들마다 압살롬의 행함이 이와 같아서 이스라엘 사람의 마음을 압살롬이 훔치니라

32절 | 다윗이 하나님을 경배하는 마루턱에 이를 때에 아렉 사람 후새가 옷을 찢고 흙을 머리에 덮어쓰고 다윗을 맞으러 온지라

"잃고 얻다"

'진정한 내편을 알아보려면 극한 위기에 처해 보라'는 말이 있습니다. 손자병법에 나오는 것으로서 정치 전략 중의 고수에 속합니다. 이와 유사한 '육참골단'은 '자신의 살을 내어주고 상대방의 뼈를 자른다'는 뜻입니다. 우리는 어린 시절부터 대가를 치르지 않은 열매는 없다는 것을 경험합니다. 하지만 대가를 치르는 것이 아프고 싫어서 열매도 얻지 못하는 길을 선택합니다.

다윗의 하강기는 급속도로 진행되어 마침내 다윗 통치시대의 가장 큰 정치적 사건인 압살롬의 반란이 일어납니다. 압살롬은 근친 살인죄로 파생된 아버지와의 악감정에 하나님을 떠난 불신앙이 합쳐져서 5계명을 어기는 패륜아가 됩니다. 악한 자의 특징인 자기 자랑과 미혹과 4년간의 세력화로 백성들의 마음을 훔칩니다(1-7절). 사랑하는 아들의 배신과 함께 일어난 반역에 믿었던 유다지파도 합류합니다. 그뿐 아니라 다윗의 최고 모사인 아히도벨이 압살롬 편에 합류함으로서 최대 위기에 이릅니다(12절).

헤브론에 수립된 반란 정부의 위협에 다윗과 식솔들은 피난길에 오르게 되고 풍전등화의 신세가 됩니다. 이 잃어버리는 과정은 다윗의 범죄시에 이미 나단 선지자로부터 주어졌던 경고적 예언의 성취입니다(12:10-12). 잃고 잃어 머리를 가리 우고 울부짖고 괴로워하며 맨발로 도망치는 다윗의 상태는 절망 자체입니다(30절).

그러나 바닥에서도 하늘은 볼 수 있듯이 다윗에게는 하나님이 계셨습니다. 환경과 조건을 다 뺏을 수 있지만 다윗에게 있는 절대적 신앙은 어느 누구도 압수할 수 없었습니다. 다윗은 이 모든 일이 하나님의 징계로 받아들이고 구원해 주실 것을 겸손히 기도합니다. 하나님을 붙드는 자세는 이제 얻는 것으로 나아갑니다. 피난 중에도 하나님은 다윗 편임을 알고 지지하는 사람들이 계속 나타납니다.

600명의 충성된 군사와 유능한 잇대 장군은 믿음의 동지들입니다(18-22절). 대제사장들의 한 편 됨은 하나님의 촛대가 다윗에게 있음을 증명합니다(24-29절). 다윗의 신앙인격에 매료되어 친구로서 훌륭한 참모가 된 후새의 의리는 큰 활약을 예고합니다(32-37절). 다윗은 최고 범죄에 최고 징계를 받는 과정에서 하나님의 은혜로 살을 내주고 뼈를 얻는 역설적 능력을 쌓아갑니다. 이 연단 속에서 하나님을 향한 절대 주권의 신앙은 깊어지고 한편으로는 인간관계에서 최선의 노력을 합니다.

아히도벨의 책략을 간파할 수 있는 제사장 그룹을 만들고 연락망을 정비한 다윗의 노력은 반역을 진압하는 힘이 됩니다. 위기 속에서 하나님과 함께 할 때 오는 지혜로 적정 조치(27-28, 33-37절)를 하는 다윗의 내공을 목격하게 됩니다. 잃어도 다 잃는 것이 아니고 얻어도 다 얻는 것이 아닌 신앙세계는 영안이 열린 신자에게 주는 하나님의 선물입니다.

♦ 사무엘하 16장 성경칼럼

12절 | 혹시 여호와께서 나의 원통함을 감찰하시리니 오늘 그 저주 때문에 여호와께서 선으로 내게 갚아 주시리라 하고

22절 | 이에 사람들이 압살롬을 위하여 옥상에 장막을 치니 압살롬이 온 이스라엘 무리의 눈앞에서 그 아버지의 후궁들과 더불어 동침하니라

"내 주변에는 어떤 사람이 있을까?"

한 사람이 알고 지내는 사람은 각각 다르겠지만 평균 150명 정도라고 합니다. 그중에는 정말 좋은 사이도 있고 속히 끊어내야 할 나쁜 사람도 있습니다. 유유상종이라는 말과 초록은 동색(풀빛과 녹색은 같다)이라는 말처럼 비슷한 사람끼리 어울리지만 정반대의 사람을 피하여 살 수는 없습니다. 그리스도인은 성향이 다르더라도 신앙적으로 좋은 영향을 주고받을 수 있는 사람을 만나야 합니다.

15장에서 위기에 처한 다윗이 세 부류의 좋은 사람을 얻는 광경이 있었다면 16장에는 그 반대 부류의 사람들이 등장합니다. 먼저 욕심을 채우기

위해 주인인 므비보셋을 모함하는 사악한 시바입니다. 므비보셋을 섬기는 집사였지만 다윗이 곤경에 처한 틈을 파고들어 주인의 재산을 가로채는 기회주의자입니다. 시바를 올바로 분별하지 못하고 므비보셋을 모함하는 모션에 속아 경솔하게 조치하는 다윗의 감각이 안타깝습니다(1-4절).

두 번째는 다윗을 심하게 저주하는 편견적 혈통주의자인 시므이입니다. 사울 왕과 같은 베냐민 지파 출신으로 사울가의 몰락을 다윗 탓으로 돌리며 복수 성 저주를 퍼 붓습니다(5-8절). 한 가지에 꽂히면 다른 것이 안 보이는 전형적인 우월주의자입니다. 특이한 것은 시므이의 저주를 대하는 다윗의 태도입니다. 흥분한 아비새를 가라앉히며 맞대응하지 않고 자신을 살피며 하나님의 징계를 받아들이는 성숙을 보입니다(9-14절).

마지막으로 아히도벨은 최고의 지혜(23절)를 받았지만 주군을 배신하며 악으로 돌아선 인물입니다. 다윗의 전략가일 때는 선한 도구로 사용되었지만 압살롬에게 붙었을 때 악한 도구가 되었습니다. 압살롬과 아히도벨은 서로 잘못 만난 사이가 되었습니다. 그가 짜낸 다윗의 후궁들을 한낮에 온 백성들이 보는 가운데 차례로 겁탈하는 도모는 패역의 극치입니다(20-22절). 고대 근동의 권력 장악의 풍습을 따른 것이었지만 신정왕국의 율법을 어긴 패륜입니다(레 18:6-8). 이 사건은 정략과 복수심이 얽힌 악행이었지만 나단 선지자의 다윗에 대한 징계예언의 성취이기도 합니다(12:11).

하나님의 의지가 악인 아히도벨을 통하여 이루어졌듯이 구속사는 바로의 강팍함, '가룟 유다의 배신, 빌라도의 법정도 사용하였습니다. 성경에서 주위 사람과 짝이 되어 악과 선으로 갈라지는 스토리는 흥미를 넘어 전율을 느끼게 합니다. 모세는 이드로를 만나 현명할 수 있었고 나아만 장군은 충직한 종이 있어 문둥병을 고칠 수 있었습니다. 삼손과 들릴라는 악연이었고 암논에게 간교한 요나답은 파멸을 가져다주었습니다.

우리에게도 영적 음녀의 촉수가 틈을 타고 있다는 사실은 실제상황입니다. 신앙의 친구는 만나고 악한 관계는 피하는 지혜를 가져야 합니다.

(잠 5:3-4) "대저 음녀의 입술은 꿀을 떨어뜨리며 그의 입은 기름보다 미끄러우나 나중은 쑥 같이 쓰고 두 날 가진 칼 같이 날카로우며"

♦ 사무엘하 17장 성경칼럼

2절 | 그가 곤하고 힘이 빠졌을 때에 기습하여 그를 무섭게 하면 그와 함께 있는 모든 백성이 도망하리니 내가 다윗 왕만 쳐 죽이고

14절 | 압살롬과 온 이스라엘 사람들이 이르되 아렉 사람 후새의 계략은 아히도벨의 계략보다 낫다 하니 이는 여호와께서 압살롬에게 화를 내리려 하사 아히도벨의 좋은 계략을 물리치라고 명령하셨음이더라

"인간의 주장, 하나님의 작정"

자기 생각으로 꽉 차 다른 의견을 흡수하지 않는 사람이 있습니다. 이런 사람은 언제나 주장이 강하고 고집이 세어 대화가 어렵고 당연히 친구도 없습니다. 이런 폐단을 방지하기 위해서는 어린 시절에 다양한 경험을 하고 책을 많이 읽어 사고의 폭을 넓혀야 합니다. 성경을 읽고 묵상하는 것은 영적인 지식과 인생의 지혜를 얻을 수 있는 최상의 비결입니다.

사무엘하 17장에는 다윗시대의 최고의 모략가인 아히도벨과 후새의 불꽃 튀는 전략이 펼쳐집니다. 있는 그대로 보자면 아히도벨이 1인자이고 후새는 그 다음입니다. 그 증거는 아히도벨이 하는 말은 하나님의 말씀과 같다는 설명에 있습니다(16:23). 원래는 다윗의 지략가였지만 압살롬의 편에

선 이유는 밧세바의 조부로서 복수를 위한 요인도 작용하였습니다(11:3, 23:34). 하나님이 버린 악한 주군 압살롬을 섬기는 그의 행로는 하나님의 뜻과 어긋날 수밖에 없었습니다. 이제 반란군의 모사로서 다윗을 제거하는 방법을 제시하는데 인간적 차원에서는 아주 탁월합니다. 다윗 일행을 다 죽일 필요가 없이 다윗 한 명만 제거하면 되고 그 후의 무리들은 자연히 평정이 된다는 전략입니다(1-3절).

압살롬과 장로들이 다 동의를 하는데(4절) 이것은 인본주의적 발상입니다. 인간의 치밀한 지략에 대중은 환호하지만 이는 치명적으로 하나님의 뜻을 놓친 것입니다. 다윗은 하나님께서 기름 부어 세운 왕으로서 그를 제거하려는 것은 하나님의 권위를 침범하는 것입니다. 비록 다윗의 범죄로 압살롬의 반란을 몽둥이로 사용하지만 다윗에게 손을 대는 것은 하나님의 진노를 부르게 됩니다.

아히도벨의 모략이 통과되려는 순간 하나님께서는 압살롬에게 번쩍하며 후새가 생각나게 합니다. 하나님께서 인간의 생각과 눈과 행동을 직접 주관하시는 사례는 너무나 많습니다(요 13:2, 왕하 6:17, 삼상 19:23-24). 우리는 후새가 이 날을 위하여 다윗의 특명을 받고 압살롬 진영에서 신임을 쌓아온 것을 잘 압니다. 후새가 내민 전략의 내용은 다윗 진영의 회복을 위한 시간벌기와 압살롬 측의 작전을 다윗에게 통보해 주는 것입니다. 이 목적을 위해 압살롬에게 전국의 군사를 모으고 전면전을 통한 승리로서 영웅이 되라고 부추깁니다(8-13절). 이 멋진 결과를 꿈꾸는 자들의 동의로 결국 후새의 작전이 채택됩니다.

압살롬 측의 작전은 충성스런 의인의 네트웍(후새-사독과 아비아달-요나단과 아히마하스-제사장의 여종-바후림의 한 여인)을 통해 다윗에게 전달됩니다(13-17절). 17장에는 다윗의 위기 모면에 주연, 조연이 여럿 등장하지만 진짜 주인공은 바로 하나님이심을 분명히 합니다. 아히도벨의 좋은 모략을 압살롬에게 화를 내리기 위해 여호와께서 친히 파하기로 작정(명령)하셨다고 명기했기 때문입니다(14절). 인간 모략의 한계를 알고 하나님의 작정에 동참하는 종으로 살기를 원합니다.

♦ 사무엘하 18장 성경칼럼

5절 | 왕이 요압과 아비새와 잇대에게 명령하여 이르되 나를 위하여 젊은 압살롬을 너그러이 대우하라 하니 왕이 압살롬을 위하여 모든 군지휘관에게 명령할 때에 백성들이 다 들으니라

23절 | 그가 한사코 달려가겠노라 하는지라 요압이 이르되 그리하라 하니 아히마아스가 들길로 달음질하여 구스 사람보다 앞질러 가니라

"한 마디"

인간을 정의하는 것 중의 하나가 '호모 로퀜스(Homo loquens)'입니다. '언어적 인간'이란 뜻으로 말하는 것의 중요성을 보여 줍니다. 한 마디의 말이 사람을 변화시키고 크게는 세상을 움직이기도 합니다. 설레는 한 마디에 연애가 시작되고 정 떨어지는 한 마디에 평생 가는 상처도 받습니다. 그리스도인이 구원받고 은혜 받는 것도 성령의 감화로 전해지는 언어를 통해서입니다. 성경에는 기쁨과 감동의 말씀이 가득하지만 슬프고 슬픈 한 마디를 만날 때 마음이 저미어 옵니다.

사무엘하 18장에 나오는 다윗의 한 마디(5절)는 형언할 수 없는 슬픔을 던집니다. 반란의 수괴로서 오직 아버지 다윗의 생명만을 노리고 달려드는 압살롬 때문입니다. 반란군과의 전쟁에서 승리할 것을 믿었지만 아들의 안

녕만을 걱정하는 다윗을 보게 됩니다. 다윗은 부하들에게 '나를 위하여 어린 압살롬을 너그럽게 대해 달라'고 부탁합니다(5절). 아들은 아버지에게 간교하고 악랄했지만 아버지는 다 큰 아들을 향하여 어린 아이를 대하듯 합니다. 철없는 자식은 아버지에게 아픈 손가락인데 압살롬의 책임까지 자신이 맡으려는 마음이 역력합니다.

다윗의 이 모습은 우리 인간을 향한 하나님의 마음입니다. 십자가 위에 그 아들을 못 박아 버린 몹쓸 인간을 향해 진노를 멈추고 뜨거운 사랑을 부어 주시는 하나님이 보입니다.

(요일 4:10) "사랑은 여기 있으니 우리가 하나님을 사랑한 것이 아니요 하나님이 우리를 사랑하사 우리 죄를 속하기 위하여 화목 제물로 그 아들을 보내셨음이라"

전력상으로 압도적인 압살롬군은 뛰어난 전략과 충천한 사기의 다윗 군에게 패하고 맙니다(6-8절). 압살롬은 그 자랑스럽던 머리칼이 상수리나무에 걸리고 요압 장군에 의해 죽음을 당합니다(9-15절). 하나님을 대적한 반란은 진압되었고 압살롬은 수치의 상징(신 21:21)인 돌무더기에 매장됩니다(17절).

18장에는 그리스도인으로서 꼭 기억해야 할 한 인물이 등장합니다. 제사장 사독의 아들 아히마하스인데 그의 말과 행동은 하나님의 은혜를 받은 자가 어떻게 살 것인지에 대한 해답이 됩니다. 그는 다윗이 아들의 죽음 소식을 들으면 얼마나 슬퍼할지를 알았습니다(33절). 요압이 정식으로 보낸 전령보다 늦게 출발했지만 최선을 다해 먼저 도착합니다(19-27절). 승리 소식만을 전하고 압살롬의 죽음은 애써 감추는 모습을 보임으로서 다윗의 슬픔을 늦추려 합니다(28-29절). 다윗의 마음을 헤아리는 아히마하스처럼 우리가 하나님의 마음을 배려할 수는 없는지 되새기게 하는 장면입니다. 하나님을 기쁘시게 하는 복음의 일군으로 살기를 소원합니다.

♦ 사무엘하 19장 성경칼럼

23절 | 왕이 시므이에게 이르되 네가 죽지 아니하리라 하고 그에게 맹세하니라
30절 | 므비보셋이 왕께 아뢰되 내 주 왕께서 평안히 왕궁에 돌아오시게 되었으니 그로 그 전부를 차지하게 하옵소서 하니라

"스펙타클(spectacle)"

굉장히 인상적인 광경을 볼 때 스펙타클하다고 합니다. 장관이라고 번역할 수 있는데 크고 멋지고 장엄하고 놀랍다는 의미로 쓰입니다. 스펙타클은 외적인 광경에만 있는 게 아니라 인간 역사와 인간의 마음에도 있습니다. 특히 성경에 나오는 사건이나 사람의 실상을 목도하면 얼마나 변화무쌍한지 스펙타클하다고 외치게 됩니다.

사무엘하 19장에는 그 분량이 많은 만큼 여러 인물의 복잡한 캐릭터와 미묘한 사건들이 펼쳐집니다. 성경이 세상의 책들과 다른 것이 있다면 사람을 미화하지 않고 솔직담백하게 기술한다는 점입니다. 인간의 욕구 충족이 아닌 하나님의 뜻인 구원과 구원생활을 위해서 주신 계시이기 때문입니다. 어떤 위대한 인물도 그들의 죄를 가리거나 허물을 숨기려고 시도하지 않습니다. 성경에 쑥스러운 성적 스캔들과 욕망의 덩어리가 용솟음치는 장면이 많은 이유입니다.

19장은 반란을 평정하고 예루살렘 성으로 환궁하는 다윗의 여정이 나옵니다. 다윗의 죄로 인한 징벌의 과정이었지만 하나님께서는 약속대로 신정

왕국을 포기하지 않으셨습니다. 다윗이 아들 압살롬의 죽음 앞에서 슬퍼하는 기간이 길어진 것을 반복해 기록함으로서 그의 감정적 약점을 지적합니다(1-8절). 통치자로서 훌륭한 자질만 있는 것이 아니라 인간적 한계가 있음을 보여 줍니다. 내전은 외적을 상대로 한 전쟁보다 더 심한 상처가 있었기에 다윗은 화합의 코드를 실행합니다. 배신한 유다 지파를 회유하기 위해 아마사를 군장으로 앉히고 기회주의자인 시므이와 시바에게 온정을 베풉니다(9-23절). 므비보셋을 만나 그의 재산을 절반만 회복시켜 주는 것은 이전에 자신이 잘못 판단한 것에 대한 타협입니다(24-30절).

이에 반응하여 재산은 없어도 된다는 므비보셋의 태도는 재산보다 관계를 중시하는 지혜입니다. 다윗과 한 상에서 식사하는 관계만 되면 다른 것은 없어도 된다는 그의 고백은 성도와 주님과의 관계를 묵상하게 합니다.

(계 3:20) “볼지어다 내가 문 밖에 서서 두드리노니 누구든지 내 음성을 듣고 문을 열면 내가 그에게로 들어가 그와 더불어 먹고 그는 나와 더불어 먹으리라”

다윗을 사심 없이 대하는 바르실래는 인격적 신앙인으로서 공동체에 위로를 주는 인물입니다(31-39절). 다윗의 환난 시에 갑부의 축복을 하나님 나라를 위해 사용했는데 그에 대한 보상 제의도 사양합니다. 함께 가자는 다윗의 요청을 완곡하게 거절하고 아들 김함을 동행시킵니다. 청탁이 아닌 다윗을 이롭게 하기 위해 보내는 충심이 느껴집니다. 유다 지파와 에브라임 지파를 중심으로 한 연합지파의 헤게모니 다툼은 사회적 한계의 실상입니다(40-43절). 개인적 의는 훈련으로 어느 정도 가능하지만 단체의 성숙은 매우 어렵다는 것을 알 수 있습니다. 격동기의 스펙타클은 흥미롭지만 근신의 자세가 더 요구된다는 메시지를 받게 됩니다.

♦ 사무엘하 20장 성경칼럼

10절 | 아마사가 요압의 손에 있는 칼은 주의하지 아니한지라 요압이 칼로 그의 배를 찌르매 그의 창자가 땅에 쏟아지니 그를 다시 치지 아니하여도 죽으니라 요압과 그의 동생 아비새가 비그리의 아들 세바를 뒤쫓을새

16절 | 그 성읍에서 지혜로운 여인 한 사람이 외쳐 이르되 들을지어다 들을지어다 청하건대 너희는 요압에게 이르기를 이리로 가까이 오라 내가 네게 말하려 하노라 한다 하라

"유명해지고 싶어요!?"

명예욕은 사람의 욕구 중에 상위에 랭크되어 있습니다. 이마에 새겨 있지는 않지만 '나 좀 알아주세요'라며 몸부림을 칩니다. 우리나라의 연예인 지망자가 백만 명이 넘을 것이라는 통계는 유명도는 돈과 직결되기 때문입니다. 좋은 이름을 내고 남겨야 한다는 것은 큰 동기부여가 되지만 악명을 남기는 것은 절대 금물입니다. 지금까지의 이야기가 세상적인 관점이라면 성경은 다른 영역의 이름을 제시합니다.

무명의 영적 아름다움을 장려합니다. 한걸음 더 나아가 이 땅에서 보상을 받으면 하늘에서는 상이 없다고 단언합니다(마 6:1-6). 사무엘하 20장에는 악명을 떨친 사람과 무명의 지혜자를 선명하게 대조하는 사건이 나옵니다. 악명을 남긴 사람은 세바와 요압이고 무명의 지혜자는 아벨 성의 한 여인입니다. 세바는 지파간의 세력 다툼을 이용하여 다윗을 반역하는 세력을 모았는데 유다 지파를 제외한 모든 지파가 동참하였습니다(1-2절). 인간 사회의 반목과 질시는 큰 협동을 이루는 에너지로 작용합니다. 베냐민 지파 출신으로 사울 왕가의 후광을 이용한 세바는 잠시의 권력을 누렸지만 성경은 불량배(난류, 비류)로 낙점합니다. 결국 머리가 잘려 내동댕이치는 종말을 맞았는데 하나님이 세운 다윗을 대적한 형벌입니다(22절).

요압은 다윗 왕국의 2인자로서 잔인하고 간교한 인물입니다. 정치적인 야망으로 아브넬(3:27)과 압살롬(18:14)을 죽인 그는 라이벌로 등장한 아마사를 기만하며 살해합니다(8-10절). 다윗시대에 계속된 그의 권세지만 다윗의 유언을 받은 솔로몬에 의해 비참하게 제거됩니다(왕상 2:28-35). 하나님 앞에서가 아닌 눈앞의 유익을 좇아 행한 자의 종말입니다.

이제 20장의 주인공인 지혜로운 한 여인을 소환합니다. 성경은 왜 이 여인의 이름을 굳이 감추고 있을까요? 저의 묵상의 결론은 바로 '후대의 무명 그리스도인을 위해서'입니다. 성경과 교회사에는 유명한 신앙인보다 무명의 신앙인이 당연히 많았을 것입니다. 하나님께서는 무명신자의 자존감을 세우시기를 원하신 것입니다. 온 성의 사람들이 몰살당할 위기를 건진 이 여인의 지혜는 성경에서 나왔습니다.

요압은 압도적 전력으로 반란을 진압하려 했지만 여인은 이것을 성을 공격하기 전에 타협하라는 율법을 어기는 것임을 지적합니다(신 20:10-15). 세바 한 명만 죽이면 되고 무고한 생명은 희생하면 안 되는 당위성도 제기합니다(21절). 보통은 진리를 알아도 용기를 못 내는데 이 여인은 그 벽을 넘어 행동하였습니다(16절). 우리도 무명이지만 지혜와 용기를 가지고 쓰임 받기를 소원합니다(고후 6:9).

♦ 사무엘하 21장 성경칼럼

1절 | 다윗의 시대에 해를 거듭하여 삼 년 기근이 있으므로 다윗이 여호와 앞에 간구하매 여호와께서 이르시되 이는 사울과 피를 흘린 그의 집으로 말미암음이니 그가 기브온 사람을 죽였음이니라 하시니라

9절 | 그들을 기브온 사람의 손에 넘기니 기브온 사람이 그들을 산 위에서 여호와 앞에 목 매어 달매 그들 일곱 사람이 동시에 죽으니 죽은 때는 곡식 베는 첫

"나한테 왜 그랬어요?"

영화 '달콤한 인생'에서 이병헌이 김영철에게 복수의 총을 겨누며 한 유명한 대사입니다. 보스에게 충성을 다했는데 자기를 죽이려 했던 이유를 묻는데 대답은 '넌 나에게 모욕감을 주었어'입니다. 보스의 애첩에게 연정을 품은 것은 용서할 수 없다는 배경에서 나온 광경입니다. 이 영화 스토리를 도입한 이유는 결과에는 반드시 원인이 있다(인과율)는 것을 일단 확인해야 하기 때문입니다. 살면서 수없이 내뱉는 '왜 나에게 이런 일이?'라는 의문에 대한 성찰은 꼭 필요합니다. 자연인은 그 대답을 운명과 환경으로 돌리지만 그리스도인은 그 원인을 하나님에게 받아야 합니다.

21장은 지금까지의 시간적인 기술을 벗어나 다윗 통치의 어느 시기에 있었던 사건입니다(1절). 압살롬의 반란 이전이고 므비보셋을 찾은 지 얼마 후일 것이라고 보면 됩니다(7절). 히브리인에게 있어서 기근은 단순한 재해 이상의 의미가 있습니다. 그것도 3년 동안 이어졌으니 전쟁과 사나운 짐승과 온역과 같은 하나님의 심판이 임한 것입니다(왕상 8:35).

(겔 14:21) "주 여호와께서 이같이 이르시되 내가 나의 네 가지 중한 벌 곧 칼과 기근과 사나운 짐승과 전염병을 예루살렘에 함께 내려 사람과 짐승을 그 중에서 끊으리니 그 해가 더욱 심하지 아니하겠느냐"

이 치명적인 심판 앞에 할 수 있는 일은 하나님 앞에 무릎 꿇고 간구하는 수밖에 없습니다. 다윗은 인간이 모르고 놓친 범죄가 있음을 깨닫고 그 진상을 여쭤 봅니다. 하나님의 응답은 사울과 피를 흘린 그 집 때문이라고 말씀하십니다(1절). 사울 시대에 있었던 기브온 사람 학살 사건이 다윗시대에 심판으로 내린 것입니다. 죄는 숨길 수도 없고 죄의 벌은 피할 수도 없다는 죄의 절대성을 절감하게 됩니다.

이 기브온 족속은 여호수아의 가나안 정복 당시 여호와의 이름으로 화친을 맺은 사람들입니다. 여호와의 단을 위해 나무를 패고 물을 긷는 종으로서 이스라엘은 그들의 생명을 보존해야 하는 책무가 있었습니다(수 9:3-27). 사울이 그들을 학살한 이유는 열심 있는 애족심이었다고 기록되었지만(2절) 약조를 어긴 것이기에 큰 죄악이었습니다. 다윗은 속전으로 갚지 못하는 살인죄(4절)의 해결을 사울 왕가의 후손 7명을 내어 주어 기브아에서 교수형에 처하게 합니다(6절).

죄의 해결에 처형된 사울의 후손들에 대한 감정은 미묘합니다. 분명한 메시지는 죄의 심판은 반드시 실행된다는 원리입니다(고후 5:10). 이 원리는 사울가의 묘지 이장까지 마친 후에 하나님께서 기도를 들어 주신 것으로 증명됩니다(14절). 혹독한 재앙이 전화위복이 될 수 있는 것은 회개의 행동이 있을 때입니다. 그리고 그 결과는 하나님과의 관계회복과 거룩한 공동체로의 정진으로 나타납니다. 기도해도 응답받지 못할 때 자신을 돌아보는 거룩한 습관을 가지기를 원합니다(갈 6:1).

♦ 사무엘하 22장 성경칼럼

30절 | 내가 주를 의뢰하고 적진으로 달리며 내 하나님을 의지하고 성벽을 뛰어넘나이다

35절 | 내 손을 가르쳐 싸우게 하시니 내 팔이 놋 활을 당기도다

"내가 체험한 하나님은?"

제자훈련반에서 돌발 질문을 한 적이 있습니다. '누가 하나님에 대하여 물어 본다면 어떻게 대답하시겠습니까?' 준비된 상태가 아닌 가운데 발표를 하는데 자유 시간을 주었음에도 모두가 몇 마디로 끝났습니다. 미신적 내용도 있고 성경에 나오는 객관적 지식에 치우쳐 있는 것이 대부분이었습니다. 그리스도인의 대화 속에 하나님에 대한 분량이 얼마나 되며 진정한 가치가 있는 것인지 점검해 보아야 합니다. 성경의 하나님과 내가 체험한 하나님이 같아질수록 온전한 신앙에 가깝습니다.

사무엘하 22장은 다윗이 경험한 하나님에 대한 감사의 시가 실려 있습니다. 이 시의 배경은 1절에 나와 있듯이 사울의 핍박과 모든 이방의 대적에게서 구원한 이후에 쓰여 졌습니다. 통일왕국을 이루고 주변 나라들을 정복하고 여호와 신앙으로 충만할 때 영광을 돌리고 있습니다. 하나님을 향하여 '나의' '내가'라는 반복된 호칭은 사울이 하나님을 '당신의' 하나님이라고 부른 것(삼상 15:30)과 대조 됩니다. 우리가 믿는 하나님은 교리에 갇혀 있거나 상상속의 하나님이 아니라 실생활에서 동거하는 분입니다(요 14:26).

다윗이 2-3절에서 하나님을 묘사한 비유(반석, 요새, 건지시는 자, 엘로힘, 피할 바위, 방패, 구원의 뿔, 높은 망대, 피난처, 구원자)는 눈으로 보듯이 경험했다는 간증입니다. 기도를 응답하시는 하나님에 대한 철저한 신뢰는 하나님이 어떤 분이신지를 알 때 주어집니다(4-20절). 하나님께서 인간이 알아 볼 수 있도록 다가오시는 신인 동형론(모양)과 동성론(성정)을 사용함으로서 하나님과 한편임을 기뻐합니다. 이 신인 동형동성론은 겸손함으로 받아야 되며 하나님의 존엄성을 훼손하는 마음은 금물입니다

이 시는 후반부에 들어가면서 하나님을 향한 인간의 책임과 열심을 찬송

합니다. 언뜻 자신의 의를 보고 하나님이 구원해 주셨다는 것으로 들리지만(21-29절) 이 의는 언약관계에 근거합니다. 하나님께서 주권적 은혜를 먼저 베푸셨고 다윗은 순종의 반응을 보인 것입니다(30절). 이 원리를 한 눈에 보여주는 구절이 35절입니다. 다윗은 하나님께서 '손을 가르쳤고(기술)' '팔로 놋활(힘)'을 당기게 하여 전쟁에 승리했다고 고백합니다. 실제적 싸움은 다윗이 했지만 그 실력은 하나님의 훈련으로 주어진 것입니다.

이것은 신약성도들이 성령의 은사를 받고 열심히 연마하여 능숙한 사역자로 쓰임 받아야 하는 원리와 같습니다(롬 12:6-8). 다윗은 하나님께서 행하신 사랑과 능력이 온 열방에게 영원히 지속될 것임을 증거 합니다(47-51절). 이 내용이 다윗의 후손으로 오실 메시야 대망 사상이며 우리는 놀랍게도 그 성취를 목격하였습니다. 주님을 진정으로 사랑하고 전심으로 찬양합니다.

(요 19:30) "예수께서 신 포도주를 받으신 후에 이르시되 다 이루었다 하시고 머리를 숙이니 영혼이 떠나가시니라"

♦ 사무엘하 23장 성경칼럼

2절 | 여호와의 영이 나를 통하여 말씀하심이여 그의 말씀이 내 혀에 있도다

17절 | 이르되 여호와여 내가 나를 위하여 결단코 이런 일을 하지 아니하리이다 이는 목숨을 걸고 갔던 사람들의 피가 아니니이까 하고 마시기를 즐겨하지 아니하니라 세 용사가 이런 일을 행하였더라

"결정체"

결정체란 물리적으로 '결정하여 일정한 물체를 이룬 것'을 말합니다. 하늘에서 내리는 눈이 생각나고 꿀벌의 로열 젤리와 조개가 진통 끝에 생산한 진주가 연상됩니다. 의미로 들어가면 노력의 결과로 얻은 보람을 결정체라

고 비유합니다. 그렇다면 그리스도인의 '신앙결정체'는 과연 무엇일까요?

22장이 다윗 왕국 초기에 이룬 전성시대의 은혜를 찬양한 것이었다면 23장은 다윗이 인생 말기에 지은 것입니다. 노인이 된 왕은 자신에게 일어난 수많은 일들을 돌아보며 가장 중요한 결정체를 노래합니다. 세속의 영웅들은 노년을 부귀영화를 누린 끝에 나오는 허무함으로 마감하지만 다윗은 반대입니다. 허물 많고 신분이 낮은 목동에서 가장 존귀한 자로 높임을 받은 것은 오직 하나님의 은혜임을 절감합니다(1절).

다윗의 첫 번째 결정체는 성령의 감동으로 하나님의 말씀을 저작하는 영광을 받은 것입니다. 다윗은 자신의 시가 인간적 서정시가 아닌 하나님의 말씀임을 알고 있습니다. '하나님의 영이 나를 통해 말씀하시며 내 혀에 말씀이 있다(2절)'고 외칩니다. 그가 쓴 시가 신적권위를 가지고 있다는 뜻입니다. 어떻게 인간이 하는 말과 글이 하나님의 말씀이 될 수 있겠습니까? 이 해답은 성경의 영감설을 올바로 배우면 얻을 수 있습니다.

'기계적 영감설'은 정신적 활동이 중단된 상태에서 성령이 불러주시는 대로 기계적으로 받아썼다는 것입니다. 그러나 성경은 성경 기자에 따른 독특한 문체와 개인적 경험과 자료수집이 이루어져서 쓰여 졌기에 맞지 않습니다. 이와 반대인 동력적 영감설이 있는데 하나님의 간섭은 심적, 영적활동에 대한 간접행위였다는 주장입니다. 그렇다면 성경 저작은 오류가 많이 일어났다는 것이고 특별 영감의 영역이 사라지므로 받아들일 수 없습니다.

정통적인 것은 유기적 영감설로 성령께서 영감을 주셔서 기자의 성격, 교육, 문체 등의 손상 없이 성경을 기록하게 하신 것입니다. 성경을 기록할 당시에 죄의 영향을 차단하여 오류가 없애시고 용어 하나까지 간섭하셔서 성경의 완전성을 이룬 것입니다.

다윗의 두 번째 결정체는 '하나님의 사람들과 나눈 사랑의 관계'입니다. 8절 이후의 내용은 군대 조직과 충성된 부하들에 대한 격려와 상급처럼 보입니다. 하지만 자세히 보면 하나님 나라에의 헌신 내용 속에 신뢰가 살아 움직이는 것을 느낄 수 있습니다. 생명을 걸고 길어온 베들레헴 물을 부하들의 피로 보고 하나님께 전제로 부은 다윗은 하나님이 빚은 그릇입니다(13-17절). 이 결정체는 복음을 상업화하고 사람을 도구화하는 현대교회에게 경고가 됩니다. 주님 앞에 서는 날 나의 신앙의 결정체는 과연 무엇일까요?

♦ 사무엘하 24장 성경칼럼

1절 | 여호와께서 다시 이스라엘을 향하여 진노하사 그들을 치시려고 다윗을 격동시키사 가서 이스라엘과 유다의 인구를 조사하라 하신지라

14절 | 다윗이 갓에게 이르되 내가 고통 중에 있도다 청하건대 여호와께서는 긍휼이 크시니 우리가 여호와의 손에 빠지고 내가 사람의 손에 빠지지 아니하기를 원하노라 하는지라

"이게 그토록 큰 죄입니까?"

자신이 생각하기에는 큰 잘못이 아닌 것 같은데 큰 벌이 내려진다면 항의를 할 것입니다. 바뀐 교통 상황을 몰라서 큰 범칙금이 부과되면 보통 억울하지 않습니다. 법정에서 다투는 논점의 중심에 범죄의 동기가 있습니다. 그 의도가 악하고 사회에 피해를 줄수록 형량은 가중 됩니다. 그리스도인은 세상적인 죄는 물론이고 하나님 앞에서의 죄의 기준까지 생각하며 사는 사람입니다.

24장에 나오는 다윗의 인구조사 사건은 이 수준 높은 죄의 동기가 주제입니다. 1절부터 난해한 내용에 눈을 번쩍 뜨게 합니다. ①하나님께서 이스라엘에게 진노하셔서 치시려 하셨다. ②이 목적을 위해 다윗을 격동시켰다. ③죄의 내용은 나라의 인구조사이다. 세 가지를 문자 그대로 종합하면 '하나님께서 이스라엘에게 벌을 주시려고 다윗을 부추겨 인구조사라는 죄를 짓게 하셨다'가 됩니다. 죄의 책임이 하나님께로 향하는 것 같은 느낌이 오지만 그럴 리는 없습니다.

이 사건의 배경은 압살롬과 세바의 반란 때에 다윗을 대적한 무리들에 대한 하나님의 심판입니다. 다윗의 왕권을 회복한 것으로 끝난 것이 아니라 하나님의 통치를 거역한 자들을 심판해야 했다는 것입니다. 다윗을 격동했다는 것은 다윗 속에 있는 죄의 성품을 다스리지 않고 그대로 두었다는 의미입니다. 인간은 은혜적 다스림이 멈추면 죄를 싣고 폭주하는 기관차가 되어 버립니다.

인구조사가 왜 죄가 되느냐는 문제는 다윗의 의도에 있습니다. 성경에서는 종교적 목적의 인구조사가 여러 차례 있었습니다(출 30, 38장; 민 1, 26장). 이 인구조사는 제사장들이 주도했고 생명의 속전을 내는 목적을 가지고 있었습니다(출 30:13). 하나님의 은총에 감사하고 하나님께 소속되었음을 고백하는 의식입니다. 반면에 다윗의 인구조사는 군세를 과시하고 왕권을 강화하기 위한 교만한 의도에서 시작되었습니다.

인간이 보기에 잘한 일처럼 보여도 하나님을 대적하는 완강한 죄는 얼마든지 있습니다. 요압 장군이 주도했고 여러 반대도 무시하며 돌이킬 10개월 동안의 기회도 놓치고 강행되었습니다(2-9절). 죄를 깨달은 다윗은 회개하게 되고 선지자 갓에 의해 3가지 징벌중의 하나를 선택합니다(10-

13절). 인간에 의하여 받는 치욕보다 하나님의 직접 치리인 온역을 선택했는데 하루아침에 7만 명이 참혹하게 죽습니다(15-16절).

하나님의 자비로 3일을 안 채우고 그쳤는데 예루살렘의 백성들이 전멸할 수도 있었습니다. 다윗이 아라우나의 타작마당을 사서 화목제를 드리고 심판은 마감됩니다(18-25절). 훗날 이 곳에 성전이 세워지고 십자가의 장소가 되는 것은 용서가 구원의 핵심임을 계시합니다. 주님의 일을 할 때 하나님의 뜻을 살피는 지혜를 구해야 하겠습니다.

열왕기상

♦ 열왕기상 1장 성경칼럼

6절 | 그는 압살롬 다음에 태어난 자요 용모가 심히 준수한 자라 그의 아버지가 네가 어찌하여 그리 하였느냐고 하는 말로 한 번도 그를 섭섭하게 한 일이 없었더라

34절 | 거기서 제사장 사독과 선지자 나단은 그에게 기름을 부어 이스라엘 왕으로 삼고 너희는 뿔나팔을 불며 솔로몬 왕은 만세수를 하옵소서 하고

"둘이 나눌 수 없는 것"

정상적인 사람은 한 조각의 천도 나눠 입고 한 됫박 나락도 함께 먹을 수 있습니다. 하지만 둘이 나눌 수 없는 것이 있는데 절대 권력입니다. 절대 권력이란 군주제에서는 왕이고 전체주의에서는 1인자입니다. 이 원리는 절대 권력은 그 가진 것을 지키기 위해 어떤 피바람도 마다하지 않는 현상으로 파급됩니다. 세속의 역사는 권력투쟁의 승리자가 패권을 잡지만 구속사에서는 하나님의 뜻에 의하여 주어집니다.

열왕기에 들어서면서 권력의 속성을 도입한 것은 인간이 권력을 대하는 본성을 이해하기 위해서입니다. 열왕은 히브리어로 '멜라킴'으로 '왕들'이라는 뜻입니다. 사무엘상, 하가 제 1, 2 왕국기이고 열왕기상, 하는 제 3, 4 왕국기입니다. 열왕기는 히브리적 성경 분류상으로는 전선지서에 해당됩니다. 선지자적 견지에서 서술되었다는 뜻으로 왕들의 정치군사적 업적이 초점이 아니라는 의미입니다. 현대가 이념과 이익전쟁이라면 이스라엘의

왕은 율법의 순종, 불순종이 평가의 기준이 된 것입니다.

저자는 익명의 선지자이고 연대는 솔로몬 즉위(B.C.970년)부터 남유다 예루살렘 함락(B.C.586년)까지 4세기 동안입니다. 열왕기상 1장은 다윗의 노환으로 시작됩니다. 30살에 왕위에 올라 40년 동안 전쟁과 반역과 가정의 풍파를 치른 육신은 푹 가라앉아 있습니다. 그가 건강 회복의 수단으로 처녀 아비삭이 왔음에도 동침을 안했다는 기록은 영성의 충만이 있음을 보여줍니다(1-4절).

국정을 돌보지 못하는 다윗에 대적하여 왕자 중 연장자인 아도니야가 반역을 일으킵니다. 그는 다윗의 넷째 아들로서 암논과 길르압과 압살롬이 죽었기에 육적으로는 승계 1순위임이 분명합니다. 왕으로서 용모가 출중했고 기질과 정치력을 갖추고 추종자들도 있었습니다. 문제는 하나님의 선택이 아니었고 신정왕국의 왕으로서 훈련과정이 없었습니다. 스스로 교만하여 왕위에 올랐지만 솔로몬에 의하여 아침 안개처럼 뒤안길로 사라집니다(40-53절).

대세를 뚫고 하나님의 뜻을 아는 순종의 무리들(밧세바, 나단, 사독, 브나야)의 협력으로 솔로몬의 즉위식이 거행됩니다(39절). 주목할 것은 선지자적 관점을 가진 기자가 이 형제간의 왕권 다툼을 다윗의 책임이라고 암시하는 것입니다. 우리야의 피를 흘린 심판이고(삼하 12:10-12) 자녀교육에 엄격하지 못했던 다윗을 책망합니다(6절).

열왕기를 정독 묵상하는 것은 선과 악을 목격하고 그 상벌을 살피며 교훈을 얻는 구속사의 여행입니다. 죄악의 냄새는 진동하지만 면면히 흐르는 은혜를 알아채는 거룩한 여로를 기대하게 합니다. 진리의 광맥을 캐며 얻은 은혜를 꽉 붙잡겠습니다.

♦ 열왕기상 2장 성경칼럼

2절 | 내가 이제 세상 모든 사람이 가는 길로 가게 되었노니 너는 힘써 대장부가 되고

46절 | 여호야다의 아들 브나야에게 명령하매 그가 나가서 시므이를 치니 그가 죽은지라 이에 나라가 솔로몬의 손에 견고하여지니라

"수준 차이"

기분 나쁜 것 중의 하나가 차별받는 것입니다. 세상의 차별이 교회 안에서도 고쳐지지 않는다면 하나님의 은혜가 실행되지 않았다는 증거입니다. 교회는 본질적인 면에서는 차별을 없애고 지체의식으로 섬기는 공동체를 지향해야 합니다(롬 3:22, 10:12, 고전 12:12-27). 그러나 아이러니하게도 이 이상적 공동체를 이루는 과정에서 수준 차이를 인정해야 하는 원리가 있습니다. 지역교회는 '수직과 수평적 속성(모랄리티)'으로 수준 차이가 많이 날 수밖에 없습니다. 수준 차이가 나는 성도들에게 일사불란만을 요구한다면 부작용이 일어날 수밖에 없습니다. 교회 분쟁의 뿌리에는 영적 수준 차이를 이해하지 못한 독선적 사고가 자리 잡고 있습니다. 성경은 이 영적 수준을 지식이라고 부르고 지식을 사용하는 실력을 지혜라고 합니다.

2장의 내용은 외적으로는 솔로몬의 왕권 강화이지만 내면의 주제는 다양성을 이해하고 대처하는 지혜로 볼 수 있습니다. 인류 사상 최고의 지혜자로 인정받는 솔로몬과 신정왕국을 거스르는 어리석은 자들이 대조되어 나옵니다. 솔로몬의 축복은 아버지 다윗의 유언으로부터 시작되는데 2가지의 핵심 지침을 내립니다. 첫째, 신정왕국의 견고성과 번영은 하나님 뜻

(율법)을 순종하는데 있음을 확언합니다(3-4절). 대장부로서 담대하게 하나님과 함께 하라는 내용인데 모세가 여호수아에게 한 명령유언과 판박이입니다(수 1:1-9).

둘째, 선인에게는 보답하고 악인은 처벌하되 공정하게 실행할 것을 당부합니다. 다윗의 적과 친구들을 그들의 공과에 맞게 공정하고 지혜롭게 보응하라는 것입니다. 반역자인 아도니야는 가만히 있으면 생명을 유지할 수 있었지만 방자하게 과욕을 부리다가 처단됩니다(13-25절). 반역죄의 용서를 고맙게 생각하고 근신하기보다 악한 계교로 스스로가 짠 덫에 걸려 버립니다(잠 5:22). 반역죄에 가담한 제사장 아비아달은 공과를 감안해 파면되었는데 이는 엘리 가문에 임한 예언(삼상 2:27-36)의 성취입니다(26-27절).

아도니야와 아비아달의 소문이 요압에게 이르자 제 발이 저린 그는 얕은꾀를 부립니다. 장막에 달려와 제단의 뿔을 잡는데 고의적 살인자인 요압은 그 혜택을 받을 수 없습니다(출 21:13-14). 다윗 시대부터 군권을 쥐고 왕권에 위협을 가하던 앓던 이와 같던 요압은 다윗의 유언을 따른 솔로몬의 지혜로 제거됩니다(28-35절).

다윗을 저주한 시므이는 재빠른 처세로 다윗에게 용서를 빌어 생명을 유지했지만 결국 심판을 받습니다(36-44절). 솔로몬이 주거 제한 조치를 했는데 종이 도망을 치자 거처를 나와 죽음에 처해 집니다. 시므이의 처벌은 오랜 세월이 흘러 실행되었는데 이유 없는 저주는 자신에게 돌아온다는 원리를 보여줍니다(갈 6:7-8). 다윗의 위기 시에 후의를 베푼 바르실래는 부모가 심은 선행은 후대가 복을 받는다는 선례를 남깁니다(7절). 지혜를 실천하는 신앙의 대장부로 살기를 원합니다.

♦ 열왕기상 3장 성경칼럼

9절 | 누가 주의 이 많은 백성을 재판할 수 있사오리이까 듣는 마음을 종에게 주사 주의 백성을 재판하여 선악을 분별하게 하옵소서

25절 | 왕이 이르되 산 아이를 둘로 나누어 반은 이 여자에게 주고 반은 저 여자에게 주라

"준비된 그릇, 채워진 지혜"

기독교인이 아니어도 아는 유명한 성경이야기가 있습니다. 추론을 해 보면 다윗과 골리앗, 홍해 도강, 이삭의 번제, 삼손과 들릴라, 십자가, 간음한 여인과 주님, 선한 사마리아인 등이 있습니다. 솔로몬의 지혜와 재판은 유명도에서 상위에 속할 것입니다. 그리스도인은 지혜가 있어야 신앙생활을 능력 있게 할 수 있습니다. 지혜를 얻으면 보너스처럼 주어지는 부귀와 영광을 의식하여 구할 수도 있습니다(13절).

3장의 이야기는 번영과 능력의 내용 속에 타락의 요소가 행간에 스며 들어와 있습니다. 이스라엘은 강국이 되어 애굽 왕조와 정략결혼을 하는데 하나님의 뜻과 어긋나 있습니다(1절). 성막은 제사 장소로서 보편화되지 못한 가운데 백성들과 왕이 산당에서 제사를 드리고 있습니다(2-3절). 어린 나이에 즉위한 솔로몬의 압박감은 심했을 것이고 돌파구가 필요한 상황입니다. 이미 2장에서 솔로몬은 왕국의 기본을 다지는데 있어 지혜로운 실력이 있음을 목격했습니다. 그럼에도 자신의 부족함을 겸손하게 인정하며 지혜를 구하는 것은 준비된 그릇임을 보여줍니다.

보통 그리스도인들이 지혜를 구하지 않는 것은 지혜를 구하는 동기를 모르기 때문입니다. 그가 지혜를 구할 때 일천번제로 뜨거운 헌신을 드렸

다는 것은 지혜로운 행동입니다(4절). 일천번제가 횟수인지 양적인 것인지는 논란이 있으나 엄청난 열심인 것은 확실합니다. 구원은 무조건적 은혜로 받는다면 능력은 간절한 의지와 진실한 헌신으로 준비한 자에게 주어지는 축복입니다. 준비된 그릇으로 간명하게 기도하는 솔로몬에게 전무후무한 지혜가 주어집니다(5-14절).

여기서 우리가 꼭 확인해야 하는 것은 '지혜는 과연 무엇인가?'입니다. 솔로몬이 구한 것은 '듣는 마음'이었고 이것을 하나님이 기뻐하셨다고 하였습니다(9-10절). 개역 성경은 지혜로운 마음이라고 하였지만 개정 성경은 원어인 '레브 쇼메아'의 뜻에 따라 듣는 마음으로 정확히 번역하였습니다. 듣다(솨마)의 의미가 복종이므로 듣는 마음이란 '순종하는 마음'이 됩니다. 결국 지혜의 본질은 하나님의 말씀을 순종하는 것입니다.

하나님께서 자신이 아닌 백성을 위하여 지혜를 구하는 솔로몬을 기뻐하신 이유입니다(8-9절). 지혜의 본질이 추상이 아닌 실재라는 사실은 이어지는 솔로몬의 재판에서 증명됩니다. 하나님께로부터 발원된 지혜는 인간의 마음을 분별하여 아이에게 사랑이 있는 친모를 정확히 가려냅니다(18-27절). 인간으로선 꽉 막혔던 난해한 사건이 하나님의 지혜를 받은 자로부터 한방에 해결 됩니다. 돈보다 우위에 있는 지혜(전 7:12)를 받아 활용하는 멋진 일군이 되기를 소원합니다.

♦ 열왕기상 4장 성경칼럼

20절 | 유다와 이스라엘의 인구가 바닷가의 모래 같이 많게 되매 먹고 마시며 즐거워하였으며

25절 | 솔로몬이 사는 동안에 유다와 이스라엘이 단에서부터 브엘세바에 이르기까지 각기 포도나무 아래와 무화과나무 아래에서 평안히 살았더라

"한가위만 같아라"

한가위는 추석(가을 저녁)의 별칭으로 큰(한), 가운데(가위)란 의미입니다. 음력 8월 15일 가을의 한 가운데 달이 밝고 먹을 것도 풍부하여 한껏 여유를 부릴 수 있습니다. 어린 시절 어른들이 추석부터 보름간 일을 안 하고 놀이를 즐기던 풍경이 생각납니다. 소득이 높지 않았고 문명의 혜택도 받지 못했지만 음식과 인심은 풍성했습니다. 모든 날이 한가위만 같았으면 좋겠다는 말은 이상적인 공동체를 사모하는 소원이 담겨 있습니다. 이상향을 뜻하는 파라다이스, 낙원, 무릉도원, 유토피아와 비슷합니다.

열왕기상 4장은 솔로몬 왕국의 전성기와 이스라엘 백성의 황금기를 보여줍니다. 세상에서의 이상향은 허상이지만 솔로몬 왕국은 하나님께서 허락하시고 보여주신 것입니다. 그야말로 무엇 하나 부족함이 없이 강대하고 풍성하고 안전합니다. 내적으로도 단단하고 지혜롭고 존귀한 아름다움이 충만합니다. 나라의 행정과 종교는 충성스런 인재들로 조직되었고(2-18절) 번성한 열매는 평안을 줍니다(20-25절). 주변 나라와 평화를 이루고 열방의 존경도 받습니다(31-34절).

이상과 같은 전대미문의 번영을 이룬 원인은 무엇일까요? 첫째, 선조들에게 주었던 언약이 성취된 것입니다(창 12:1-3, 15:18-21, 26:1-4, 28:13-14, 삼하 7:12-16). 둘째, 솔로몬의 번영과 태평성대는 메시야 왕국의 예표로서 말씀의 순종과 연결됩니다. 솔로몬이 하나님의 말씀을 떠나자 왕국의 전성기도 저물어 가기 때문입니다.

(왕상 11:9) "솔로몬이 마음을 돌려 이스라엘의 하나님 여호와를 떠나므로 여호와께서 그에게 진노하시니라.."

우리는 여기서 하나님을 향한 믿음에 따라 번영과 쇠락이 결정된다는 냉혹한 시선을 느끼게 됩니다. 바로 열왕기를 기록한 선지자의 시각입니다. 열왕기의 기록 연대는 마지막 기사(왕하 25장, 바벨론의 포로가 됨)를 볼 때 B.C.550년경입니다. 그렇다면 솔로몬 이후 400여년 후 이스라엘의 멸망을 목격한 자가 이 책을 썼다는 것입니다. 이 치욕의 시절에 저자의 끓는 마음을 시편 기자는 이렇게 대변합니다.

(시 137:1) "우리가 바벨론의 여러 강변 거기에 앉아서 시온을 기억하며 울었도다"

솔로몬 왕국의 번영을 하나님을 떠난 망국의 결과와 대조하고 몸서리치며 기록했다는 것입니다. '아 옛날이여'라는 후회와 '있을 때 잘해'라는 질책이 묘하게 뿜어 나오고 있습니다. 형통할 때가 타락의 기회가 된다는 영적 교훈을 깨닫게 됨은 참 감사한 일입니다(26절).

♦ 열왕기상 5장 성경칼럼

4절 | 이제 내 하나님 여호와께서 내게 사방의 태평을 주시매 원수도 없고 재앙도 없도다

18절 | 솔로몬의 건축자와 히람의 건축자와 그발 사람이 그 돌을 다듬고 성전을 건축하기 위하여 재목과 돌들을 갖추니라

"가장 비싼 집?"

우리나라에서 가장 비싼 집은 2023년 현재 강남 청담동에 있는 더 펜트하우스 청담(250억원)입니다. 세계에서 가장 비싼 집은 인도 뭄바이에 있는 앤틸리아(2조 4천억원)입니다. 그렇다면 역사상 가장 비싸고 귀한 집은 무엇일까요? 단연코 솔로몬이 지은 성전입니다. 열왕기상 5장부터 8장까

지 성전 건축과 봉헌식이 나오는데 개요만 보아도 증명됩니다. 건축 준비에 3년, 건축기간은 7년이며 총 18만 명의 인부와 3300명의 감독관이 동원되었습니다(13-16절). 성전의 재료는 다윗이 준비한 금만 해도 10만 달란트(340만kg)이니 엄청납니다(대상 22:14). 현재 금 시세가 '1돈(3.75g)'에 30만원 내외이니 호기심이 있는 분은 계산해 보시기 바랍니다.

다윗이 준비했고 솔로몬이 건축한 성전을 하나님께서 허락하셨다고 그 영광을 돌립니다. 사방에 적과 재앙을 없애 주셔서 평화를 주셨기에 이제 건축할 수 있다고 두로 왕 히람에게 간증합니다(3-5절). 히람은 이방인이지만 다윗과의 의리와 함께 솔로몬의 동역자로 성역에 쓰임 받는 축복을 받습니다(7-12절). 지금의 레바논 지역의 백향목과 잣나무가 성전 자재로 사용되었다는 것은 하나님의 사역에 일반은총이 쓰임 받는 원리를 보여 줍니다.

기독교인만이 똘똘 뭉쳐 자연인을 배척하는 사역은 한계가 있기에 자연인을 잘 사용하는 지혜가 필요합니다. 준비기간이 3년이나 되었다는 것은 하나님의 사역은 철저한 준비가 필요하다는 점을 강조하는 것입니다. 나아가 진정한 성전인 성도의 신앙적 가치가 얼마나 귀중한지를 알려 줍니다. 이 진리는 성전의 역사를 통찰해야 이해할 수 있습니다. 보이는 솔로몬, 스룹바벨, 헤롯 성전은 역사 속에서 사라집니다. 독생자 예수님의 성육신은 구약에서 그토록 사모했던 진정한 성전의 강림입니다.

(요 2:19) "예수께서 대답하여 이르시되 너희가 이 성전을 헐라 내가 사흘 동안에 일으키리라"

예수님이 죽고 사흘 만에 부활하심으로 약속대로 성령이 강림했고(행 2:1-4) 이제 예수님을 믿는 성도가 성전이 되었습니다.

(고전 3:16) "너희는 너희가 하나님의 성전인 것과 하나님의 성령이 너

희 안에 계시는 것을 알지 못하느냐"

우리가 성전인 것을 어떻게 알 수 있을까요? 예수님을 주님으로 모시는 일은 성령님이 아니면 할 수 없는 일이기 때문입니다.

(고전 12:3) "그러므로 내가 너희에게 알리노니 하나님의 영으로 말하는 자는 누구든지 예수를 저주할 자라 하지 아니하고 또 성령으로 아니하고는 누구든지 예수를 주시라 할 수 없느니라"

내가 예수님을 확실히 믿고 성령님을 모신 몸이 되었다면 이제 내가 확실한 성전이 된 것입니다(고전 6:19) 아! 내가, 내 몸이, 주님 때문에 세상에서 가장 비싼 집이 되었습니다(사 43:1).성령님을 소멸하지 않고 동행하며 열심히 살겠습니다(살전 5:19).

♦ 열왕기상 6장 성경칼럼

7절 | 이 성전은 건축할 때에 돌을 그 뜨는 곳에서 다듬고 가져다가 건축하였으므로 건축하는 동안에 성전 속에서는 방망이나 도끼나 모든 철 연장 소리가 들리지 아니하였으며

12절 | 네가 지금 이 성전을 건축하니 네가 만일 내 법도를 따르며 내 율례를 행하며 내 모든 계명을 지켜 그대로 행하면 내가 네 아버지 다윗에게 한 말을 네게 확실히 이룰 것이요

"지어져 가는 그리스도인"

교회 지도자의 최고 보람은 성도의 변화입니다. 정확히는 성도들이 예수님의 성품을 닮아 성숙해 가는 것입니다. 신자의 성숙은 성령님의 역사에 인간의 의지가 실행될 때 이루어집니다. 이 과정은 긴 시간이 걸리고 요란스럽지 않다는 특징이 있습니다. 이기적이고 교만한 신자가 시간이 지나면서 어느새 성숙한 자태를 드러낼 때의 기쁨은 최고입니다. 성막을 거쳐

성전건축을 하는 본장까지 연구해 온 우리들은 성령님을 모신 성도가 참된 성전임을 확인 했습니다.

솔로몬이 3년간의 준비기간을 거쳐 출애굽 이후 480년 만에 성전을 착공합니다(1절). 이 성전이 지어져 가는 내용을 통해 진정한 성전인 그리스도인이 성숙해져 가는 원리를 알 수 있습니다.

(엡 2:22) "너희도 성령 안에서 하나님이 거하실 처소가 되기 위하여 그리스도 예수 안에서 함께 지어져 가느니라"

구원은 예수님을 믿고 단번에 받지만 성숙은 한방에 이루어지지 않습니다. 이는 영적 지도자가 단기간에 허락되지 않는 이유이기도 합니다(딤후 6:6). 준비가 철저했음에도 건축기간이 7년 6개월이 소요되었다는 것은 다른 건축물과는 다른 무엇이 있었다는 의미입니다. 솔로몬 성전은 성막의 2배 크기로 세로 27m, 가로 9m, 높이 13.5m로서 대형 건축물이 아닙니다(2-3절, 1규빗은 45cm). 성막에 비하여 높이가 3배 높고 건축 면적은 73평 정도입니다(성막은 18평).

기자는 성전을 지을 때의 모습을 '일체의 연장소리가 들리지 않았다'고 강조합니다(7절) 전을 짓는 내부가 아주 고요한 이유는 자재를 다듬는 외곽에서 치열한 소음을 치렀기 때문입니다. 여기에서 우리는 너무나도 명확한 그림을 그릴 수 있습니다. 성전 된 신자 영혼의 고요함을 위해서 외적 환경의 치열함이 필요하다는 것입니다. 모난 돌이 유용한 돌이 되기까지 각고의 다듬음이 필요하듯이 성도는 환난을 이기는 치열한 인내와 연단이 필수입니다(롬 5:3-4).

외부 공사를 마친 후(2-10절) 내부 공사(14-36절) 시작 전에 주어지는 말씀은 이전 언약(3:14)의 재강조입니다. 찬란한 성전보다 더 중요한 것은 율법을 순종하는 것이며 그 안에서만 하나님의 임재가 이루어진다고 말씀하십니다(11-13절). 이 언약에 의하여 후대의 이스라엘은 성전이 파괴되었음에도 여호와 신앙을 잃지 않게 됩니다.

이 원리에 따라 그리스도인은 세속의 아름다운 우상(성전)보다 인격적으로 주님을 따르는 믿음이 요구되는 것입니다. 하나님이 성전의 부속물이 아니듯이 주님을 내 행복의 수단으로 삼는 신앙은 절대 금물입니다. 하나님의 집이라는 것을 매순간 확인하며 고난 속에서도 영적 성전으로 조용히 지어져 가는 그리스도인은 우리의 '거룩한 소원(Holy wish)입니다

(고전 3:9) "우리는 하나님의 동역자들이요 너희는 하나님의 밭이요 하나님의 집이니라"

♦ 열왕기상 7장 성경칼럼

1절 | 솔로몬이 자기의 왕궁을 십삼 년 동안 건축하여 그 전부를 준공하니라

21절 | 이 두 기둥을 성전의 주랑 앞에 세우되 오른쪽 기둥을 세우고 그 이름을 야긴이라 하고 왼쪽의 기둥을 세우고 그 이름을 보아스라 하였으며

"부속 건물"

부속 건물이란 주 건물에 딸려 연결된 기능을 하는 것을 말합니다. 우리 교회의 경우 지하 본당이 주 건물이고 1층의 식당과 교육실과 2층의 카페가 부속 건물이 됩니다. 만약 건물 안에 예배를 드리는 본당이 없다면 교회당이라고 할 수 없고 일반 건물과 구별도 안 될 것입니다. 건물의 주된 목적에 의해 주 건물이 정해지고 쓰는 용도가 많다 하더라도 부속 건물이 될 수 있다는 뜻입니다.

솔로몬은 성전이 지어진 후에 왕궁을 13년 동안 건축합니다(1절). 성전 건축 기간보다 6년이나 길고 그 규모에 있어서 높이는 같고 넓이는 배가 넘습니다(2절). 일반적인 시각으로 볼 때 왕궁이 주 건물이고 성전은 부속 건물로 보입니다. 그러나 본서 기자는 왕궁은 성전의 부속 건물이라고 냉정하게 기술합니다. 왕궁 건축은 불과 12절 만을 할애하고 서둘러 성전 기구 제작으로 돌아와 39절에 걸쳐 자세히 기록합니다. 성전은 전 우주를 통치하시는 하나님의 좌소이고 궁전은 하나님의 통치권을 위임받은 이스라엘 왕의 거처일 뿐입니다.

이 선지자적 시각은 성도가 세상보다 하나님과의 관계에 우선을 두고 살아야 함을 보여 줍니다. 약속의 땅 예루살렘에 성전(제)과 궁전(정)이 완공됨으로 제정일치적인 신정왕국의 면모가 갖추어졌습니다. 성전과 궁전이 마주 보고 있듯이 신앙생활과 세속생활은 분리할 수 없는 관계로 설정되어 있습니다. 성도는 교회에서 은혜를 충만히 받고 세상에 나가 빛과 소금으로 그리스도인의 향기를 퍼트리는 존재입니다.

(고후 2:14~15) "항상 우리를 그리스도 안에서 이기게 하시고 우리로 말미암아 각처에서 그리스도를 아는 냄새를 나타내시는 하나님께 감사하노라 우리는 구원 받는 자들에게나 망하는 자들에게나 하나님 앞에서 그리스도의 향기니"

그리스도인의 정체와 능력은 성전 전면에 서 있는 놋기둥의 의미에서 확인됩니다. 8m 높이의 두 놋기둥의 이름은 야긴과 보아스로 명명됩니다(15-22절). 야긴은 그가 세우신다는 뜻이고 보아스는 그에게 힘이 있다는 의미입니다. 1차적으로 다윗 왕조는 하나님과의 관계가 온전해야 견고할 수 있다는 메시지입니다. 나아가 하나님의 성전인 성도는 '나의 삶의 힘이 주님께 있음을 고백하고 실천해야 함을 의미합니다(갈 2:20).

놋으로 만든 세욕조는 그 이름을 바다(원어:얌, sea)라고 하여 흔히 놋바다로 불립니다(23-26절). 제사장들이 매일 이 놋바다의 물에 몸을 씻습니다. 구속받은 성도는 그리스도인의 보혈을 의지하여 늘 정결함을 얻어야 합니다. 성전 외부의 투박한 놋은 저주를 끊어낸 예수님을 상징합니다. 내소의 금 기구들은 변함없이 진실하신 그리스도의 존귀함을 의미합니다(48-51절). 복과 능력이 되시는 하나님을 가장 귀하게 모시고 사는 생활을 사모합니다.

♦ 열왕기상 8장 성경칼럼

6절 | 제사장들이 여호와의 언약궤를 자기의 처소로 메어 들였으니 곧 성전의 내소인 지성소 그룹들의 날개 아래라

54절 | 솔로몬이 무릎을 꿇고 손을 펴서 하늘을 향하여 이 기도와 간구로 여호와께 아뢰기를 마치고 여호와의 제단 앞에서 일어나

"최고의 순간에.."

사람과 조직과 국가마다 최고의 순간이 있습니다. 그렇다면 이스라엘 역사에서 최고의 순간 랭킹을 꼽는다면 어떤 것이 들어갈까요? 관점에 따라 순위가 결정되겠지만 8장의 성전 봉헌식은 반드시 들어갈 것입니다. 최고의 순간 플러스 영광의 순간이기 때문입니다. 우리는 앞서 성전의 가치와 성전 건축의 정성을 목격했습니다. 완공된 성전 앞으로 온 이스라엘 백성이 운집하여 성대한 낙성식이 시작됩니다.

가장 먼저 시행한 일은 다윗 성의 성막에 안치되어 있던 법궤를 모셔오는 것입니다(1-9절). 성전이 성전일 수 있는 것은 하나님의 임재인데 그 상징인 법궤가 없으면 안 됩니다. 법궤 자체가 하나님은 아니지만 하나님의 임재를 가시적으로 나타내주는 은총의 수단입니다. 법궤 안에 들어 있는

언약의 두 돌판에 의하여 이스라엘은 하나님과의 관계를 맺는 것입니다. 이 예시는 우리가 그리스도인의 영을 모셨기에 그리스도인이 되었고 성전이 된 것과 같은 원리입니다.

(롬 8:9) "만일 너희 속에 하나님의 영이 거하시면 너희가 육신에 있지 아니하고 영에 있나니 누구든지 그리스도의 영이 없으면 그리스도의 사람이 아니라"

법궤가 지성소 중심에 안치되고 제사장들이 나올 때에 여호와의 영광이 가득하게 덮입니다(10-11절). 솔로몬은 그동안 방랑하며 이방인에게 탈취되기도 했던 법궤가 정착함으로 새 시대가 시작된 것을 선포합니다. 봉헌사를 통해 다윗 언약의 성취를 감사드리고 영광을 올립니다(12-21절). 이어지는 솔로몬의 중보기도는 성전을 향해 부르짖는 모든 기도는 응답될 것을 확신하고 있습니다(22-53절). 다만 응답의 조건은 기도하는 자가 회개하고 죄 사함 받아야 한다는 것을 반복하여 강조합니다(30, 34, 36, 39절).

하나님은 죄와 함께 할 수 없으므로 죄 사함 받지 않고 하나님과 관계를 맺을 수 없습니다(요일 1:8-9). 절대군주이지만 하나님 앞에서 무릎 꿇고 기도하는 솔로몬의 모습은 절대복종의 자세입니다. 하나님께 복종하는 자만 창조 시에 인간에게 위임된 지위와 자유를 누릴 수 있도록 정해져 있습니다.

(창 1:28) "하나님이 그들에게 복을 주시며 하나님이 그들에게 이르시되 생육하고 번성하여 땅에 충만하라, 땅을 정복하라, 바다의 물고기와 하늘의 새와 땅에 움직이는 모든 생물을 다스리라 하시니라"

솔로몬의 축사는 신실한 믿음의 자세를 권고합니다(54-61절). 하나님이 함께 하는(임마누엘) 축복은 율법에의 순종으로만 이루어진다고 결론을 내립니다. 신약성도는 참된 성전이기에 영적으로 성전 봉헌식을 매일 한다고 보면 됩니다. 이익에 너무 휘둘리지 말고 겸손하게 기도하는 일에 열심을 내야 합니다. 나의 기도와 말씀순종의 생활이 임마누엘에 응답하는 최고의 순간입니다.

♦ 열왕기상 9장 성경칼럼

5절 | 내가 네 아버지 다윗에게 말하기를 이스라엘의 왕위에 오를 사람이 네게서 끊어지지 아니하리라 한 대로 네 이스라엘의 왕위를 영원히 견고하게 하려니와

7절 | 내가 이스라엘을 내가 그들에게 준 땅에서 끊어 버릴 것이요 내 이름을 위하여 내가 거룩하게 구별한 이 성전이라도 내 앞에서 던져버리리니 이스라엘은 모든 민족 가운데에서 속담거리와 이야기 거리가 될 것이며

"좋은 소식과 나쁜 소식 중 무엇부터 들을래요?"

선택은 사람마다 다를 것이며 옳고 그름의 문제도 아닙니다. 좋은 소식이 끝까지 좋은 것만이 아니고 나쁜 소식이 좋게 작용할 수도 있습니다. 성경의 핵심은 기쁜 소식, 즉 복음입니다. 그러나 복음을 온전히 전달 받고 이해하기 위해서는 나쁜 소식을 수없이 들어야만 합니다. 인간이 죄인임을 깨닫기 위해서는 율법의 정죄와 심판을 거쳐야 합니다. 죄의 처참한 결과인 저주를 인식해야 죄에 대하여 날선 긴장을 할 수 있습니다.

성전 건축과 봉헌식의 찬란한 영광을 체험한 솔로몬에게 하나님께서 두 번째 나타나십니다(1-2절). 기브온에서 나타나심과 같았다는 것은 꿈을 통한 계시였다는 뜻입니다. 시기는 성전과 궁전의 완공 이후이니 즉위 24년경으로 추측됩니다. 솔로몬 왕국의 번영이 최고도에 이르고 사치와 교만 속에 유혹이 덮쳐 올 가능성이 높을 때입니다. 솔로몬 개인과 이스라엘 전체에게 자상한 약속과 엄위한 경고가 꼭 필요했던 시기입니다. 봉헌식에서

의 성전 중심으로 살겠다는 기도에 하나님께서는 항상 보시며 마음으로 함께 하시겠다고 응답하십니다(3절).

이어서 하나님의 축복조건이 나오는데 '다윗의 행함같이' 하면 왕위가 끊어지지 않을 것이라고 약속하십니다(4~5절). 이스라엘 왕에게 있어서 다윗은 따라야 할 신앙의 표준입니다. 다윗의 기준대로 이후의 모든 왕들은 판단을 받게 됩니다(대하 28:1, 34:2). 그러면 하나님께서는 다윗의 어떤 점을 기뻐하셨을까요? 우리는 다윗의 죄와 허물을 너무나 잘 알고 있습니다. 그럼에도 불구하고 하나님의 마음에 합한 자가 된 것은 그의 성실하고 솔직한 마음입니다(4절).

죄를 지적받았을 때 핑계대지 않고 회개했고 법궤가 들어 올 때 기쁨을 드러내며 감격하여 춤을 추었습니다. 사울을 죽일 기회에 하나님만을 바라보며 절제했고 평생 우상숭배를 안 한 유일한 왕이었습니다. 특히 우상 숭배를 하게 되면 이스라엘 백성의 전부를 잃는다는 엄격한 경고는 살벌합니다(6절).

아무리 번영을 누리고 성전의 영광이 찬란할지라도 율법을 떠나 우상을 섬기면 성전을 던져 버리겠다고 단호히 말씀하십니다(7절). 이스라엘 민족은 모든 나라에서 저주의 '본보기(속담)'가 되고 '조롱거리(이야기)'가 될 것이라고 경고합니다(7절). 결국 두 번째의 나쁜 예언은 구속사 속에서 비극적으로 이루어졌습니다(대하 36:19). 만약 저주의 경고를 잘 지켰다면 이 나쁜 예언은 역설적으로 가장 좋은 소식이 되었을 것입니다. 경고를 늘 확인하는 신앙생활을 해야 하겠습니다.

♦ 열왕기상 10장 성경칼럼

3절 | 솔로몬이 그가 묻는 말에 다 대답하였으니 왕이 알지 못하여 대답하지 못한 것이 하나도 없었더라
23절 | 솔로몬 왕의 재산과 지혜가 세상의 그 어느 왕보다 큰지라

"순례자(pilgrim)"

성지를 여행하는 사람을 뜻하지만 진정한 의미는 천국을 향해 나아가는 신자를 의미합니다. 순례자라고 하면 천로역정의 기독도와 스페인 '산티아고(성 야고보)' 순례길이 생각납니다. 수많은 역경 속에서도 성령님의 도우심을 받아 순례하는 기독도는 거룩한 구도자입니다.

열왕기상 10장에는 진리와 지혜를 위한 인생 여행에 대한 힌트가 숨겨져 있습니다. 절정기의 솔로몬 왕조에 대한 서술이 계속되는 가운데 스바 여왕의 예루살렘 방문이 삽입되어 있습니다. 언뜻 보면 당대 최고 지혜를 가진 남녀의 낭만적 요소와 함께 솔로몬 왕조의 자부심을 뽐내는 것처럼 읽혀집니다. 지혜 게임에서 솔로몬의 승리가 드러나고 스바 여왕의 신앙고백처럼 보이는 문장도 있어 훈훈합니다(3-9절). 이 이야기의 전환점은 솔로몬과 스바 여왕을 소환한 예수님의 말씀에서 시작됩니다.

(눅 11:31) "심판 때에 남방 여왕이 일어나 이 세대 사람을 정죄하리니 이는 그가 솔로몬의 지혜로운 말을 들으려고 땅 끝에서 왔음이거니와 솔로몬보다 더 큰 이가 여기 있으며

솔로몬은 예수님의 모형이고 솔로몬보다 더 큰 이가 예수님입니다. 주님께서 스바 여왕은 그 멀리서 솔로몬의 지혜를 들으려 왔는데 너희는 왜 나를 알아보지 못하느냐고 책망하십니다. 스바는 아라비아 반도 남서쪽

에 위치한 곳으로 지금의 이디오피아나 예멘에 해당됩니다. 지혜를 찾아 2,000km를 오는 것과 비교해 눈앞의 메시야를 놓치는 유대지도자의 우둔함을 목격합니다. 무역상들이 전한 정보로 솔로몬을 안 스바 여왕에 비하여 지금 우리는 예수님을 만날 수 있는 성경이 주어졌습니다.

(요 5:39) "너희가 성경에서 영생을 얻는 줄 생각하고 성경을 연구하거니와 이 성경이 곧 내게 대하여 증언하는 것이니라"

성경을 통하여 주님을 만나고 관계를 맺을 수 있는 축복이 '지금 여기(now and here)' 우리에게 있습니다. 성경은 스바 여왕의 사례처럼 내가 먼저 물을 때 답을 주지만 묻지 아니하면 침묵합니다. 나아가 성경이 하시는 말씀을 정성껏 들을 때 주님과의 대화로 나아갑니다. 깊이 묵상하고 연구하고 겸손히 씨름할 때 성경의 열매가 맺힙니다.

10장에는 황금기 번영의 기록 가운데 솔로몬의 비극이 스며 들어와 있습니다. 지혜의 근원은 하나님이신데 어느새 감각이 둔해져 하나님의 뜻을 어기고 있습니다. 부를 자랑하지 말라고 했는데 엄청난 세금을 걷어 백성을 힘들게 합니다. 군사력을 강화하여 자기 힘을 과시하고 하나님을 의지하지 않고 있습니다(14-29절). 부와 지혜는 교만의 길을 갈 수밖에 없다는 방정식에 솔로몬도 여지없이 걸려들었습니다. 교만은 지혜를 무력화한다는 경계비를 코앞에 세워 놓고 매일 성경을 떠나지 말아야 하겠습니다.

(히 3:13) "오직 오늘이라 일컫는 동안에 매일 피차 권면하여 너희 중에 누구든지 죄의 유혹으로 완고하게 되지 않도록 하라"

♦ 열왕기상 11장 성경칼럼

6절 | 솔로몬이 여호와의 눈앞에서 악을 행하여 그의 아버지 다윗이 여호와를 온

전히 따름 같이 따르지 아니하고

41절 | 솔로몬의 남은 사적과 그의 행한 모든 일과 그의 지혜는 솔로몬의 실록에 기록되지 아니하였느냐

"봄으로 시작, 겨울로 시작"

1년을 봄으로 시작하면 겨울로 끝나고 겨울로 시작하면 가을로 마칩니다. 인생을 찬란한 봄으로 시작했다가 황량한 겨울로 마친다는 것은 시작은 좋았는데 말로는 비참했다는 은유입니다. 반대로 모진 겨울 단련을 거쳐 열매를 맺어 끝이 가을처럼 풍성하다면 성공한 인생입니다. 다윗은 겨울로 시작한 왕이고 솔로몬은 봄으로 시작한 왕입니다. 인간의 성정은 똑같기에 어느 누구도 죄와 허물이 없는 사람은 없습니다. 다윗과 솔로몬 모두 범죄와 교만에 노출되었는데 구속사는 다윗의 손을 들어줍니다(4, 6절).

다윗은 연단의 시기를 먼저 겪고 왕이 되었고 솔로몬은 왕자라는 부유함을 누리며 출발했습니다. 봄처럼 전무후무한 지혜를 받았고 여름처럼 영광스런 성전을 건축했고 가을 열매처럼 부와 명예는 전 인류 중에 최고입니다. 하지만 다윗과 다른 형통한 출발은 그의 절정기에서 삐끗하기 시작합니다(6절). 이미 10장에서 보화를 쌓고 병마를 자랑할 때 교만을 눈치 챌 수 있었습니다(10:14-29).

11장에서는 처첩을 많이 두지 말라는 명령까지 정면으로 어깁니다(신 17:16-17). 다윗은 하나님을 떠난 자에게 오는 저주를 선 경험하여 경성할 수 있었지만 솔로몬은 이 감각에 둔해져 있습니다. 그리스도인은 솔로몬의 타락과 징벌과 보면서 그 원인을 찾아 타산지석으로 삼아야 합니다. 첫째, 솔로몬의 타락은 역설적이게도 그가 큰 복을 받았기 때문입니다. 세상

의 모든 지혜를 꿰뚫고 모든 사물을 다 논할 실력은 오히려 하나님 앞에 무릎 꿇는 것을 게을리 하게 하였습니다. 지혜로 강대국이 되었고 열방이 조공을 바치고 천하의 유사들이 아부하니 교만함으로 직행합니다.

둘째, 하나님을 차선으로 밀어내고 죄의 입구인 처첩을 1,000명이나 두었습니다(3-5절). 창조 질서를 어기고 정욕을 쫓아 여인의 인권을 말살한 죄입니다. 셋째, 죄악이 들어오는 입구를 열어젖힌 결과는 멸망하는 죄인 우상숭배로 전진합니다. 이방 출신 후궁들이 가지고 온 우상을 위해 신전을 허용했고 결국은 민족적 우상숭배로 퍼져 나갑니다(5-7절). 우상숭배의 보편화는 요시야 왕의 우상 훼파 때(왕하 23:13-14)까지 계속되었으니 대역죄가 되었습니다(느 13:26-27). 기자는 솔로몬의 타락과 보응(14-40절)을 기록한 후에 죽음에 대하여는 선지자 관점에서 황량한 실패자로 간단히 기록합니다(42-43절).

단 여운을 남긴 한 구절이 41절인데 지혜의 묵상이 나옵니다. 솔로몬의 치적과 지혜의 저작이 많다고 반문하는데 그 안에 전도서가 있음을 넌지시 내 비칩니다. 솔로몬 인생의 겨울, 즉 죽음을 앞두고 써 내려간 전도서는 하나님 없는 삶의 헛됨을 고백하는 그의 마지막 사역입니다(전 12:7-14). 인생의 겨울이 복의 기초가 된다는 지혜는 참 신비롭습니다.

♦ 열왕기상 12장 성경칼럼

15절 | 왕이 이같이 백성의 말을 듣지 아니하였으니 이 일은 여호와께로 말미암아 난 것이라 여호와께서 전에 실로 사람 아히야로 느밧의 아들 여로보암에게 하신 말씀을 이루게 하심이더라

28절 | 이에 계획하고 두 금송아지를 만들고 무리에게 말하기를 너희가 다시는 예

루살렘에 올라갈 것이 없도다 이스라엘아 이는 너희를 애굽 땅에서 인도하여 올린 너희의 신들이라 하고

"3대가 한 집에 산다면?"

상상만 해도 나는 반대라고 외치는 사람이 많을 것입니다. 핵가족 시대에 가부장 가문을 이야기하는 것은 소모적이지만 장단점을 점검하는 것은 유익합니다. 3대가 같이 사는 집안의 장단점은 여러 변수가 있어 정답을 내기는 어렵습니다. 가장 근접한 결론은 가풍에 따라 좋을 수도 있고 안 좋을 수도 있다 입니다. 그러면 성경은 이 문제에 대해 어떤 교훈을 주는지 궁금합니다. '부모의 죄가 자식에게 유전되는가?' 라는 담론은 인간의 판단보다 하나님 사랑의 영역입니다.

근본적으로 인간이 간섭할 영역이 아닌 하나님의 섭리에 의하여 신비롭게 역사됩니다(출 20:5-6). 그렇다면 그리스도인 가정에게 허락된 가문의 축복원리는 무엇일까요? '부모의 신앙적 모범은 자녀에게 실제적 영향을 끼친다' 입니다. 이 원리는 12장의 왕국 분열의 비극 속에 깊게 작용되어 있습니다. 열왕기는 다윗과 솔로몬과 르호보암으로 이어지는 3대가 정확히 영향을 끼치고 있음을 서술합니다. 솔로몬이 다윗 신앙의 덕을 입어 복을 받고 쓰임 받은 것은 이미 보았습니다. 이 능력은 초, 중기까지 이어지다가 솔로몬의 교만한 죄악으로 그치게 됩니다.

르호보암은 최고 권세를 누리고 우상숭배를 했던 아버지의 후반기 모습을 바라보며 자랐습니다. 솔로몬이 죽고 왕위에 오른 르호보암은 전혀 지혜롭지 못합니다. 얼마나 어리석은지 간언도 분별 못하고 이리저리 휘둘립니다(8-10절). 내 새끼손가락이 부친의 허리보다 굵다고 자만하고 아버지

가 채찍으로 다스렸다면 나는 전갈로 백성을 물어 버리겠다는 폭정을 선언합니다(12-14절). 아버지 치세를 보며 하나님 나라의 권위는 섬김에서 온다는 것을 전혀 배우지 못했습니다.

솔로몬의 죄는 분열 왕국의 원인이고 (11:10-12) 아들의 망동은 분열의 실천이었다고 역사는 기록됩니다(15-17절). 남유다는 르호보암을 왕으로 2지파(유다, 베냐민)가 모입니다(21절). 북이스라엘은 10지파가 연합하여 예언대로 여로보암을 왕으로 세워 건국됩니다(22-24절). 이 분열왕국의 구도는 끝내 통일되지 못하고 멸망될 때까지 지속됩니다(19절).

북이스라엘은 출발부터 율법을 어기며 제사하고 금송아지 우상을 만들고 숭배를 공식화합니다(27-33절). 처음부터 우상숭배의 유전자를 가졌던 북이스라엘은 선한 왕이 드문 고통스런 나라가 됩니다. 개인과 공동체가 영육 간에 잘 되는 비결은 선대의 모범임이 분명합니다(살전 5:21-22).

♦ 열왕기상 13장 성경칼럼

5절 | 하나님의 사람이 여호와의 말씀으로 보인 징조대로 제단이 갈라지며 재가 제단에서 쏟아진지라

33절 | 여로보암이 이 일 후에도 그의 악한 길에서 떠나 돌이키지 아니하고 다시 일반 백성을 산당의 제사장으로 삼되 누구든지 자원하면 그 사람을 산당의 제사장으로 삼았으므로

"끝까지 독한 사람"

독한 사람이 주는 이미지는 두 가지로 나누어집니다. 선한 지조를 끝까지 지키는 사람과 악한 일을 인정사정없이 해내는 사람입니다. 그리스도인

이 하나님의 일을 해내기 위해서는 선한 방향의 독함이 필요합니다. 성경 정독묵상도 선한 독함이 없으면 지속할 수 없습니다. 사단의 지배를 받고 있는 악의 자식들이 얼마나 독한지는 역사에 수없이 등장합니다.

13장에 등장하는 3명의 주인공은 독한 사람의 다양한 캐릭터를 보여 줍니다. 12장은 왕국분열과 함께 북이스라엘의 범죄적 종교정책을 서술하며 마쳤습니다(12:25-33). 13장은 벧엘의 금송아지 제단에 얽힌 사건으로 시작됩니다. 유다 소속 익명의 선지자(하나님의 사람)가 찾아와 벧엘 제단이 파멸될 것을 예고합니다. 그것도 여로보암이 분향하려는 순간에 기습하듯이 선포했으니 그들에게는 핵폭탄이 떨어진 셈입니다(2-3절). 여로보암은 체포 명령을 내리지만 그의 손은 허공에 들린 채 말라붙고 이내 전의를 상실합니다(4절).

예언대로 단에 재앙이 임하자(5절) 자세를 바꿔 회유하지만 하나님의 사람은 바늘도 들어갈 틈이 없습니다(6-7절). 그의 이런 태도는 하나님의 특사로서 악한 우상숭배자들과는 어떤 친교도 나누지 말라는 명령을 지킨 것입니다(8-9절). 하나님께서 얼마나 우상숭배를 미워하고 진노하시는지를 알 수 있습니다.

여기서 참 묘한 캐릭터인 벧엘의 늙은 선지자가 등장합니다(11절). 그가 벧엘에 적응하고 있다는 것은 타협을 잘 하고 처세에 능한 노회한 종교인이라는 뜻입니다. 하나님의 사람을 향하여 천사까지도 동원하는 속임수로 기어이 음식을 먹게 합니다(15-19절). 여기서 이해가 안 되는 사건이 발생합니다. 제공된 나귀를 타고 귀가하던 하나님의 사람이 사자에게 처참하게 죽는 사건입니다. 상황적으로 볼 때 명확한 하나님의 징벌입니다(23-28절). 사명을 마친 하나님의 사람이 속아서 후의를 받아들인 것이 그토록 큰 죄가 되는지에 대한 의문이 듭니다.

성경의 대답은 하나님 명령은 어떤 이유로도 어길 수 없고 독하게 지켜야 한다는 것입니다. 그는 일단 불순종의 징벌로 비참한 죽음을 당했지만 시체는 회개한 노 선지자와 함께 합장됩니다(29-32절). 놀라운 것은 그가 예언한 300년 후의 요시야 시대에(2절) 영적 복권이 이루어졌다는 사실입니다(왕하 23:16-18). 끝까지 선한 의지를 지킨 독한 사람은 못되었지만 하나님께서 그에게 긍휼을 거두지 않으셨다는 기자의 주석입니다.

마지막 주인공은 여로보암으로 하나님의 어떤 간섭에도 회개하지 않고 끝까지 악독한 길을 갑니다(33-34절). 회개하여 은혜를 회복하는 다윗의 길과 끝까지 패역한 여로보암의 길은 이 시대에도 계속됩니다(16:19, 22:52).

♦ 열왕기상 14장 성경칼럼

16절 | 여호와께서 여로보암의 죄로 말미암아 이스라엘을 버리시리니 이는 그도 범죄하고 이스라엘로 범죄하게 하였음이니라 하니라

22절 | 유다가 여호와 보시기에 악을 행하되 그의 조상들이 행한 모든 일보다 뛰어나게 하여 그 범한 죄로 여호와를 노엽게 하였으니

"용수철, 도도한 흐름"

공통적 이미지는 관성의 법칙입니다. 이 법칙은 특별함이 없는 한 본래의 위치와 상태를 유지하려는 것을 말합니다. 나쁜 습관을 고치려 노력했는데 어느새 제 자리에 돌아와 있는 것을 연상하면 됩니다. 범위를 넓히면 원죄적 인간이 아무리 도덕 교육을 받아도 본질적으로 선한 사람이 되지 못하는 것과 같습니다.

우리는 분열 왕국의 초대 왕인 여로보암과 르호보암의 이야기를 14장에서 만나게 됩니다. 솔로몬 사후에 남북으로 나누어진 상태가 우리나라의 분단과 유사합니다. 함석헌 씨는 '성서(뜻)로 본 한국 역사'라는 책에서 이스라엘과 한국 역사가 닮아 있음을 성찰하였습니다. 우리 조국은 남쪽이 자유민주주의를, 북쪽은 인민민주주의를 채택했기에 삶의 질이 극과 극으로 갈라져 있습니다. 이 초기의 근본이 세월을 먹으니 한쪽은 최고의 번영을, 한쪽은 최악의 빈곤에 처해 있습니다.

14장에서 북이스라엘 여로보암 왕의 분량이 많은 이유는 그가 더 악하다는 메시지입니다. 초대 왕의 근본에 따라 북이스라엘은 선한 왕이 거의 없는 가운데 남유다보다 먼저 멸망합니다(16절). 우상숭배를 장려하고 제멋대로 제사를 지내고(12:28-33) 거짓말(2-6절)도 가책 없이 하는 문화를 만들었습니다.

14장 초반에 상세히 나오는 아비야의 병환과 그 조치는 하나님을 의식하지 않는 신앙인의 모습입니다. 아내의 신분을 숨기고 선지자에게 보냈지만 멸망의 진실만을 통보받습니다(7-12절).이 기사에서 열왕기 기자는 역설적 메시지를 기록합니다. 아비야의 죽음은 의인으로서의 행복한 죽음이라고 적시합니다(13절). 그가 왕이 되었다면 재앙을 당했을 터인데 하나님께서 데려가셔서 그 가문에서 유일하게 은혜 받은 자가 되었다고 해석합니다(사 57:1-2).

남유다의 르호보암도 우상 숭배하는 데에서 벗어나지 못한 왕이었습니다(22절). 그의 어머니인 나아마의 소개를 특별히 하는 것은 암몬족 출신으로 아들에게 악영향을 끼쳤기 때문입니다(31절). 시삭과의 전쟁에서 솔로몬 금방패는 뺏겼지만 망하지 않은 것은 남유다가 벌은 받지만 왕위는 이어갈 수 있음을 시사합니다(25-26절). 죄와 허물 속에서도 긍휼을 입어 신앙을 유지하는 놋방패의 신앙 양태를 눈치 채게 됩니다(27-28절).

우리는 르호보암이 긍휼을 입는 모습 속에 가끔 등장하는 선한 왕의 신앙부흥을 기대하게 됩니다. 죄악으로 돌아가려는 관성의 흐름은 대세이며 분명히 절망은 줍니다. 하지만 하나님의 특별한 간섭은 새 힘을 내고 소망을 갖기에 충분합니다. 솔로몬의 금방패가 오래 가지 못했듯이 신앙의 절정기는 늘 곁에 있지 않습니다. 초라해 보이는 놋방패도 방패 역할은 다 합니다. 놋방패 같은 한국교회의 처지는 주님을 더욱 갈망하게 만들 것입니다.

♦ 열왕기상 15장 성경칼럼

14절 | 다만 산당은 없애지 아니하니라 그러나 아사의 마음이 일평생 여호와 앞에 온전하였으며
28절 | 유다의 아사 왕 셋째 해에 바아사가 나답을 죽이고 대신하여 왕이 되고

"상대평가와 절대평가, 그리고.."

상대평가(내신, 수능)는 집단 안의 성적을 배열하는 것으로 변별력은 가지지만 질적 향상에는 단점이 있습니다. 절대평가(자격증, 면허증)는 절대적 기준에 의해서 성적이 평가되는 것으로 변별력을 가리기 어려울 수 있습니다. 성경을 보면서 하나님의 평가는 절대평가에 가깝다는 생각이 듭니다. 특히 열왕기는 선지자적 관점을 가지고 기록하였기에 평가에 냉정함이 흐릅니다. 열왕들을 평가하면서 치세나 번영이나 성품에 관한 내용보다 영적 상태에 집중합니다. 하나님의 뜻인 율법을 순종함과 그 척도인 우상 대처가 절대기준입니다.

그런데 성경을 정독하고 묵상하는 자는 이 절대기준에 가미되는 특별요인이 있음을 알게 됩니다. 바로 '사랑에 의한 언약'입니다. 율법을 어기면 가차 없는 책벌이 내리지만 하나님께서 언약에 의하여 기회를 주십니다. 이 기회는 인간이 눈치 채기 어렵지만 역사의 시간을 넓히면 들어납니다.

15장은 남북 분열왕국 2,3대 왕의 치세와 평가를 담고 있습니다. 남유다는 2대 아비얌이 르호보암에 이은 하나님 앞의 온전치 못한 악한 왕의 계보를 이었습니다(3절). 그럼에도 불구하고 조부인 다윗의 공로가 등불(방패)이 되어 왕위가 이어졌다고 기록합니다(4-5절). 그가 2-3년 정도 짧게 왕위에 있었다는 것도 백성들의 괴로움을 줄이는 하나님의 은혜였습니다(1, 9절). 3대 왕인 아사가 분열왕국 이후 최초로 선한 왕으로 등장하기 때문입니다.

아사는 남색과 우상 숭배를 축출하고 타락의 배후인 태후 마아가를 퇴위시키며 구별된 헌신을 지킵니다(10-15절). 기자는 15장 전체 맥락 속에 아사 왕에게 절대평가의 냉정함을 드러냄으로 그의 선함이 은총임을 알립니다. 문화로 자리 잡은 산당을 뿌리 뽑지 못함으로 우상숭배가 부활할 수 있는 빌미를 주는 실수를 했습니다(14절). 집권 말기에는 이방군대를 끌어들여 동족과 전쟁을 했습니다(16-22절). 초반기의 구스 백만 군대와 싸워 승리한 것과 대조됩니다(대하 14:8-13절). 아사의 말로에 피부병으로 고생한 기록을 넌지시 언급함으로 하나님을 멀리하면 안 된다는 점을 명확히 합니다(23절).

북이스라엘의 2대 왕 나답의 기록은 참담합니다(25-26절). 남유다의 순탄한 다윗 계보 승계와는 다르게 여로보암의 왕위 승계가 2대에서 유혈 쿠데타로 끝납니다(28절). 잇사갈 족속 바아사가 성공한 모반은 이후에 북이스라엘의 유혈과 찬탈의 전형이 됩니다(16:1-4). 언약이 흐르는 남유다와 대조되는 북이스라엘의 혼란은 수도 이전의 역사로도 증명됩니다. 남유다는 예루살렘을 유지하지만 북이스라엘은 세겜과 디르사와 사마리아로 떠돌고 있습니다(12:25, 14:17, 16:29). 그리스도인은 우상숭배라는 절대평가 앞에 늘 노출되어 있습니다(골 3:5).

♦ 열왕기상 16장 성경칼럼

15절 | 유다의 아사 왕 제 이십칠 년에 시므리가 디르사에서 칠 일 동안 왕이 되니라 그 때에 백성들이 블레셋 사람에게 속한 깁브돈을 향하여 진을 치고 있더니
32절 | 사마리아에 건축한 바알의 신전 안에 바알을 위하여 제단을 쌓으며

"코 앞도 모른다?"

맹인이 아니고는 코앞을 못 보는 사람은 없습니다. 그러나 코앞에 일어날 일을 미리 아는 사람도 없습니다. 여기서 나온 관용구가 '한 치(3cm) 앞도 모른다'입니다. 이토록 미래의 일에 무지한 자연인과는 다르게 하나님의 사람에게는 미래를 알 수 있는 특별 계시가 주어졌습니다. 바로 성경이며 핵심내용은 예수 그리스도입니다. 예수님을 통하여 하나님의 세계에 초대된 우리들은 금생뿐만 아니라 내세까지 아는 자가 되었습니다.

(요 5:24) "내가 진실로 진실로 너희에게 이르노니 내 말을 듣고 또 나 보내신 이를 믿는 자는 영생을 얻었고 심판에 이르지 아니하나니 사망에서 생명으로 옮겼느니라"

성경의 사건과 인물들을 보면서 자신의 미래를 비춰보는 자는 복 있는 사람입니다. 16장부터 유다 왕 아사 한 명의 재위기간 중 북이스라엘은 3왕조 6왕이 교체되는 이야기가 시작됩니다. 하나님을 떠난 자들의 한 치 앞도 모르고 날뛰는 모습을 잘 관찰한다면 미래를 예측하는 지혜가 주어질 것입니다. 3왕조는 바아사와 시므이와 오므리인데 시므이 왕조는 단 7일

만에 없어집니다. 이 기간 동안 선한 왕은 전혀 없고 날이 갈수록 악함이 가속화 됩니다.

그 이유는 엘리야의 등장까지 선지자가 없었기 때문이고 예후도 실상은 남유다의 선지자입니다. 지금도 말씀을 공급받지 못하는 그리스도인은 망하는 길로 직행한다고 봐도 과언이 아닙니다(시 1편). 바아사의 아들 엘라가 왕위에 오르지만 예언대로 2년 만에 반란으로 죽는데 나답의 최후와 같습니다(8-14절). 시므이의 왕위는 오므리에 의해 7일 만에 폐위되고 시므이는 스스로 불에 타 죽습니다(18절).

오므리 왕조는 4대를 이어가는데 아들인 아합 왕의 악행은 22장까지 길게 기록됩니다. 아합이 역대 가장 악한 왕으로 기록된 이유는 공식 제사에 이방 종교를 끌어들였기 때문입니다. 그 중심에는 이방 시돈 출신 왕비 이세벨이 있습니다. 이세벨은 아예 수도 사마리아에 바알 신전을 지었고 아세라 목상을 세웠습니다(32-33절). 가장 악한 범죄는 가장 비참한 죽음이 따른다는 것을 그들이 알 리가 없습니다(22:25, 38).

16장의 마지막 기사인 히엘의 여리고성 재건은 저주의 예언이 얼마나 끔찍한 것인지를 보여줍니다. 500년 전에 여호수아의 예언이 문자 그대로 이루어져 히엘은 두 아들을 차례로 잃고 맙니다(34절).

(수 6:26) "여호수아가 그 때에 맹세하게 하여 이르되 누구든지 일어나서 이 여리고 성을 건축하는 자는 여호와 앞에서 저주를 받을 것이라 그 기초를 쌓을 때에 그의 맏아들을 잃을 것이요 그 문을 세울 때에 그의 막내아들을 잃으리라 하였더라"

하나님의 말씀은 영원히 정확무오하다는 것을 잠시도 잊지 말아야 하겠습니다(마 5:18).

♦ 열왕기상 17장 성경칼럼

16절 | 여호와께서 엘리야를 통하여 하신 말씀 같이 통의 가루가 떨어지지 아니하고 병의 기름이 없어지지 아니하니라
22절 | 여호와께서 엘리야의 소리를 들으시므로 그 아이의 혼이 몸으로 돌아오고 살아난지라

"다 읽혔어, 도저히 모르겠어"

사람이나 일이 쉽게 파악되면 관계 맺고 처리하기가 수월합니다. 그러나 그 반대인 경우에는 힘들고 성취도 어렵습니다. 인간이 하나님을 온전히 이해하고 관계를 맺는다는 것은 당연히 어렵습니다. 하나님이 일하시는 방법은 평범한 인간의 두뇌로는 도무지 알 수가 없습니다(사 55:8). 다만 성경에서 하나님께서 어떤 말씀을 하시고 행하시는지를 배우는 것에 비례하여 알게 됩니다. 성질이 급한 사람은 왜 하나님께서 전능성을 사용하셔서 속전속결로 그 뜻을 이루지 아니할까 의아해 합니다.

여기에 대한 대답은 엘리야가 등장하는 17장부터 시작됩니다. 성경에서 엘리야가 차지하는 비중은 '선지자의 대표'입니다. 예수님께서 모세(율법의 대표자)와 엘리야를 구약의 대표 인물로 인정하고 변화 산에 현현하게 한 것으로 증명됩니다(막 9:2-8). 16장에서 보았듯이 북이스라엘은 아합이 집권하면서 바알 우상만 섬기는 영적 암흑시대입니다. 이 때 홀연히 아합 앞에 나타난 엘리야는 우상숭배의 저주로 수년 동안 비가 내리지 않을 것을 선포합니다(1절).

하나님의 명령대로 그릿 시냇가와 시돈으로 피한 엘리야에게 일어나는 일을 통해 하나님의 일하시는 방법을 배울 수 있습니다. 엘리야는 아합의

위협이 무서워서 숨은 것이 아니라 하나님의 명령에 순종한 것입니다. 그가 생존하여 훈련받는 모습이 하나님의 방법이기 때문입니다. 우선 엘리야에게 도움을 주는 대상이 까마귀와 이방 여인임을 주목해야 합니다. 부정한 짐승인 게걸스런 까마귀(레 11:15)가 먹을 것을 온전히 공급하는 것은 만물을 순종케 하는 하나님의 손길입니다.

엘리야는 이어지는 가뭄에 그릿 시내를 떠나 시돈 땅 사르밧으로 가게 되고 한 과부를 만나게 됩니다. 시돈 하면 떠오르는 인물은 이세벨 왕비인데 그녀의 고향에 숨어버린 셈입니다. 모세처럼 대적자의 심장부가 하나님의 사람을 위한 은신처가 됩니다(출 2:10). 가장 빈곤하고 무력한 과부를 통해 선지자가 공궤 받게 되는 이 그림은 무엇을 의미할까요? 생사가 달린 마지막 떡을 내놓은 사렙다 과부는 누구를 의미할까요?

예수님께서 이 여인을 인용하심으로 답을 주십니다(눅 4:25-26). 약한 자를 들어 쓰시는 하나님의 사역 방법을 보여 주시는 것입니다(고전 1:27-29). 생명을 건 선택을 한 이 여인의 축복은 우리에게도 적용되며 소망이 됩니다. 여인은 양식 해결(14-16절)과 죽은 아들 부활의 기적을 체험합니다(21-23절). 더욱 큰 영광은 그 가문이 구원을 받은 것입니다(24절). 탐심의 우상이 휩쓰는 이 세대에 우리가 꼭 해야 할 사역의 내용입니다.

♦ 열왕기상 18장 성경칼럼

18절 | 그가 대답하되 내가 이스라엘을 괴롭게 한 것이 아니라 당신과 당신의 아버지의 집이 괴롭게 하였으니 이는 여호와의 명령을 버렸고 당신이 바알들을 따랐음이라

39절 | 모든 백성이 보고 엎드려 말하되 여호와 그는 하나님이시로다 여호와 그는 하나님이시로다 하니

"콘클라베, 사생결단, 갈멜산상"

콘클라베란 '열쇠를 걸어 잠그는 방'이란 뜻으로 새 교황을 선출할 때 결정을 내야만 나올 수 있는 것을 말합니다. 인간의 중대한 결단은 막판에 몰아넣어야 나올 수 있다는 용어로 쓰이고 사생결단(목숨 걸고 끝장냄)과 맥락이 같습니다. 성경에서 이와 같은 의미로 쓰이는 용어가 있다면 '갈멜산상'입니다. 정확히는 여호와 신앙의 엘리야와 바알 신앙의 선지자가 모든 것을 걸고 정면으로 맞붙는 장소입니다. 이 갈멜산 사건은 너무나 스펙타클한 요소가 많은데 가장 중요한 점은 실화라는데 있습니다.

엘리야가 아합에게 가뭄의 저주를 예고한지 3년 만에 오바댜의 중개로 두 사람은 상면합니다. 18장에서 의외로 오바댜에 대한 기사가 많은 이유는 그가 숨겨진 의인을 대표하는 '남은 자(remnant)'이기 때문입니다(3-14절). 엘리야 눈에는 바알 우상을 섬기는 자들만 보였지만 악조건 속에서도 숨겨진 의인이 있음을 알려줍니다(19:18).

아합이 엘리야를 보고 바로 공격하는 말은 너는 이스라엘을 괴롭게 하는 자였습니다(17절). 아합이 판단하는 가뭄의 원인은 바알을 일치단결하여 섬기지 못하게 하는 너희가 있기 때문이라는 것입니다. 이 정반대의 생각을 이길 수 있는 토론은 불가능 합니다. 엘리야는 재앙의 원인이 하나님을 떠나 우상 숭배한 오므리 왕조에 있음을 선포하고 결투를 신청합니다(18절).

이제 갈멜산상에 바알 선지자 450명과 하나님의 선지자 엘리야가 마주합니다(22절). 모여든 백성들에게 엘리야는 영적 선택을 촉구합니다. 여호수아 때는 하나님을 선택했지만(수 24:16-25) 엘리야의 질문 앞에서는 침묵하는 백성들의 모습을 보게 됩니다(20-21절). 오므리부터 이어진 바알 우상숭배의 영적 체제가 어느덧 여호와 신앙을 희미하게 한 것입니다. 현대의 대한민국 기독교 신앙 자유체제가 얼마나 소중한 것인지를 감사하게 됩니다.

여호와와 바알 중 어느 신이 참신인지를 결정하는 방법은 양측이 동의한 희생번제였습니다. 제물을 조각으로 나누고 불을 내려 제물을 사르는 신이 참 신이 되는 것입니다. 바알 선지자에게 우선권을 부여했지만 아침부터 낮까지 응답이 없습니다. 춤추고 고함치고 피를 흘리는 자해를 해도 가짜 신이기에 불이 내려올 리가 없습니다. 예수님께서는 이들의 모습을 잘못된 기도의 예로 들어 교훈하셨습니다(마 6:7).

저녁이 되어서 백성들을 모은 엘리야는 단을 수축하고 제물을 준비하고 기도에 들어갑니다(30-35절). 간명하지만 간절하고 하나님의 뜻에 맞는 기도에 여호와의 강력한 불이 내려와 모든 것을 사릅니다(36-38절). 하나님 편의 승리로 바알 선지자 전체는 백성들에 의해 처형되고 엘리야의 기도 응답으로 비는 쏟아집니다(39-45절). 마지막에 나오는 엘리야의 기적적인 질주(46절)는 여호와만이 전지전능한 하나님이심을 전하는 행진이 되었습니다. 초대교회의 부활을 전하는 복음 전도자의 모습이 떠오릅니다.

♦ 열왕기상 19장 성경칼럼

7절 | 여호와의 천사가 또 다시 와서 어루만지며 이르되 일어나 먹으라 네가 갈 길을 다 가지 못할까 하노라 하는지라

13절 | 엘리야가 듣고 겉옷으로 얼굴을 가리고 나가 굴 어귀에 서매 소리가 그에게 임하여 이르시되 엘리야야 네가 어찌하여 여기 있느냐

"인간의 가변성, 하나님의 불변성"

가변성은 달라지는 성질을 의미하는데 사람에게 대입하면 변덕을 부린다 입니다. 변덕이 심한 인간을 대하는 하나님의 성품은 불변성입니다. 하나님의 전지성, 전능성, 영원성, 편재성, 무소부재성과 함께 비공유적 속성에 속합니다. 비공유적 속성이란 인간이 하나님과 함께 가질 수 없는(비공유) 성품을 뜻합니다. 인간은 일시적인 불변성은 있으나 영원 속에서는 불가능 합니다.

18장의 엘리야는 갈멜산상 전투에서 담대했고 찬란한 승리로 천하무적의 기개를 드날렸습니다. 그런데 19장의 엘리야는 그 의기양양함이 완전히 꺾이고 최고의 겁쟁이로 급전직하해 버렸습니다. 영적 대승리에도 불구하고 세상은 그대로 있고 오히려 이세벨의 위협이 코앞에 닥쳐 와 있습니다(1-2절). 큰 산의 골짜기가 깊듯이 엘리야의 낙심과 좌절은 너무나 큽니다. 하루 후의 공개처형을 통보받은 엘리야는 브엘세바로 도망하게 되고 사환을 그 곳에 떨구고 광야로 들어갑니다(3-4절). 낙심은 포기로 이어지고 회의에 가득 차 죽기를 구하는 엘리야의 모습을 보며 어떤 생각이 드십니까?

'좀 더 용기를 냈으면 좋았을 것을', '순교를 각오하고 버티었다면 하나님이 해결하셨을 텐데',

이 때가 아합과 이세벨을 무너뜨릴 기회였는데', 더 많은 가상이 생기겠지만 실상 이것은 남의 말을 쉽게 하는 것입니다. 내가 엘리야였다면 나도 엘리야처럼 행동할 것이 거의 분명하다는 것에서 역발상이 일어납니다.

역발상의 내용은 하나님의 일하시는 방법에 있습니다. 첫째, 하나님께서는 엘리야에게 책망은 안하시고 먹이고 쉬게 하며 위로하십니다(5-6절). 다른 계획이 있음을 넌지시 내비치며 영육의 충전을 시킵니다(7절). 주님이 이 땅에 오셔서 유리하고 방황하는 민초들을 긍휼히 여기시고 위로하시는 모습과 닮았습니다(마 9:36). 둘째, 하나님께서는 엘리야를 더 중요한 사명으로 초대합니다. 인간은 종교혁명으로 아합 체제를 무너뜨리는 것이 급해 보이나 하나님께서는 엘리야가 호렙산에 이르기를 원하셨습니다(8절).

보이는 기적인 강풍과 지진과 불 가운데 계신 하나님이 아닌 세미한 음성을 주시는 하나님을 만나게 합니다(9-12절). 강한 기적의 전문가인 엘리야에게 진정한 영적 세계를 의미하는 세미한 음성이 들린 것입니다. 세미한의 원어는 '데마마 다카'로 고요하다와 곱다의 합성어입니다. 하나님의 음성은 성령의 감화로 듣는 자의 의식에 각인 됩니다. 엘리야의 무력함은 하나님의 감화로 업그레이드되고 남은 소명으로 나아가게 합니다(13-18절). 그 소명 속에 엘리사를 후계자로 예비하는 신비한 포석이 여운을 남기고 있습니다(19-21절). 나는 연약하여 넘어져도 하나님께서는 끝까지 나를 붙드십니다.

♦ 열왕기상 20장 성경칼럼

13절 | 한 선지자가 이스라엘의 아합 왕에게 나아가서 이르되 여호와의 말씀이 네가 이 큰 무리를 보느냐 내가 오늘 그들을 네 손에 넘기리니 너는 내가 여호와인 줄을 알리라 하셨나이다

43절 | 이스라엘 왕이 근심하고 답답하여 그의 왕궁으로 돌아가려고 사마리아에 이르니라

"원리, 순리, 섭리"

원리는 근본이 되는 이치로서 검증이 된 과학을 들 수 있습니다. 순리란 보편적 상식이나 도리를 말합니다. 원리를 잘 배워 활용하면 업적을 낼 수 있고 순리에 따라 사는 사람은 좋은 인생을 살 수 있습니다. 훌륭한 사람이

나 행복한 인생은 원리와 순리를 활용하는 사람에게 주어집니다. 그러나 원리와 순리만 가지고 세상의 모든 것을 이해할 수 없다는 것을 연륜이 있는 사람은 알고 있습니다. 예를 들어 심은 대로 거두는 순리대로 하면 악인은 벌 받고 선인은 복 받아야 마땅합니다. 그런데 그렇지 못하고 반대로 이루어지는 경우도 빈번합니다.

이 문제는 오직 '하나님의 섭리'에 눈을 떠야 해답을 찾을 수 있습니다. 20장에는 엘리야의 사역이 잠시 중단되고 이스라엘 왕 아합과 아람 왕 벤하닷 간의 전쟁 기사가 펼쳐집니다. 그렇다면 일부러 삽입된 이 전쟁은 중요한 메시지가 있다는 것이며 잘하면 진리의 금맥도 기대할 수 있습니다. 열왕 중의 가장 악한 왕에 속하는 아합에게 막강한 전력을 가진 벤하닷이 침공합니다. 전쟁을 통한 징계가 많았기에 악한 아합 왕이 패배하는 것이 순리입니다. 하지만 결과는 아합 왕에게 기적적인 두 차례의 승리가 주어집니다(20-21, 29-30절).

전력의 열세에도 불구하고 승리한 이유는 하나님께서 편을 드셨기 때문이라고 명백히 기술합니다. 선지자의 신탁으로 주어진 말씀(13, 28절)에 이번 전쟁은 하나님의 전쟁이었다고 정리합니다. 아합 왕은 패역했지만 넓은 범주에서 그도 선민에 속한 것이고 더 중요한 이유는 백성들을 위해 승리를 주셨습니다. 겉으로는 악한 아합 편을 든 것처럼 보이지만 하나님께서는 이방에게 백성들이 수탈당하게 할 수는 없었던 것입니다.

이런 깊은 섭리를 알리가 없는 벤하닷과 아합의 협잡은 세상을 사는 자들의 전형적인 모습입니다. 하나님을 모독하는 벤하닷을 처벌하는 승리이기에 아합은 그를 죽이는 것이 정상이었습니다. 그러나 훗날의 이익을 위해 약삭빠르게 조약(31-34절)을 맺었고 훗날에 벤하닷의 위약으로 아합은 전사하게 됩니다(22:29-38). 아합은 선지자의 책망을 통해 회개할 기회도 얻었지만 모든 걸 놓쳐 버립니다.

기자는 하나님 앞에 사는 우선순위를 놓치고 차선에 몰두하여 실패하는 아합을 지적합니다. '이리저리로 일 볼 동안에(40절)' 하나님의 섭리를 놓치는 어리석음은 우리에게도 흔합니다. 부자 청년이 근심하며 주님을 떠나듯(마 19:22) 하나님 없이 사마리아로 향하는 아합의 모습은 참 처량합니다(43절). 하나님의 섭리에 이끌려 사는 신앙생활의 은혜를 사모합니다(마 6:33).

♦ 열왕기상 21장 성경칼럼

3절 | 나봇이 아합에게 말하되 내 조상의 유산을 왕에게 주기를 여호와께서 금하실지로다 하니

10절 | 불량자 두 사람을 그의 앞에 마주 앉히고 그에게 대하여 증거하기를 네가 하나님과 왕을 저주하였다 하게 하고 곧 그를 끌고 나가서 돌로 쳐 죽이라 하였더라

"백절불요"

'백 번 꺾일지언정 휘어지지 않는다'라는 뜻입니다. 어떤 어려움에도 굽히지 않는 정신과 자세를 말합니다. 상대적인 말로 '휘어져도 꺾이진 말라'가 있습니다. 대나무가 바람이 불면 휘어지되 꺾이지 않는 것처럼 유연하게 환경에 적응하라는 뜻입니다. 두 말은 반대의 뜻이지만 포기하지 말라는 공통점이 있습니다. 성경과 교회사에는 순교자가 있습니다. 순교는 아무나 할 수 없는 영역이어서 서원할 수도 없고 기도하는 것도 조심해야 합니다. 다만 성령님께서 이끄신다면 자신의 의지를 뛰어넘어 순교할 수 있다는 원리는 알고 있어야 합니다. 생명을 내놓는 순교는 하나님의 뜻이라

면 꺾이지 않겠다는 사람만 할 수 있습니다. 그렇지만 생활의 순교는 휘어지는 양보를 수없이 하는 가운데 포기하지 않는 자에게 주어집니다.

아합 시대의 순교자 나봇은 하나님의 율법을 지키다가 순교에 이른 사람입니다. 자신의 포도밭을 탐하는 왕에게 팔거나 교환할 수 있지 않느냐는 생각도 들 수 있습니다. 당시는 율법이 희미하고 우상숭배가 횡행하는 시대였기에 누가 뭐라 할 사람도 없었습니다. 그러나 나봇은 토지에 대한 율법을 또렷이 기억하고 있었습니다.

(레 25:23) "토지를 영구히 팔지 말 것은 토지는 다 내 것임이니라 너희는 거류민이요 동거하는 자로서 나와 함께 있느니라"

조상의 유산으로 물려받은 것이기에 다시 돌려받지 못할 왕에게 간다는 것은 여호와께서 금하신 것이라고 분명히 말합니다(3절). 끙끙 앓는 아합과 달리 이방 독재자의 딸로서 율법을 모르는 이세벨 왕비는 거침이 없습니다(5-7절). 힘이 있는 자가 무식하여 어딜 감히 하며 대드는 것보다 막장은 없습니다. 영적 막장의 끝판왕은 나봇을 제거한 명목이 여호와의 율법을 준수하기 위해서라는 것입니다. 이를 위해 나봇에게 하나님과 왕을 저주했다는 죄목을 씌우고 모양새 나는 금식을 선포하고 두 증인도 동원합니다(8-10절).

죄목에 맞게 무리가 돌로 쳐 죽이는 사형방법을 집행합니다(11-13절). 가장 신실한 신앙인을 하나님의 이름을 빌어 제거하는 순교는 시대를 거치며 계속되고 있습니다. 하나님의 파송에 따라 아합을 만난 엘리야는 이 부부에게 엄청난 저주의 재앙을 선포합니다(19-26절). 의아한 것은 아합이 각성하여 회개를 하는데 하나님께서 받으셨다는 구절입니다(27-28절).

엘리야를 통해 아합 당대에서는 재앙을 멈추고 아들 대에서 내릴 것이라는 예언이 주어집니다(29절). 이후에 뿌리가 얕은 아합의 회개는 꺾이고 열매를 맺지 못함을 보게 됩니다(22:37-40). 회심을 끌고 나가는 신앙의 절개가 얼마나 귀한 것인지 아합의 거울을 통해 비춰 줍니다.

♦ 열왕기상 22장 성경칼럼

23절 | 이제 여호와께서 거짓말하는 영을 왕의 이 모든 선지자의 입에 넣으셨고 또 여호와께서 왕에 대하여 화를 말씀하셨나이다

38절 | 그 병거를 사마리아 못에서 씻으매 개들이 그의 피를 핥았으니 여호와께서 하신 말씀과 같이 되었더라 거기는 창기들이 목욕하는 곳이었더라

"듣고 싶은 말, 들어야 할 말"

좋은 약은 입에 쓰다는 말을 의역하면 이로운 충고는 귀에 거슬린다 입니다. 대부분의 사람은 자기가 듣고 싶어 하는 말만 들으려 합니다. 칭찬과 위로의 말을 듣고 힘을 내는 것도 좋지만 거기에만 머무르면 발전과 성숙은 없습니다. 인생에 유익한 권고의 말을 듣기 싫은 이유는 그 말을 지키려면 쓰디쓴 희생을 해야 하기 때문입니다. 들어야 할 말을 거부하는 추세는 영적 세계에서 훨씬 세집니다. 설교에 성공과 행복과 축복의 내용이 있을 때는 은혜 받았다고 감동하고 아멘이 우렁찹니다. 하지만 성품과 사명과 희생이 요구되는 순간 분위기는 대체로 가라앉습니다.

22장에는 듣고 싶은 예언을 요구하는 아합과 들어야 할 말씀을 전하려는 미가야의 영적전투가 나옵니다. 악한 왕의 대명사인 아합은 아람 왕 벤하닷과 길르앗 라못 수복을 놓고 전쟁에 돌입합니다. 남유다 여호사밧 왕의 지원 약속도 있었고 궁중 선지자 400명도 출정이 하나님의 뜻이라고 격려합니다. 문제는 참 선지자 미가야인데 아합 입장에서는 듣기 싫은 예언

을 할 것이 분명하기에 초대를 안 합니다.

여호사밧의 요청으로 아합 앞에 등장한 미가야는 아합의 패전과 전사를 대언합니다(17절). 서로 하나님의 말씀이라고 자처하는 궁중 선지자와 미가야가 이제 정면승부에 들어갑니다. 누가 참 선지자인지는 전쟁의 결과로 결판나게 되었습니다. 아합의 공격을 받은 미가야는 영적세계에서 일어난 놀라운 장면을 대언합니다. 자기외의 모든 선지자의 입에 거짓말하는 악한 영이 임했다는 것입니다(19-23절). 자원하여 하나님 앞에 나선 이 거짓 영이 누구인지 욥기는 확정하여 선언합니다.

(욥 1:7) "여호와께서 사탄에게 이르시되 네가 어디서 왔느냐 사탄이 여호와께 대답하여 이르되 땅을 두루 돌아 여기저기 다녀왔나이다"

사탄의 활동을 이 땅에 허용하시는 하나님의 섭리는 신비하지만 실제 상황임이 확실합니다(벧전 5:8). 오늘날 우리에게도 하나님의 이름을 빙자하여 자신의 욕망을 채우는 거짓 목자들이 많습니다(겔 33:31). 분별하는 방법은 아합의 예처럼 내가 듣기 싫은 말을 성경의 기준에 의하여 전하는가에 달려 있습니다. 아합은 전쟁에 변장하고 나섰지만 우연한 화살에 맞아 죽습니다. 그 피를 개가 핥는 엘리야의 예언(21:19)은 정확히 이루어집니다(30-38절).

하나님의 말씀이 없는 자의 특징은 회개의 기회에 돌이키지 않는 것입니다. 아합과 대조되는 여호사밧이 선한 왕으로 기록된 이유는 말씀을 붙들고 순종한 두 가지 업적 때문입니다(46-50절). '네 마음 내키는 대로 해'라는 인본주의 상담코칭은 악령의 속삭임일 수도 있음을 분별해야 합니다.

(시 107:20) "그가 그의 말씀을 보내어 그들을 고치시고 위험한 지경에서 건지시는도다"

열왕기하

♦ 열왕기하 1장 성경칼럼

3절 ┃ 여호와의 사자가 디셉 사람 엘리야에게 이르되 너는 일어나 올라가서 사마리아 왕의 사자를 만나 그에게 이르기를 이스라엘에 하나님이 없어서 너희가 에그론의 신 바알세붑에게 물으러 가느냐

8절 ┃ 그들이 그에게 대답하되 그는 털이 많은 사람인데 허리에 가죽 띠를 띠었더이다 하니 왕이 이르되 그는 디셉 사람 엘리야로다

"위기 때 가는 곳"

사람의 진면목을 알아보는 방법은 여러 가지입니다. 함께 먹고 놀고 어울리면 웬만한 장단점은 파악됩니다. 나아가 갈등을 조정하는 실력과 다툴 때의 태도를 통해 내공이 드러납니다. 인간의 실상을 가장 잘 드러낼 때는 위기를 당할 때이며 그 최고봉은 죽음 앞에서입니다. 이때는 누구의 눈치를 볼 여유도 없고 수단방법도 가리지 않습니다. 의식 세계의 판단과 행동이 아닌 눌려왔던 잠재의식이 행동화 됩니다. 그리스도인의 경우 어떤 신앙이 축적되어 있는지 그대로 드러납니다.

열왕기하 1장의 두 주인공은 아하시야와 엘리야입니다. 아합의 아들인 아하시야의 즉위기간은 단 2년입니다. 아버지의 저주를 물려받은 속사정이 있지만(왕상 21:29) 그의 죽음은 그가 택한 위기 극복 방법에서 결정되었습니다. 아하시야의 병은 다락 난간에서 떨어지면서 생겼습니다. 물리적으로 타박상과 골절인데 원인은 우상숭배의 저주를 받은 것입니다. 위기에

진면목이 나오듯 그가 살기 위해 취한 방법은 에그론의 신 바알세붑에게 신탁을 구한 것입니다(2절).

생긴 대로 논다는 말이 있듯이 그는 이방 출신 어머니인 이세벨의 신앙에 지배되어 있었습니다. 바알세붑이란 '파리의 주'란 뜻으로 여호와를 믿는 자는 접촉하면 안 되는 이방 우상입니다. 엘리야가 이스라엘에 하나님이 없더냐고 타박하고 회개하지 아니하면 죽을 것이라고 경고합니다(3절). 그러나 그는 회개는커녕 50명의 사자를 보내 엘리야를 죽이려 합니다. 영적 맹인이 휘두르는 권력은 애꿎은 사람 50명을 하늘의 불에 의해 2차례 죽게 합니다(9-12절). 세 번째 사자단의 대표가 긍휼을 구하며 살아난 것은 구하는 자에게 은총을 베푸시는 용서의 하나님을 계시합니다(13-15절).

우리는 아하시야와 대척점에 있는 엘리야를 통해 참된 신앙을 위한 훈련을 배울 수 있습니다. 엘리야가 어떤 사람인가는 그의 옷차림에서 드러납니다. 털이 많은 사람이란 것은 털옷을 입고 살았다는 의미이고 그것은 광야에서 살았다는 것입니다(8절). 세례 요한을 광야의 외치는 소리라고 하였듯이(눅 3:4) 광야는 청빈과 날선 영성을 상징합니다. 가죽 띠를 띠었다는 것은 금욕과 격리와 자기 부인의 생활을 했다는 의미입니다(마 3:4).

위기 때에 아하시야는 바알세붑에게 달려가지만 엘리야는 광야의 영성을 연마하고 있었습니다. 위기 때에 허둥지둥하지 않도록 범사에 영성을 키워야 하겠습니다.

(살전 5:16~18) "항상 기뻐하라 쉬지 말고 기도하라 범사에 감사하라 이것이 그리스도 예수 안에서 너희를 향하신 하나님의 뜻이니라"

♦ 열왕기하 2장 성경칼럼

11절 | 두 사람이 길을 가며 말하더니 불수레와 불말들이 두 사람을 갈라놓고 엘리야가 회오리 바람으로 하늘로 올라가더라

22절 | 그 물이 엘리사가 한 말과 같이 고쳐져서 오늘에 이르렀더라

"모세, 엘리야, 세례 요한"

'창업여수성난'이란 통치학을 다룬 '정관정요'에 나온 말입니다. 창업과 수성 중에 어느 것이 더 어려운가의 논쟁입니다. 결론은 둘 다 어렵다는 것이고 교훈은 둘 다 잘해야 한다 입니다. 가문을 세우고 기업을 번성시키고 나라를 건국한 창업자가 후계 양성에 실패해 망하는 경우는 흔 합니다. 성경에 나오는 대부분의 사람들은 후계자 양성에 실패한 사례에 속합니다. 영적 세계의 모든 일은 하나님의 긍휼을 입어야 하는데 이 후계 양성에 대한 기도는 매우 긴요합니다.

구속사에서 뚜렷한 후계를 이어간 세 커플이 있습니다. 모세는 여호수아에게, 엘리야는 엘리사에게, 세례 요한은 예수님에게 사역을 잇게 하였습니다. 앞의 두 사람은 납득되지만 예수님이 세례 요한의 후계자라는 설정은 이해가 안 될 것입니다. 시기와 역할의 차원에서 본 것입니다. 예수님은 모세와 엘리야를 비롯한 모든 인물들이 가리키는 구속사의 주인공입니다(히 1:1-3).

2장은 엘리야가 후계자인 엘리사를 키우고 능력을 이양하며 권위가 세워지는 장면으로 되어 있습니다. 엘리사는 길갈, 벧엘, 여리고, 요단으로 이어지는 연단 여행에서 스승의 세 차례 포기 종용을 이겨냅니다(1-6절). 소명 시에 이미 퇴로를 없애 버렸기에 나오는 끈기와 용기인데 홍길동전이

생각납니다(왕상 19:19-21).

엘리야의 사명에 대한 열정은 갑절의 영감을 구하는 것으로 욕심처럼 보입니다(9-10절). 하지만 실상은 하나님의 사역은 자기 힘으로 할 수 없다는 겸손의 발로입니다(9-10절). 영적 능력은 과분한 욕심을 부린다고 주어지는 것이 아닙니다. 엘리야의 승천은 에녹의 승천과 함께 예수님 부활의 그림자입니다(11절). 세례 요한이 주님을 예비하는 사역을 하였듯이 엘리야는 불의 선지자였습니다(눅 1:14-17). 엘리사의 사역이 스승 엘리야와 다른 성격임을 눈치 채게 합니다.

요단강 이적은 엘리사의 사적 사역으로 권위를 인정받는 결과를 가져옵니다(12-17절). 여리고의 물을 고친 사건은 공적사건으로 공익에 관련되어 있습니다(18-22절). 백성들과 먹고 마시면서 친구가 되어주신 주님처럼 공동체에 사랑의 이적을 베푼 것입니다. 이어서 권위와 능력과 축복을 보여준 엘리사가 저주하는 의아한 사건이 발생합니다. 엘리사를 대머리라고 조롱하는 젊은이들 중에 42명이 그의 저주로 암곰에게 찢겨 죽게 됩니다(23-24절). 하나님의 사람을 모욕한 징벌로 볼 수 있고 하나님의 거룩성을 해치는 것으로 연결되는 성격이기에 심판이 임한 것입니다.

이 사건은 구세주와 심판주의 양면으로 오신 예수님을 예표한 사건입니다(고전 1:18). 엘리사의 저주는 즉각 임했지만 주님을 조롱하는 자들의 멸망은 역사 속에서 진행되고 있습니다. 다음 세대가 만홀히 행하지 않도록 후계를 세우는 사명이 우리에게 주어졌습니다.

♦ 열왕기하 3장 성경칼럼

12절 | 여호사밧이 이르되 여호와의 말씀이 그에게 있도다 하는지라 이에 이스라엘 왕과 여호사밧과 에돔 왕이 그에게로 내려가니라

27절 | 이에 자기 왕위를 이어 왕이 될 맏아들을 데려와 성 위에서 번제를 드린지라 이스라엘에게 크게 격노함이 임하매 그들이 떠나 각기 고국으로 돌아갔더라

"포지션(position)"

위치나 직위를 뜻하는데 스포츠와 조직에서 많이 사용합니다. 축구에서 공격수와 수비수의 포지션에 따라 서로 다른 기술을 연마하는 것은 당연합니다. 심지어 경기 때 신는 운동화도 포지션에 따라 과학적으로 분석하여 다르게 만든다고 합니다. 이 포지션의 중요성을 알고 활용하기 위해 노력하지 않는 조직은 성과를 내기 어렵습니다.

이제 영적 세계의 포지션에 대해 눈을 돌려 봅니다. 다양한 사례를 들 수 있겠지만 선천적 포지션이 매우 중요합니다. 나라와 부모와 개인적 DNA가 선천적 포지션인데 좋은 조건이라면 축복을 받은 것입니다. 신앙 자유가 있는 국가에서 기독교 가문에 태어나 어린 시절부터 성경 교육을 받았다면 최상입니다. 이와 반대라면 구원의 축복은 너무 멀고 인생의 곤고함을 포지션으로 하여 출발한 것입니다.

3장에는 극적인 포지션을 가진 3명의 인물이 등장합니다. 북이스라엘 왕 여호람과 남유다의 왕 여호사밧과 모압 왕 메사입니다. 여호람은 북이스라엘의 우상숭배의 전통 위치에서 신앙의 흉내만 내는 캐릭터입니다. 우상을 없애는 시도는 했지만(2절) 유야무야했고 결정적 위기 순간에는 불신자처럼 원망합니다(9-10절). 여호사밧은 완전치는 않지만 연합군의 멸절

앞에 선지자를 찾는 신앙을 발휘합니다. 그의 헌신으로 연합군이 위기를 극복하고 승리하게 되어 하나님께 영광을 돌립니다.

메사는 기회가 오면 배신하고 대적하는 불신 세계의 캐릭터입니다(4-5절). 하나님을 전혀 의식하지 못한 자의 육안은 물을 피로 보고 패배의 방향으로 질주합니다(22-24절). 패배를 수습하는 묘안이 맏아들을 인신 제물로 바치는 것이니 하나님의 진노가 임하는 것이 당연합니다(26-27절). 3명이 위기를 맞은 것은 같지만 올바른 선택을 한 것은 여호사밧이 유일합니다. 그 원동력은 평소에 연마했던 신앙의 포지션에서 나온 것임을 알 수 있습니다. 선지자 엘리사를 수소문하여 찾음으로 물 문제를 해결하고 주변사람까지 살렸습니다(11-20절).

여호람의 가벼운 신앙은 위기의 순간에 하나님을 떠나게 된다는 경고를 줍니다. 하나님과 상관없이 사는 메사의 진로는 온통 저주뿐입니다. 성경정독묵상으로 말씀을 적용하는 것은 영적인 포지션에 늘 거하는 축복을 가져오게 할 것입니다. 하나님의 말씀은 추상과 관념에 머무르지 않기 때문입니다. 말씀은 내 손에 기술을 주고 내 팔을 강하게 합니다.

(시 18:34) "내 손을 가르쳐 싸우게 하시니 내 팔이 놋 활을 당기도다"

열왕기하

♦ 열왕기하 4장 성경칼럼

6절 | 그릇에 다 찬지라 여인이 아들에게 이르되 또 그릇을 내게로 가져오라 하니 아들이 이르되 다른 그릇이 없나이다 하니 기름이 곧 그쳤더라

35절 | 엘리사가 내려서 집 안에서 한 번 이리 저리 다니고 다시 아이 위에 올라 엎드리니 아이가 일곱 번 재채기 하고 눈을 뜨는지라

"기적, 이적, 표적"

인간의 능력을 초월하는 현상을 기적(miracle)이라 하고 종교적인 의미로서는 이적(wonder)이라 부릅니다. 예수님은 성자 하나님이신데 완벽한 인간으로 오신 것을 성육신이라고 합니다(빌 2:6-8, 요 1:14). 인간은 육신의 예수님밖에 보지 못하기에 하나님이심을 계시하기 위해서 기적이 필요합니다. 성경에서 이 기적과 이적이 메시야적 증거가 될 때 '표적(sign, 헬: 세메이온)'이라고 구별해 표현합니다. 요한복음은 예수님이 하나님이시며 메시야 되심을 7가지 표적으로 계시합니다. 이 7가지 표적을 잘 살피면 하나님만의 속성인 전지성, 전능성, 영원성, 무한성, 편재성이 예수님에게 있음을 발견합니다.

4장에는 엘리사가 행한 5가지 기적이 나옵니다. 이 기적은 요한복음의 표적과 차원이 다르지만 예표적인 역할은 충분히 합니다. 엘리사는 축복과 심판의 사명 중에 축복의 기적을 보여줍니다. 선지자 생도의 아내였지만 과부가 되어 양식이 끊긴 가정에 준비된 그릇마다 기름을 채웁니다(1-7절). 생활고를 해결하는 하나님의 자비를 통하여 믿음의 분량대로 축복받는다는 것을 계시합니다. 수넴 여인과 엘리사의 기사는 하나님께서 생명의 주권자이심을 나타냅니다. 아들이 없어 절망하는 여인에게 초월적 능력이 임해 아들을 낳게 합니다.

이 귀한 아들이 죽게 되었는데 수넴 여인은 아무에게도 안 알리고 엘리사를 찾아갑니다. 하나님을 통해 아들이 주어진 기적을 잘 알고 있는 여인은 오직 하나님만 아들을 살릴 수 있음을 믿고 있습니다. 동생 나사로를 살리기 위해 예수님을 청한 마리아의 믿음이 연상됩니다(요 11장). 엘리사의 진력을 다한 기도는 사르밧 과부의 아들을 살린 스승 엘리야의 모습과 동일합니다(32-37절).

이제 엘리사의 기적은 개인과 가정 단위에서 공적인 대중사역으로 나아갑니다. 기근이라는 극한 상황에서 선지자 학교의 급식의 국에 야생 호박이 들어가 독이 생겼습니다(39절). 엘리사가 가루를 던져 해독을 하였는데 초자연적 기적입니다(41절). 언제 어떻게 생길지 모르는 인생의 독은 예수님의 보혈을 믿는 믿음만이 해결 할 수 있습니다.

(막 16:18) "뱀을 집어 올리며 무슨 독을 마실지라도 해를 받지 아니하며 병든 사람에게 손을 얹은즉 나으리라 하시더라"

마지막 기적은 보리 떡 20개와 한 자루 채소로 100명을 먹게 한 기적입니다(42-44절). 주님의 오병이어 표적(마 14:13-21)의 구약적 예표로서 믿는 자에게 주시는 경제적 축복을 계시합니다. 주어진 표적을 의심하는 모습이 나타나는 것은 언제나 있는 현상입니다(43절, 마 14:17). 우리도 성경의 표적을 얼마나 신뢰하는지 체크해야 합니다. 성경의 표적이 의심 없이 믿어진다면 존귀한 성도의 반열에 오른 증거가 됩니다.

(요 20:29) "예수께서 이르시되 너는 나를 본 고로 믿느냐 보지 못하고 믿는 자들은 복 되도다 하시니라"

♦ 열왕기하 5장 성경칼럼

14절 | 나아만이 이에 내려가서 하나님의 사람의 말대로 요단강에 일곱 번 몸을 잠그니 그의 살이 어린 아이의 살 같이 회복되어 깨끗하게 되었더라

27절 | 그러므로 나아만의 나병이 네게 들어 네 자손에게 미쳐 영원토록 이르리라 하니 게하시가 그 앞에서 물러나오매 나병이 발하여 눈같이 되었더라

"아차 하는 순간"

교통사고를 낸 사람에게 원인을 물어보면 잠깐 딴 생각을 했다고 하는 대답이 압도적입니다. 아차 하는 순간 사고가 나는 것은 다방면에서 일어납니다. 그러나 잘 생각해 보면 아차 하는 순간은 실제로는 장기간에 걸친 습관에 의한 것일 수도 있습니다. 양면적인 아차 하는 순간에 대한 이야기가 5장에 드라마틱하게 펼쳐집니다. 아람의 군대장관인 나아만이 문둥병에 걸렸는데 그를 소개하는 1절에 심상치 않은 문장이 눈에 들어옵니다. 아람 왕 앞에서 크고 존귀한 자라는 것은 그가 나라를 구한 영웅이었다는 것으로 납득이 됩니다.

문제는 그가 이긴 전쟁이 '여호와로 말미암아 주어진 것'이라는 부분입니다. 하나님은 이스라엘만의 하나님이 아니라 온 열방의 주권자이심을 선포하는 것입니다. 구제 불능인 문둥병에 걸린 나아만에게 포로로 잡혀 종이 된 히브리 소녀의 한 마디가 전해집니다(2-4절). 주모에게 고향 사마리아에 있는 선지자를 만나면 고칠 수 있다고 말합니다. 작은 소녀의 번뜩이는 용기는 복음을 전하는 신약 전도자의 샘플입니다(딤후 4:2). 절박한 나아만은 마음 문을 열었고 이스라엘로 향하게 됩니다(5-8절). 우여곡절 끝에 엘리사 집 문 앞에 당도했지만 돌아온 것은 냉대였습니다(5-11절). 만나 주지도 않고 요단강에 몸을 일곱 번 씻으라는 지시만 받습니다.

노발대발하여 돌아가려 하는데 종들이 직언을 하고 선택의 여지가 없는 나아만은 순종합니다(11-14절). 여기서 나아만이 교만하여 고집을 부렸다면 치유와 구원은 없었습니다. 하나님의 은혜는 오직 겸손한 믿음의 자세를 갖춘 자에게만 임합니다(약 4:6). 나아만이 요단강에 몸을 씻는 것은 자기의 지위와 자존심을 모두 내려놓는 것입니다. 오직 요단 강물에 몸을 씻어야 한다는 것은 하나님의 방법만이 구원의 능력이 있다는 의미입니다. 쉽고 명확한 이 방법은 오직 예수님의 보혈로만 죄 사함을 받는다는 복음의 핵심을 증거 합니다. 이것이 무너지는 순간 기독교는 범신론 종교로 전락해 버립니다(골 1:14).

엘리사가 엄청난 사례 예물을 사양하는 것은 복음 전도자의 자세입니다(마 10:8). 은과 금과 의복을 준비했는데 은의 가치만 해도 장정 164년 동안의 일당입니다(5절). 비극은 스승의 모습을 보고 아차 하는 순간 화를 내며 자기 욕심에 휩싸이는 게하시입니다. 돌아가는 나아만을 쫓아가 거짓과 도용과 은폐의 연속된 범죄로 재물을 착복합니다(20-24절).

이 게하시의 모습은 하나님의 선민이지만 탐심으로 물든 이스라엘의 실상입니다. 이방인인 나아만에게는 구원의 복이 임했지만 선민인 게하시에게는 문둥병 저주가 임했습니다(마 19:30). 이 역전의 프레임은 모양을 달리하여 현대 기독교계에도 일어나고 있습니다. 5장에 나오는 6종류의 인물 군속에 나는 어디에 속했을까요?

♦ 열왕기하 6장 성경칼럼

17절 | 기도하여 이르되 여호와여 원하건대 그의 눈을 열어서 보게 하옵소서 하니 여호와께서 그 청년의 눈을 여시매 그가 보니 불말과 불병거가 산에 가득하여 엘리사를 둘렀더라

29절 | 우리가 드디어 내 아들을 삶아 먹었더니 이튿날에 내가 그 여인에게 이르되 네 아들을 내놓아라 우리가 먹으리라 하나 그가 그의 아들을 숨겼나이다 하는지라

"천차만별"

세상 만물의 서로 다름을 강조할 때 쓰는 표현입니다. 사람이 모여 일을 도모할 때 생각하고 보는 수준이 너무 달라도 사용합니다. 죄인의 속성인 자기중심성에서 나온 현상입니다. 전도에 정성을 다해도 참 지독하게 안 믿는 사람은 자기 세계에 고착되어 있어서입니다. 교회를 다녀도 자기 아집을 깨뜨리지 못하면 영적 성숙은 힘듭니다. 성경을 정독 묵상하는 것은 기존의 불신적인 안목을 바꾸는 과정입니다.

6장에 나오는 엘리사의 3가지 이적은 영안이 열린 자와 닫힌 자에 대한 현장 보고서 같습니다. 도끼 이적은 생활 현장에서 일어난 작은 사고에도 기적적인 간섭이 주어진다는 것을 보여줍니다(1-7절). 하나님은 큰 기적만 행하신다고 오해하면 범사의 축복에 손해를 볼 수 있습니다. 아람과의 쟁투에서 보여준 엘리사의 영적 탐지의 은사는 하나님의 완전한 보호를 알려 줍니다(8-12절).

엘리사로 인해 거듭된 실패를 한 아람 왕은 엘리사가 죽도록 미워 대군을 파병합니다(13-14절). 영적세계에 무식한 그는 하나님의 사람인 엘리사를 죽일 수 없다는 것은 상상도 못 합니다. 사환의 육적인 눈은 놀라 두려움에 떨지만 엘리사의 영안은 산에 가득한 하나님의 군대를 밝히 봅니다. 성경에서 이 수준의 영안이 열린 사람들을 소환한다면 야곱, 모세, 여호수아, 욥, 바울, 사도 요한 등입니다. 정말 다행인 것은 엘리사의 기도에 의하여 사환이 영안이 열려 불말과 불병거를 보게 된 것입니다(16-17절). 이것은 우리도 영안이 열려 하나님의 세계를 볼 수 있다는 소망을 줍니다. 신약은 청결한 마음을 준비한 자에게 영안의 축복을 허락하고 있습니다.

(마 5:8) "마음이 청결한 자는 복이 있나니 그들이 하나님을 볼 것임이요"

영안이 멀어 곤경에 처한 그룹은 아람 사람들과 이스라엘 왕인 여호람입니다. 엘리사의 능력으로 눈이 멀어 사마리아에 온 아람 군대는 엘리사의 후의로 대접을 받고 살아서 돌아갑니다(18-23절). 여호람은 승리와 축복의 때에 더욱 긴장해야 하는데 그렇게 하지 않았습니다. 이후의 아람 왕 벤하닷이 침공하여 성을 포위했을 때의 참상은 영안이 먼 지도자의 책임입니다(24-27절). 엄마끼리 아이를 교대로 삶아 먹는 것이 실제상황이 됩니다(28-29절).

영안을 연 자의 축복과 영적 맹인의 저주는 지금도 계속되고 있습니다.

(욥 42:5) "내가 주께 대하여 귀로 듣기만 하였사오나 이제는 눈으로 주를 뵈옵나이다"

연단을 통해 하나님을 본 욥처럼 우리도 각자의 고난이 있습니다. 자기를 부인하고 자기 십자가를 질 때 제자의 길에 동행할 수 있습니다(마 16:24).

♦ 열왕기하 7장 성경칼럼

6절 | 이는 주께서 아람 군대로 병거 소리와 말 소리와 큰 군대의 소리를 듣게 하셨으므로 아람 사람이 서로 말하기를 이스라엘 왕이 우리를 치려 하여 헷 사람의 왕들과 애굽 왕들에게 값을 주고 그들을 우리에게 오게 하였다 하고

20절 | 그의 장관에게 그대로 이루어졌으니 곧 백성이 성문에서 그를 밟으매 죽었더라

"뻥치다"

거짓말이나 허풍을 떠는 것을 말합니다. 인간 사회의 뻥치는 수준은 가지각색입니다. 아이들은 앙증맞게 거짓말을 하고 사기꾼은 그럴싸하게 하고 정치꾼은 큰 뻥을 칩니다. 이제 영적인 세계로 들어가서 이 주제를 다뤄보겠습니다. 세상의 수많은 종교가 있지만 최고의 뻥을 친 종교는 단연코

기독교입니다. 세상의 시각으로 볼 때 그렇다는 것입니다.

기독교의 핵심 메시지는 '예수를 믿으면 영생을 얻는다'입니다. 선행과 도덕과 수도를 통한 타종교의 구원에는 철벽을 치고 오직 예수만 믿어야 한다고 주장합니다. 구원은 하나님의 방법이어야 하고 그 방법이 바로 예수님이 치르신 대속이라는 것입니다. 대속이란 예수님의 죽음이 죄의 값을 치르고 부활이 사망을 멸하였다는 것입니다(롬 6:4). 이것 하나만 믿으면 저주의 지옥을 안가고 영생하는 천국의 복을 받는다고 합니다. 이렇게 쉬울 수가 있습니까? 그래서, 너무 쉬워서, 세상 사람들은 뻥이라 힐난하며 안 믿습니다.

그런데 성경은 창세기부터 계시록까지 악착같이 이 내용을 중심으로 펼쳐집니다. 대표적인 것이 광야의 이스라엘 백성들이 원망하다가 불뱀에 물려 죽음 직전에 구원받는 사건입니다. 장대에 달린 놋뱀을 쳐다보는 자는 살고 거부하는 자는 가차 없이 죽습니다(민 21:8-9). 예수님께서는 이 놋뱀을 자신이 저주를 담당하여 십자가에 들려 죽는 것으로 제시하셨습니다(요 3:14-15, 사 53:4-6). 전능하신 하나님께서 십자가의 방법으로 죄인을 구원할 것이라고 그 누가 상상이나 했겠습니까?

6장의 지옥 같았던 사마리아성이 7장에서 누구도 예상할 수 없는 방법으로 구원을 받습니다. 어차피 죽을 것인데 양식을 구하기 위해 아람군 진영으로 들어간 4명의 나병환자에게 놀라운 광경이 펼쳐집니다. 아람군은 다 도망가고 양식과 보화가 쌓여 있는 것입니다. 하나님께서 큰 소리를 내셔서 저들이 혼비백산하고 흩어져 버렸기 때문입니다(6-7절). 배부르게 포식하고 재물까지 챙긴 나병환자들은 양심에 따라 이 소식을 성안에 전하게 됩니다(8-11절).

사실 이 모든 것은 이미 하나님의 사람 엘리사에 의해 예언되었던 사건입니다(1절). 복음도 믿는 자와 안 믿는 자로 나눠지듯이 성안에서도 두 부류의 반응이 나옵니다(12-15절). 안 믿는 자의 대표 격인 한 장관이 예언대로 밟혀 죽습니다(2절). 이 모습은 복음을 들어도 믿지 않는 불신자에게 임하는 저주를 보여줍니다(19-20절). 하루 사이에 지옥에서 천국으로 옮겨진 이 사건은 바로 나의 구원사건입니다.

♦ 열왕기하 8장 성경칼럼

2절 | 여인이 일어나서 하나님의 사람의 말대로 행하여 그의 가족과 함께 가서 블레셋 사람들의 땅에 칠 년을 우거하다가

18절 | 그가 이스라엘 왕들의 길을 가서 아합의 집과 같이 하였으니 이는 아합의 딸이 그의 아내가 되었음이라 그가 여호와 보시기에 악을 행하였으나

"특별대우, 일반대우"

살다보면 특별대우를 받을 때가 있습니다. 목회자의 경우 설교할 때이며 타 교회 사경회 강사일 때 특별대우는 두드러집니다. 그 이유는 사람이 훌륭해서 라기 보다 존귀하신 하나님의 말씀을 전하는 역할 때문입니다. 하나님의 것을 얼마나 가지고 있느냐에 따라 특별대우를 받는 원리는 오묘합니다. 예수님을 믿는 자는 하나님의 것을 받게 됩니다. 하나님의 아들, 백성, 양, 종, 신부가 되고 친구 관계까지 약속하셨습니다(사 41:8, 요 15:3-15).

(사 43:1) “야곱아 너를 창조하신 여호와께서 지금 말씀하시느니라 이스라엘아 너를 지으신 이가 말씀하시느니라 너는 두려워하지 말라 내가 너를 구속하였고 내가 너를 지명하여 불렀나니 너는 내 것이라”

성도가 하나님의 특별대우를 받는 조건은 말씀을 순종할 때입니다. 반

대로 말씀을 순종하지 아니하면 불신자와 같은 일반대우로 떨어집니다. 일반대우도 좋다고 느낄 수 있지만 실상으로는 저주의 지옥을 경험하는 것입니다(유 1:11-13).

8장에는 무명이지만 특별 축복을 누리는 자와 왕이지만 저주받는 자가 나옵니다. 전자의 인물은 수넴 여인으로 엘리사가 그 아들을 살린 적이 있다(4장)고 적시했습니다(1절). 하나님의 능력을 경험한 효과는 이제 선지자의 명령을 순종하게 합니다. 7년간의 기근을 피하여 블레셋에 갔었고 이제 돌아와 집과 전토를 돌려받습니다(2-6절). 많은 재산을 놔두고 떠나는 순종을 통해 환난도 피하고 율법에 의한 축복도 더해집니다. 하나님의 사람은 순종할 때 보호와 위로를 받으며 선을 이루시는 주님을 만납니다(시 119:50, 롬 8:28).

후자의 대표적 인물은 남유다 왕 여호람입니다. 성경의 왕에 대한 내용을 읽다가 헷갈리는 이름이 여호람과 아하시야인데 남북 왕조에 다 있기 때문입니다. 여호사밧의 아들인 여호람의 치명적 실수는 북이스라엘 왕 아합과 이세벨 사이에서 난 딸인 아달랴와 결혼한 것입니다(18절). 정략결혼의 효과를 노렸지만 아달랴는 남유다에 우상숭배를 도입하여 퍼트리고 충만하게 만듭니다.

8장에는 아람의 왕조 교체의 악함과(7-15절) 북이스라엘의 타락(28-29)이 함께 기록되었습니다. 그런데 열왕기 기자는 남유다를 가차 없이 포함시켜 세 왕조를 똑같이 대우해 버립니다. 남유다가 다윗에게 주어진 언약에 의해 왕조는 유지되지만 저주는 그대로 받는다는 것을 보여줍니다(19절). 이 원리는 그리스도인이 불순종했을 때 그 대가를 치러야 한다는 것을 경고하는 것입니다(고전 3:12-15, 히 6:4-5). 말씀을 소유하고 순종하는 자가 되어 하나님의 특별대우를 받는 반열을 꼭 지켜야 합니다. 이 영역에서 제외되는 저주가 얼마나 처절한지를 알 때 지킬 수밖에 없을 것입니다(시 119:56).

♦ 열왕기하 9장 성경칼럼

7절 | 너는 네 주 아합의 집을 치라 내가 나의 종 곧 선지자들의 피와 여호와의 종들의 피를 이세벨에게 갚아 주리라

36절 | 돌아와서 전하니 예후가 이르되 이는 여호와께서 그 종 디셉 사람 엘리야를 통하여 말씀하신 바라 이르시기를 이스르엘 토지에서 개들이 이세벨의 살을 먹을지라

"악은 결코 평범하지 않다"

액션영화 기승전결의 서사에서 결(마지막)에 이르면 조마조마 합니다. 주인공이 이길 것은 믿지만 악인은 결코 평범하지 않기에 어떤 최후의 수단을 동원할지 모르기 때문입니다. 악의 공격에 끝까지 방심할 수 없는 긴장도는 영적세계에서 더 높아집니다. 성경에 나오는 수많은 인물 중에 기회를 주었음에도 끝까지 회개하지 못한 자들이 있습니다. 대표로는 소돔성 사람들과 가룟 유다입니다. 단순히 하나님의 유기라는 측면으로만 보기에는 틈새가 보입니다. 하나님은 인간을 긍휼히 여기시며 인내하시고 기회를 주시는 분이시기 때문입니다.

(딤전 2:4) "하나님은 모든 사람이 구원을 받으며 진리를 아는 데에 이르기를 원하시느니라"

9장에는 악명 높은 오므리 왕조가 예후의 혁명으로 무너지는 내용이 전개됩니다. 오므리, 아합, 아하시야, 요람(여호람)으로 이어지는 45년의 기간은 영적으로 보면 심판의 유예기간이었습니다. 회개하지 못한 중심에는

이방 출신 왕비인 이세벨(아합)이 있었습니다. 우상숭배의 도입자이며 전파자인 그녀는 그 폐해를 남유다까지 끼쳤습니다. 오므리 왕조가 망한 후에도 남유다 왕 여호람에게 시집간 딸 아달랴를 통해 영향을 끼칩니다. 아달랴는 스스로 왕위에 올라 남유다를 6년간 다스립니다.

개혁 군주인 요아스 왕도 모계로 볼 때 그녀의 손자이니 정말 악은 평범하지 않습니다(11장). 이런 악의 횡행에도 불구하고 하나님의 예언은 어김없이 성취됩니다. 예후를 기름 부어 세우는 예언이 성취되고(7-13절) 이세벨의 죽는 모습도 예언과 똑 같습니다. 이세벨은 측근인 내시들의 배신에 의해 부서지고 예언대로(왕상 21:23) 개들의 먹이가 되고 무덤에 묻히지도 못합니다(33-37절). 회개가 없는 악인의 종말은 이토록 처참하다는 실상을 눈앞에 보여 줍니다.

요람을 쳐서 오므리 왕조를 무너뜨린 예후의 혁명은 남유다 왕 아하시야에게도 임합니다. 요람과 어울리는 악한 아하시야의 죽음은 우상숭배자는 용서가 없음을 선언합니다(27절, 잠 1:15). 다만 아하시야의 시체가 다윗 성에 안치되어 열조와 함께 거함은 다윗의 언약 때문입니다(28절). 후대에 대한 약속은 반드시 성취된다는 사실을 믿고 기도에 힘써야 합니다.

하나님의 약속은 전능하고 영원하여 감히 악과 비교할 수 없습니다. 말씀을 붙드는 자는 약속이 주어지고 악인의 길을 거부할 수 있는 실력을 소유합니다. 성경을 읽고 묵상하며 의지를 드립니다.

(시 1:6) "무릇 의인들의 길은 여호와께서 인정하시나 악인들의 길은 망하리로다"

♦ 열왕기하 10장 성경칼럼

11절 | 예후가 아합의 집에 속한 이스르엘에 남아 있는 자를 다 죽이고 또 그의 귀족들과 신뢰 받는 자들과 제사장들을 죽이되 그에게 속한 자를 하나도 생존자를 남기지 아니하였더라

29절 | 이스라엘에게 범죄하게 한 느밧의 아들 여로보암의 죄 곧 벧엘과 단에 있는 금송아지를 섬기는 죄에서는 떠나지 아니하였더라

"시종일관, 표리일체"

시종일관이란 처음부터 끝까지 한결같다는 것입니다. 표리일체는 겉과 속이 같다는 뜻입니다. 좋은 쪽으로 이 두 가지를 다 가지고 행하는 사람이 있다면 믿을 수 있는 사람입니다. 하나님의 뜻을 알고 한 결같이 해내는 사람도 드물고 동기까지 선한 사람은 더 찾기 어렵습니다. 성경에 의인은 없나니 하나도 없다는 선포는 죄에 오염된 인간의 실상을 확인합니다(롬 3:10-18). 구약의 열왕들을 살펴보면서 이들의 변화무쌍한 상태가 바로 우리의 모습임을 인정할 수밖에 없습니다.

9장부터 등장한 예후의 혁명으로 요람과 아하시야와 이세벨이 제거됩니다. 10장에서는 아합 왕가의 후손 70명과 측근들과 제사장과 조문 오는 남유다 귀족까지 모조리 도륙됩니다(1-14절). 너무나 잔혹한 것 같지만 새 왕조를 세우기 위해서는 기득권에 대한 정치적 숙청은 필수입니다. 4대(오므리, 아합, 아하시야, 요람) 45년에 걸친 아합(오므리) 왕조는 단단해서 그 잔재를 청산하지 않으면 안 되었던 것입니다. 이런 정치적 이유보다 중요한 것은 예후의 심판 도구로서의 영적 사명입니다. 엘리사의 예언에 따라 여호와의 열심으로(16절) 바알 숭배자들을 척결한 것입니다.

예후가 영적 족보의 상징인 레갑 족속의 여호나답과 동역하는 것은 명분을 쌓기 위한 전략적 지혜입니다(15-17절). 바알 숭배자 전체를 완벽하게 모아 살해하는 지략은 사역할 때 철저한 준비를 해야 함을 교훈합니다(18-27절). 예후 왕조는 북이스라엘의 4대 왕조(여로보암, 바아사, 오므리, 예후) 중에서 가장 긴 120년을 유지했습니다. 그 요인은 예후의 초기 종교개혁에 있었습니다. 북이스라엘은 여호람의 작은 개혁(3:2-3)을 제외하고는 예후의 개혁이 유일하기 때문입니다.

열왕기 기자는 이 관점을 가지고 예후에 대한 양면적인 평가를 하고 있습니다. 먼저 예후의 사역을 칭찬하고 왕조가 4대가 갈 것이라고 예언합니다(30절). 이어서 여로보암의 우상숭배 죄악을 떠나지 않은 예후의 악행에 대한 징벌을 내립니다(31절). 아람 왕 하사엘의 침략으로 나라가 찢겨지는 고통을 당합니다(32-33절). 예후는 정치적으로는 최선을 다하여 정적을 완벽하게 제거했습니다. 하지만 우상숭배에서는 바알은 제하였으나 금송아지는 그대로 섬겨 하자가 발생하였습니다(28-29절). 시종일관하지 못했던 예후는 그 대가를 치를 수밖에 없었습니다(28-29절).

자기 이익에 매이면 하나님의 사역에 시종일관할 수 없습니다. 우상숭배는 통치자의 실정을 우상에게 전가시킬 수 있는 수단이 되기도 합니다. 주님께서는 최후의 시험 같은 자기 이익을 넘는 영역에 통과한다면 새로운 차원의 능력을 받을 것을 약속하셨습니다.

(눅 14:33) "이와 같이 너희 중의 누구든지 자기의 모든 소유를 버리지 아니하면 능히 내 제자가 되지 못하리라"

♦ 열왕기하 11장 성경칼럼

3절 | 요아스가 그와 함께 여호와의 성전에 육 년을 숨어 있는 동안에 아달랴가 나라를 다스렸더라

12절 | 여호야다가 왕자를 인도하여 내어 왕관을 씌우며 율법책을 주고 기름을 부어 왕으로 삼으매 무리가 박수하며 왕의 만세를 부르니라

"포기"

중간에 관두는 것으로 의지가 약하다는 이미지가 떠오릅니다. 하지만 적절한 포기는 지혜로서 건강에 좋고 행복을 생산하기도 합니다. 절대 포기하지 않을 것이 있고 포기해야 마땅한 영역도 있다는 뜻입니다. 죽을병이 걸려 시한부가 되었는데 포기하지 않겠다고 발버둥을 치면 추한 모습일 뿐입니다. 죽음을 받아들이고 최고의 웰 다잉(well-dying)인 신앙의 준비를 하는 것이 지혜입니다.

그리스도인이 절대 포기하지 말아야 할 것의 대표는 영생의 구원입니다. 하나님께서 약속한 구원을 내가 포기하면 불신앙입니다. 주님께서는 자기 사람을 절대 포기하지 않으십니다.

(요 13:1) "유월절 전에 예수께서 자기가 세상을 떠나 아버지께로 돌아가실 때가 이른 줄 아시고 세상에 있는 자기 사람들을 사랑하시되 끝까지 사랑하시니라"

11장에 나오는 요아스의 이야기는 하나님에게 포기란 절대 없음을 극적으로 보여 줍니다. 아하시야 왕이 죽자 태후인 아달랴는 왕위 계승자인 손자들을 싹 다 죽입니다(1절). 아들 아하사야 때에 섭정을 했는데 손자가 왕위에 오르면 권력을 빼앗길 수 있기 때문입니다. 아합과 이세벨의 딸로 여

열왕기하

호람과 정략 결혼한 아달랴는 정권을 찬탈하고 남유다를 바알 우상 숭배국을 만들어 버립니다. 여호와의 전에서 제사는 폐지되고 바알의 당에 가서 제사하는 무리가 늘어납니다.

그녀가 통치한 6년 동안 백성들은 다윗 왕조는 끊어졌고 하나님께서 선민을 포기했다고 생각했을 것입니다(3절). 그러나 하나님께서 다윗에게 한 '언약의 씨와 등불'은 꺼지지 않았습니다.

(왕상 11:36) "그의 아들에게는 내가 한 지파를 주어서 내가 거기에 내 이름을 두고자 하여 택한 성읍 예루살렘에서 내 종 다윗이 항상 내 앞에 등불을 가지고 있게 하리라"

1살 갓난아이 요아스는 고모 여호세바에 의해 구출되고 남편인 제사장 여호야다에 맡겨져서 6년 동안 성전에서 양육됩니다. 하나님의 보호는 모세와 예수님처럼 극적으로 이루어지고 요아스는 7세에 정통적인 왕으로 즉위합니다(12절). 이 과정에서 쓰임 받는 제사장 부부와 무명의 유모와 백부장들의 협력은 하나님의 손길입니다(4-7절). 저녁노을처럼 한순간에 사라지는 악녀 아달랴는 재림 시에 멸망할 사단의 모양을 예표 합니다(11-16절).

북이스라엘은 정치가인 예후가 개혁을 했으나 남유다는 제사장에 의하여 개혁이 된 것은 의미가 있습니다. 제사장 여호야다가 섭정할 기회가 왔음에도 하나님 앞에서 본연의 역할을 감당한 것은 구속사를 통찰했기 때문입니다. 왕국 멸절의 위기는 언약의 갱신으로 하나님을 경험하는 기쁨으로 전환되었습니다(17-20절). 지금도 우리가 전혀 눈치 못 채는 하나님의 손길이 어디에선가 역사하고 있을 것입니다. 언약대로 임마누엘(하나님이 우리와 함께 계시다) 예수님이 오셨습니다(마 1:23). 이제 재림의 언약도 반드시 이루어져 상벌의 심판이 있을 것입니다(살전 4:16-17).

♦ 열왕기하 12장 성경칼럼

2절 | 요아스는 제사장 여호야다가 그를 교훈하는 모든 날 동안에는 여호와 보시기에 정직히 행하였으되

20절 | 요아스의 신복들이 일어나 반역하여 실라로 내려가는 길 가의 밀로 궁에서 그를 죽였고

"멘토는 중요하다. 나는 더 중요하다"

멘토는 오디세이에 나오는 오디세우스의 충실한 조언자 이름입니다. 이후 멘토라는 용어는 지혜와 신뢰로서 인생을 이끌어주는 지도자의 동의어로 자리 잡았습니다. 성경에는 좋은 멘토를 만나 사용된 인물들이 있습니다. 여호수아에게는 모세, 다윗에게는 사무엘, 디모데에게는 바울이 있었습니다. 교회사에서도 좋은 스승을 통해 신앙과 영성이 전수되었습니다.

남유다의 8대 왕으로 등극한 요아스는 11장을 통해 분명한 멘토가 여호야다 제사장임을 알 수 있습니다. 돌 박이 아기 때부터 돌봄을 받았고 왕위에 올라서도 여호야다의 영향력은 절대적이었습니다(2절). 여호야다의 신실성은 이미 증명되었고 그가 살아 있을 동안에 요아스 왕이 선정을 베푼 것은 당연하였습니다. 바알 숭배로 어지러웠던 나라를 성전회복운동으로 정상화시킨 그의 업적은 여호야다의 영향으로 이루어졌습니다(4-14절).

문제는 여호야다가 죽고 난 후입니다. 열왕기에는 건너뛰고 있지만 역대기에서는 요아스의 타락이 구체적으로 나와 있습니다.

(대하 24:17~18) "여호야다가 죽은 후에 유다 방백들이 와서 왕에게 절하매 왕이 그들의 말을 듣고 그의 조상들의 하나님 여호와의 전을 버리고 아세라 목상과 우상을 섬겼으므로 그 죄로 말미암아 진노가 유다와 예루살

렘에 임하니라"

멘토가 없어지자 바로 우상숭배가 시작되었습니다. 심지어는 여호야다의 아들로서 제사장을 승계한 스가랴가 우상숭배를 책망하자 죽여 버립니다(대하 24:20-21). 요아스가 멘토의 유무에 따라 이토록 큰 기복을 보인 이유는 무엇일까요? 멘토가 외부에서 영향을 주는 차원이라면 영적 실력의 본질은 자신에게 있기 때문입니다. 여호야다가 살아 있을 때는 누르고 있었지만 멘토가 사라지자 자기의 영적 민낯이 그대로 드러났던 것입니다.

주님께서는 씨 뿌리는 비유를 통해 말씀을 받았지만 말라버리는 3가지 마음 밭을 경고하셨습니다(마 13장). 요아스에게 말씀의 공급자인 여호야다가 멘토였듯이 우리의 영적 멘토는 성령과 말씀입니다.

(요 14:26) "보혜사 곧 아버지께서 내 이름으로 보내실 성령 그가 너희에게 모든 것을 가르치고 내가 너희에게 말한 모든 것을 생각나게 하리라"

말씀을 나의 것으로 만들어 말씀이 나의 내적 실력이 되어야 합니다. 이 실력이 없으면 결정적인 순간 요아스같이 타락한 열매를 맺게 된다는 뜻입니다. 요아스가 하나님에게서 멀어지자 오는 환난은 비참합니다. 아람 왕 하사엘이 침략하자 보화를 주며 협상하는 비겁함을 보입니다. 왕이 비겁하면 민심은 왕을 버리게 되어 있습니다(17-18절). 신하들의 반란에 의해 참살되는 종말은 율법을 떠난 우상숭배의 저주를 증거합니다(20-21절). 우리의 남은 생애가 얼마일지 알 수 없으나 말씀의 지도를 따라 실족 없이 살기를 소원합니다.

♦ 열왕기하 13장 성경칼럼

18절 | 또 이르되 화살들을 집으소서 곧 집으매 엘리사가 또 이스라엘 왕에게 이르되 땅을 치소서 하는지라 이에 세 번 치고 그친지라

21절 | 마침 사람을 장사하는 자들이 그 도적 떼를 보고 그의 시체를 엘리사의 묘실에 들이던지매 시체가 엘리사의 뼈에 닿자 곧 회생하여 일어섰더라

"죽어도 죽은 게 아니다"

이 세상에서 죽음처럼 확실한 사실(fact)은 없습니다. 누구나 다 죽는데 나는 안 죽는다고 주장하면 이상한 사람입니다. 그런데 그리스도인들은 죽어도 죽지 않는다고 믿고 전하는 사람입니다. 교리상으로 죽은 후의 부활과 영생을 믿는 것이지만 직접 증거를 댈 수는 없습니다. 오직 믿음으로만 바라볼 수 있는 사후의 보장을 믿게 하시려는 하나님의 방법은 무엇일까요? 예수님께서는 이 죽음과 부활의 난해한 문제를 제자들에게 직접 가르치셨습니다.

(요 11:25~26) "예수께서 이르시되 나는 부활이요 생명이니 나를 믿는 자는 죽어도 살겠고 무릇 살아서 나를 믿는 자는 영원히 죽지 아니하리니 이것을 네가 믿느냐"

죽음의 저주를 극복한 영생에 대한 구약의 사례는 에녹과 엘리야와 멜기세덱입니다. 구약 계시의 실체인 예수님께서는 완전히 죽고 살아나심으로 부활의 첫 열매가 되셨습니다(고전 15:20). 성도는 그리스도와 연합하여 죽고 살아서 부활의 열매가 됩니다(롬 6:5). 13장에는 금생과 내세를 잇는 영생을 믿게 해주는 기적의 사건이 등장합니다. 산 자가 죽은 자를 살리는 것도 믿기지 않는데 죽은 자의 뼈가 죽은 시체를 살리는 일이 일어났습니다(20-21절). 묘실에 장사된 엘리사의 뼈에 시체를 던지니 닿는 순간 죽은 자

가 살아났던 것입니다.

인류 역사에 전혀 없고 성경에도 단 한번 일어난 이 기적은 어떤 메시지를 주는 것일까요? 일단 엘리사의 영적능력이 죽은 후에도 역사하여 이스라엘과 함께 하시는 하나님을 보여준 것입니다. 하지만 더 근본적인 것은 엘리사는 죽었으나 죽지 않았음을 나타낸 사실입니다. 성경은 예수께서 죽으셨으나 죽은 것이 아니고 성도는 죽었으나 잠자는 것임을 선포합니다(28-29절).

(살전 4:14) "우리가 예수께서 죽으셨다가 다시 살아나심을 믿을진대 이와 같이 예수 안에서 자는 자들도 하나님이 그와 함께 데리고 오시리라"

영원 속에서 단 한번 일어난 이 표적을 통해 몸의 부활이 안 믿어지는 자를 믿게 하십니다. 사도신경에 늘 고백하는 '몸이 다시 사는 것'이라는 항목은 추상이 아닌 실재(reality)입니다. 좋으신 하나님의 손길은 전반부에 나오는 여호아하스와 요아스 왕에게도 임합니다. 금송아지 우상숭배의 죄로 침략을 당한 여호아하스의 간청에 구원자를 보내주십니다. 이름을 기록하지 않고 구원자라고 한 것은 이스라엘이 메시야를 대망해야 함을 계시합니다(1-5절).

엘리사를 찾아온 요아스에게는 활과 살의 이적을 통해 승리를 허락하십니다(14-19절). 다만 요아스는 살을 3번만 치는 믿음 부족으로 완전 승리를 거두지 못합니다(24-25절). 하나님의 능력에 반응하는 인간 책임의 중요성을 배우게 됩니다. 도저히 믿을 수 없는 수태 고지에 복종하는 마리아처럼 우리도 말씀에 순종하며 살기를 소원합니다.

(눅 1:37) "대저 하나님의 모든 말씀은 능하지 못하심이 없느니라"

♦ 열왕기하 14장 성경칼럼

12절 | 유다가 이스라엘 앞에서 패하여 각기 장막으로 도망한지라
27절 | 여호와께서 또 이스라엘의 이름을 천하에서 없이 하겠다고도 아니하셨으므로 요아스의 아들 여로보암의 손으로 구원하심이었더라

"왜 안 망하지?"

악하고 독하여 속히 심판받고 망해야 하는데 살아남을 때 하는 말입니다. 이와 정반대의 질문은 '왜 날 사랑하지?' 입니다. 불량하여 온갖 속을 썩이는 아들이 엄마가 포기할 만도 한데 끝까지 사랑하는 모습을 보고 하는 말입니다. 남북 분열 왕국을 섭렵하는 열왕기를 읽으면서 이 양면적 질문이 나옵니다. 남유다는 가끔 선한 왕이 등장하지만 북이스라엘은 거의 악한 길로 갔다는 결론이 내려집니다(24절). 그렇다면 남북 왕조가 어떤 이유에서 존속되는지를 아는 것은 매우 중요합니다. 이것은 크게 보면 인류가 지금까지 존속하는 것과 맞닿아 있습니다.

먼저 다윗 왕조를 물려받은 남유다를 보면 선악에도 불구하고 다윗 계보에서 왕위가 승계되고 있습니다. 대표적으로 이방 여인 이세벨의 딸 아달랴에게 통치권이 넘어갔지만 돌 박이 요아스를 보존시켜 왕조를 이어간 것입니다(11장). 요아스가 신하들의 반역으로 죽었다는 것은 왕조가 바뀌는 조건이 되는데 다윗 왕조는 계승됩니다(12:20-21). 기자는 그 이유를 다윗 언약에 있다고 분명히 확인합니다.

(왕상 11:36) "그의 아들에게는 내가 한 지파를 주어서 내가 거기에 내 이름을 두고자 하여 택한 성읍 예루살렘에서 내 종 다윗이 항상 내 앞에 등불을 가지고 있게 하리라"

남유다의 왕이 다윗의 씨여야 하는 결정적 이유는 다윗의 후손에서 메시야가 나와야 하기 때문입니다(마 15:22). 반면에 북이스라엘은 다윗 왕조를 반역한 여로보암에 의하여 세워졌습니다. 처음부터 금송아지 우상숭배로 시작했고 율법을 어기며 계속된 반역이 일어나 왕조가 교체됩니다(왕상 12:25-33). 하나님께서 버릴 만도 하고 남유다에 편입시킬 수도 있는데 현실은 그렇지 않았습니다.

오히려 14장에서 벌어진 남북 전쟁에서 교만한 남유다의 아마샤 왕이 여로보암 2세에게 대패하여 죽습니다(8-14절). 북이스라엘이 앗수르에 망하기까지 208년 간 존속한 근거는 무엇일까요? 남유다가 다윗 언약의 의해 존속되었음이 분명하다면 북이스라엘에게는 어떤 언약이 있었을까요? 바로 족장들에게 준 언약이 있었습니다(27절). 북이스라엘은 아브라함과 이삭과 야곱의 후손으로서 선민의 은총을 받았음을 적시합니다.

(13:23) "여호와께서 아브라함과 이삭과 야곱과 더불어 세우신 언약 때문에 이스라엘에게 은혜를 베풀며 그들을 불쌍히 여기시며 돌보사 멸하기를 즐겨하지 아니하시고 이때까지 자기 앞에서 쫓아내지 아니하셨더라"

악한 왕들 때문에 민초들은 고통을 겪지만 그럼에도 불구하고 하나님의 긍휼은 계속되고 있었던 것입니다. 우리 현실도 극악무도한 죄악이 판을 치지만 종말을 늦추시며 자비를 베푸시는 주님이 계십니다.

(벧후 3:9) "주의 약속은 어떤 이들이 더디다고 생각하는 것 같이 더딘 것이 아니라 오직 주께서는 너희를 대하여 오래 참으사 아무도 멸망하지 아니하고 다 회개하기에 이르기를 원하시느니라"

저 멀리 아담과 노아와 아브라함에게 주어졌던 언약이 그 후손인 우리에게 적용되었음이 확실합니다. 주님께서 왜 나를 끝까지 사랑하시는지 알 것 같습니다.

♦ 열왕기하 15장 성경칼럼

4절 | 오직 산당은 제거하지 아니하였으므로 백성이 여전히 그 산당에서 제사를 드리며 분향하였고

35절 | 오직 산당을 제거하지 아니하였으므로 백성이 여전히 그 산당에서 제사를 드리며 분향하였더라 요담이 여호와의 성전의 윗문을 건축하니라

"산당에 대하여.."

만약 제가 신학 논문 주제를 정해야 한다면 산당에 대한 것도 포함될 것입니다. 구약 시대의 큰 신앙 산맥이 성전과 율법과 제사라면 이를 훼방하는 중심이 산당입니다. 열왕기에서 왕들의 치적을 평가할 때 기준은 3가지입니다. 열왕기가 신명기적 사관으로 쓰여 졌다는 말은 율법을 준수했느냐로 판단했다는 의미입니다.

첫째, 북이스라엘의 초대 왕인 여로보암의 길로 행한 자입니다(9, 18, 24, 28절). 여로보암은 하나님의 뜻을 행하는 것은 고사하고 반역과 함께 우상숭배를 정책으로 정해 시행한 자입니다. 북이스라엘 왕의 대부분과 남유다의 왕들도 여기에 속하는데 자연스럽게 악행을 하게 되고 비참한 형벌을 받습니다. 정치와 국방과 경제의 업적이 좋아도 칭찬은 없고 심판에도 예외가 없습니다. 둘째, 하나님 앞에서 정직히 행하였으나 산당만은 없애지 못한 왕들입니다(3-4, 34-35절). 남유다의 선한 왕들이 이에 해당되며 보상과 징벌을 함께 받습니다. 이들은 초기에는 선정을 베풀고 축복을 받았으나 말기까지 초지일관하지 못했습니다.

셋째, 다윗의 길을 온전히 따라 종교개혁을 일으키고 산당을 없애버린 선한 왕입니다. 놀랍게도 여기에 해당되는 왕은 남유다의 몇 명뿐입니다.

아사와 여호사밧과 히스기야와 요시야인데 끝까지 하나님의 마음에 합한 왕은 다윗뿐입니다. 요시야 왕이 두루마리를 발견함으로 은혜 충만하여 개혁을 행하였는데 다윗 다음으로 호평을 받습니다(23:5, 8, 13절). 여기에서 우리는 산당이 무엇이기에 진멸하기가 그토록 어려운지 질문을 할 수밖에 없습니다. 산당의 히브리어 '바마'는 '높은 곳'이라는 뜻이고 이교도의 우상숭배 장소를 말합니다. 이 산당이 선민인 이스라엘 백성들의 삶속에 깊이 들어온 것은 혼돈 속에 성막과 성전이 보편화 되지 못했기 때문입니다.

이방인과 통치자의 영향을 받아 어느새 하나님께 제사 드리는 것보다 더 가까이 와 있었던 것입니다. 우상숭배와 산당의 제사는 보이지 않는 하나님보다 실감이 나서 문화와 풍습으로 정착되었습니다. 우리 현실에서 적용한다면 기복신앙과 제사와 관습과 이념으로 포장된 탐심이 하나님 자리를 차지했다고 보면 됩니다. 여호와 신앙이 없는 왕이 민심의 눈치를 보게 되니 산당을 훼파하지 못하는 것은 당연합니다. 어리석은 백성들에게 산당을 의지하게 함으로서 통치에서의 실정을 산당에 전가시키는 효과를 노리기도 하였습니다.

유다의 아사랴(웃시야) 왕이 52년을 재위했음에도 문둥병이 발발한 것은 제사장 역할까지 하며 율법을 어겼기 때문입니다(4-5절, 대하 26:16-19). 그 기간에 북이스라엘은 5명의 왕이 반역과 암살을 통해 교체되었는데 제사가 올바로 안 드려진 것이 원인입니다(8-31절). 기독교인의 탐욕스런 생활은 얼마든지 산당신앙으로 전락할 수 있음을 목격합니다.

(골 3:5) "그러므로 땅에 있는 지체를 죽이라 곧 음란과 부정과 사욕과 악한 정욕과 탐심이니 탐심은 우상 숭배니라"

♦ 열왕기하 16장 성경칼럼

3절 | 이스라엘의 여러 왕의 길로 행하며 또 여호와께서 이스라엘 자손 앞에서 쫓아내신 이방 사람의 가증한 일을 따라 자기 아들을 불 가운데로 지나가게 하며

11절 | 아하스 왕이 다메섹에서 돌아오기 전에 제사장 우리야가 아하스 왕이 다메섹에서 보낸 대로 모두 행하여 제사장 우리야가 제단을 만든지라

"솔선수범"

남들보다 먼저 행동해서 다른 사람의 본보기가 되는 것을 말합니다. 학교에서 주는 장려상장 문구에 등장하는 익숙한 단어입니다. 그런데 선행의 이미지가 가득한 이 말 앞에 악행이 붙는다면 어떻겠습니까? 악행의 솔선수범인 아하스가 16장에 등장합니다.

아하스의 악행은 세상과 영적 영역에서 함께 일어났습니다. 북이스라엘에는 악한 왕이 많아 그렇다고 넘어가지만 아하스는 유다의 12대 왕입니다. 비교적 선한 왕인 요담(15:33-34)에 이어 20살에 즉위하여 16년을 통치합니다(2절).기자는 도입부에서 그가 다윗과 같지 아니하고 악한 이스라엘 열왕의 길로 행하였다고 판정을 내립니다(2-3절). 얼마나 영적으로 타락했는지를 단도직입적으로 예를 듭니다. 자기 아들을 불 가운데로 지나가게 했는데 이것은 이방인의 악습(레 18:21)으로 역대 왕 중에서도 최악입니다(3절). 산당의 제사를 솔선수범하며 장려하여 전국의 푸른 나무마다 우상이 넘쳐납니다(4절). 거룩한 영성은 없고 악령에 사로잡힌 아하스의 통치에 나라는 거덜 날 수밖에 없습니다.

하나님이 없는 왕은 무기력하고 외교는 굴종의 끝을 달립니다. 앗수르 왕

디글랏 빌레셀을 향하여 신하로 자처하고 아들이라고 엎드립니다(7절). 육친 밖에서 누구의 아들이라고 하는 것은 곧 그를 신앙의 대상으로 고백하는 것입니다. 애굽의 왕들이 태양의 아들이라 자처하고 북한에서 김일성을 어버이로 부르는 것은 종교적 우상숭배입니다. 영토는 뺏기고 조공을 바치는 아하스는 이 시대에 믿음에 실족하여 유리하는 안티 기독교인의 예표입니다.

타락은 끝이 없다는 말을 증명이라도 하듯 아하스는 금기인 성전의 모양까지 손을 댑니다. 다메섹 방문 시에 보았던 장엄한 신전의 외양을 부러워하며 성전의 단을 바꾸고 기물도 옮깁니다(10-18절). 이 와중에서 제사장 우리야는 왕의 불경건을 제어하는 책무를 잊고 하수인 노릇에 충실합니다(11, 16절).

이 그림은 마치 기독교 역사에서 효율과 문화라는 깃발 아래 세속화되는 현실과 흡사합니다. 기독교 진리는 세상권력의 달콤함과 세속종교의 자극성에 휘둘리지 않을 때 지킬 수 있습니다. 아하스의 타락과 저주는 병행장인 역대하 28-29장에 더 자세히 기록되어 있습니다. 그는 결국 예루살렘 성에는 장사 되였으나 열왕의 묘실에는 안치되지 못합니다.

이것이 뜻하는 것은 구원받는 열왕 중에서 격리되었다는 선고입니다(대하 28:27). 동시대에 활동한 이사야 선지자의 경고를 거부한 아하스의 비극은 오늘도 계속되고 있습니다(5-6절, 사 7:1-14).

(사 7:4) "그에게 이르기를 너는 삼가며 조용하라 르신과 아람과 르말리야의 아들이 심히 노할지라도 이들은 연기 나는 두 부지깽이 그루터기에 불과하니 두려워하지 말며 낙심하지 말라"

♦ 열왕기하 17장 성경칼럼

5절 | 앗수르 왕이 올라와 그 온 땅에 두루다니고 사마리아로 올라와 그 곳을 삼 년간 에워쌌더라

15절 | 여호와의 율례와 여호와께서 그들의 조상들과 더불어 세우신 언약과 경계하신 말씀을 버리고 허무한 것을 뒤따라 허망하며 또 여호와께서 명령하사 따르지 말라 하신 사방 이방 사람을 따라

"올 것이 왔다"

이 말은 올 것이 무엇인가에 따라 기분이 달라집니다. 같은 우편물이라도 좋은 소식은 기쁘지만 법적 통지서는 불편 합니다. 북이스라엘의 멸망이라는 예언이 현실로 일어나는 17장은 당연히 비극적인 내용입니다. 여로보암과 함께 시작된 북이스라엘이 208년간의 왕국을 마감하고 앗수르에게 멸망당합니다(5절). 마지막 왕은 호세아인데 그에 대한 평가가 의외입니다. 호세아 왕이 이전 왕들보다 특별히 악한 왕이 아니었다고 분명히 적고 있습니다(2절). 그의 죄도 있겠지만 역사속의 축적된 죄악의 결과로서 멸망을 당하게 되었다는 의미입니다. 통장에 돈이 쌓이듯이 패역한 죄악이 저축되어 올 것이 왔다는 메시지입니다.

직접 원인은 호세아가 친 앗수르 정책을 친 애굽 방향으로 전환하면서 앗수르가 침입한 것입니다(3-4절). 하나님을 전폭 의지하지 않고 인간을 의지한 호세아의 불신앙은 책망 받아 마땅합니다. 그런데 행간을 읽어보면 멸망의 원인에 대하여 아주 자상한 설명을 하는 것이 발견됩니다. 기자는 멸망의 저주가 하나님이 엄혹해서 내리는 것이 아님을 설득하고 싶어 하는 것 같습니다. 후대의 하나님 백성들에게 이스라엘의 전철을 밟지 말라는 중심이 읽혀집니다.

이스라엘의 멸망은 돌발적인 것이 아니라 이미 수많은 선지자를 통해 경고하였습니다(왕상 14:15-16). 이스라엘 민족이 회개하지 않아 이방 나라에 포로로 잡혀 갈 것도 예언되었습니다(사 28:1-4, 호 9:16-17). 놀라운 것은 멸망 700년 전 모세에 의하여 마치 눈으로 본 것처럼 예언되어 있다는 사실입니다(신 28:63-68). 지독하게 회개하지 않는 인간의 강퍅함은 시대를 거쳐 우리에게로 와 있습니다.

그러므로 이스라엘의 멸망 원인을 점검하고 경계로 삼는 것은 이 시대 그리스도인을 위해 꼭 필요합니다. 첫째, 하나님을 절대 잊지 말고 떠나지 말아야 합니다(15절). 하나님의 말씀을 듣지 않는 것은 하나님을 버리는 것과 같습니다. 둘째, 보이는 허망한 우상(7, 12, 16절)과 보이지 않는 세상의 헛된 가치를 섬기지 말아야 합니다(롬 1:21). 하나님보다 더 마음이 가는 것을 발견하는 순간 위험경보를 속히 울려야 합니다. 셋째, 이방 종교와 문화를 받아들이면 안 됩니다(17절). 무속적 기복신앙에 접속되는 순간 기독교 신앙의 거룩성은 사라지고 탐심의 사람으로 전락합니다.

앗수르가 사마리아에 자국 시민들을 이주시키고 점진적으로 혼혈도시로 만드는 것은 사단의 고급전략입니다(24-33절). 신앙을 실족시키려는 간접적 공작은 지금 우리 현실에 더 교활하게 작용되고 있습니다. 불신앙의 축적은 멸망이고 순종을 저축하면 축복의 신자가 됩니다.

♦ 열왕기하 18장 성경칼럼

4절 | 그가 여러 산당들을 제거하며 주상을 깨뜨리며 아세라 목상을 찍으며 모세가 만들었던 놋뱀을 이스라엘 자손이 이때까지 향하여 분향하므로 그것을 부수고 느후스단이라 일컬었더라

36절 | 그러나 백성이 잠잠하고 한 마디도 그에게 대답하지 아니하니 이는 왕이 명

령하여 대답하지 말라 하였음이라

"그 아버지에 그(딴) 아들"

아버지의 유전자를 물려받아 닮아 있는 아들의 모습을 볼 때 참 신기하다는 생각이 듭니다. 좋은 대물림은 보기 좋지만 문제는 나쁜 유전자가 영향을 끼치는 경우입니다. 지금까지가 '그 아버지에 그 아들' 이야기라면 '그 아버지에 딴 아들'의 영역이 있습니다. 아버지는 악한 삶을 살았는데 아들이 선하게 된 경우와 그 반대가 있는데 오늘 나오는 주제는 전자에 속합니다.

18장은 유다 왕조로 돌아와서 악한 아버지 아하스 왕과 선한 왕인 아들 히스기야의 이야기입니다. 악한 아버지에 선한 아들의 조합입니다. 히스기야는 어떤 힘으로 아버지의 악한 길을 가지 않고 선한 왕으로 갈 수 있었을까요? 심리학의 방어기제를 도입하여 분석한다면 히스기야는 승화를 이룬 희귀한 인물입니다. 승화란 방어기제의 13가지 단계 중에 마지막에 속한 것으로서 위험 환경에 처했지만 그것을 에너지로 삼아 역전을 이룬 것을 말합니다. 예를 든다면 폭력을 즐기던 조직폭력배가 새 삶을 살기 위해 격투기 선수로 성공하는 경우입니다.

우상숭배와 굴종의 대명사였던 아버지를 보고 자란 히스기야는 아버지를 닮지 않고 선한 왕이 되었습니다. 그에게 주어진 평가는 '정직하여 율법을 지키고 하나님을 의지하여 동행했고 형통한 자가 되었다'입니다(3-8절). 아사 왕과 요시야 왕에게 주었던 칭찬과 비슷한데 그와 같은 왕은 전후에 없었다는 해석을 붙입니다(5절). 그러면 히스기야가 선천적으로 훌륭했고 승화의 힘으로 선한 왕이 되었을까요?

사람의 자기 관리와 통제가 핵심인 승화는 한계가 있어 그보다 탁월한 하나님의 은혜가 역사한 것이 분명합니다. 초창기의 히스기야는 앗수르의 1차 침입 때 두려워하며 은금을 내어주고 협상하는 비굴함이 있었기 때문입니다(13-16절). 북이스라엘이 멸망한 동시대에 왕위에 오른 히스기야는 하나님만 의지해야 한다는 것을 철저히 인식했을 것입니다. 히스기야 왕이 결행한 종교개혁은 열왕 중에 누구도 해 낼 수 없는 것까지 이룬 것입니다. 아버지가 지독하게 시도했던 우상들을 완벽하게 제거합니다. 주상과 목상을 부수고 이전 왕들이 건들지 못했던 산당까지 제거합니다(4절).

모세가 만들었던 놋뱀을 부수는데 이것은 깊은 영성에서만 나올 수 있는 행동입니다. 처음의 놋뱀은 용서의 능력이었지만(민 21:6-9) 시간이 지나면서 인습에 의하여 우상이 되었습니다. 히스기야에게는 우상이 된 놋뱀이 '느후수단(놋조각)'으로밖에 보이지 않았습니다. 하나님을 연상하는 그 어떤 형상도 숭배의 대상이 될 수 없음을 분별하는 영성이 돋보입니다.

선한 왕 휘하에 좋은 신하와 백성이 있다는 것이 전쟁의 와중에서 증명됩니다. 앗수르의 군대 장관 랍사게가 온갖 모독을 하고 회유책을 쓰지만 백성과 신하는 다 물리칩니다(19-36절). 북이스라엘은 망했지만 남유다는 부흥을 이루어 136년이 더 지속되는 이야기는 이어 집니다.

♦ 열왕기하 19장 성경칼럼

19절 | 우리 하나님 여호와여 원하건대 이제 우리를 그의 손에서 구원하옵소서 그리하시면 천하 만국이 주 여호와가 홀로 하나님이신 줄 알리이다 하니라

35절 | 이 밤에 여호와의 사자가 나와서 앗수르 진영에서 군사 십팔만 오천 명을 친지라 아침에 일찍이 일어나 보니 다 송장이 되었더라

"세상에 이런 일이..."

사람이 이해하지 못할 일을 대할 때 나오는 말입니다. 다음 말이 안 나올 정도의 탄식도 되고 감탄도 됩니다. 세상에도 미스테리한 사건들이 많지만 성경에 비하면 아무 것도 아닙니다. 창세기 첫 구절부터 선언된 천지 창조는 믿음이 없는 자는 받아들일 수 없는 것입니다. 창조의 방법도 하나님께서 말씀하시니 그대로 되었다는 것으로 상식으로는 이해불가입니다.

(창 1:3) "하나님이 이르시되 빛이 있으라 하시니 빛이 있었고"

성경에 나오는 인물도 전지전능하신 하나님을 믿는 자와 믿지 않는 자로 양분 됩니다. 이 믿음에 따라 하나님의 능력을 받아쓰는 자와 그대로 멸망하는 자로 구분 됩니다. 19장의 히스기야 왕은 하나님의 말씀을 받아 최대의 위기에서 최대의 승리를 거두는 자입니다. 당시 최강국이었던 앗수르의 침입으로 남유다는 태풍 앞에 촛불처럼 멸망 직전에 몰렸습니다. 북이스라엘은 멸망당했고 남유다의 상태는 선대 왕 아하스의 악정 후유증으로 영육 간에 초토화 되었습니다. 유다의 48개 성읍이 침범되고 20만 명 이상이 포로로 잡혀가고 성전의 귀금속까지 전리품으로 빼앗겼습니다(18장).

일반적 시각에서는 절망이지만 하나님의 사람에게는 하나님이 계셨습니다. 히스기야는 성전에 가서 기도를 드리는데 통렬한 회개가 터져 나옵니다. 선왕과 환경의 탓도 할 만한데 옷을 찢으며 베를 두르고 철저히 통회합니다. 기도하며 시작한 행로는 이사야 선지자를 찾고 하나님의 언약이 주어집니다. 이 언약은 '남은 자 사상'으로 선민을 끝까지 책임지시는 여호와의 열심입니다(31절).

하나님을 대적하고 모독한 앗수르가 패배하는 모습은 상상을 초월합니다. 하룻밤 사이에 185,000명의 앗수르 군사가 송장이 되었습니다. 대군이 어떤 방법으로 죽었는지 여러 논란이 있지만 성경은 단 한 문장으로 정리합니다. '여호와의 천사가 쳤다(35절)'고 하는데 역대기는 '한 천사가 멸했다(대하 32:21)'라고 기록됩니다(35절). 성경에서 천군천사와 구별되어 한 천사가 의미하는 것은 성자 예수님의 구약적 현현입니다. 절대위기에 절대승리는 하나님이 주시는 것이 틀림없습니다.

하늘을 찌를 듯이 교만했던 산헤립은 그토록 믿었던 아군에 의해 참살됩니다(37절). 인간이 하나님을 모독하고 만홀히 행하면 절대 안 된다는 경고입니다. 전능하신 하나님을 믿는 질량만큼 하나님을 경험할 수 있습니다. 히스기야의 하나님이 나의 하나님이심을 감격하며 감사드립니다.

♦ 열왕기하 20장 성경칼럼

3절 | 여호와여 구하오니 내가 진실과 전심으로 주 앞에 행하며 주께서 보시기에 선하게 행한 것을 기억하옵소서 하고 히스기야가 심히 통곡하더라

17절 | 여호와의 말씀이 날이 이르리니 왕궁의 모든 것과 왕의 조상들이 오늘까지 쌓아 두었던 것이 바벨론으로 옮긴바 되고 하나도 남지 아니할 것이요

"신앙의 기복과 실족"

기복은 변화의 폭이 있다는 것으로 원상태로 돌아온다는 가능성을 담고 있습니다. 실족은 발을 헛디딘다는 뜻이지만 누군가의 함정에 빠졌다는 뜻이 강합니다. 신앙적으로 누구든지 시험을 당해 기복을 겪을 수 있습니다. 하지만 주님이 계시기에 아주 끝나지 아니하고 좋은 신앙으로 역전할 수 있습니다.

(고전 10:13) “사람이 감당할 시험 밖에는 너희가 당한 것이 없나니 오직 하나님은 미쁘사 너희가 감당하지 못할 시험 당함을 허락하지 아니하시고 시험 당할 즈음에 또한 피할 길을 내사 너희로 능히 감당하게 하시느니라”

기복에 비해 신앙의 실족은 아주 위험한 상태입니다. 실족의 원어 ‘스칸달리조’는 ‘범죄’라는 뜻으로 온전한 회개를 못하면 버림을 받습니다. 사울 왕과 가룟 유다와 부자 청년과 데마는 실족하여 세상으로 가버린 사례입니다.

20장의 히스기야는 실족이 아닌 기복을 통해 여러 메시지를 생성하고 있습니다. 본장은 병행장인 역대하 32장과 이사야 38, 39장과 연결하여 해석해야 합니다. 히스기야의 기도와 치유 기적은 너무나 유명한 사건입니다. 벽을 보며 기도하는 것은 오직 하나님만 바라본다는 뜻이며 자기를 기억해 달라는 내용은 간절한 기도의 모형입니다(2-7절). 태양이 뒤로 물러나는 징표까지 보여주신 기적의 치유로 15년의 생명이 연장 됩니다. 이 사건은 앗수르의 1차 침입 때에 보여 주었던 불신앙을 일신하기 위한 발병과 신유로 볼 수 있습니다.

11절의 해 그림자가 10도 물러난 사건은 여호수아 시대에 태양이 멈춘 사건과 함께 창조의 하나님을 계시합니다. 히스기야는 앗수르와의 전쟁에서 기적적인 대승리를 거둠으로 그 영광과 존귀는 최고도로 올라갑니다(대하 32:27-30). 여기서 히스기야의 교만이 시작되었고 신앙의 기복에 들어갑니다.

(대하 32:25) “히스기야가 마음이 교만하여 그 받은 은혜를 보답하지 아니하므로 진노가 그와 유다와 예루살렘에 내리게 되었더니”

히스기야는 바벨론의 문안 사신들에게 왕궁과 군기고와 지형 등 모든 것을 보여 주었습니다(12-15절). 이것이 그토록 큰 죄가 되는지 의아해 할 수도 있습니다. 하지만 이 자랑은 자기 과시이며 미래의 적군인 바벨론에게 전력을 노출한 것입니다. 이후에 강대해진 바벨론에게 남유다가 멸망당하는 씨를 뿌린 사건이 됩니다. 이사야는 보여준 것은 다 뺏길 것이라고 예언합니다(16-18절). 성경의 원리 중에 자랑한 것은 뺏긴다가 적용되었습니다(마 6:5).

영적무기는 자랑하는 순간 사탄에게 노출되어 무력화된다는 뜻입니다(엡 6:14-17, 고전 1:29). 히스기야는 몇 차례의 기복에도 불구하고 회복탄력성이 있었습니다. 이사야 선지자가 전한 하나님의 예언에 바로 순복하였습니다(19절). 신앙의 기복은 피할 수 없지만 하나님과의 관계는 막힘이 없어야 함을 깨닫습니다.

♦ 열왕기하 21장 성경칼럼

13절 | 내가 사마리아를 잰 줄과 아합의 집을 다림 보던 추를 예루살렘에 베풀고 또 사람이 그릇을 씻어 엎음 같이 예루살렘을 씻어 버릴지라

23절 | 그의 신복들이 그에게 반역하여 왕을 궁중에서 죽이매

"집행유예"

재판에서 유죄를 선고받았지만 그 형을 즉시 실행하지 않는 것을 말합니다. 징역 1년과 집행유예 2년을 받으면 감옥은 안 가지만 2년 안에 죄를 지으면 1년을 합해서 실형을 살아야 합니다. 하나님께서는 21장에서 남유다에게 멸망을 판결하시면서 집행유예도 선고하시는 것 같습니다. 남유다의 죄악을 공의로 재판하여 예루살렘을 완전히 엎어 멸하겠다고 하십니다(13절). 여기서 '줄'과 '추'는 공의를 의미하며 사마리아와 아합의 잣대와

같이 하겠다는 것이니 틀림없는 멸망선고입니다. 그뿐 아니라 이방에 끌려가 남은 자도 없을 것이라고 말씀하십니다(14절).

남유다가 히스기야 왕의 부흥을 뒤로 하고 아들 므낫세 대에서 이렇게 급전직하한 이유는 무엇일까요? 므낫세가 아하스 못지않은 악한 왕이었기 때문입니다. 악의 종합 세트같이 저지른 므낫세의 범죄를 기술하고 있습니다. 산당을 재건하고 우상을 만들어 숭배하고 성전의 단을 헐고 일월성신의 단을 쌓습니다(3-5절). 자기 아들을 불 가운데로 지나게 하는데 조부 아하스의 뒤를 따른 것입니다(6절). 사술을 장려하고(6절) 하나님의 사람을 얼마나 많이 죽였는지 성에 피가 가득하게 되었다고 기록합니다(16절). 노령의 이사야 선지자를 톱으로 켜 죽인 것도 므낫세입니다(히 11:37).

남북 역대 왕 중 가장 긴 55년 동안 통치하면서 저지른 악행 때문에 당장 심판을 해도 당연할 것입니다. 왜 하나님께서는 인내하시며 약 100년 후까지 나라를 유지하도록 자비를 베푸셨을까요? 회개하여 돌아올 수 있는 기회를 주신 것이며 역대기를 보면 므낫세는 앗수르 포로생활 중에 회개합니다(대하 33장). 하나님께서는 회개를 가장 기뻐하시는데 이는 우리에게도 똑같이 적용됩니다(벧후 3:8-9).

(겔 18:23) "주 여호와의 말씀이니라 내가 어찌 악인이 죽는 것을 조금인들 기뻐하랴 그가 돌이켜 그 길에서 떠나 사는 것을 어찌 기뻐하지 아니하겠느냐"

인간은 패역해도 하나님의 언약은 신실하다는 증거는 다음 왕 아몬에게서 드러납니다. 아버지보다 더한 악한 길을 좇은 아몬은 2년 만에 신하들에 의해 궁중에서 참살됩니다(23절). 여기서 신하들에게 죽었다는 것은 반역이고 다윗의 왕조는 끝난 것입니다. 다윗 언약이 멈추는 위기가 닥쳤는데 백성들에 의해 역전이 일어납니다.

악한 도구로 쓰임 받은 신하들은 다 죽고 8살의 요시야가 왕위에 오릅니다(24절). 다윗 왕조는 계속되고 새 도화지 같은 어린 요시아에게 하나님의 은총이 그려지게 됩니다. 멸망은 정해졌지만 집행유예로 인해 마지막 영적 부흥을 기대하는 분위기가 읽혀집니다. 계시록의 백보좌 심판 전에 주어질 마지막 기회의 예표같기도 합니다. 나의 영적 집행유예는 어떤 모습일까요?

♦ 열왕기하 22장 성경칼럼

2절 | 요시야가 여호와 보시기에 정직히 행하여 그의 조상 다윗의 모든 길로 행하고 좌우로 치우치지 아니하였더라

11절 | 왕이 율법책의 말을 듣자 곧 그의 옷을 찢으니라

"어떻게 하면 신앙을 키울 수 있을까요?"

초신자가 진지한 자세로 이 질문을 한다면 대박입니다. 이 중심만 유지된다면 큰 신앙으로 자라고 훌륭한 지도자가 될 것이 분명합니다. 이 질문에 대한 저의 대답은 '성경을 읽으십시오'입니다. 믿음을 그리스도의 말씀으로 주어지기 때문입니다(롬 10:17). 그리고 보너스를 붙인다면 '신약부터 기도하며 매일 읽으세요'입니다. 신앙을 키우기 위한 많은 방법이 있겠지만 성경을 읽지 않으면 기초 없이 세운 집과 같습니다(마 7:24-27).

이 원리는 22장에 나오는 유다의 마지막 개혁가인 요시야 왕을 통해서 증명됩니다. 반역으로 끊어질 질 수 있었던 다윗 왕조는 백성들에 의해 요시야가 옹립됩니다. 백성들이 주도했지만 하나님께서 역사하신 것입니다

(21장). 열왕기 기자의 신명기적 사관에 의해 요시야는 분열왕국 시대 최고의 선한 왕으로 정평이 나 있습니다(2절). 특별히 좌우로 치우치지 아니했다는 평가는 성군 중에서도 유일한 칭찬입니다. 이 말은 자칫 중용과 회색지대와 적당주의의 이미지가 풍기지만 성경에서 이 말을 쓸 때는 율법과 연결되어 사용합니다.

하나님의 말씀을 표준으로 흔들리지 않고 진리를 지킨다는 뜻으로 모세와 여호수아에게도 주어진 명령입니다(신 28:14, 수 1:7). 인간이 선호하는 상황윤리나 인본주의적 사랑을 초월하여 말씀을 지키는 자세를 말합니다. 요시야가 말씀을 적극적으로 지키는 자가 된 것은 즉위 18년인 26살에 두루마리가 발견되면서 부터입니다. 이 때 성전 수리를 위해 백성들은 자원하여 헌금하였고 진실한 레위인들을 믿고 정산회계도 안했습니다(3-7절). 선한 왕의 정직한 개혁은 위로부터 아래까지 영향을 끼쳤던 것입니다.

성전 수리 중에 힐기야에 의해 발견된 율법책이 서기관 사반을 통해 요시야에게 읽혀집니다(8-10절). 요시야는 율법책의 내용에 벼락 맞듯이 놀라며 옷을 찢고 통곡하며 회개합니다(11절). 이 모습은 그동안 하나님의 말씀이 진지하게 읽혀지지 않았다는 것을 증명합니다. 요시야가 개혁을 성공시킨 원동력은 말씀을 읽는 것으로 그친 것이 아니라 붙들고 행동한 것에서 나왔습니다(12-20절). 신약의 그리스도인이 믿음을 키우는 코스와 닮았습니다.

(골 3:16-17) "그리스도의 말씀이 너희 속에 풍성히 거하여 모든 지혜로 피차 가르치며 권면하고 시와 찬송과 신령한 노래를 부르며 감사하는 마음으로 하나님을 찬양하고 또 무엇을 하든지 말에나 일에나 다 주 예수의 이름으로 하고 그를 힘입어 하나님 아버지께 감사하라"

하나님의 말씀은 악한 선대의 유전자까지 극복하는 권능이 있습니다. 역대 종교개혁가인 요아스와 히스기야와 요시야의 선대왕들은 모두 악독한 왕이었는데 극복되었습니다. 므낫세와 아몬에게서 요시야가 나왔다는 것은 하나님께서 역사하시는 말씀이 가장 강하다는 것을 깨닫게 합니다. 극강의 악의 복원력을 부술 수 있는 능력은 성령으로 역사하는 말씀뿐입니다.

♦ 열왕기하 23장 성경칼럼

25절 | 요시야와 같이 마음을 다하며 뜻을 다하며 힘을 다하여 모세의 모든 율법을 따라 여호와께로 돌이킨 왕은 요시야 전에도 없었고 후에도 그와 같은 자가 없었더라

26절 | 그러나 여호와께서 유다를 향하여 내리신 그 크게 타오르는 진노를 돌이키지 아니하셨으니 이는 므낫세가 여호와를 격노하게 한 그 모든 격노 때문이라

"대승리, 역부족?"

그냥 승리도 아니고 대승리이니 신나는 분위기입니다. 역부족이란 말은 졌지만 잘 싸웠다 라는 아쉬움이 짙게 배어 있습니다. 이 상반된 승리와 패배는 양립할 수 없는데 실제적으로 겹쳐 있다면 심각한 것입니다. 23장은 요시야의 종교개혁의 장으로서 묘한 기운이 흐르고 있습니다. 22장에서 여선지자 훌다에 의해 예언이 전 해졌습니다. 유다의 멸망은 피할 수 없지만 요시야 왕은 회개함으로 열조의 묘실에 들어간다는 것입니다. 열조의 묘실이란 구원의 명예가 주어진다는 의미입니다(22:14-20).

므낫세의 죄악으로 당장 멸망당해도 마땅하지만 요시야의 회심으로 집행유예로 전환된 것입니다. 요시야의 개혁은 철저한 준비와 역동적인 실천과 신본주의 중심으로 진행됩니다. 당시의 패권 국가였던 앗수르가 앗수르

바니팔 왕이 죽고 쇠퇴함으로 외적환경도 조성되었습니다. 한편으로는 히스기야 왕 때 싹튼 바벨론이 융성해 가고 있는 것을 눈여겨봐야 합니다. 요시야의 종교개혁은 먼저 백성들이 언약책의 말씀을 듣고 따르기로 하는 것으로 시작됩니다(1-3절).

그런데 무언가 밋밋한 분위기가 느껴지는데 이전에 요아스를 언약에 의해 즉위시킬 때와 다릅니다(17-21절). 그때의 제사장 여호야다의 주도로 다윗의 언약이 재개될 때 백성들의 엄청난 호응이 있었던 것과 대조됩니다. 요시야는 므낫세가 저지른 우상숭배의 형상을 모독하며 없애버리고 배교한 자들도 처리합니다(4-15절). 이 과정에서 무명의 선지자에 대한 예언(왕상 13:2)이 이루어집니다. 예언된 말씀은 꼭 성취된다는 것이고 이는 성경의 무오성을 증명하는 것입니다(16-18절).

특별히 사사시대부터 중단된 유월절 행사를 복원하여 국가적으로 지키는 것은 당시로서는 획기적인 지혜입니다(21-23절). 율법책에 기록된 대로 순종한 요시야에게 주어지는 평가는 전무후무한 선한 왕입니다(24-25절). 이렇게 마무리되면 좋았을 요시야 이야기는 26절의 부사 '그러나'로 새로운 국면에 돌입합니다. 이미 기울어진 운동장 같아서 요시야의 선행으로 므낫세가 여호와를 격노케 한 것을 돌이킬 수 없다고 말씀하십니다(26절).

요시야는 39세에 애굽과의 므깃도 전쟁에서 전사하고 다시금 악한 왕의 시대로 들어섭니다(29절). 둘째 아들 여호아하스가 먼저 왕위에 올랐지만 석 달 만에 애굽에 잡혀 갑니다. 애굽에 의해 세워진 여호야김(엘리아김)도 바벨론에 포로로 잡혀가고 왕위를 이은 아들 여호야긴도 역시 끌려갑니다(대하 36:4-10). 유다 왕의 포로 됨은 장래 이스라엘 백성들이 당할 비극을 예표합니다. 하나님께 속하지 아니하면 세상 왕의 노예가 된다는 이 원리는 지금도 적용되고 있습니다(고후 6:14-15). 하나님과 멀어지는 방향의 내리막에는 절대 서지 말아야 하겠습니다.

♦ 열왕기하 24장 성경칼럼

13절 | 그가 여호와의 성전의 모든 보물과 왕궁 보물을 집어내고 또 이스라엘의 왕 솔로몬이 만든 것 곧 여호와의 성전의 금 그릇을 다 파괴하였으니 여호와의 말씀과 같이 되었더라

14절 | 그가 또 예루살렘의 모든 백성과 모든 지도자와 모든 용사 만 명과 모든 장인과 대장장이를 사로잡아 가매 비천한 자 외에는 그 땅에 남은 자가 없었더라

"체험학습"

나이 드신 분들은 수학여행의 추억이 있을 것입니다. 어려운 시절의 유일한 체험학습이었지만 지금 세대는 해외여행을 다녀 올 수 있게 되었습니다. 체험학습은 이론으로 배우는 한계를 벗어나 몸으로 경험한다는 장점이 있습니다. 그런 측면의 폭넓은 경험 중에 극기 훈련도 들어 있습니다. 젊을 때 고생은 사서도 한다는 말을 실천하는 것입니다. 모진 가난을 겪고 위험 변수를 체득한 노년 세대가 가진 장점은 위기를 대비하는 생활이 몸에 배어 있는 것입니다. 악랄한 공산당을 경험한 세대가 반공으로 무장되어 있는 것은 당연합니다.

지금 우리나라는 유래 없이 70여 년 간의 전쟁 없는 세대에 살고 있는데 그 원인을 추적하면 핵무기 때문입니다. 공멸의 위협이 평화를 선사하는 아이러니인데 이 균형이 깨지지 않도록 기도할 책임이 주어졌습니다. 이제 열왕기는 북이스라엘의 멸망에 이어 남유다가 망하는 지점에 당도하였습니다. 일반적으로 나라가 망하는 원인은 힘이 없을 때입니다. 그러나 선민

인 이스라엘이 망하는 근본 원인은 하나님을 버렸기 때문입니다. 하나님의 애끓는 신호에도 불구하고 악착같이 패역의 길로 간 결과입니다.

열왕기에는 나와 있지 않지만 유다의 멸망 당시에 활동한 선지자는 예레미야를 포함해 수십 명입니다. 앗수르와 애굽을 제친 바벨론 왕국이 3차례에 걸쳐 유다를 침입합니다. 남유다는 이미 여호야김 시대에 바벨론의 속국으로 3년을 섬기고 있었습니다(1절). 하나님의 진노는 이스라엘이 약속의 땅에 머물 자격을 박탈하고 있습니다. 선민의 특권을 뺏기고 하나님의 심판과 이방 왕의 통치를 체험 학습하는 상태입니다. 마지막 왕들의 계보는 요시야의 세 아들과 손자가 번갈아 이어 갑니다.

여호야긴 때에 2차 침입이 일어나는데 온 나라가 강탈을 당합니다. 그 영광스럽던 솔로몬의 성전 보화를 빼앗기고 기물들이 훼파됩니다(13절). 쓸 만한 사람들이 모두 잡혀가고 비천한 사람들만 남습니다(14-16절). 하나님을 반역할 때 닥치는 저주의 예언이 그대로 적중되고 있습니다(20:16-19). 시드기야는 요시야의 셋째 아들로서 조카 여호야긴에 이어 마지막 왕에 오릅니다(17절).

예레미야를 통해 전해진 하나님의 친 바벨론 정책을 순종하지 않고 오히려 예레미야를 가두어 버립니다(렘 38:1-13). 유다 멸망의 간접 체험학습이 이 시대 그리스도인에게 본보기(거울)가 되기를 소원합니다.

(고전 10:11) "그들에게 일어난 이런 일은 본보기가 되고 또한 말세를 만난 우리를 깨우치기 위하여 기록되었느니라"

♦ 열왕기하 25장 성경칼럼

7절 | 그들이 시드기야의 아들들을 그의 눈앞에서 죽이고 시드기야의 두 눈을 빼고 놋 사슬로 그를 결박하여 바벨론으로 끌고 갔더라

28절 | 그에게 좋게 말하고 그의 지위를 바벨론에 그와 함께 있는 모든 왕의 지위보다 높이고

"중력이 사라지면.."

컴퓨터그래픽이 발명되면서 인간이 상상할 수 있는 모든 장면을 만들어 냅니다. 그 끝은 어디일까를 생각하다가 중력이 사라지는 장면 다음은 못 만들 것이라는데 이르렀습니다. 만유인력과 원심력이 작용하는 중력은 보이는 세계를 유지하는 법칙입니다. 우리가 사는 지구는 지금 이 순간에도 1초에 460m을 돌면서 30km를 날아가고 있습니다. 만약 중력이 사라진다면 우주 만물은 어떤 모습으로든 끝입니다. 하나님께서는 이 중력을 주관하시는 분이십니다.

(욥 38:31~32) "네가 묘성을 매어 묶을 수 있으며 삼성의 띠를 풀 수 있겠느냐 너는 별자리들을 각각 제 때에 이끌어 낼 수 있으며 북두성을 다른 별들에게로 이끌어 갈 수 있겠느냐"

만물을 운행하시는 하나님께서 인간을 사랑하는 것을 은혜라고 합니다. 인간의 육체는 음식을 먹어야 살고 마음은 사랑을 먹어야 살고 영혼은 은혜를 받아야 살게 되어 있습니다. 이 절대원리에 어긋나서 존재할 인간은 없습니다. 25장의 유다 멸망의 장면을 보면서 혹시 하나님의 진노에 대한 섭섭함을 느끼지는 않으셨습니까? 왕족들은 도망가다가 잡히고 왕자들은 눈앞에서 죽고 시드기야 왕은 두 눈이 뽑히고 쇠사슬에 묶여 압송됩니다(1-7절).

그 견고했던 예루살렘 성은 몰락하고 영광의 상징인 성전은 373년 만에 완전히 강탈되고 무너집니다(8-17절). 나라의 중심 인재들은 학살당하고 적국의 필요에 의해 포로로 잡혀갑니다(18-21절). 선민이 없는 땅은 이제 이방과 다름이 없게 되었습니다(26절). 이 모든 결과의 원인은 무엇일까요? 하나님의 은혜가 떠났기 때문입니다. 중력 없는 우주가 존재할 수 없듯이 은혜가 떠난 이스라엘은 멸망할 수밖에 없습니다.

멸망의 원인은 900년 이상 계속된 끈질긴 불순종입니다. 모세 때부터 하나님만 섬기라는 명령을 어기면 흩어질 것이라는 예언이 주어졌습니다. 그동안 선지자들을 통해 귀에 못이 박히도록 한없이 주어졌지만 마이동풍이었습니다. 예루살렘성과 솔로몬 성전의 초토화는 하나님보다 더 귀한 것이 없음을 알게 해 줍니다. 사람은 보이는 영광을 미신화 시키기에 이를 파괴해야 진정한 실체를 사모하게 됩니다. 우리가 섬길 궁극적 성전은 오직 예수님이고 갈 곳은 새 예루살렘성입니다(계 21:2, 10).

이 원리는 열왕기의 마지막 기사가 여호야긴의 왕위 회복을 다루면서 증명됩니다(27-30절). 37년간의 포로생활을 그치고 평안함이 주어진 그를 통해 유다 백성들의 고토 귀환 소망을 남기고 있습니다. 중력과 비교할 수 없는 '오직 은혜(sola gratia)'의 절실함을 외치게 하는 열왕기 마지막 장면입니다.

역대상

♦ 역대상 1장 성경칼럼

1절 | 아담, 셋, 에노스,
4절 | 노아, 셈, 함과 야벳은 조상들이라

"두 분의 스승(멘토)"

한 스승에게 배우는 것과 두 스승에게 배우는 것 중에 어떤 것이 좋을까요? 두 스승이 대립되어 가르쳐서 혼란을 준다면 분명한 단점입니다. 장점은 두 스승이 서로 좋은 점을 가르쳐서 보완할 경우 시너지 효과가 일어나는 것입니다. 초신자 시절 성경을 읽다가 열왕기(사무엘기도 열왕기에 속함)와 역대기의 내용이 겹친다는 것을 발견했습니다. 족보도 지루하고 이미 알고 있는 내용이니 역대기는 흘러 읽으며 넘긴 적이 있었습니다. 정말 역대기는 열왕기의 반복으로 읽어도 되는 책일까요? 절대 그렇지 않습니다. 그 이유는 앞의 두 좋은 스승의 장점에 해당되어 큰 유익을 주기 때문입니다.

역대기의 70인역 제목 '파랄레이포메나'는 '간과한 일들'이란 뜻이며 빠뜨린 내용을 보충한 것임을 강조합니다. 열왕기의 내용을 보충할 뿐 아니라 후대에게 전하는 진전된 메시지가 있다는 뜻입니다. 열왕기의 마지막 기사는 여호야긴의 왕위 회복이었습니다(왕하 25:27-29). 역대기는 고레스 칙령으로 마감되는데 이는 열왕기보다 몇 십 년 후의 사건입니다(대하 36:20-23). 역대기 기자는 포로생활의 뼈저린 경험을 사용하여 귀환 이후의 백성들에게 하나님과의 온전한 관계를 촉구하고 있습니다.

열왕기가 선지자적 관점의 기술이었다면 역대기는 제사장적 시각의 기록이라는 특징이 있습니다. 바벨론 포로생활에서 귀환한 이스라엘 백성들의 혼란은 당연합니다. 신정체제의 재정비와 종교적 중심점을 찾아야 하는 것입니다. 1장부터 9장까지가 족보로 채워진 것은 언약 백성의 정통성을 세우기 위해서입니다. 이 언약의 족보는 실패한 인간 왕에게서 장차 도래할 메시야로 초점을 맞추게 하려는 의도가 있습니다. 역대기의 족보에 창세기에 나온 곁가지 족보(예:가인 족보, 창 4:16-24)가 생략된 이유입니다.

1절의 '아담, 셋, 에노스'라는 족보에 가인과 아벨이 빠져있는 것은 이 족보가 구속사에 근거하고 있음을 증거 합니다. 믿음의 조상 아브라함으로 시작하지 않고 아담부터 시작한 것은 전 인류의 하나님 되심을 계시한 것입니다. 1장의 족보에서 아담과 아브라함만큼 비중을 가진 인물은 노아와 이스라엘(야곱)입니다. 노아의 방주에 살아남은 8명으로 지구에는 새 인류가 퍼져 나갔습니다.

야벳과 셈과 함의 세 아들 중에 구속사의 족보는 셈이 이어받게 됩니다. 족장시대에서 민족국가로의 기초를 놓은 차자 야곱은 구원의 계보는 행위가 아닌 선택에 의한 것임을 확인 합니다. 군데군데 박혀 있는 니므롯, 가나안, 이스마엘, 에서의 이름은 유기된 계열이 있음을 알려 줍니다. 구원의 생명책에 내가 녹명된 은혜를 어찌 감사해야 할까요?(출 32:32, 눅 10:20, 빌 4:3, 계 3:5).

♦ 역대상 2장 성경칼럼

4절 | 유다의 며느리 다말이 유다에게 베레스와 세라를 낳아 주었으니 유다의 아들이 모두 다섯이더라

9절 | 헤스론이 낳은 아들은 여라므엘과 람과 글루배라

"배우고 싶은 것, 배워야 할 것"

신학대학 동기 중에 컴퓨터를 잘 다루는 친구가 있습니다. 컴퓨터가 처음 나올 때부터 기술을 배우고 세운상가를 들락거리며 조립도 하며 아주 재미있어 했습니다. 반면에 저는 계산하고 기계 다루는 일은 필요에 의하여 할 뿐이고 즐겁지 않았습니다. 책을 읽고 사색하며 진리에 대해 탐구하는 것이 기쁘고 뿌듯합니다. 이 두 예는 어느 것이 선하고 악하고의 문제가 아닙니다. 필요와 성향에 의하여 각자 살아가는 스타일로 보면 됩니다. 우리는 성경을 정독묵상하면서 내가 배우고 싶은 것이 아닌 성경이 가르치는 것을 배워야 합니다. 내가 배우고 싶은 것과 배워야 할 것이 맞아 떨어지면 최상입니다.

1장에서 역대기의 목적은 이스라엘 백성들이 하나님의 언약에 대하여 재정비하는 것임을 확인하였습니다. 이교 문화와 풍습에 젖어 나라가 망한 경험은 그 반대인 순수한 여호와 신앙만이 소망이 되었습니다. 그런 배경을 가지고 역대기 족보를 보게 되면 꼭 배워야 할 것이 보입니다. 역대기는 유다 지파를 중심으로 한 남유다 왕국의 이야기입니다. 열왕기는 북이스라엘 왕국의 기사를 병행했지만 역대기는 남유다 왕국만을 중심으로 기록되어 있습니다. 택함 받은 구원의 백성들에 대한 하나님의 간섭이기에 족보도 편향되어 기록 됩니다. 이 편향은 택한 족속과 인물들의 허물을 덮어주고 영웅화하는 것이 아닙니다. 오히려 평범하고 못나고 약하고 간교하기까지 한 택자들의 실상을 낱낱이 까발리고 있습니다.

2장은 이스라엘의 열 두 아들 중에 육적 장자인 르우벤도 아니고 실세 장자인 요셉도 아닌 유다의 가계에 집중되어 있습니다. 유다의 다섯 아들(3-4절)에 이어 이름도 낯선 헤스론의 가계를 9절부터 55절까지 기록합니다. 무엇을 가르치려고 하는 것일까요? 헤스론은 유다와 며느리 다말 사이에서 난 베레스의 아들입니다(5절).

(마 1:3) "유다는 다말에게서 베레스와 세라를 낳고 베레스는 헤스론을 낳고 헤스론은 람을 낳고"

헤스론은 다윗의 조상이 되고 메시야가 태어날 육적 족보를 잇는 위치에 있는 것입니다. 암담한 이스라엘 백성들에게 메시야의 족보를 소개하면서 하나님의 주권에 의한 구원을 배우게 합니다. 야곱은 허물투성이였으며 유다는 이방여인을 취한 실수도 하고 며느리와의 불륜으로 대를 이은자입니다.

하나님의 섭리는 불가해성이지만 다만 우리가 배운 것은 '못난 택자(지팡이)'에게도 은총을 베푸신다는 사실(fact)입니다. 주님의 은총을 깨닫고 소리 높여 찬양합니다.

(민 17:5) "내가 택한 자의 지팡이에는 싹이 나리니 이것으로 이스라엘 자손이 너희에게 대하여 원망하는 말을 내 앞에서 그치게 하리라"

♦ 역대상 3장 성경칼럼

9절 | 다 다윗의 아들이요 그들의 누이는 다말이며 이 외에 또 소실의 아들이 있었더라

19절 | 브다야의 아들들은 스룹바벨과 시므이요 스룹바벨의 아들은 므술람과 하나냐와 그의 매제 슬로밋과

"영원한 언약, 공정한 심판, 그 후?"

제목이 복잡하고 아리송합니다. 영원한 언약은 끝까지 책임지시는 성품으로 맺은 '다윗 언약'을 뜻합니다.

(삼하 7:16) "네 집과 네 나라가 네 앞에서 영원히 보전되고 네 왕위가

영원히 견고하리라 하셨다 하라"

나단 선지자를 통해 다윗 왕조는 사울처럼 빼앗지 않고 영원히 지켜 주시겠다고 약속하셨습니다.

열왕기를 통해 보았듯이 이 언약은 고비를 넘기며 400여년을 이어갔지만 남유다가 멸망했기에 영원히 지켜지지 않았습니다. 당시의 이방 왕조들은 100년을 넘기지 어려웠지만 다윗 왕조는 하나님의 간섭이 있었던 결과입니다. 남유다가 심판 당한 이유는 수없이 저지른 죄악 때문이며 이는 인간의 실존적 한계입니다. 하나님께서는 공평하시기에 죄지은 자를 불공평하게 대할 수가 없습니다. 우리는 다윗이 저지른 음행죄와 살인죄와 일부다처로 인한 심판이 얼마나 살벌했는지를 목격했습니다.

3장의 다윗 가계 족보 중에 박혀 있는 밧세바, 다말, 암논, 압살롬 등은 죄악의 장면이 떠오르는 안타까운 이름입니다. 근친상간과 살인, 반란의 고통들은 공평한 심판의 파노라마입니다(9절). 하나님의 영원한 언약이 지켜지려면 공평한 심판을 안해야 하는데 하나님께서는 그러실 수 없습니다. 우리는 회개의 기회를 주기 위해서 다윗의 왕조가 끊길 위기에서 긍휼을 베푸신 것을 너무나 잘 압니다. 절대 위기의 요아스와 요시야가 왕위를 이어간 것은 전적인 하나님의 은혜였습니다(왕하 11, 21장).

3장에서 다윗의 가계만을 집중적으로 기록한 것은 영원한 다윗 언약이 성취되는 장면을 보여주기 위해서입니다. 다윗 왕조는 외적으로 바벨론 포로로 잡혀간 시드기야에게서 분명히 끊겼습니다. 그러나 역대기 족보는 시드기야 이후의 족보를 기술함으로서 심판 이후를 보여 줍니다. 다윗 왕국은 하나님 나라를 예표하기에 육적 왕위는 중단되었지만 영적으로는 이어간다는 메시지입니다. 바벨론에서 왕위에 복권된 여호야긴(여고냐)의 후손

중에 스룹바벨이 등장하는 것을 주목해야 합니다(16-19절).

이 스룹바벨이 바로 신약의 예수 그리스도의 족보에 나타납니다.

(마 1:12) "바벨론으로 사로잡혀 간 후에 여고냐는 스알디엘을 낳고 스알디엘은 스룹바벨을 낳고"

다윗 언약은 이제 다윗의 후손 예수님에 의해 영원히 성취된다는 것을 계시하는 것입니다. 이사야가 예수님을 '이새의 남은 뿌리'라고 예언한 것이 성취되었습니다.

(사 11:1-2) "이새의 줄기에서 한 싹이 나며 그 뿌리에서 한 가지가 나서 결실할 것이요 그의 위에 여호와의 영 곧 지혜와 총명의 영이요 모략과 재능의 영이요 지식과 여호와를 경외하는 영이 강림하시리니"

영원한 다윗 언약은 인간의 죄악의 심판에 끊어지고 실패한 것처럼 보였습니다. 하지만 영원한 언약은 주님의 영원한 속죄로 이어졌습니다(히 9:12). 우리가 받은 구원은 다윗의 후손인 예수님의 족보를 이어 받았다는 뜻입니다(벧전 2:9).

♦ 역대상 4장 성경칼럼

9절 | 야베스는 그의 형제보다 귀중한 자라 그의 어머니가 이름하여 이르되 야베스라 하였으니 이는 내가 수고로이 낳았다 함이었더라

39절 | 그들이 그들의 양 떼를 위하여 목장을 구하고자 하여 골짜기 동쪽 그돌 지경에 이르러

"상속 부자, 자수성가 부자"

태어나 보니 수천 억 재산이 있는 재벌 아들은 상속 부자입니다. 비빌 언

덕도 없어 맨땅에 헤딩하듯이 모진 고생 끝에 성공한 사람을 자수성가했다고 칭합니다. 인간적으로는 상속 부자가 부럽지만 존경은 자수성가한 사람이 받습니다. 다만 자수성가의 확률은 너무 낮아 누구나 해낼 수는 없습니다. 상속 부자라 할지라도 대를 이어 부를 유지 발전시키는 것이 얼마나 힘든지를 잘 압니다.

역대기에서 가장 주목받는 지파는 유다지파입니다. 이미 2장에서 유다 지파의 직계 정통이 언급되고 3장에서는 유다의 중심인물인 다윗 가계가 기록되었습니다. 4장에서 유다 족의 잡계에 해당되는 가계를 취급하는 것은 유다지파가 상속부자라는 증거입니다. 인물로 볼 때도 걸출한 인물군이 부각되어 있습니다. 신앙의 영웅 야베스, 최초의 사사 옷니엘, 전문 세공인들, 신앙의 용사 갈렙, 메렛과 셀라의 자손들입니다(9-23절).

이에 비해 시므온 지파의 소개는 상대적으로 초라합니다. 시므온은 둘째 아들이었지만 그 상태는 그의 행위에 대한 아버지의 예언대로 이루어졌습니다(창 49:5-7, 8-12). 시므온은 디나의 복수전에서 세겜성을 도륙한 대가로 온전한 땅을 분배받지 못하고 흩어지게 됩니다(수 19:1). 시므이가 주도한 광야에서의 음행사건 처형으로 인구는 37%로 줄었습니다(민 1장, 26장). 4장에 시므온 후손들의 거주지가 나오는데 유다 지파에 더부살이하고 있음을 보여줍니다(28-33절).

조상으로부터 영육간의 유산을 못 받고 탁월한 인물도 없었지만 그들에게는 자수성가의 의지가 있었습니다. 13명의 지도자들의 인도로 목장을 구하고자 이동을 하는데 좋은 땅을 발견합니다(34-39절). 사해 근처 에돔에 인접한 그돌 땅에 2차에 걸친 이주를 통해 안정된 거주지를 확보합니다(40-43절). 시므온 후손들은 범죄의 대가를 받아들이고 주어진 환경을 인정하며 용기를 내서 쟁투합니다. 시므온 지파는 후에 아사 왕의 개혁에 동참했고 히스기야 때는 아멜렉을 침으로서(41절) 구원 지파에 7번째로 녹명됩니다(계 7장).

단 지파의 최종 구원 탈락과 비교하면 엄청난 자수성가로 볼 수 있습니다. 시므온 지파가 단체적인 자수성가였다면 유다 지파의 야베스는 개인적 자수성가의 모범입니다. 야베스란 이름의 뜻은 '내가 수고로이 낳았다' 입니다. 소위 흙수저이고 주어진 환경은 최악이었음을 알 수 있습니다. 하지만 야베스는 하나님을 알았고 믿었습니다. 하나님의 뜻에 맞추어 기도할 때 지경이 바뀌고 인생이 역전되고 존귀한 자가 되었습니다(9-10절). 하나님께 합한 자는 상속 부자와 자수성가 부자를 다 할 수 있습니다.

역대상

♦ 역대상 5장 성경칼럼

22절 | 죽임을 당한 자가 많았으니 이 싸움이 하나님께로 말미암았음이라 그들이 그들의 땅에 거주하여 사로잡힐 때까지 이르렀더라

25절 | 그들이 그들의 조상들의 하나님께 범죄하여 하나님이 그들 앞에서 멸하신 그 땅 백성의 신들을 간음하듯 섬긴지라

"끓는 사람"

열정으로 끓는 사람은 멋지고 성취도도 높습니다. 그런데 끓는 방향이 죄와 정욕이라면 사정은 달라집니다. 물이 끓으면 넘치듯이 인간의 탐욕이 넘칠 때 온갖 사고가 납니다. 성경에서 그 성정이 '물의 끓음 같았다'라고 단정한 인물이 있습니다. 아버지 야곱이 맏아들 르우벤을 두고 한 말입니다.

(창 49:4) "물의 끓음 같았은즉 너는 탁월하지 못하리니 네가 아버지의 침상에 올라 더럽혔음이로다 그가 내 침상에 올랐었도다"

조급한 성격은 충동적인 정욕을 제어하지 못하고 서모인 빌하를 범합니다(창 35:22). 르우벤의 이 근친상간은 장자의 권한을 박탈당하고 두고두고 화근이 됩니다. 성도들도 범죄 할 때 영적 장자권이 박탈되는데 다른 표현으로는 촛대가 옮겨졌다고 합니다. 5장에는 르우벤이 빼앗긴 장자권의 행방에 대하여 신비롭게 정리하고 있습니다. 장자권은 지배권과 재산권인데 두 아들이 나누어서 받게 됩니다.

지배권은 유다가 받아서 열두 지파를 리드하고 다윗 왕국과 메시야의 조상이 됩니다. 재산권은 장자가 두 배로 받는데 요셉의 두 아들이 두 지파로 들어옴으로 요셉이 실세적인 장자가 됩니다. 완벽한 영적 장자는 지배권과 재산권을 다 가져야 하는데 그렇게 되지는 않았다는 것입니다. 성경은 진정한 장자는 바로 예수님이심을 계시하고 있습니다.

(히 1:6) "또 그가 맏아들을 이끌어 세상에 다시 들어오게 하실 때에 하나님의 모든 천사들은 그에게 경배할지어다 말씀하시며"

맏아들로 오신 예수님께서 부활하실 때는 첫 열매가 되심으로 우리의 아들 됨을 확증하십니다(고전 15:20). 5장은 장자 권을 잃은 르우벤과 함께 한 요단 동편의 두 지파 반(르우벤, 갓, 므낫세 반)의 족보가 나옵니다. 이들이 거주한 지경은 비옥한 땅이기는 하지만 영적 중심지인 예루살렘과 거리가 떨어져 있습니다. 거리보다 더 중요한 것이 마음이지만 타격은 있었습니다. 두 지파 반이 믿음을 지키고 합력할 때 하갈과 이스마엘 후손들과의 전쟁에서 승리합니다(18-22절). 하지만 간음하듯 우상을 섬기며 하나님을 배반할 때는 치명적인 심판을 받습니다. 앗수르에게 패배하고 포로로 끌려가는데 돌아오지 못하고 잊혀진 지파가 됩니다(25-26절).

르우벤은 정욕이 문제였지만 에서는 당장 필요한 것(팥죽)에만 몰두하여 장자권을 놓쳤습니다. 이들이 다시 기회를 얻지 못한 것은 영적 이정표입니다(히 11:16-17). 굳세고 견고하며 안정감을 가지고 기다리는 영적 습관이 몸에 배야 합니다. 끓는 사람은 실족하지만 신중한 사람은 주님의 도구가 될 수 있습니다.

♦ 역대상 6장 성경칼럼

31절 | 언약궤가 평안을 얻었을 때에 다윗이 여호와의 성전에서 찬송하는 직분을 맡긴 자들은 아래와 같았더라

49절 | 아론과 그의 자손들은 번제단과 향단 위에 분향하며 제사를 드리며 지성소의 모든 일을 하여 하나님의 종 모세의 모든 명령대로 이스라엘을 위하여 속죄하니

"특수 임무"

남자들의 대화 주제가 군대로 들어가면 그칠 줄 모릅니다. 특수 부대 출신들은 긍지가 대단한데 그 중심에는 극한 훈련을 이겨냈다는 자부심이 자리 잡고 있습니다. 이스라엘은 12지파로 인식되어 있지만 실제적으로는 13지파입니다. 아들은 12명이지만 장자의 영예를 얻은 요셉이 두 지파(에브라임, 므낫세)를 차지했습니다. 이 구도가 12지파로 굳어진 것은 레위 지파가 특수 임무를 맡았기 때문입니다. 13지파는 중간에 시므온, 베냐민, 단지파가 고비를 맞지만 최종적으로 단지파가 탈락되고 레위지파가 12지파에 들어갑니다(계 7장).

레위지파의 특수 임무를 한눈에 보여주는 것이 광야 행군도와 진지 위치도입니다(민 10장). 레위지파는 12지파의 보호를 받고 법궤와 성막에 대한 임무를 맡았습니다. 이런 배경으로 6장을 보면 제사장적 관점을 가진

기자가 레위지파에게 특별대우를 하고 있음을 느낄 수 있습니다. 요셉이 장자의 명분을 가졌고 유다가 왕적 지배권이 주어졌다면 레위에게는 영광스런 종교권이 부여되었습니다. 종교적 사명이 특별한 것은 인간은 제사장 역할이 있어야 하나님과 관계를 맺을 수 있기 때문입니다. 이 제사장 사명을 통해서만 구원이 이루어지기에 레위지파의 모든 사역은 이 중보사역과 관련되어 있습니다. 레위지파가 맡은 제사장과 찬양과 성막봉사와 가르치는 사역은 하나님과의 교통을 위한 사역입니다(49절).

먼저 아론부터 바벨론 포로 때의 여호사닥까지 22대의 대제사장 계보를 언급합니다(3-15절). 이 기간은 약 840년인데 누락된 인물들(엘리, 아비아달)이 있었고 대제사장도 잘못하면 불명예가 주어진다는 것을 보여줍니다. 다윗 때부터 공식화된 찬양의 직분 가계도는 상향식으로 기록되어 있습니다(31-48절). 이 기록방법은 혈통보다 현재의 인물을 강조함으로서 찬양의 가치를 높이는 것입니다. 찬양의 가치는 하나님을 향한 성도의 적극적 행동이며 예배의 필수요소입니다.

(사 43:21) "이 백성은 내가 나를 위하여 지었나니 나를 찬송하게 하려 함이니라"

주의 일은 할 때 찬양의 정신으로 하는 자에게 하나님의 축복이 임하게 되어 있습니다. 레위지파의 영적 사역을 위한 하나님의 규례는 치밀합니다. 제사장 직분을 세습으로 정해서 거룩성을 유지하고 반역을 방지하였습니다(민 16:31). 기업이 없는 대신에 백성들이 낸 십일조가 주어져서 생계를 보장하고 성역과 구제에 사용하게 합니다(민 18:20-32). 일반 백성보다 더 엄격한 정결규례와 생활의 구별을 정해 언약 시행의 모범이 되게 합니다.

이것은 레위인이 이스라엘 모든 '장자를 대표한 자'라는 원리에서 나왔습니다(민 3:12). 신약성도가 세상을 향하여 레위인과 제사장의 특수임무를 맡았다는 선포는 우리의 옷깃을 여미게 합니다.

(히 12:23-24) "하늘에 기록된 장자들의 모임과 교회와 만민의 심판자이신 하나님과 및 온전하게 된 의인의 영들과 새 언약의 중보자이신 예수와 및 아벨의 피보다 더 나은 것을 말하는 뿌린 피니라"

♦ 역대상 7장 성경칼럼

5절 | 그의 형제 잇사갈의 모든 종족은 다 용감한 장사라 그 전체를 계수하면 팔만 칠천 명이었더라

23절 | 그리고 에브라임이 그의 아내와 동침하매 임신하여 아들을 낳으니 그 집이 재앙을 받았으므로 그의 이름을 브리아라 하였더라

"열이면 열 다 다르다"

다르다는 것은 좋게 말하면 개성 있다는 것이고 비틀어 표현하면 마땅찮은 것도 있다는 뜻입니다. 이스라엘의 지파 수는 13개인데 들여다볼수록 다 다릅니다. 하나님께 사랑받아 쓰임 받은 지파가 있고 저주받아 생명책에서 지워진 지파도 있습니다. 강대하여 형통한 지파가 있고 쪼그라져서 명맥만 유지한 지파도 있습니다.

7장에는 요단 서편의 6지파가 나옵니다. 분열 왕국 시에 북이스라엘 지역에 있었던 지파 중 지금까지 언급이 안 된 지파들의 계보입니다. 베냐민 지파는 남쪽에 있었는데 8장에 새로운 시각으로 조명됩니다. 7장의 지파 계보를 이해하기 위해서는 기록연대와 저작목적을 알아야 합니다. 역대기는 포로귀환 때에 '에스라 신앙공동체'의 구성원들이 된 무리들을 위해 기록되었습니다. 이들은 유다 왕족을 반역한 북이스라엘 출신이었지만 유다

의 종교개혁에 순응하여 다시 돌아온 자들입니다.

여호와 신앙을 가졌던 그들은 온통 우상이 점령한 북이스라엘 왕조를 따를 수 없었습니다. 이들의 선택은 앗수르에 일찍 멸망한 북이스라엘 참극을 피하게 되고 경건한 계보를 잇게 되었습니다. 이런 배경에서 7장에 단 지파와 스불론 지파가 빠진 것은 당연합니다. 최북단에 위치했던 두 지파는 우상의 발상지인 단(본래 이름은 라이스, 삿 18:27-29)지역을 중심으로 살았습니다. 여로보암이 금송아지를 세우고 숭배한 여파는 구원의 족보에서 삭제되는 비참한 결과를 가져옵니다(왕상 12:28-30).

선두에 등장한 잇사갈 지파의 캐릭터는 용맹입니다. 야곱의 유언에서 예언되었듯이(창 49:14-15) 건장한 나귀처럼 용감하여 늘 선봉에 섰고 그 축복이 87,000명의 인구수에서 증명됩니다(1-5절). 비옥한 땅을 받아 풍요로움을 누렸지만 나태를 피하지 못하고 압제 아래 섬기는 신세로 전락합니다. 에브라임 지파는 장자의 축복을 받았지만 교만해진 케이스입니다(20-28절). 요셉의 차자였지만 장자의 분깃을 받아 우두머리로 시작하였습니다. 1인자, 수석 컴플렉스는 타 지파의 업적을 인정하지 않게 되고 시기와 분쟁을 주도합니다. 질투를 못 참아 입다 와의 전쟁에서 진멸의 치욕을 당하기도 하였습니다(삿 12:1-6).

에브라임 출신 여로보암은 북이스라엘 을 세워 우상숭배에 앞장섭니다(왕상 12:25-33). 이 물결을 거부하고 종교개혁에 동참하여 정통신앙으로 돌아온 자들의 복됨을 목도합니다. 간략하게 소개된 납달리 지파(13절)와 적은 인구인 아셀 지파(30-40절)는 영적인 미미함을 나타냅니다. 그럼에도 모든 지파가 다윗시대 때에는 독특하고 아름답게 협력하여 국가에 공헌한 것을 기억해야 합니다. 우리의 장단점을 다 아시고 들어 쓰시는 좋으신 하나님을 기뻐합니다.

♦ 역대상 8장 성경칼럼

28절 | 그들은 다 가문의 우두머리이며 그들의 족보의 우두머리로서 예루살렘에 거주하였더라
34절 | 요나단의 아들은 므립바알이라 므립바알은 미가를 낳았고

"풍운아, 장중아"

풍운아는 좋은 때를 타고 활동하여 두각을 나타낸 사람입니다. 여러 조건의 박자가 척척 맞고 열정과 노력이 더해져 성공한 사람으로 부러움의 대상입니다. 이에 비해 '장중아'라는 말은 낯설 것입니다. 제가 묵상하며 만든 용어로 하나님의 손아귀(장중)에 붙잡혀 훈련되고 쓰임 받은 인물에게 붙여 보았습니다. 성경에서 하나님의 사람을 풍운아로 부르는 것이 맞지 않아 고심 끝에 나온 조어입니다.

풍운아는 줄을 잘 서서 성취를 이룬 이미지가 있지만 장중아는 그 이상의 무언가가 있습니다.

그 이상의 것이란 하나님께서 열심을 내셔서 붙잡고 인도하신 섭리를 말합니다. 성경에는 하나님의 손(열심)에 의한 역사를 체험한 사람들이 많습니다.

(대상 28:19) "다윗이 이르되 여호와의 손이 내게 임하여 이 모든 일의 설계를 그려 나에게 알려 주셨느니라"

이런 맥락에서 8장에 특별대우를 받으며 기록된 베냐민지파는 장중아임이 분명합니다. 이미 7장 6~12절에서 소개되었던 것에 이어 8장 전체는

특정인물을 중심으로 기술됩니다. 유다지파에 버금가는 비중과 분량을 베냐민지파에게 주는 이유는 무엇일까요? 초대 왕 사울의 기사가 없는 것으로 보아 사울이 이유는 아닙니다. 핵심 이유는 베냐민 지파가 포로 귀환 이후에 차지한 큰 영향력입니다(28절). 베냐민 지파는 이미 분열왕국 시대에 유일하게 유다지파와 함께 했고 다윗언약에 동참했었습니다.

원래의 베냐민은 요셉의 동복동생으로 조카인 에브라임과 한편이 되는 것이 순리였습니다. 북이스라엘 왕국의 수석지파인 에브라임 지파에 협력할 수 있었다는 것입니다. 그런데 사울왕조를 무너뜨린 유다지파와 함께 했다는 것은 하나님의 손이 역사한 것임을 알 수 있습니다. 바로 다윗과 요나단과의 관계가 결정적 손길입니다. 요나단과의 의리(삼상 20:15, 42)를 지킨 다윗의 후의로 므비보셋(므립바알, 34절)이 대를 잇게 되었습니다.

파란만장한 배경을 가진 베냐민 지파이었지만 믿음을 선택한 요나단이 뿌린 씨앗으로 형통한 지파로 나아간 것입니다. 예언(창 49:27)대로 호전성만 가졌다면 베냐민지파는 사라질 수도 있었습니다. 사사시대에 연합군에 패해 베냐민지파는 600명만 남아 멸절될 번 했었던 적도 있었습니다(삿 20-21장). 요나단과의 약속을 성실히 지킨 다윗의 그릇이 참 멋집니다(삼하 9:1-7). 그 사랑을 겸손하게 감격하며 받은 므비보셋의 자세가 번성의 복을 가져왔습니다(삼하 9:8). 유다 지파와 접하는 지역에 뽑혀 교제하게 하신 큰 그림도 하나님의 손길로 볼 수 있습니다. 부족한 저희를 장중에 붙들어 주옵소서!

♦ 역대상 9장 성경칼럼

2절 | 그들의 땅 안에 있는 성읍에 처음으로 거주한 이스라엘 사람들은 제사장들

과 레위 사람들과 느디님 사람들이라

26절 | 이는 문지기의 우두머리 된 레위 사람 넷이 중요한 직분을 맡아 하나님의 성전 모든 방과 곳간을 지켰음이라

"예수님을 믿기 어려운 사람"

어떤 사람이 예수님을 믿기 어려운지는 유형별로 변수가 많아 정답을 내기 어렵습니다. 성경적인 답은 예수님을 제1원리로는 믿되 유일원리로는 안 받아들이는 사람입니다. 제1원리란 여러 원리중의 최고로 인정한다(best)는 것으로 다른 표현으로는 상대원리입니다. 유일원리란 이것 밖에 다른 방법이 없다(only)는 것으로 절대원리라고 합니다. 예수님을 믿는 자세에 있어서 이 길만이 구원받을 수 있다고 받아들이는 신자가 참 신앙으로 갈 수 있습니다.

종교는 다 좋은 것이고 결국은 한 군데서 만날 것이라는 종교다원주의적 신앙행태는 가짜입니다. 이방인들이 재앙을 피하고자 '알지 못하는 신'까지 만들어 숭배하는 것과 같습니다(행 17:23). 성경을 읽고 묵상하면서 뚜렷이 각인되는 것은 구원의 길은 딱 하나라는 것입니다. 이는 율법의 근본인 1계명에서 선포되고 제사의 정신과 성전의 유일성에서 확인됩니다.

(출 20:3) "너는 나 외에는 다른 신들을 네게 두지 말라"

9장에는 유일성의 한 사례인 예루살렘성이 등장합니다. 고레스 칙령(B.C.537년)으로 바벨론 포로에서 돌아온 이스라엘 백성들이 예루살렘에 들어옵니다. 구약의 모든 종교적 사역은 예루살렘 중심으로 이루어집니다. 제사와 절기와 율법 전수의 유일한 장소로서 예루살렘을 잃으면 다 잃는 것입니다. 70년 동안의 영적 암흑기를 통과하고 입성한 선민들의 감격과

각오가 느껴집니다. 제사장들과 레위 사람들과 느디님 사람을 먼저 언급한 것은 이들의 사역이 중요하기 때문입니다(1-2절). 특히 느디님 사람이 주목을 끄는데 성전에서 막일을 하지만 그 존귀함이 존중되는 것입니다.

(시 84:10) "주의 궁정에서의 한 날이 다른 곳에서의 천 날보다 나은즉 악인의 장막에 사는 것보다 내 하나님의 성전 문지기로 있는 것이 좋사오니"

유다지파와 베냐민지파 자손의 이름이 먼저 나오는 것은 융성하여 영광을 얻었다는 의미입니다. 신앙은 출발이 같아도 결과는 다르다는 것을 여실히 보여줍니다(4-9절). 레위인들은 성전의 맡은 일들을 조직적으로 감당하는데 문지기의 사역을 자세히 소개하고 있습니다(17-27절).성전의 보호와 봉사는 최선의 헌신을 하는 자들로 말미암아 견고해집니다(28-34절). 결론적으로 구약의 예루살렘과 성전의 유일성은 유일한 구원주이신 예수님을 예표한 것입니다(갈 4:26).

이제 신약성도는 육적 예루살렘을 섬길 필요가 없고 주님과 주님의 몸된 교회를 섬기면 됩니다(행 20:28).

(행 4:12) "다른 이로써는 구원을 받을 수 없나니 천하사람 중에 구원을 받을 만한 다른 이름을 우리에게 주신 일이 없음이라 하였더라"

나답과 아비후가 정한 법을 어기고 다른 불을 드리다가 즉사한 것은 유일원리를 우습게보았기 때문입니다(레 10:1-7). 오직 예수! 주님만으로 만족합니다.

♦ 역대상 10장 성경칼럼

10절 | 사울의 갑옷을 그들의 신전에 두고 그의 머리를 다곤의 신전에 단지라

13절 | 사울이 죽은 것은 여호와께 범죄하였기 때문이라 그가 여호와의 말씀을 지키지 아니하고 또 신접한 자에게 가르치기를 청하고

"신앙인이 망하려면 어떻게 하나요?"

정신이 이상하지 않다면 이런 질문은 없습니다. 잘 기억되도록 노이즈 마케팅을 사용해 보았습니다. 실제 질문은 '신앙인이 실족하지 않고 좋은 열매를 맺으려면 무엇을 해야 할까요'입니다. 성경에 답이 나와 있지만 이야기를 통해 듣는다면 아주 효과적입니다. 어린 시절 들은 이야기가 평생 기억에 남듯이 성경이야기는 영적각인이 됩니다.

10장부터 나오는 역대기의 본론은 사울의 비극적 죽음으로부터 시작됩니다. 주인공이 다윗이기에 사울의 사역은 거두절미하고 그의 최후와 비극의 원인을 적시합니다. 이 내용은 삼상 31장에 나오는 내용을 재사용하고 있습니다. 다만 마지막 두 절에서 31장에 나오지 않은 저자의 주관적 시각을 덧붙이고 있습니다. 블레셋과의 길보아 전투는 사울 군대에게 불리한 상황이 아니었습니다.

함의 후손인 블레셋은 평지에 강하고 산지에 약했기에 길보아 산으로 유도한 것은 탁월한 전략입니다(1절). 하지만 의외로 세 아들은 죽고 전쟁은 패배합니다. 사울을 하나님이 죽이기로 작정하였기에 경험과 전략은 허사가 되었습니다. 두려움에 떤 사울은 자살을 택했고 잘린 그의 머리는 전국을 유랑하며 구경거리가 되고 결국 다곤 신당에 바쳐집니다(7-10절). 길르앗야베스 사람들의 용기로 시체는 수습하지만 전쟁의 후유증은 백성에게 전가됩니다(11-12절).

사울의 출발은 타의 추종을 불허하는 믿음의 사람으로 시작되었습니다. 약소 지파인 베냐민지파 출신으로 겸손했고 하나님의 능력의 통로로 사용되었습니다. 하지만 점차 왕권을 강화하면서 정비례로 교만해져 갑니다.

기자는 사울의 멸망 원인에 대하여 누구나 알도록 정확히 적습니다. 여호와께 범죄 하였기에 죽을 수밖에 없다는 것입니다(13절). 범죄는 히브리어로 '마알'인데 율법을 의식적으로(고의로) 파괴했다는 뜻입니다.

우리도 다윗의 큰 기도제목인 고범죄를 짓지 말게 해달라는 기도를 해야 합니다(시 19:13). 교만함은 말씀을 지키지 않을 뿐만 아니라 반대로 행동하게 합니다. 가진 권력으로 욕심을 채우고(삼상 15:8-9) 존중해야 할 제사장들을 학살하고(삼상 22:16-18) 돌봐야 할 기브온 거민도 박살냅니다(삼하 21:1-2). 사울의 망발은 신접한 여인을 찾아가서 예언을 받기에 이르는데 영적으로 미친 수준입니다(13절, 삼상 28:8). 신앙인이 망하고 죽으려면 사울처럼 하면 됩니다. 복 있는 신자가 되려면 말씀을 순종하면 됩니다.

(시 42:1) "하나님이여 사슴이 시냇물을 찾기에 갈급함 같이 내 영혼이 주를 찾기에 갈급하니이다"

♦ 역대상 11장 성경칼럼

5절 | 여부스 원주민이 다윗에게 이르기를 네가 이리로 들어오지 못하리라 하나 다윗이 시온 산 성을 빼앗았으니 이는 다윗 성이더라

39절 | 암몬 사람 셀렉과 스루야의 아들 요압의 무기 잡은 자 베롯 사람 나하래와

"팡파르(fanfare)!"

프랑스어로 북과 금관악기로 짧고 씩씩한 악곡을 내는 것을 말합니다. 생일잔치부터 국가의 대행사까지 생활 속에 자주 접합니다. 의미적 유사어로는 샴페인을 터트린다, 레드카펫을 밟다 등이 있습니다. 11장에는 다윗 왕국의 웅장한 영광의 분위기가 팡파르를 울리며 펼쳐집니다. 사울 사후에 갈라졌던 이스라엘이 다윗 왕조로 통일되어 출발하는 것입니다. 다윗 왕조

는 일반 왕국과는 차원이 다른 신정왕국입니다.

이 신정왕국이란 코드를 이해할 때 본장의 장엄하고 찬란한 기사를 해석할 수 있습니다. 이전의 사무엘서와 열왕기서에 나온 뼈저린 사연들이 생략되어 있습니다. 연단의 과정과 죄를 짓고 벌을 받는 수치와 기복의 감정들은 언급을 안 합니다. 역대기는 선지자적 관점이 아닌 제사장적 시각에서 저작되었기 때문입니다. 율법의 정죄 프레임에서 중보자적 은혜로 왕국의 밝은 번영을 부각시키고 있습니다.

11장은 백성들의 전적 신뢰와 충성이 여호와의 언약에 근거하여 다윗에게 주어지는 것으로 시작됩니다(1-3절). 여부스족이 붙박이로 차지하고 있던 여부스 성을 정복하여 수도로 삼습니다(4-9절). 400년 동안 누구도 넘보지 못할 정도의 여부스성은 이제 다윗 성(예루살렘 성)으로 바뀝니다. 예루살렘이란 살림(평화)의 터전이란 뜻이며 정치 경제 종교의 중심지일 뿐 아니라 거룩한 도성의 상징입니다(계 3:12). 시온 산의 절벽에 세워진 다윗 성의 위용과 모리아 산(아나우나의 타작마당)의 성전은 언약의 성취입니다(삼하 5:7, 시 87:2-5).

다윗 왕국의 또 다른 영광은 용맹스럽고 충성스런 사람에 있습니다. 첫째 3인, 둘째 3인에 이어 48명의 용사가 호명됩니다(10-47절). 사무엘기의 31명(삼하 23장)보다 17명이 추가된 것은 다른 자료를 참고했기 때문입니다. 각 지파 출신에서 골고루 발탁되었다는 것은 다윗 왕조가 모든 지파의 지지를 받았다는 뜻입니다. 나아가 이방인 출신 용사들(셀렉, 우리아, 이드마, 야아시엘)도 발견되는데 이방국과의 전쟁 중에 개종하여 들어온 자들입니다. 율법에서 절대 금지한(신 23:3) 암몬과 모압 출신 용사(39, 46절)가 기명된 것은 놀라운 의미를 줍니다. 라합과 룻에게 베푼 이방인에 대한 은혜를 이들도 받은 것입니다.

구약의 율법을 뛰어 넘는 은혜의 사례들(갈렙, 나아만 장관, 니느웨 성)은 이방을 향한 특별한 메시지입니다. 율법에 정통하면서 은혜를 적용하는 다윗의 그릇이 부럽습니다. 베들레헴의 우물물을 부하의 피로 보고 전제로 드린 다윗의 영적 감각은 지도자의 모범입니다(17-19절). 구속사의 정사와 야사는 모두 큰 은혜를 선사합니다.

♦ 역대상 12장 성경칼럼

1절 | 다윗이 기스의 아들 사울로 말미암아 시글락에 숨어 있을 때에 그에게 와서 싸움을 도운 용사 중에 든 자가 있었으니

32절 | 잇사갈 자손 중에서 시세를 알고 이스라엘이 마땅히 행할 것을 아는 우두머리가 이백 명이니 그들은 그 모든 형제를 통솔하는 자이며

"우리는 질이 다르다"

사람은 어디이든 소속을 두고 있습니다. 소속한 곳이 질이 높을 때 자긍심을 갖게 됩니다. 누구를 초대하여 함께 하고 싶다면 자기가 소속한 집단의 가치에 대하여 브리핑을 할 수 있어야 합니다. 그리스도인이 교회에 대하여 얼마나 알고 자랑할 수 있는지 점검해 봅니다. 12장은 11장 4-9절의 부록 형식으로 다윗이 왕이 되기 전후에 그를 추종한 용사들의 명단과 그 특징을 기록한 것입니다. 전반부는 사울 왕에게 박해받을 당시에 찾아 왔던 용사들의 명단입니다(1-22절). 이어 사울 왕이 죽은 후에 다윗을 왕으로 옹립하기 위하여 몰려든 용사들이 기록됩니다(23-40절).

명단과 숫자가 나열되는 가운데 군데군데 들어있는 설명들이 다윗 왕국

의 질을 나타냅니다. 하나님 나라의 모델로 등장한 다윗 왕국의 특별한 가치가 드러납니다. 다윗이 사울의 시기를 받아 유랑한 이야기는 사무엘기에서 아슬아슬한 마음으로 목격하였습니다. 도망자 신세인 다윗은 적국인 블레셋에 의탁할 때 혈혈단신이었고 미친 흉내를 내기도 하였습니다(삼하 21:10-16). 빈천자 중심인 400명이 모이지만(삼하 22:2) 시간이 지나자 시글락에서는 용사 600명이 모입니다(삼하 27:2).

본장에 나오는 이들의 모습이 얼마나 대단한지 묵상할수록 감동적입니다. 베냐민 지파 용사들은 사울 왕과의 동족 관계를 끊어 버리고 생명을 걸고 다윗에게 달려 왔습니다(2-7절). 하나님의 나라를 가족보다 우선순위에 두라고 요구한 주님의 도전이 생각납니다(눅 14:26-27, 창 12:1). 요단 동편의 갓 지파 용사들은 요단 강물이 범람할 때에 도강하여 먼 거리를 달려와 다윗에게 안깁니다(8-15절). 비옥한 고향 땅을 뒤로 하고 하나님의 뜻을 받든 그들의 자세 속에 선교사의 결단이 오버랩 됩니다.

므낫세 지파의 용사들은 다윗이 블레셋과 이스라엘 사이에서 곤경에 처했을 때 기막힌 타이밍으로 도왔던 자들입니다(19-21절). 하나님께서 그의 종들을 어떤 상황에서도 보호하시고 돕는 자를 붙이신다는 것을 확신할 수 있습니다. 하나님 나라와 그의 몸 된 교회의 가치는 깨어 있는 자에게만 보입니다. 시세를 알고 행동하는 잇사갈 자손들이 여기에 속하고(32절) 요나단이 그 길을 개척하였습니다(삼상 18:1-4).

다윗을 통한 신정왕국을 사모하여 헤브론으로 나온 340,822명의 용사들의 위용은 축복으로 채워집니다. 정통성 있는 영적 명분과 충성스런 기개와 협력의 원동력은 다윗이었습니다. 이스라엘은 메시야의 그림자인 다윗에게 이처럼 열광하고 기뻐하였습니다(40절). 우리가 다윗이 가리키는 실체인 예수님을 만났는데 어느 정도 좋아하는지 살피게 됩니다. 하나님 나라의 의와 평강과 희락을 마음껏 누리시고 자랑하십시다.

(롬 14:17) "하나님의 나라는 먹는 것과 마시는 것이 아니요 오직 성령 안에 있는 의와 평강과 희락이라"

♦ 역대상 13장 성경칼럼

12절 | 그 날에 다윗이 하나님을 두려워하여 이르되 내가 어떻게 하나님의 궤를 내 곳으로 오게 하리요 하고

14절 | 하나님의 궤가 오벧에돔의 집에서 그의 가족과 함께 석 달을 있으니라 여호와께서 오벧에돔의 집과 그의 모든 소유에 복을 내리셨더라

"성경에 유식하면?"

성경에 유식하다는 것은 정보로서가 아닌 하나님을 경험하는 차원을 말합니다. 초신자 시절 주야로 온통 성경에 몰두하던 시절이 있었습니다. 우주와 인생의 난제가 풀리는 감격 속에 진정한 감사가 저절로 나왔습니다. 하지만 신앙의 광야로 들어서면서 말씀을 적용하여 내 소유가 된다는 것이 얼마나 힘든지를 실감하게 됩니다. 수많은 시행착오를 겪은 지금에 와서 생각해 보니 성경의 대원리가 어느덧 가슴에 박혀 있음이 확인됩니다.

(시 119:56) "내 소유는 이것이니 곧 주의 법도들을 지킨 것이니이다"

내가 지킨 말씀만이 내 소유가 된다는 도전 앞에 겸손히 영육의 무릎을 꿇을 수밖에 없습니다. 13장에 나오는 다윗의 모습은 우리가 얼마나 말씀에 맹렬히 정진해야 하는지를 보여 줍니다. 예루살렘성에 입성한 다윗은 하나님의 궤(언약궤)를 모셔 오겠다는 마음이 들었습니다. 다른 일보다 하나님께 우선순위를 둔 다윗의 신앙이 돋보입니다. 신정왕국의 모형인 다윗

왕국에 있어서 언약궤의 행방은 매우 중요한 의미를 가지고 있습니다.

기랏여아림에서 70년 동안 머물렀던 언약궤를 다윗 성으로 모셔 오는 것은 이스라엘 백성들의 경건함과 직결 됩니다. 사울이 궤 앞에서 묻지 않은 교만한 불신앙과는 큰 차이가 납니다(3절). 지도자들과 백성들의 찬동을 얻고 모든 지파에서 선발된 3만 명의 군사들이 따릅니다(4절, 삼하 6:1). 정치의 안정과 함께 영적 충만은 축제 분위기로 들떠 있습니다(8절).

그런데 탁월한 리더십과 신앙의 열정이 어우러진 이 들뜬 좋은 시간이 문제였습니다. 인간이란 영적으로 조금만 틈이 생겨도 하나님의 말씀보다 세상의 흐름을 따르게 되어 있습니다. 법궤는 반드시 고핫 출신 제사장이 어깨에 메고 이동해야 하는 것을 잊었던 것입니다(민 7:9). 법궤는 만질 수도 없고 들여다봐서도 안 되는 것도 놓쳤습니다(삼상 6:19). 화려한 수레에 실어 폼 나게 행진하는 것이 하나님께 더 영광이 될 것이라고 생각했을 것입니다.

고핫 자손이 아닌 웃사가 넘어지려는 법궤를 만지고 즉사합니다(9-11절). 자신의 실수를 깨닫고 두려워하며 회개하는 다윗은 다시는 그 실수를 반복하지 않게 됩니다(12-13절). 성도가 같은 죄를 반복하는 이유는 성경에서 하나님의 뜻을 바로 알려는 마음이 없기 때문입니다. 법궤를 모셔 들인 오벧에돔의 가정이 복을 받았다는 것은 하나님의 법에 의해서입니다(14절). 그는 고핫 자손으로 법궤를 지킬 적격자였고 하나님의 존엄을 알고 섬겼습니다(26:15). 이 사건은 세상 방식이나 나의 취향대로 하나님을 믿고 섬기면 절대 안 된다는 경고를 선포합니다(살전 5:16-18).

역대상

♦ 역대상 14장 성경칼럼

2절 | 다윗이 여호와께서 자기를 이스라엘의 왕으로 삼으신 줄을 깨달았으니 이는 그의 백성 이스라엘을 위하여 그의 나라가 높이 들림을 받았음을 앎이었더라

14절 | 다윗이 또 하나님께 묻자온대 하나님이 이르시되 마주 올라가지 말고 그들 뒤로 돌아 뽕나무 수풀 맞은편에서 그들을 기습하되

"구원의 확신이 있습니까?"

기독교인이라면 익숙한 질문입니다. 7-80년대에 선교회를 중심으로 시작된 이 질문은 구원파가 차용하면서 다른 의도를 띠게 됩니다. 선교회의 질문은 구원의 확신을 가짐으로 역동적인 신앙의 유익을 얻을 수 있다는 것이었습니다. 구원파는 구원의 확신이 있어야 구원받을 수 있다는 교리로 기성교인에게 도전해 왔습니다. 나아가 구원받은 시기를 알아야 한다면서 구원을 하나님의 영역이 아닌 사람의 깨달음에 두었습니다. 구원파는 복음의 내용에는 틀린 것은 없지만 구원의 근거를 사람의 주관에 두었기에 이단으로 판정되었습니다. 이 구원의 확신 논란에 대하여 어떻게 정리해야 할까요?

14장에 나오는 다윗의 신앙고백에서 대답을 찾을 수가 있습니다. 본장은 사무엘기의 기사와 대조하면 시기적인 차이가 나는데 역대기 기자가 의도를 가지고 편집한 것입니다. 1-2차 법궤 이동이 사무엘기에서는 함께 나오지만(삼하 6장) 역대기는 중간에 본장의 내용이 삽입되었습니다. 본장의 기사는 법궤가 오벧에돔의 집에 있었던 3개월 사이가 아닌 다른 시기에 있었던 내용이라는 뜻입니다. 왕궁과 관련된 두로 왕 히람 이야기는 완료형으로 보아 3개월 동안의 일은 아닙니다(1절). 블레셋을 두 차례에 걸쳐 격

파하여 이스라엘을 탄탄하게 한 전쟁은 법궤 이동전의 사건입니다(삼하 5:17-25).

이 전쟁은 다윗이 철저히 하나님께 여쭈어서 이긴 전쟁이라는 특징이 있습니다. 다윗이야말로 전쟁 전문가이지만 갈수록 겸손하여 하나님을 붙잡고 하나님의 힘으로 승리합니다. 2차 전쟁 시에 나오는 전면 전쟁이 아닌 기습전은 하나님의 지시입니다(14절). 뽕나무 꼭대기의 걸음소리가 나거든 출정하라는 것도 하나님의 군대가 출동하여 싸웠다는 것입니다(15절). 다윗은 하나님이 자신과 한편이라는 확실한 경험을 한 것입니다.

이런 내용이 구원의 확신과 어떤 관련이 있는지 살펴보겠습니다. 2절에 나오는 다윗의 심중을 기자는 이렇게 표현합니다. '여호와께서 자기를 이스라엘 왕으로 삼으신 줄을 깨달았다'는 내용입니다. 그 이유는 이스라엘 백성을 위하여 나라가 높이 들림을 받았다(진흥하였다)는 것입니다. 종합하면 다윗은 자신이 왕으로 세움 받은 것을 이전에 당연히 알았을 것입니다. 그러나 수많은 사건 속에서 하나님이 함께 함으로 하나님의 사람이라는 것이 경험되었습니다.

다윗 자신의 영화를 위하여 하나님이 쓰신 것이 아니라 하나님의 백성들을 위하여 사용된 것이 증명되었습니다. 그렇다면 다윗은 하나님께서 세운 왕임이 확실해진 것입니다. 나아가 하나님의 목적을 이룬 열매로 볼 때 자신의 구원도 확실하다는 결론이 나옵니다(눅 6:43-44). 하나님을 경험한 진실한 간증이 바로 구원의 확신이 되는 것입니다.

♦ 역대상 15장 성경칼럼

15절 | 모세가 여호와의 말씀을 따라 명령한 대로 레위 자손이 채에 하나님의 궤를 꿰어 어깨에 메니라

27절 | 다윗과 및 궤를 멘 레위 사람과 노래하는 자와 그의 우두머리 그나냐와 모든 노래하는 자도 다 세마포 겉옷을 입었으며 다윗은 또 베 에봇을 입었고

"반복 필수, 반복 엄금"

교육과 훈련의 왕도는 반복입니다. 운전을 처음 할 때 서툴러 아슬아슬하였지만 수십 년의 반복을 거친 지금은 능숙합니다. 건망증과 치매도 한 번 더 기억에 새기는 습관을 들이면 예방이 됩니다. 반면에 반복하면 절대 안 되는 것은 실수입니다. 이 실수가 반복되면 실패한 인생이 됩니다. 특히 영적 신앙생활에서 죄를 짓는 반복은 치명적 결과를 가져 옵니다. 성경의 인물 중 죄를 지었지만 속히 회개하고 반복하지 않은 대표인물은 다윗입니다.

15장은 13장의 법궤 이동시의 실수를 반복하지 않으려는 다윗의 철저함이 부각되어 있습니다.

법궤가 오벧에돔의 집에 3개월 머무는 동안 다윗은 다시는 실수를 안 하려고 각고의 노력을 합니다. 70년 동안 법궤가 소외되면서 법궤를 대하는 규례에 얼마나 무지했는지를 깨닫습니다(13절). 역대기는 2차 법궤 이동 기사를 사무엘기의 12절의 분량에 비해 세밀하게 기록하고 있습니다. 제사장적 관점에서 종교적인 면을 부각시키는데 특히 레위인들의 직능을 소상하게 적고 있습니다.

법궤를 예루살렘으로 모셔오는 것은 전 이스라엘이 하나님께 예배하는 것이 목적입니다. 먼저 왕궁을 정비하고 장막을 쳐서 법궤의 처소를 준비

합니다(1절). 이전의 실수에 경각심을 갖고 그핫 자손과 레위 사람들을 불러들입니다(2-10절). 레위인들은 규례에 따라 몸을 성결하게 합니다(11-15절). 어깨에 메는 규례를 되새기며 강조하는 것은 같은 실수를 절대 반복하지 않는 저력이 쌓였다는 것입니다.

왕의 신실함과 열정에 감격하여 동참하는 레위인과 백성들의 모습은 모범이 됩니다. 노래하는 자와 문지기와 나팔 부는 자가 맡은 일에 충성하며 협력하는 것이 참 멋집니다(16-24절). 이 헌신이 깊어지며 이후 이스라엘은 근동 지방의 최강대국의 복을 받게 됩니다. 법궤의 온전한 운반을 위해 온 이스라엘이 제사를 드리는 것은 본질에 충실하겠다는 의지입니다(26절). 이것은 법궤보다 더 귀한 하나님의 사람을 찾으시는 주님께 헌신하는 의미를 가지고 있습니다.

15장의 절정은 백성들과 함께 기뻐서 춤추는 다윗입니다. 왕의 권위인 왕복을 벗고 제사장이 입는 베 에봇을 입고 한 명의 제사장이 되어 백성들과 어울려 춤을 춥니다(27-28절). 그는 하나님 앞에서 피조물이고 종이며 어린아이라는 것을 너무나 잘 알고 있습니다. 형식에 매여 하나님을 못 읽고 다윗을 업신여기는 미갈의 비극이 겹쳐지며 15장은 닫힙니다(29절). 죄의 반복은 절대 안 하겠다고 몸부림치는 신자는 부어지는 복을 받습니다.

♦ 역대상 16장 성경칼럼

3절 | 이스라엘 무리 중 남녀를 막론하고 각 사람에게 떡 한 덩이와 야자열매로 만든 과자와 건포도로 만든 과자 하나씩을 나누어 주었더라

37절 | 다윗이 아삽과 그의 형제를 여호와의 언약궤 앞에 있게 하며 항상 그 궤 앞에서 섬기게 하되 날마다 그 일대로 하게 하였고

"지치지 않는 일?"

세상에 지치지 않는 일은 이론으로는 가능하지만 인간의 죄성 때문에 없습니다. 정의롭고 명분이 있다 할지라도 보상이 따라주지 않으면 지쳐 중단됩니다. 순수하게 출발된 NGO(비정부 사회단체)가 변질되어 세속화되는 이유이기도 합니다. 신앙생활의 현실 또한 예외가 아님을 경험합니다. 주님 사랑의 열정을 품고 헌신한 출발이 여러 이유로 지쳐 널 부러져 있는 모습이 목격됩니다.

16장은 신앙의 고민이자 난제인 이 주제에 대하여 묵상하기에 충분합니다. 우선 병행구절인 사무엘하 6장과 대조하는 것이 필요합니다. 옮겨진 법궤에 대해 제사 드리고 화목제의 규례로 음식을 나누는 내용은 동일합니다(1-3절, 삼하 6:17-19). 그러나 역대기는 하나님께 드리는 감사의 노래(7-36절)와 제사에 대한 레위인들의 직무(37-43절)가 첨가되어 있습니다. 제사장적 관점으로 저작되어 다윗왕국에 긍정적 평가를 하고 있기 때문입니다.

사무엘기에서의 다윗과 미갈 과의 갈등(삼하 6:20-23)이 빠진 것도 의도적으로 제외한 것입니다. 이런 배경에서 16장의 다윗을 보게 되면 그가 법궤 안치 후에도 전혀 지치지 않았던 원인을 알 수 있습니다. 오히려 더 크게 기뻐하고 충만한 은혜로 나아갑니다. 그가 신앙 전문가이고 인간 분별의 달인임은 종교 행정을 단행하는 것으로 증명됩니다. 사람은 어떤 제도에 잡히지 아니하면 자율적으로 영적 습관을 만들지 못하는 존재입니다. 레위인과 제사장 조직을 제도로 만들어 찬양하는 일과 나팔 부는 일에 전념하도록 만듭니다(4-6절). 제사를 조석으로 드릴 수 있도록 제사 직제를 정비합니다(37-42절).

이 모습은 초대교회 성도들이 매일 모여 은혜 받고 훈련받으며 교제하고 봉사하며 선교하는 것의 원형입니다(행 2:42-47). 신앙의 매너리즘에 빠지지 않는 비결은 다윗의 찬송 자세를 볼 때 정확히 알 수 있습니다. 7절부터 36절까지의 감사 찬송은 다윗이 경험한 신앙의 절정을 표현한 것입니다. 이 내용은 많은 시편에서 인용되었고 찬양시의 원전으로 인정받고 있습니다. 하나님과의 관계에서 나오는 사랑과 신뢰가 감사와 찬양으로 널리 불리어집니다.

찬양은 믿는 목적이 자기 이익이 아닌 하나님의 영광에 있다는 것을 노래하는 것입니다(시 43:21). 성경은 신앙생활의 지치지 않는 원동력이 온전한 찬양생활에 있음을 증거 합니다. 찬양할 때 치료 받고(삼상 16:23) 도우심을 받으며(대하 20:22-23) 고난을 이기고(욥 35:10) 두려움도 사라지고(시 56:4) 수치를 면하며(욜 2:26) 주님만 의지하게 된다(시 40:3)고 선언합니다. 다윗의 대표 캐릭터가 찬양하는 사람이듯이 우리도 그러하기를 소원합니다. 전인격적 신앙고백으로 드려지는 찬양이 생활화된다면 신앙의 침체는 없습니다.

역대상

♦ 역대상 17장 성경칼럼

4절 | 가서 내 종 다윗에게 말하기를 여호와의 말씀이 너는 내가 거할 집을 건축하지 말라

12절 | 그는 나를 위하여 집을 건축할 것이요 나는 그의 왕위를 영원히 견고하게 하리라

"말귀를 못 알아들으면.."

언어이해력이 부족하여 대화가 안 되는 사람과의 관계는 힘이 듭니다.

부부관계의 3대 필수 요소(경제력, 성, 대화)중의 하나에 들어가기도 합니다. 대화를 잘 하려면 국어 공부에 힘써야 하고 책을 많이 읽고 다양한 경험이 있어야 합니다. 그리스도인이 하나님과 대화가 잘 통하면 얼마나 좋겠습니까? 하지만 대화는 고사하고 하나님께서 하시는 말씀을 잘 이해하지 못하는 것이 현실입니다. 신앙의 본질은 하나님과의 관계로서 성경을 바르게 알아듣는 것으로 시작됩니다.

다윗이 하나님의 마음에 합한(맞는) 사람이라는 평가는 대화가 통했다는 뜻입니다. 대화가 통하는 다윗을 만난 하나님께서는 다윗을 통해 뜻을 다 이루시겠다고 약속하십니다.

(행 13:22) "폐하시고 다윗을 왕으로 세우시고 증언하여 이르시되 내가 이새의 아들 다윗을 만나니 내 마음에 맞는 사람이라 내 뜻을 다 이루리라 하시더니"

하나님께서 다윗을 통해 뜻을 이루시겠다는 것이 다윗 언약입니다. 17장은 다윗 언약이 체결되는 바로 그 현장을 기록하고 있습니다. 하나님을 지극히 사랑한 다윗으로서는 화려한 궁전에 거하면서 하나님의 언약궤가 천막에 있는 것이 너무 죄송했습니다(1절). 나단 선지자를 통하여 드려진 다윗의 성전 건축 소원은 단호하게 거절되었습니다(3절). 하나님은 휘장 안에 계시는 분이 아니라 백성들의 이동 중에 함께 하셨음을 알려줍니다(5절).

건축물이 아닌 순종하는 사람들 마음속에 함께 하신 성전 정신(고전 6:19)은 구약에도 동일합니다. 다윗의 마음을 받으신 하나님께서 다윗과 그의 후손에게 영원한 왕권을 약속합니다(7-9절). 다윗의 다음 대에서 성전 건축이 이루어질 것도 말씀하십니다(10-13절). 이 영광스런 다윗 언약에는 '영원히'라는 보장이 여러 차례 나옵니다(11-14절).

그렇다면 우리가 여행했던 열왕기의 이스라엘 멸망 역사와는 다르다는 것을 알 수 있습니다. 여기서 우리는 소위 하나님의 뜻(말귀)를 잘 알아들어야 하는 타이밍에 이르게 됩니다. 영원히 보장된 왕국은 조건이 붙는데 병행 구절인 사무엘기에 있습니다.

(삼하 7:14) "나는 그에게 아버지가 되고 그는 내게 아들이 되리니 그가 만일 죄를 범하면 내가 사람의 매와 인생의 채찍으로 징계하려니와"

영원한 보장은 계명에 순종하는 참된 신앙의 조건에서 이루어집니다. 다윗 왕국은 400여년 지속되다가 불순종 끝에 멸망하지만 우리는 영원히 계속되는 비밀을 알고 있습니다.

(마 1:1) "아브라함과 다윗의 자손 예수 그리스도의 계보라"

다윗의 자손인 예수 그리스도의 대속(순종)을 입은 계보가 이어지고 있었던 것입니다.

이 족보에 내(성도)가 들어 있고 우리(교회)가 이어가고 있습니다.

(롬 11:33) "깊도다 하나님의 지혜와 지식의 풍성함이여, 그의 판단은 헤아리지 못할 것이며 그의 길은 찾지 못할 것이로다"

♦ 역대상 18장 성경칼럼

4절 | 다윗이 그에게서 병거 천 대와 기병 칠천 명과 보병 이만 명을 빼앗고 다윗이 그 병거 백 대의 말들만 남기고 그 외의 병거의 말은 다 발의 힘줄을 끊었더니

11절 | 다윗 왕이 그것도 여호와께 드리되 에돔과 모압과 암몬 자손과 블레셋 사람들과 아말렉 등 모든 이방 민족에게서 빼앗아 온 은금과 함께 하여 드리니라

"권력은 총구로부터 나온다?"

중국 마오쩌뚱이 한 이 말은 최후에 군대(총구)가 최고 권력을 결정한다는 뜻입니다. 일반적으로는 이 총구 대신에 돈, 민심, 여론, 파워게임 등을 넣을 수 있습니다. 아무튼 권력을 잡기 위해서 하나님을 도입하지는 않습니다. 신탁을 받는다거나 천심을 의식하는 정도로 사용합니다. 하나님의 뜻을 전하는 성경의 일관된 메시지는 권력은 하나님께로부터 주어진다는 것입니다.

(롬 13:1) "각 사람은 위에 있는 권세들에게 복종하라 권세는 하나님으로부터 나지 않음이 없나니 모든 권세는 다 하나님께서 정하신 바라"

18장에서 전쟁은 하나님께서 한편이 되어야 승리한다는 것을 계속 증명하십니다(6, 13절). 다윗이 전쟁을 하며 근동의 최강대국으로 가는 과정에서 나옵니다. 옆구리 가시 같은 블레셋을 필두로 모압, 아람, 암몬, 아말렉, 에돔 등을 복속시킵니다. 지역으로는 팔레스틴의 동서 전역과 남부와 중앙 시리아 지역까지 합병됩니다. 기세등등하게 뻗어 나가는 기상은 다윗의 전략과 군사들의 용맹이 발휘되어 이루어진 것입니다.

하지만 그 모든 승리의 근본은 하나님을 공경하는 이스라엘에게 보상하신 것임을 말씀합니다. 소바 와의 전쟁 승리로 1000개의 병거를 노획했는데 100개 병거의 말만 남기고 나머지는 힘줄을 끊어 버립니다(4절). 100개의 병거 말도 군사용이 아닌 수송용으로 남겼습니다. 다윗은 골리앗과의 전쟁 데뷔 전부터 전쟁은 여호와께 속한 것임을 고백했습니다(삼상 17:47).

우리는 이 내용을 보면서 고민이 하게 됩니다. 하나님만 의지하고 전쟁하라는 원리를 신앙생활에 어떻게 적용하느냐는 것입니다. 다윗과 나는 환경도 다르고 믿음도 차이가 납니다. 그러나 분명한 것은 같은 하나님을 모시고 있고 신앙의 원리 또한 바뀔 수 없습니다. 우리는 다윗과 모양은 다르지만 영적 전쟁을 하고 있고 하나님의 힘에 의하여 싸워야 함을 알고 있습니다.

(엡 6:12) "우리의 씨름은 혈과 육을 상대하는 것이 아니요 통치자들과 권세들과 이 어둠의 세상 주관자들과 하늘에 있는 악의 영들을 상대함이라"

영적 전쟁의 적을 알려 주시고 갖추어야 할 무기도 보여 주십니다. 전신갑주인 진리와 의와 복음과 믿음과 구원을 완비하라고 명령합니다(엡 6:14-17절). 공격 무기로는 성령의 검인 하나님의 말씀을 구사해야 하고 적극적인 기도를 해야 합니다(엡 6:17-18절). 영적 전쟁의 승리는 하나님을 신뢰하여 명령에 순종하는 것으로부터 나오는 것이 분명합니다. 다윗은 승리하여 노획한 것은 사욕을 채우지 않고 하나님께 드리고 이 물질은 후에 성전건축에 사용됩니다(6-11절). 주신 축복을 주님의 영광을 위하여 사용하는 원리는 연속성을 띠고 우리에게 왔습니다.

역대상

♦ 역대상 19장 성경칼럼

4절 | 하눈이 이에 다윗의 신하들을 잡아 그들의 수염을 깎고 그 의복을 볼기 중간까지 자르고 돌려보내매

13절 | 너는 힘을 내라 우리가 우리 백성과 우리 하나님의 성읍들을 위하여 힘을 내자 여호와께서 선히 여기시는 대로 행하시기를 원하노라 하고

"쓰리 쿠션(three cushion)"

이 말을 들을 때 스포츠를 좋아 하시는 분은 당구 경기 종목(캐롬)이 생각날 것입니다. 우리나라가 세계 최초로 프로를 출범시켰고 천만 명이 즐기는 전천후 스포츠입니다. 쓰리쿠션 종목은 3개의 공이 선후에 쿠션 3군데를 거쳐야 득점이 됩니다. 이 규칙을 논리적으로 적용하는 것이 삼단 논법입니다. 직접적인 말보다 돌려 말하고 비유를 통해 설득할 때 쓰리쿠션을 사용했다고 합니다. 노골적인 용어로는 돌려 까기와 대신 때리기를 떠올리면 됩니다.

사례를 들자면 내 가족을 괴롭히면 나를 업신여기는 것이 됩니다.

성경에서는 이 쓰리쿠션 원리를 여러 차원에서 보여 줍니다. 약한 자에게 한 것이 주님께 한 것이라고 말씀합니다.

(마 25:40) "임금이 대답하여 이르시되 내가 진실로 너희에게 이르노니 너희가 여기 내 형제 중에 지극히 작은 자 하나에게 한 것이 곧 내게 한 것이니라 하시고"

나아가 모든 율법의 성취는 이웃 사랑에 있다고 정리합니다.

(갈 5:14) "온 율법은 네 이웃 사랑하기를 네 자신 같이 하라 하신 한 말씀에서 이루어졌나니"

이 원리는 교회에 대한 태도가 주님을 대하는 것이라고 정의하는데도 사용됩니다.

(엡 1:22) "또 만물을 그의 발 아래에 복종하게 하시고 그를 만물 위에 교회의 머리로 삼으셨느니라"

구약 전쟁에서의 승패를 이해하는 지혜도 부여 합니다. 하나님 편과 그 소유가 무엇인지를 분별할 때 승리와 패배가 결정되는 구도입니다.

19장의 다윗 후기 전쟁은 하나님의 것에 수치를 준 자들에 대한 심판입니다. 다윗 왕국의 사신들은 다윗의 대리자이며 나아가 하나님을 대표한 자들입니다. 문상을 온 사신들을 수염을 반만 자르고 옷을 잘라 하체를 드러나게 한 것은 노예라는 선언이고 죽은 목숨이라는 뜻입니다(4-5절). 그를 보낸 다윗을 쓰리쿠션으로 철저히 모독하고 조롱한 것입니다. 두려움에 싸인 암몬이 현 시세 6,000억을 들여 아람 용병을 동원하였음에도 완벽한 패배를 당하는 것은 당연합니다(6-19절). 반면에 요압과 그 군사들은 이 싸움이 하나님께서 함께 하신다는 것을 확실히 고백하고 사기를 높입니다(13절).

다윗은 그리스도의 구약적인 예표이고 다윗 왕국은 신약교회의 그림자입니다. 적그리스도의 모양새인 암몬과 그 연합군의 공세가 아무리 강해도 주님의 몸 된 교회를 어떻게 할 수 없습니다. 임시적인 고통이 있을지라도 교회는 결국 승리할 것이며 교회를 해롭게 한 세력은 멸절됩니다. 북한 주체사상 종교의 악랄한 기독교 핍박이 어떤 심판으로 나타날지 주목해 봅니다. 다윗의 분노가 하나님의 거룩을 지켰듯이 신자의 의로운 행동이 요구되는 시대입니다.

♦ 역대상 20장 성경칼럼

1절 | 해가 바뀌어 왕들이 출전할 때가 되매 요압이 그 군대를 거느리고 나가서 암몬 자손의 땅을 격파하고 들어가 랍바를 에워싸고 다윗은 예루살렘에 그대로 있더니 요압이 랍바를 쳐서 함락시키매

8절 | 가드의 키 큰 자의 소생이라도 다윗의 손과 그 신하의 손에 다 죽었더라

"당근과 채찍(carrot & stick)"

이 말의 기원은 당나귀를 다루기 위한 방법에서 나왔습니다. 앞에 당근을 매달고 채찍을 치면 계속 달리는 당나귀처럼 보상과 벌칙을 통해 성과를 낸다는 것입니다. 이미 교육과 훈련과 생업의 현장에서 익숙한 이 말은 삶의 원리로 자리 잡았습니다. 보충할 것이 있다면 당근과 채찍을 동시에 쓰는 것보다 시차를 두고 사용하는 지혜가 필요합니다. 사용할 대상의 기질을 파악해 둘 사이의 사용 비율을 조절해야 합니다.

그런 의미에서 역대기 기자는 채찍보다 당근을 더 많이 주고 싶어 합니다. 바벨론 포로생활에서 귀환한 선민들에게는 위로와 희망이 꼭 필요했기 때문입니다. 18장부터 이어진 다윗의 군사적 승리와 영광은 본장까지 계속

됩니다. 병행 구절인 사무엘기에서 다윗의 죄와 그 처벌이 기술된 것과 대조됩니다(삼하 11-20장). 사무엘기는 선지자적 관점으로 저술되었기에 채찍을 가지고 율법을 어긴 자의 속내와 처절한 징벌을 밝혀야 했습니다.

역대기는 죄악과 반역의 사건들을 생략하는 대신 다윗을 영광스런 왕으로 부각시키며 선민에게 당근성 메시지를 전합니다. 교회가 세상 삶에 시달린 성도들에게 복음의 영광으로 위로와 용기를 주어야 한다는 교훈을 받을 수 있습니다. 19장에 이어지는 암몬족과의 전쟁은 겨울 우기의 농사철이 지난 후에 재개됩니다(1절). 농사에 지장이 없도록 민초들을 배려하시는 하나님의 자상함을 느끼게 됩니다.

이 전쟁 중간에 다윗은 밧세바와의 불륜 사건이 있었는데 기자는 '다윗은 예루살렘에 그대로 있었다'는 여운만 남깁니다(1절). 알고 있지만 상대를 위하여 입을 절제하는 성숙한 그리스도인이 떠오릅니다. 암몬의 패배는 그들이 저지른 신성 모독의 죄만큼 처참한 형벌로 나타납니다. 그들이 섬기던 밀곰 신에게 씌어졌던 34kg의 금관이 다윗에게 인계됩니다(2절). 통치권이 넘어갔다는 뜻이고 노동과 함께 살육 당했다는 의미의 기록을 남깁니다(3절, 삼하 12:31). 군대 장관 요압은 이 전쟁의 승리를 다윗에게 온전히 드림으로 자신에게 오는 공로를 사양합니다(삼하 12:26-29). 미성숙한 신자가 자기 이름을 위해 사역하는 것은 매우 위험합니다(골 3:24).

블레셋 거인들을 죽이는 다윗 신복들의 모습은 다윗과 골리앗과의 전투를 연상시킵니다(4-8절). 명장 아래 졸군이 없듯이 끈질긴 사단 세력을 상징하는 블레셋 거인을 죽여 버립니다. 만군의 왕이신 예수 그리스도의 군사인 성도의 권세는 대단히 강력합니다(요 14:10-13).

(요 14:14) "내 이름으로 무엇이든지 내게 구하면 내가 행하리라"

다윗의 신복처럼 우리는 대장 예수님을 따라 승리하는 십자가 군병입니다. (딤후 2:3) "너는 그리스도 예수의 좋은 병사로 나와 함께 고난을 받으라"

♦ 역대상 21장 성경칼럼

1절 | 사탄이 일어나 이스라엘을 대적하고 다윗을 충동하여 이스라엘을 계수하게 하니라

28절 | 이 때에 다윗이 여호와께서 여부스 사람 오르난의 타작 마당에서 응답하심을 보고 거기서 제사를 드렸으니

"오기인가? 오류인가? 의도인가?"

오기는 잘못 기록된 것을 말하고 오류는 맞지 않는 것을 뜻합니다. 성경을 꼼꼼하게 읽는 성도들이 부딪치는 문제는 같은 기사인데 내용이 다를 때 어떻게 대처 하는가 입니다. 실제적으로 숫자와 연대와 인명과 장소가 다르게 기록된 곳이 많습니다. 특히 같은 시대를 기록하고 있는 열왕기(사무엘기도 열왕기에 속함)와 역대기에서 많이 발견됩니다. 그러면 성경은 무오류인 것이 생명일진대 오류가 있는 것일까요?

절대 그렇지 않은 것은 신구약 성경이 1,600여 년 동안 40여명의 저자에 의해 기록되었다는 것을 전제해야 합니다. 인쇄술과 문자가 발달되지 않았던 시대에 필사와 구전을 통해 쓰여 졌으니 오기는 당연히 있을 수밖에 없습니다. 오히려 모든 내용을 맞추려고 수정하고 편집했다면 인간이 만든 가짜 성경이 될 것입니다. 왕 이름의 오기는 동명이인이 많고 한 사람이 다른 이름도 쓰는 경우입니다. 즉위 기간이 다른 이유는 섭정 기간이 있고 구속사적 생략도 있어 얼마든지 기록에 차이가 생깁니다. 숫자 표기도 히브리어 알파벳에 근거하기 때문에 엉뚱한 수치가 나올 수 있습니다. 지명과 도

량형이 장소와 언어와 연대에 따라 다르게 불리어지는 것도 흔합니다.

역대기 21장은 사무엘하 24장과 병행 장이어서 같은 내용입니다. 그런데 내용은 비슷한데 다른 용어가 쓰인 곳이 있습니다. 본장에는 다윗에게 인구조사를 하도록 격동시킨 주체가 사단이라고 나옵니다(1절). 그러나 사무엘기는 격동하게 하신 분은 여호와라고 분명히 기록되어 있습니다(삼하 24:1). 많은 설명이 필요하지만 정답은 사단은 하나님의 주관 아래 있다는 것을 확인하면 문제가 해결됩니다(욥 1:12, 삼상 26:19).

역대기 기자가 다윗의 부정적인 면을 생략하다가 인구조사의 죄를 다룬 것은 성전과 연결된 기사이기 때문입니다. 본장 인구조사의 성격과 징벌 선택과 백성들의 죽음원인은 사무엘하 24장 칼럼을 참고하시면 됩니다. 회개한 다윗에 의하여 죽음의 재앙이 멈춘 타작마당의 이름이 다르게 나옵니다(15-18절). 사무엘기에서는 아라우나라고 했는데 본장에서는 오르난이라고 부릅니다. 아라우나와 오르난은 같은 사람이고 여부스식 발음과 히브리식 발음의 차이입니다. 여부스족은 가나안 일곱 족속 중 하나이고 오르난은 다윗 입성 전의 예루살렘을 장악하고 살던 여부스 원주민입니다.

오기 같았던 타작마당의 주인이 이방인임을 밝힘으로 성전 부지로서의 숨겨진 의도를 보여 줍니다. 악착같이 비싼 값을 치루고 산 이 땅(20-25절)에 솔로몬의 성전과 예수님의 십자가가 세워집니다. 인류 속죄를 위한 하나님의 희생이 철저히 이루어졌음을 알게 하는 신비로운 의도가 비쳐지고 있습니다(28절). 성경을 깊이 아는 만큼 감추어진 하나님의 의도도 체험케 하는 성경여행은 참 흥미롭습니다.

♦ 역대상 22장 성경칼럼

10절 | 그가 내 이름을 위하여 성전을 건축할지라 그는 내 아들이 되고 나는 그의 아버지가 되어 그 나라 왕위를 이스라엘 위에 굳게 세워 영원까지 이르게 하리라 하셨나니

13절 | 그 때에 네가 만일 여호와께서 모세를 통하여 이스라엘에게 명령하신 모든 규례와 법도를 삼가 행하면 형통하리니 강하고 담대하여 두려워하지 말고 놀라지 말지어다

"진리의 쐐기를 박다(The wedge of truth)"

저의 서재에 있는 책의 제목입니다. 필립 E 존슨 박사가 저자이며 '자연주의 철학의 근본 깨뜨리기'라는 부제가 달렸습니다. 쐐기란 목공 작업 시에 틈을 벌리거나 견고히 할 때 쓰는 도구입니다. 언어적으로는 어떤 논리와 힘으로 결론을 내는 경우에 쓰는 관용어입니다. 이성과 합리화가 대세인 현대사회에 진리의 쐐기를 박는 것은 성경의 원리 외에는 없습니다. 진리의 쐐기를 어떻게 활용하는가의 문제는 그리스도인에게 주어지는 숙제입니다.

22장을 묵상하면서 다윗은 솔로몬에게 성전건축에 대한 쐐기를 박고 있다는 생각이 들었습니다. 20살이 안될 것으로 보이는 솔로몬에게 성전 건축의 중요성을 새기는 작업을 하고 있습니다. 다윗은 21장의 오르난 타작마당의 번제에서 불의 응답을 받은 후 이곳을 여호와의 전이라고 부릅니다(1절). 믿음의 속성인 보이지 않는 것을 실재로 믿는 다윗의 영성이 드러납니다.

(히 11:1) "믿음은 바라는 것들의 실상이요 보이지 않는 것들의 증거니"

다윗의 탁월한 영성에 비하면 어린 솔로몬은 얼마든지 삐끗할 수도 있습니다. 이것을 너무나 잘 알고 있는 다윗은 먼저 하나님의 언약을 확인 시킵니다. 자신은 피를 많이 흘렸기에 성전건축을 못하고 이 성역이 아들에

게 주어졌다는 것을 전합니다(8-10절). 선대왕인 아버지의 유언도 막대하지만 하나님의 언약은 꼭 지켜야 한다는 영적 쐐기입니다.

두 번째의 쐐기는 성전 건축의 자재 준비와 일군의 소집입니다. 돌과 철과 놋과 백향목과 금과 은의 영적인 의미는 참 성전이신 예수님께 맞닿아 있다고 보면 됩니다. 또한 하나님을 향한 헌신은 최고의 가치와 능숙한 일군에 의해 이루어져야 한다는 메시지도 들어 있습니다. 솔로몬 성전은 다윗의 철저한 준비로 실제 건축 시에는 백성들의 세금부담이 덜어지는 효과를 가져 옵니다.

세 번째의 쐐기는 국가의 지도자들을 협력하게 한 것입니다(17-19절). 실제적으로 솔로몬은 즉위 당시에 무시무시한 권력 암투에 시달렸습니다. 성전건축은 신정왕국의 중심을 세우는 거룩한 사역입니다. 지도자들에게 성전은 솔로몬에 의해 건축되어야 한다는 명분이 인지되어야 합니다. 그들에게 성전건축의 담대함을 위하여 사면에 평화를 준 것도 알려줍니다(18절).

마지막으로 다윗은 후대에게 외형적 성전만을 바라보지 않도록 율법준수를 명령합니다(12-13절). 이 쐐기는 보이는 성전이 없어진 신약시대에 말씀 순종이 가장 중요하다는 것과 연결되어 있습니다(요일 5:2-3). 나의 신앙의 흔들림을 견고케 하는 진리의 쐐기는 무엇일까요?

♦ 역대상 23장 성경칼럼

2절 | 이스라엘 모든 방백과 제사장과 레위 사람을 모았더라

13절 | 아므람의 아들들은 아론과 모세이니 아론은 그 자손들과 함께 구별되어 몸을 성결하게 하여 영원토록 심히 거룩한 자가 되어 여호와 앞에 분향하고 섬기며 영원토록 그 이름으로 축복하게 되었느니라

"흥망성쇠 요인은?"

나라든 개인이든 흥하고 망하고 융성하고 쇠퇴하는 사이클은 피하기 어렵습니다. 흥망성쇠의 원인은 수없이 많지만 성경의 정리보다 나은 것은 없습니다. 세상은 정치, 군사, 경제, 사회, 문화 등의 요인을 중심으로 분석합니다. 하지만 성경은 하나님과의 관계(종교)에 의하여 결정된다고 증거합니다. 개인의 평안과 형통의 복도 영혼의 문제가 선결되어야 합니다.

(요삼 1:2) "사랑하는 자여 네 영혼이 잘됨 같이 네가 범사에 잘되고 강건하기를 내가 간구하노라

23장은 다윗의 뒤를 이어 솔로몬이 즉위하는 것으로 시작됩니다. 무언가 이상함이 느껴지는 이유는 병행절인 열왕기상 1장의 기사 때문입니다. 본장에는 단 1절로 끝나는 멘트가 열왕기에서는 길고 자세하게 기록되어 있습니다. 반역과 암투와 술수가 이리저리 복잡하게 얽혀 일어납니다. 그러면 역대기 기자는 무슨 의도로 정치적 사건은 생략하고 본장의 종교적 사안을 중요하게 부각시켰을까요?

그 이유는 완벽한 성전이 지어져도 성전 사역을 할 영적조직이 미비하면 망하기 때문입니다. 신정왕국의 근본인 제사와 율법교육이 제대로 될 때 나라가 바로 선다는 의미입니다. 다윗이 소집한 그룹 중 방백은 정치 계통이고 제사장과 레위인은 종교 사역자입니다. 다윗은 행정과 제도를 통하여 영적체계를 조직 정비해야 신정왕국이 보존될 것임을 알고 있었습니다. 구별된 레위지파는 우상숭배의 광풍에 시달리며 그동안 사명을 감당하지 못하고 널 부러져 있었던 것입니다.

계수된 레위인들은 문지기, 재판관, 행정직, 찬양대원으로 직무가 분담

됩니다. 영적인 직책의 특징은 귀천과 차별이 없음을 강조합니다(4-5절). 조직의 속성은 모든 레위인들이 예외 없이 참여하는 것입니다. 조직의 방법은 24반차로 구성되는데 이는 교대 근무라는 뜻입니다. 23장은 레위족속을, 24장은 제사장들을 24반차로 나누게 됩니다. 이 24반차 조직의 목적은 사역자가 격무에 지치지 않도록 맡은 시간에 열심을 가지고 헌신하게 한 것입니다. 1년에 두 달씩 봉사하고 남는 기간 동안 각 영역에 흩어져 율법연구와 가르치는 사역을 하게 하였습니다.

이 모습은 초대교회의 모이면 은혜 받고 흩어지면 선교하는 것과 닮았습니다(행 2:42-47). 이 시스템은 솔로몬 시대에 정착되었고 이후 잘했던 시대는 나라가 흥왕하고 못했을 때는 쇠퇴했습니다. 결국 하나님과의 관계가 흥망성쇠의 요인임이 구속사를 통해 증명되었습니다. 우리의 영적 신분이 레위인과 제사장임을 명심할 때 축복의 통로로 사용되는 것입니다.

♦ 역대상 24장 성경칼럼

5절 | 이에 제비 뽑아 피차에 차등이 없이 나누었으니 이는 성전의 일을 다스리는 자와 하나님의 일을 다스리는 자가 엘르아살의 자손 중에도 있고 이다말의 자손 중에도 있음이라

31절 | 이 여러 사람도 다윗 왕과 사독과 아히멜렉과 제사장과 레위 우두머리 앞에서 그들의 형제 아론 자손처럼 제비 뽑혔으니 장자의 가문과 막내 동생의 가문이 다름이 없더라

"계급과 서열 vs 직분과 권위"

청년들이 교회를 등지는 이유에 대한 설문 조사가 있습니다. 상황에 따라 변동이 있지만 항상 상위에 랭크되는 것이 있습니다. 청년들을 존중하지 않고 하위 계급으로 대하는 서열의식이 견디기 힘들다는 것입니다. 당

회서 결정하면 무조건 복종해야 하고 잡일만 시킨다는 불평도 나옵니다. 이 문제는 한 두 마디로 대답할 성질은 아닙니다. 다만 성경에서 정한 기준을 알아보고 인간의 잘못된 성정 때문에 일어난 증상을 분별하는 작업이 필요합니다.

23장에서 레위인들의 배정에 이어 본장은 제사장의 반열과 24반열의 족장들이 언급됩니다. 다윗을 통해 주어진 하나님 사역의 대원칙은 평등입니다. 이 원칙이 무너지는 순간 성전 사역은 서로 잘났다는 키 재기 전당으로 돌변 합니다. 분파가 생기고 분열을 조장하며 파워게임에 빠져 거룩을 상실하고 위선적 집단이 되어 버립니다. 인간의 교만과 패역을 잘 알고 계신 하나님께서 정한 직분 배정의 방법은 제비뽑기입니다. 제비뽑기는 사람의 뜻은 배제하고 하나님께서 정한 것을 받아들이는 법칙입니다.

(잠 16:33) "제비는 사람이 뽑으나 모든 일을 작정하기는 여호와께 있느니라"

이 정신에 따라 사람들 사이에는 불평이 있을 수 없고 분쟁도 미연에 방지됩니다. 뽑는 순서나 뽑힌 순번은 서열을 정하는 게 아니라 봉사의 순번을 정하는 것이기에 우월감은 있을 수 없습니다. 엘르아살 가문이 16명, 이다말 가문 8명이 들어간 명단도 차별이 아닌 자손의 숫자가 많았기 때문입니다(3-4절). 그들의 후손인 다윗 당시의 사독과 아비아달은 동격으로 다른 업무의 대제사장으로 봉사하였음을 적시하고 있습니다(5절).

이 24반차 제도는 예수님 탄생 시에도 지속되었는데 사가랴가 반차의 봉사자로 기록되어 있습니다(눅 1:5, 8). 다윗 때의 사독 제사장의 이름에서 기인된 사두개인은 예루살렘 파괴 때에 구속사에서 사라집니다. 평등을 기본으로 한 구약의 사역자들은 그 직분과 권위를 잃는 것을 경계해야 합

역대상

니다. 권위주의에 빠져 교만하면 권위를 잃게 됩니다. 초기의 나답과 아비후가 처벌을 받았고 아비아달 후손인 엘리 제사장 가문이 멸망합니다.

교회의 직분은 서열이 아닌 위임된 권위를 받은 것이기에 권위주의로 가는 순간 징벌이 오는 것입니다. 호칭에 있어서도 직분과 형제자매를 함께 사용하는 것이 성경적입니다. 형제자매는 성도끼리 서로 섬기며 사랑하는 관계임을 확인하는 호칭입니다. 교회 지도자는 주님을 닮는 질량만큼 권위가 발휘 됩니다.

(고후 1:1) "하나님의 뜻으로 말미암아 그리스도 예수의 사도 된 바울과 형제 디모데는 고린도에 있는 하나님의 교회와 또 온 아가야에 있는 모든 성도에게"

♦ 역대상 25장 성경칼럼

6절 | 이들이 다 그들의 아버지의 지휘 아래 제금과 비파와 수금을 잡아 여호와의 전에서 노래하여 하나님의 전을 섬겼으며 아삽과 여두둔과 헤만은 왕의 지휘 아래 있었으니

7절 | 그들과 모든 형제 곧 여호와 찬송하기를 배워 익숙한 자의 수효가 이백팔십팔 명이라

"찬송의 위치"

교회에서 사용하는 용어 중에 잘못된 것이 많아서 이 주제를 다룬 책이 나올 정도입니다. 그 중의 하나가 준비 찬송으로 찬송을 예배를 준비하는 위치로 여긴 것이기 때문입니다. 찬송은 다른 영적 행동의 수단이나 과정이 아니라 그리스도인의 최종 목표입니다. 영국 시인 에드워드 영은 '기도는 하늘 가는 길을 보여주나 찬송은 이미 그곳에 가 있다'고 하였습니다. '찬양은 영

생을 위한 가장 실질적인 준비다(토마스 찰머스)'라는 정의도 있습니다.

지금까지 사역자의 족보를 보면서 찬양대의 순서가 늦어서 비중이 낮은 것은 아닌가라는 생각을 했다면 오해입니다. 언약의 성취로 볼 때 1차는 애굽에서의 구원이었고 2차는 가나안 땅의 정복이었습니다. 이 구원과 승리의 결과에 영광 돌리는 것이 찬양입니다. 이제 다윗의 신정왕국을 통하여 찬양을 꽃피우고 열매 맺기를 원하시는 하나님의 뜻을 바라보게 됩니다.

믿음과 소망은 이 땅에서 필요하지만 사랑은 영원합니다. 이 사랑을 하나님께 드리는 것이 찬양이며 천국에까지 이어집니다(계 4:11).

(계 19:1) "이 일 후에 내가 들으니 하늘에 허다한 무리의 큰 음성 같은 것이 있어 이르되 할렐루야 구원과 영광과 능력이 우리 하나님께 있도다"

역대상

시편 150편의 반 이상을 지은 다윗은 찬양전문가입니다. 4,000명의 찬양대를 조직하여 질서 있게 찬양하는 성전이 되게 합니다(23:5). 다윗이 총사령관이고 레위지파 세 족속의 대표인 아삽, 헤만, 여두둔(에단)이 포진합니다(1-6절). 24명의 수령 아래 288명의 리더를 세우는데 악기와 노래를 능숙하게 하는 은사를 받았습니다(7절). 찬양에 있어서 모든 자가 참여할 수 있는 제도 역시 제비뽑기입니다(8절). 찬양은 기교도 중요하지만 중심과 태도가 본질임을 보여 줍니다. 성경은 찬양의 목적과 능력에 대하여 수없이 증거 합니다. 찬양의 대상은 오직 하나님임을 알 때 흥을 돋우는 인본주의 목적이 차단됩니다.

(시 147:1) "할렐루야 우리 하나님을 찬양하는 일이 선함이여 찬송하는 일이 아름답고 마땅하도다"

찬양의 방법은 모든 것을 동원할 수 있지만 조건은 중심에 흐트러짐이 없어야 합니다. 찬양은 신령함의 입구가 되어 많은 감동과 은혜와 치유의 능력이 나타납니다. 두려움이 없어지고 즐거움을 주는 찬양은 어디서든 부를 수 있도록 애창곡을 준비하는 것이 필수입니다(시 105:2-3). 가수 오디션에서 최선을 다하는 참가자들의 모습을 보며 나의 찬양을 비쳐 봅니다. 찬송의 영성과 생활화의 숙제는 졸업이 없는 축복의 여정입니다. 찬양의 목적이 하나님께 영광을 돌리는 것이라면 삶을 통해 주님을 나타내는 것은 최상의 찬양입니다.

(마 5:16) "이같이 너희 빛이 사람 앞에 비치게 하여 그들로 너희 착한 행실을 보고 하늘에 계신 너희 아버지께 영광을 돌리게 하라"

♦ 역대상 26장 성경칼럼

1절 | 고라 사람들의 문지기 반들은 이러하니라 아삽의 가문 중 고레의 아들 므셀레먀라

8절 | 이는 다 오벧에돔의 자손이라 그들과 그의 아들들과 그의 형제들은 다 능력이 있어 그 직무를 잘하는 자이니 오벧에돔에게서 난 자가 육십이 명이며

"교회 봉사 중 가장 큰 상급을 받는 것은?"

이 주제로 토론을 벌인다면 어떤 결론이 나올까요? 토론은 풍성하겠지만 결론은 안 나옵니다. 그 이유는 질문이 성립되지 않기 때문입니다. 성경은 어떤 봉사를 하느냐보다 어떻게 하느냐로 상급이 결정된다고 선언합니다. 말씀 사역자와 중직자가 귀한 일을 하지만 여차하면 처벌받는다고 경고합니다(마 7:22~23). 주의 이름으로 하는 것이라도 하나님의 방법대로 안하면 버림을 받습니다.

그러면 덜 드러나는 봉사가 상급이 클까요? 실제적으로 숨어서 일을 많

이 하는 교회 사찰이 상급이 클 가능성이 있습니다. 하지만 그것만 가지고 판정할 수 없는 것은 주님의 기준은 충성이기 때문입니다(마 25:23). 하나님 나라는 크던 적든 맡은 일에 최선을 다하는 사역자를 요구합니다.

26장은 성전 외곽의 간접사역자에 대한 조직을 기술합니다. 놀라운 것은 다윗이 성전을 짓기 이전부터 성전을 건축한 후의 상황을 미리 준비했다는 사실입니다. 신앙의 핵심원리 중의 하나인 멀리 보는 경륜을 발휘하고 있습니다(벧후 1:9). 문지기와 창고지기는 성전 안의 화려한 직책보다 덜 중요하게 생각되지만 절대 그렇지 않습니다. 이들이 없으면 성전안의 일들은 거행될 수가 없습니다. 불순분자가 출입을 못하게 해야 하고 성전 기물을 철저히 지키고 관리해야 합니다. 마치 축구에서 공격수도 중요하지만 골키퍼가 약체이면 패배하는 것과 같습니다.

4,000명의 문지기와 창고지기는 앞서와 같이 24반차와 제비뽑기 방식으로 동일하게 조직합니다. 24명의 수령 아래 93명의 지도자에 의하여 조직적인 봉사를 하게 합니다. 선입견과 편파성이 없이 하나님의 선하신 주권으로 배정 됩니다. 오벧에돔의 가문이 절대적으로 쓰임 받는 모습은 믿음을 쫓는 후사로서 받는 축복입니다(4-8절, 삼하 6:1-11). 다윗은 지역의 재판, 행정, 치안을 담당하는 유사들까지 조직함으로서 민생을 살피고 성전 건축의 기초를 다졌습니다(29-32절). 이들의 충성에 대해 군데군데 나오는 칭찬(큰 용사, 능력자, 직무를 잘 하는 자, 명철한 모사)은 우리가 훈련할 덕목입니다.

26장의 영적 적용은 매우 심오합니다. 구속사를 건너 참 성전이 된 우리 신자들의 몸과 마음을 잘 지키고 관리하라는 메시지가 들어 있습니다(고전 3:16). 죄의 침투를 막고 유혹을 경계하며 헛된 속임수를 분별해야 합니다

(골 2:8). 경건의 모양이 아닌 경건의 능력을 향해 정진해야 하겠습니다!(딤후 3:5).

♦ 역대상 27장 성경칼럼

1절 | 이스라엘 자손의 모든 가문의 우두머리와 천부장과 백부장과 왕을 섬기는 관원들이 그들의 숫자대로 반이 나누이니 각 반열이 이만 사천 명씩이라 일 년 동안 달마다 들어가며 나왔으니

31절 | 다윗 왕의 재산을 맡은 자들이 이러하였더라

"누가 정한 법인가?"

지금도 많은 법과 제도가 만들어지는데 누가 무슨 목적으로 입법하는지가 중요합니다. 여기서 바꾸기가 가장 어려운 법이 있다면 무엇인지 생각해 봅니다. 나라의 체제에 대한 헌법이 들어가지만 의외로 생활 문화와 연결된 법은 바꾸기가 거의 불가능합니다. 예를 들어 자동차의 운전석이 왼편에 있는 것을 오른편으로 옮기겠다고 시도하면 많은 저항에 부딪칠 것입니다. 오른편 운전석이 있는 일본과 말레이지아에 가서 느낀 점은 불편하고 위험해서 운전을 못할 수준이었습니다. 우리나라는 차량이 보급될 때 미국 영향 하에 있었고 그들은 유럽 영향권에 있었던 것이 원인입니다.

오른손잡이에게 왼손만 쓰라고 하면 안 되는 것처럼 초기에 만든 법은 대대로 영향을 끼칩니다. 다윗은 하나님의 뜻에 따라 신정왕국의 법과 제도를 제정해 나갑니다. 솔로몬에게 모든 방면의 완벽한 나라를 물려주고자 하는 것이지만 후대의 그리스도인을 위한 것일 수도 있습니다. 사람의 욕망이나 세속 나라의 전철을 밟지 않고 하나님 나라의 모형인 신정왕국의 틀을 잡고 있습니다. 신정왕국 체제는 하나님 나라의 모형이기에 백성들을 위한 법정

신이 근본입니다.

27장은 국방과 지방 행정과 일반 업무를 정비합니다. 국방 부분의 군사 조직 근간은 상비군 제도입니다. 24,000명씩 12반열로 조직되는데 요압을 장관으로 하여 12반장 아래 천부장과 백부장과 용사들이 있습니다(1, 34절). 총 군사 수는 288,000명이고 12교대로 한 달씩 근무하는 것이 상비군 제도입니다. 어떻게 24,000명으로 나라를 지킬 수 있느냐는 질문이 나올 수 있습니다. 당시의 주변 나라들이 많은 군사를 보유하여 위세를 떨치고자 하는 추세와 정반대이기 때문입니다. 다윗의 이 정책은 하나님께 받은 것이고 다윗이 경험한 교훈에서 나왔습니다. 전쟁은 하나님께 속한 것이고 국방도 하나님께서 보장해야 함을 너무나 잘 알고 있습니다(삼하 8:4).

다른 나라를 침범하지 않는 의도라면 1개 반의 정예군사로 충분하고 국방비도 절약됩니다. 근무외의 나머지 11개 반의 군사들은 일상 경제생활을 함으로서 나라를 부강하게 할 것이 분명합니다. 이 군사조직의 지휘관들은 다윗과 오랜 세월 동안 생사를 나눈 전우라는 특징이 있습니다(2-15절). 공적과 능력이 검증되어 등용된 조직은 강할 수밖에 없습니다. 이어진 지방 행정조직은 각 지파의 전통을 그대로 살려 중앙집권적 왕국과 조화를 이루게 합니다(16-22절).

다윗 왕가의 재산이 무척 많다는 느낌이 나는 관리 목록은 해석이 필요합니다(25-31절). 백성의 과중한 세금에 의지하지 않고 왕의 기업을 12명의 전문가를 배치하여 잘 경영한 결과이었습니다. 나아가 잘 관리된 이 재산은 후에 성전 건축에 사용된 것을 알 수 있습니다(대상 29:2-5). 경건함을 향한 영적 루틴(routine, 습관)은 거룩한 열매를 맺게 할 것입니다.

♦ 역대상 28장 성경칼럼

10절 | 그런즉 이제 너는 삼갈지어다 여호와께서 너를 택하여 성전의 건물을 건축하게 하셨으니 힘써 행할지니라 하니라
19절 | 다윗이 이르되 여호와의 손이 내게 임하여 이 모든 일의 설계를 그려 나에게 알려 주셨느니라

"근자감"

'근거가 없는 자신감'의 줄임말로서 2009년부터 퍼져 사용되고 있습니다. 부정적인 면으로 시작되었지만 우울증에 빠지는 것보다는 낫지 않느냐는 생각이 듭니다. 그런데 같은 근자감인데 정반대의 의미를 만들 수 있습니다. 근거가 있는 자신감으로 한 자만 바꾸면 새 세계가 열립니다. 그리스도인은 근거 있는 자신감의 세계에 초대되어 있고 누리는 사람입니다. 하나님께서 그리스도인을 완벽하게 보증하셨다고 말씀하시기 때문입니다.

(히 6:17) "하나님은 약속을 기업으로 받는 자들에게 그 뜻이 변하지 아니함을 충분히 나타내시려고 그 일을 맹세로 보증하셨나니"

유력자가 보증해도 탄탄한데 전능하신 하나님께서 스스로에게 맹세하며 보증하신다니 완벽합니다. 허물 많은 인간과 언약을 세우셔서 열심을 다해 끝까지 영광으로 이끄시는 하나님을 뵙게 됩니다. 28장을 열면서 죽음을 앞둔 다윗의 충만한 모습에 직면합니다. 죽음 앞에서 쓸쓸하거나 비루함이 전혀 없이 당당하고 존귀하고 영광스러운 모습입니다. 역대기 기자는 의도적으로 다윗의 죄와 실수를 기록하지 않고 신정왕국 초대 왕의 영광을 묘사합니다.

솔로몬과 백관들과 각 분야의 지도자들을 모으고 명령유언을 내립니다

(1절). 힘을 다하여 노구를 일으켰다는 것은 아주 특별한 말을 하나님 앞에서 백성들에게 하겠다는 의지입니다(2절). 1차적인 내용은 성전 건축에 대한 의미와 설계도를 주는 것입니다. 하지만 더 중요한 메시지는 하나님을 경험한 간증을 통하여 솔로몬과 백성들에게 명확한 보증을 하는 것입니다. 일개 초라한 목동에서 온갖 연단을 거쳐 신정왕국의 왕이 된 다윗의 권고가 평범할 리가 없습니다(4절). 신앙의 열정이 가득 차 죽음의 두려움은 일절 안보이고 욕망이나 회한도 없습니다.

성전건축은 구속사에서 선민의 중심이 되고 순종의 척도이기에 솔로몬을 중심으로 철저히 시행할 것을 명령합니다(5-8절). 성전의 양식과 식양은 하나님께서 직접 주셨다고 반복하여 확인합니다(12, 19절). 하나님의 뜻이고 허락이니 반드시 이루어질 것이라는 약속입니다. 성전 건축 과정에서 하나님을 힘써 섬기고 찾으며 행해야 할 것을 권고합니다(9-10절). 담대한 마음을 가져야 하며 돕는 자가 주어질 것이니 염려하지 말라고 확증합니다(20-21절).

구약의 성전 건축은 신약 성도에게 영적 성전 건축 명령으로 주어집니다.

(벧전 2:5) "너희도 산 돌 같이 신령한 집으로 세워지고 예수 그리스도로 말미암아 하나님이 기쁘게 받으실 신령한 제사를 드릴 거룩한 제사장이 될지니라"

솔로몬에게 보증이 주어졌듯이 우리에게는 더 확실한 보증이 주어졌습니다.

(빌 1:6) "너희 안에서 착한 일을 시작하신 이가 그리스도 예수의 날까지 이루실 줄을 우리는 확신하노라"

♦ 역대상 29장 성경칼럼

14절 | 나와 내 백성이 무엇이기에 이처럼 즐거운 마음으로 드릴 힘이 있었나이까 모든 것이 주께로 말미암았사오니 우리가 주의 손에서 받은 것으로 주께 드렸을 뿐이니이다

28절 | 그가 나이 많아 늙도록 부하고 존귀를 누리다가 죽으매 그의 아들 솔로몬이 대신하여 왕이 되니라

"어떻게 죽기 원하세요?"

'9988234' 란 숫자는 암호가 아니라 죽음에 대한 인간의 희망을 풍자한 것입니다. 99세까지 88하게 살다 2-3일 앓다가 죽고(4) 싶다는 것입니다. 어떻게 죽고 싶으냐는 질문이 성립이 안 되는 것을 누구나 압니다. 자신의 영역 밖에 있는 불확실성에 불안하여 희망을 표출할 뿐입니다. 내세는 타 종교에서도 언급하지만 오직 기독교만이 정확한 대답을 하고 있습니다.

(히 9:27) "한번 죽는 것은 사람에게 정해진 것이요 그 후에는 심판이 있으리니"

죽음 후의 심판에는 천국과 지옥만이 존재하는데 그 결정은 예수님의 속죄의 유무입니다(고전 1:18).

(마 25:46) "그들은 영벌에, 의인들은 영생에 들어가리라 하시니라"

그리스도인이 죽음에 담대한 이유는 예수님의 속죄를 믿고 하나님의 자녀가 되었기 때문입니다(요 1:12). 성경에서 가장 바람직한 죽음을 맞이한 인물은 다윗입니다. 그의 죽음을 서술한 28절의 '나이 많아 늙도록 부하고 존귀를 누리다'에 근거하지만 그것만 가지고는 부족합니다. 그와 같은 죽음을 맞이한 사람은 얼마든지 있어 다른 특별함을 찾아야 합니다. 다윗은

신앙의 여정에서 수많은 고비를 넘어 성화를 이루었음을 주목해야 합니다.

역대기에서는 생략되었지만 그는 영육간의 고난과 시험을 받아 가정에 피를 불렀고 두 차례의 반역(압살롬, 세바)에 고통을 당했습니다. 하나님 외의 다른 것에 잠깐이라도 눈을 돌리면 안 됨을 뼈저리게 경험했습니다. 오직 여호와 신앙에만 집중되었고 시간이 흘러 29장에 놀라운 신앙고백이 나오게 됩니다. 다윗의 신앙 핵심에는 '하나님 주권 사상'이 굳게 자리 잡고 있습니다. 전 재산을 다 드리며 모든 것이 주께로 말미암아 왔으니 주께 드리는 것이 마땅하다고 고백합니다(14절).

신약의 청지기 사상과 같은 맥락입니다(롬 11:36). 다윗의 헌신에 감동하고 자원하여 응답하는 지도자들의 헌물에 나라는 기쁨이 넘칩니다(6-9절). 다윗 신앙의 둘째 근원은 '신전의식'입니다. 그는 권력자로서 하나님 앞에 서지 않았고 감찰하시는 눈길을 의식하며 자아를 꺾고 겸손할 수 있었습니다. 하나님의 영광을 위한 섬김을 훈련받아 백성들을 위해 살았습니다. 그의 마지막이 하나님께 감사하며 제사 드리고 백성들을 위하여 기도하는 것으로 기록된 것이 참 아름답습니다(10-22절).

엘리 후손인 아비아달 제사장이 파면되고(왕상 1:5-9) 사독이 솔로몬 시대의 대제사장이 되었습니다(22절). 예언(삼상 30-33)은 반드시 성취된다는 증거이며 약속을 붙들고 살아야 함을 교훈합니다. 우리도 다윗 같은 속성의 영광스런 죽음을 맞이할 수 있을까요?(딤후 4:5-8).

역대하

♦ 역대하 1장 성경칼럼

5절 | 옛적에 훌의 손자 우리의 아들 브살렐이 지은 놋제단은 여호와의 장막 앞에 있더라 솔로몬이 회중과 더불어 나아가서

12절 | 그러므로 내가 네게 지혜와 지식을 주고 부와 재물과 영광도 주리니 네 전의 왕들도 이런 일이 없었거니와 네 후에도 이런 일이 없으리라 하시니라

"흔쾌하다, 찜찜하다"

기쁘고 유쾌한 관계는 대부분 좋은 열매를 맺습니다. 마음에 무언가 꺼림칙한 느낌을 주는 관계는 결과도 안 좋을 가능성이 높습니다. 하나님과 우리의 관계는 아주 흔쾌한 사이가 되는 것이 마땅합니다. 하나님의 사랑을 이성 관계로 표현해 주는 책이 아가서입니다(아 1:15, 4:7, 8:6). 일편단심으로 누구도 끼어들 수 없는 절대사랑을 비유하여 고백합니다. 솔로몬과 술람미 여인과의 사랑 이야기이지만 우리는 주님과 우리 관계임을 알고 있습니다. 솔로몬은 이 아가서를 쓰면서 하나님과 자신이 아주 끊을 수 없는 절대 사랑의 관계임을 맞고백합니다.

역대하 1장에 들어서면서 하나님께서 솔로몬을 얼마나 기특하게 여기시는지 역력히 알 수 있습니다. 병행 구절인 열왕기상 2장의 권력 암투와 숙청 등은 생략되고 영광스런 장면만 기술하고 있습니다. 유명한 일천번제 기사에서 전혀 다른 분위기의 제사를 묘사합니다. 열왕기와는 다르게(왕상 3:4) 온 지도자와 온 회중이 동참하여 드렸다고 기록합니다(2절). 기브

온 산당의 부정적 이미지를 상쇄하고자 회막의 역사를 언급하고 모세 때의 놋단이 그곳에 있었음을 확인합니다(4-6절). 지혜를 구하는 기도의 내용도 열왕기는 송사 재판을 잘 하기 위한 것이었습니다(왕상 3:9).

그러나 역대기는 백성을 위한 치리를 잘 하기 위한 것으로 범위를 넓혀 표현합니다(9-10절). 솔로몬 부귀의 표현도 역대기는 엄청난 부귀의 양과 질을 덧붙입니다(14-17절). 책망과 교훈의 목적을 가진 열왕기와 용기와 영광을 알게 하려는 역대기의 목적이 뚜렷합니다. 여기서 한 걸음 더 나가는 은혜는 솔로몬을 평가하는 하나님의 말씀에서 나옵니다. 12절에서 솔로몬이 전무후무한 왕이 될 것이라고 확증하십니다.

충분히 인정되는 이 말씀에 브레이크가 걸리는 것은 히스기야(왕하 18:5)와 요시야(왕하 23:25)에게도 똑같이 쓰여 졌기 때문입니다. 논리적으로 전무후무는 한 사람에게만 쓸 수 있습니다. 이 난해한 질문의 답은 세 왕이 장차 오실 예수 그리스도의 왕권을 예표 한다는 해석에서 나옵니다. 인간 왕은 허물이 있지만 그들이 하나님을 기쁘시게 한 그 항목이 예수님을 예표한 것이 됩니다. 여기에서 예수님께서 하신 속죄 사역으로 우리의 허물은 덮어지고 주님을 사랑하여 한 행위가 상급이 된다는 원리가 나옵니다.

포로생활에 지쳐서 귀환한 선민들처럼 우리들도 시험에 시달려 낙심할 수 있습니다. 열왕기는 죄를 깨닫고 회개하라는 채찍으로 받아들이는 것은 중요합니다. 역대기에서는 천국에 가면 구원의 상급만 주어진다는 것을 믿고 담대함을 가져야 합니다. 어찌하든지 우리에게 상을 주시려는 하나님의 마음을 알게 하셔서 감사합니다.

♦ 역대하 2장 성경칼럼

1절 | 솔로몬이 여호와의 이름을 위하여 성전을 건축하고 자기 왕위를 위하여 궁궐 건축하기를 결심하니라

6절 | 누가 능히 하나님을 위하여 성전을 건축하리요 하늘과 하늘들의 하늘이라도 주를 용납하지 못하겠거든 내가 누구이기에 어찌 능히 그를 위하여 성전을 건축하리요 그 앞에 분향하려 할 따름이니이다

"성전을 배우면 교회가 보입니다"

언제부터인가 문화 방면에서 교회 깎아내리기가 대세로 자리 잡았습니다. 좋은 이미지의 내용과 장면은 천주교와 불교에 주고 교회와 그리스도인은 철저히 조롱하고 비하합니다. 물론 교회와 그리스도인이 빛과 소금의 사명을 잘하지 못한 대가이기도 하지만 깊이 보면 영적인 문제입니다. 적그리스도가 창궐하는 말세지말의 현상으로 진리인 기독교를 핍박하는 것은 당연합니다. 보이는 교회가 세상의 평가처럼 형편없어 보인다고 진정한 가치를 상실하는 것일까요? 여기에 대한 정답은 구약의 성전에 대한 정의를 알 때 나옵니다.

솔로몬은 성전을 세우는 목적을 분명히 밝힙니다. 여호와의 이름을 위하여 건축하겠다고 했는데(1, 4절) 이 뜻은 성전의 주인은 하나님이시라는 것입니다. 성전은 인간의 이용대상이 아닌 하나님께 영광을 돌리는 일에만 사용되어야 함을 분명히 합니다. 솔로몬의 성전 관을 확실히 볼 수 있는 것이 6절입니다. 성전 건물 자체가 무소부재하신 하나님을 제한할 수 없음을 선언합니다. 이 내용은 열왕기에서는 성전 봉헌식의 기도에서 했는데(왕상 8:27) 역대기에서는 건축 전에 말합니다.

지혜로운 솔로몬은 성전의 목적이 하나님을 예배하는데(분향하는데) 있음을 처음부터 알고 있었습니다(6절). 허물어질 성전에 하나님을 가두는 것이 아니라 참 성전의 강림인 성육신을 바라본 것이 분명합니다. 예수님께서 성전과 연결시켜 자기계시한 말씀이 떠오릅니다.

(마 12:6) "내가 너희에게 이르노니 성전보다 더 큰 이가 여기 있느니라"

성전의 원형이신 주님께서 보이는 성전을 헐고 세운 새 성전이 바로 교회입니다(마 16:18).

(요 2:19) "예수께서 대답하여 이르시되 너희가 이 성전을 헐라 내가 사흘 동안에 일으키리라"

부활 승천 후에 성령강림으로 시작된 교회는 구약 성전의 영광보다 더 큰 영광이 있습니다. 이제 교회는 제사장에게 제한되어 사용되는 성전이 아니라 천하만국의 사람들에게 허락되었기 때문입니다. 이 예표는 성전 건축에서 이방인들이 압도적으로 사용됨으로서 계시됩니다. 두로 왕 후람(히람)은 자재를 공급했고 건축 전문가 후람이 지휘했고 총 153,600명의 이방인 일군이 땀을 흘렸습니다(11-18절).

신약교회는 유대인과 이방인이 연합되어 하나님께 나아가게 되었습니다(엡 2:11-18). 유형교회는 전투하는 교회로서 상처가 흩날려 주눅들 수도 있습니다. 하지만 주님의 몸된 무형교회의 본체인 성도는 그 영광이 구약 성전보다 화려하고 찬란합니다(5, 9절). 성도의 하나로서 이 복을 받은 것이 너무 기쁩니다. 성전이 하나님의 영광을 위하여 지어졌듯이 우리도 그 길을 갈 수 있습니다.

♦ 역대하 3장 성경칼럼

1절 | 솔로몬이 예루살렘 모리아 산에 여호와의 전 건축하기를 시작하니 그 곳은 전에 여호와께서 그의 아버지 다윗에게 나타나신 곳이요 여부스 사람 오르난의 타작 마당에 다윗이 정한 곳이라

14절 | 청색 자색 홍색 실과 고운 베로 휘장문을 짓고 그 위에 그룹의 형상을 수 놓았더라

"영해의 원리"

영해란 영적해석이란 뜻이며 상징적 해석이라고도 부릅니다. 성경해석법은 크게 5가지(문자적, 역사적, 문학적, 신학적, 영적)가 있는데 그 중의 하나입니다. 각 본문마다 맡는 해석을 사용해야 하며 몇 가지를 겹쳐서 적용할 수도 있습니다. 성경해석을 잘못하면 이단이 되는데 다른 해석법을 무시하고 주로 영해만 할 때 발생합니다. 성도들이 영해를 좋아하는 이유는 영적 호기심을 채울 수 있기 때문인데 위험성이 있습니다. 그럼에도 불구하고 유익을 위하여 영해를 꼭 해야 할 때가 있습니다. 영해의 결과가 기독교 핵심교리와 다를 때는 잘못 해석했음을 인정해야 합니다. 핵심교리는 하나님의 구속사이고 사도신경의 내용이라고 보면 됩니다.

성경 전체에서 주는 신학과 어긋나면 아무리 심오한 진리 같아 보여도 이단사설입니다. 영해는 성경의 다른 책에서 언급하고 보충한 것이 있을 때 할 수 있습니다. 관주 성경에는 같은 낱말이나 내용을 연결해 놓았는데 성경에는 짝이 있다는 것에서 나온 것입니다(사 34:16). 그러나 이 방법만 사용하면 문맥을 놓칠 수 있기에 신중해야 합니다. 비유와 상징은 용어로만 연결하지 말고 내면까지 살펴야 합니다. 이 내면을 알아볼 수 있는 작업은 성경 저작 배경을 연구하고 사건의 점진적 메시지를 점검하는 것입니

다. 영해가 결코 만만치 않다는 것은 확실합니다.

이런 맥락에서 3장에 나오는 성전 건축의 영적 해석은 어느 정도 해야 할까요? 이미 성막과 성전을 다룬 출애굽기와 열왕기상의 칼럼에서 외양과 기물과 색상의 의미를 신학에 어긋나지 않게 저술한 바 있습니다. 3장에서는 열왕기와 다른 내용이 발견되는데 성전 건축 장소에 대하여 많은 의미를 부여하고 있습니다(1절).

예루살렘은 하나님의 이름을 두신 판결의 증거궤가 있는 곳입니다. 모리아 산은 아브라함이 자기 생명보다 귀한 이삭을 바치려다 하나님의 준비로 살린 장소입니다. 오르난 타작마당은 인구조사로 내려진 재앙의 심판이 은혜의 속죄로 멈춘 곳입니다. 이방인의 땅이었지만 값을 치르고 산 곳으로 이방인의 참여를 상징하고 있습니다. 점진적으로 계시된 이 땅에 성전을 짓는다는 것은 '속죄를 이루는 특정 장소'라는 상징을 알려줍니다.

결국 예수님의 십자가가 이곳에 세워지는데 영해를 함으로서 섭리의 은혜를 받게 합니다. 성소와 지성소 사이의 휘장문에 대한 영적 해석은 예수님의 죽으심과 연결됩니다(14절, 히 10:19-20).

(마 27:50-51) "예수께서 다시 크게 소리 지르시고 영혼이 떠나시니라 이에 성소 휘장이 위로부터 아래까지 찢어져 둘이 되고 땅이 진동하며 바위가 터지고"

우리가 주님의 속죄로 하나님 보좌 앞에 나아가는 것은 영적 실제상황이 되었습니다(히 4:16).

♦ 역대하 4장 성경칼럼

1절 | 솔로몬이 또 놋으로 제단을 만들었으니 길이가 이십 규빗이요 너비가 이십 규빗이요 높이가 십 규빗이며

22절 | 또 순금으로 만든 불집게와 주발과 숟가락과 불 옮기는 그릇이며 또 성전 문 곧 지성소의 문과 내전의 문을 금으로 입혔더라

"지식 있는 열심"

여기에서의 지식은 세상에서 온 것이 아닌 하나님을 아는 지식을 뜻합니다. 이단들의 열심은 믿는 지식이 잘못된 것이기에 멸망의 길을 재촉할 뿐입니다. 그리스도인은 하나님의 뜻을 아는 것과 그 뜻을 행하고자 하는 열심을 겸비해야 합니다.

(잠 19:2) "지식 없는 소원은 선하지 못하고 발이 급한 사람은 잘못 가느니라"

성도들이 교회에서 많이 듣는 권고는 '무조건 순종하라'입니다. '따지며 살라'는 세상의 관습과는 반대입니다. 이 격차가 너무 커서 적응이 안 되는 사람은 교회를 떠나기도 합니다. 이 주제의 기독교의 정통적 정답은 알고 믿는 것이 아니라 '믿으면 알게 된다'입니다. 하나님을 아는 지식은 선물(계시)의 속성이 있어 믿는 자에게만 주어지기 때문입니다.

성전 건축의 기사가 이제 성전 기구를 제작하는데 이르렀습니다. 솔로몬과 후람과 전문가들의 정성과 열심이 시대를 넘어 절절히 느껴집니다. 의무적으로 때우는 자세가 아닌 하나님의 지시에 따라 철저히 순종하고 있습니다(3:3, 대상 28:11-19). 그러면 이 성역에 참여한 사람들은 얼마만큼 성전의 외양과 기구들에 대한 지식이 있었을까요? 저의 추측은 솔로몬과

지도자급은 성전 기구의 영적의미를 아는 복을 받았다는 것입니다. 무조건 순종으로 출발되었지만 준비기간 3년과 건축기간 7년여를 통해 하나님을 아는 지식에 진보가 있었을 것이 분명합니다. 물론 우리처럼 구속사와 교회사를 목격한 수준과는 비교가 안 될 것입니다.

4장은 성전 뜰에 설치되는 놋기구들과 성소와 지성소에 설치되는 금기구들을 기술합니다. 최고의 기술로 제작된 놋단, 놋바다와 물두멍, 뜰의 놋문, 제단의 기구들, 금제 기구들, 등대와 상, 분향단과 부속 부품이 나옵니다. 각 기구는 영적으로 그리스도의 속죄사역과 백성들의 믿음과 연관되어 있습니다. 열왕기보다 더 세밀하게 놋단과 놋바다가 언급한 것(1-6절)은 십자가의 속죄와 성도의 사죄를 상징하기 때문입니다.

기구의 대표 자재는 놋과 금인데 중요한 의미가 있습니다. 놋은 구리와 아연의 합성으로 최강의 견고함을 상징하여 구원의 완전성과 신자의 강한 열심을 나타내줍니다(12-18절). 불변과 영광을 상징하는 금은 신자의 단련된 믿음을 의미합니다(19-22절).

(벧전 1:7) "너희 믿음의 확실함은 불로 연단하여도 없어질 금보다 더 귀하여 예수 그리스도께서 나타나실 때에 칭찬과 영광과 존귀를 얻게 할 것이니라"

성전의 모든 기구는 각기 의미가 있지만 상호 협력하여 예배드리고 하나님의 영광을 위해 쓰여 집니다. 이것은 교회의 모든 지체가 뽐냄이 아닌 하나님 나라의 영광을 위해 연합할 것을 명령하는 것입니다. 하나님을 아는 지식이 충만하여 진정한 열정으로 일하기를 소원합니다.

♦ 역대하 5장 성경칼럼

7절 | 제사장들이 여호와의 언약궤를 그 처소로 메어 들였으니 곧 본전 지성소 그룹들의 날개 아래라

14절 | 제사장들이 그 구름으로 말미암아 능히 서서 섬기지 못하였으니 이는 여호와의광이 하나님의 전에 가득함이었더라

"다 있어도 이것 없으면 안 됩니다"

여기서 이것에 해당되는 것이란 절대 필요성을 말합니다. 누구에게는 돈이고 건강이며 인간 실존으로서는 호흡(목숨)일 것입니다. 가치에 있어서는 생명을 바칠 수 있는 이념일 수 있고 절대 사랑하는 그 무언가가 될 수도 있습니다. 종교에 있어서도 절대 양보할 수 없고 지켜야 할 것이 있습니다. 우리는 타종교를 상대적 가치로 분별하여 넘어가지만 그들에게는 전쟁도 불사하는 가치가 될 수 있습니다. 그렇다면 그리스도인에게 없으면 절대 안 되는 것이 무엇인가라는 심각한 질문이 나옵니다.

5장을 묵상하면서 이 대답을 받게 됩니다. 성전의 모든 것을 완공한 솔로몬은 이제 마지막 사역에 들어갑니다(1절). 언약궤를 모셔오는 것인데 이 사역의 중요성이 절대적입니다. 언약궤가 안치되어야 비로소 그곳이 여호와의 전이 됩니다. 언약궤는 법궤, 증거궤, 하나님의 궤, 여호와의 궤로 표현되었는데 그 중요성을 강조하는 것입니다. 언약궤가 성전에서 의미하는 것은 사람에게 있는 생령과 같은 가치라고 보면 됩니다(창 2:7). 위치도 지성소의 중심인 속죄소의 판이 되어 하나님의 임재가 임하는 곳입니다(7절).

열왕기에서는 언약궤를 안치하고 솔로몬의 기도와 축복과 제사 드리는 장면이 이어집니다(왕상 8장). 하지만 역대기는 장엄한 찬양이 드려지고

여호와의 영광이 가득 차는 감격을 기록하고 나머지 기사는 뒤로 미룹니다(11-14절). 언약궤가 성전에 무사히 안치된 것을 높이 평가하는 저자의 의도를 보게 됩니다. 언약궤가 의미하는 것은 하나님을 만나는 것이며 하나님께서 말씀하시는 곳을 뜻합니다(출 25:22).

신약적인 해석을 한다면 성전 영역은 육체이고 언약궤는 말씀과 성령을 가리킵니다. 구원이란 성도의 몸과 마음에 말씀이신 그리스도가 성령으로 임한 사건입니다(고전 3:16).

(고후 3:3) "너희는 우리로 말미암아 나타난 그리스도의 편지니 이는 먹으로 쓴 것이 아니요 오직 살아 계신 하나님의 영으로 쓴 것이며 또 돌판에 쓴 것이 아니요 오직 육의 마음판에 쓴 것이라"

구원의 결정은 행위에 근거한 것이 아니라 그리스도의 영을 모셨느냐에 달렸습니다.

(롬 8:9) "만일 너희 속에 하나님의 영이 거하시면 너희가 육신에 있지 아니하고 영에 있나니 누구든지 그리스도의 영이 없으면 그리스도의 사람이 아니라"

구원에 있어서 행위는 확신을 가지고 주님을 더욱 사랑하게 하며 상급을 쌓는 위치에 있습니다(요일 4:16-21).

위대한 찬양이 드려지고 하나님의 현현이 나타나는 그 현장이 성령님을 모신 우리 마음임이 밝혀졌습니다. 이것을 알고 실감할 수 있는 비결도 역시 믿음뿐입니다. 임마누엘(마 1:23)의 신앙은 관념이 아닌 현재진행형입니다.

(엡 3:17) "믿음으로 말미암아 그리스도께서 너희 마음에 계시게 하시옵고 너희가 사랑 가운데서 뿌리가 박히고 터가 굳어져서"

♦ 역대하 6장 성경칼럼

11절 | 내가 또 그 곳에 여호와께서 이스라엘 자손과 더불어 세우신 언약을 넣은 궤를 두었노라 하니라

32절 | 주의 백성 이스라엘에 속하지 않은 이방인에게 대하여도 그들이 주의 큰 이름과 능한 손과 펴신 팔을 위하여 먼 지방에서 와서 이 성전을 향하여 기도하거든

"우주성, 만민성, 보편성"

교회를 생각하면 떠오르는 이미지가 있을 것입니다. 주로 전투하는 지상교회의 상처가 떠오르지만 그것이 실체가 아님은 확실합니다. 성경에서 진정한 교회를 발견한 사람에게는 놀라운 지식이 주어집니다. 교회는 인간이 상상하는 그 어떤 스케일보다 위대하고 영광스럽습니다. 그 이유는 교회의 창립자이신 하나님(행 20:28)의 속성에 기인합니다. 하나님은 우주를 만드시고 운행하시는 분으로 온 세계가 그 장중에 잡혀 있습니다(롬 1:19-20, 시 19:1-6).

또한 하나님께서는 열국의 만민을 섭리하시고 주관하십니다(행 17:25). 하나님의 사랑은 하나님께 나아오는 어느 누구도 막히는 벽이 없는 보편성으로 나타납니다(막 11:17). 구약을 깊이 보지 아니하면 하나님의 만민을 위한 구원의 보편성을 알아채지 못합니다. 이스라엘을 편애하시고 한편으로는 진노하시는 하나님을 너무나 많이 목격한 탓입니다. 그러나 구약은 분명히 우주적이고 만민을 위하고 누구든지 믿으면 구원받는 보편성을 펼쳐 보입니다.

6장과 병행 장인 열왕기상 8장 칼럼에서 솔로몬의 성전 봉헌 기도의 의

미를 기술한 바 있습니다. 역대기 기자는 열왕기의 솔로몬 기도에 의도적인 생략과 첨가를 하고 있습니다. 언약궤를 묘사함에 있어서 다윗 언약을 강조합니다(11절). 열왕기의 시내 산 언약(왕상 8:21)을 업그레이드함으로서 하나님 나라를 가깝게 보여 줍니다. 신정왕국의 시대를 부각시키고 메시야로 이루어지는 하나님의 왕국을 대망하게 하는 것입니다.

구약 성경의 숨겨진 보화인 이방인에 대한 구원의 계시도 기도 속에 드러납니다. 솔로몬은 만민이 주께로 돌아와 주를 섬기는 백성이 되기를 기도합니다(32-33절). 특히 주목할 것은 이방인의 구원 코스가 이스라엘의 전철을 밟지 않는다는 것이 기도에 담겨 있는 것입니다. 율법을 통한 진노와 회복의 사이클이 생략되고 오직 진정한 성전이신 예수님께 나아오면 되는 것입니다(요 1:12-14). 메시야의 대속으로 교회의 만민성과 보편성이 충족되어 이 교리는 초대교회 공의회에서 확정됩니다(행 15:6-11).

로마서에서는 이를 돌감람나무가 참감람나무 진액에 접붙임을 받아 구원받은 것이라고 비유합니다(롬 11:13-24). 남은 자와 그루터기의 긍휼을 통해 선민을 유지시키신 하나님께서 이방인의 구원을 섭리하셨다고 설파합니다. 이것을 구약은 이사야(사 19:24-25)와 아모스(암 10:9)와 요나(욘 4:10-11)를 통해 이미 계시하였습니다. 이방 여인인 룻과 라합을 메시야의 조상이 되게 하신 것은 만민성을 증명하신 것입니다(마 1장). 교회의 속성을 통해 그리스도인의 그릇이 얼마나 클 수 있는지를 깨달을 수 있습니다. 마지막에 자신을 위해 기도하는 솔로몬의 모범(42절)은 기복적인 기도를 뛰어넘는 지혜입니다.

역대하

♦ 역대하 7장 성경칼럼

1절 | 솔로몬이 기도를 마치매 불이 하늘에서부터 내려와서 그 번제물과 제물들을 사르고 여호와의 영광이 그 성전에 가득하니

12절 | 밤에 여호와께서 솔로몬에게 나타나사 그에게 이르시되 내가 이미 네 기도를 듣고 이 곳을 택하여 내게 제사하는 성전을 삼았으니

"어떤 응답을 원하세요?"

사람에게는 각자 다른 이상형이 있습니다. 화끈한 스타일을 좋아하는 사람이 있는 반면에 자상한 사람을 선호하기도 합니다. 신앙인도 열정적 분위기의 교회와 인격적 관계 중심의 교회로 선호도가 다릅니다. 그리스도인의 고민 중의 하나가 기도의 응답을 어떻게 알 수 있느냐는 것입니다. 성경은 하나님의 뜻대로 하는 기도는 반드시 응답된다고 보증합니다(마 7:7-8, 21:22).

(요 14:14) "내 이름으로 무엇이든지 내게 구하면 내가 행하리라"

이런 보장에도 불구하고 현실적으로 기도응답이 실감되지 않을 때가 많습니다. 여러 이유가 있지만 나의 기도의 내용보다 하나님의 뜻이 응답되는 경우가 제일 많습니다(마 26:42, 고후 12:7-9). 깊이 들어가면 기도(프로세우코마이)의 정의 자체가 '하나님께 나아가는 것'이라는 사실입니다. 기도는 응답 내용이 최종 목적이 아니라 하나님께 나아가는 것으로 이미 응답된 것입니다.

7장에는 기도응답의 두 유형이 명확히 나와 있습니다. 불의 응답(1-3절)과 말씀의 응답(11-22절)입니다. 불의 응답은 솔로몬이 성전 봉헌기도(6장)후에 주어지는데 제물을 사르고 엄위한 영광이 성전에 가득 찹니다. 성

경에서 불의 강림은 하나님의 현현을 상징합니다. 언약을 보증하고 능력을 보이시고 동행을 나타내시고 제사를 열납하실 때에 이루어집니다. 보호와 임재와 함께 분노와 질투를 나타내며 성령을 상징하기도 합니다.

불의 응답이 외형적인 것이라면 말씀의 응답은 인격적이고 구체적인 성향을 나타냅니다. 불의 응답이 온 이스라엘이 알도록 주어졌다면 말씀의 응답은 솔로몬 개인에게 주어집니다. 불의 응답 후 14일간의 장막절을 지내고 말씀의 응답이 주어진 것은 보완과 완성의 성격이 있다는 의미입니다. 불의 응답에서 보여주지 않았던 성전에서 드리는 기도의 응답을 구체적으로 말씀하십니다. 겸비한 기도는 솔로몬과 백성들 모두에게 응답해 주시겠다고 말씀하십니다(12-18절). 부정적으로는 언약을 불순종하면 저주가 임한다는 것을 확실히 경고하십니다(19-22절).

주목할 것은 열왕기는 대상이 이스라엘(단체)이었지만(왕상 9:7) 역대기는 내 백성이라고 부르시며 개인을 중시하는 부분입니다(14절). 연대적 심판을 하시는 하나님이 아니라 의인을 찾아 어찌하든 심판을 늦추려는 하나님의 마음을 읽게 합니다(창 18:32). 성전봉헌식의 모든 기사를 기도와 응답으로 마무리하는 의도는 무엇일까요? 성전의 외적 영광과 함께 진실한 기도를 통해 경건하게 살기를 원하시는 하나님의 뜻을 보여주는 것입니다. 외적내적 기도응답으로 믿음의 사람으로 살기를 원합니다.

역대하

♦ 역대하 8장 성경칼럼

13절 | 모세의 명령을 따라 매일의 일과대로 안식일과 초하루와 정한 절기 곧 일년의 세 절기 무교절과 칠칠절과 초막절에 드렸더라

16절 | 솔로몬이 여호와의 전의 기초를 쌓던 날부터 준공하기까지 모든 것을 완비하였으므로 여호와의 전 공사가 결점 없이 끝나니라

"이벤트를 잘하는 사람, 일상에 강한 사람"

특별한 날에는 이벤트(행사)를 합니다. 이벤트가 잘 되었는가는 참석자들을 기분 좋게 놀라게 했느냐에 의해 결정 됩니다. 환경을 조성하고 인간 심리를 감안하며 시대정신을 꿰뚫고 독특한 아이디어와 정확한 실행력을 가져야 합니다. 이벤트를 성공하면 유익을 얻고 인생의 감미료가 됩니다. 문제는 이벤트를 매일 할 수가 없다는데 있습니다. 만약 매일이 특별한 날이라면 특별한 날은 하루도 없는 셈입니다. 그래서 나온 원리가 일상생활의 강함입니다. 얼마 안 되는 이벤트 날에만 기쁘고 많은 일상의 날들이 불행하다면 큰 손해입니다.

이벤트가 겉모습을 보여 주는 것이라면 일상은 속 모습이며 실체입니다. 대기업 이사 승진의 마지막 코스가 대상자의 가정생활과 친구관계 조회라는 것은 의미심장합니다. 제가 신학대학원 졸업 때 차석에 해당되는 상을 받았는데 섬기던 교회에 평판 조회를 한 것을 나중에 알았습니다. 실력이 아무리 좋아도 일상생활에 하자가 있으면 안 된다는 원칙이 적용되었던 것입니다. 지금도 담당자인 교무처장 교수님은 잊혀 지지 않습니다. 그분은 매주 내는 리포트에 한 줄만 도용이 있어도 잡아내어 퇴학과 자퇴를 선택하게 하였습니다.

솔로몬의 업적을 기술한 8장에서 이벤트를 잘하고 일상에 강한 솔로몬이 소개되고 있습니다. 성전 건축의 필역을 선언하는 기점이 이 두 가지를 잘한 것과 연계되어 있습니다(16절). 이벤트는 1년에 세 번 있는 절기(무교절, 칠칠절, 초막절)를 완벽하게 지킨 것입니다(13절). 이것이 얼마나 대단한 것인지는 이스라엘 역사를 보면 증명됩니다. 히스기야(30장)와 요시야(35장)의 유월절과 귀환 후에 느헤미야의 초막절(느 8:18)을 지킨 것 외에는 기록이 없습니다.

솔로몬의 일상의 실력은 율법에 따라 조석 상번제를 드리고 안식일과 월삭에 빠짐없이 제사를 드린 것입니다(13절). 그가 나라의 국방을 튼튼히 하고 바로의 딸을 구별시키고 동족을 종으로 삼지 않는 통치는 이 영적근본에서 나왔습니다(3-11절). 역대기 기자가 제사장적 관점에서 솔로몬의 죄와 실책을 의도적으로 생략한 의미는 이미 서술했습니다. 귀환한 선민에게 왕국 회복의 소망을 주기 위해서였습니다.

이것이 우리에게도 적용되어 솔로몬의 강한 실력을 본받아 발휘하면 좋겠습니다. 하나님 앞에 사는 왕과 명령에 순종하는 제사장과 레위인의 구도는 성경적 교회의 예시입니다(14-15절). 일상생활에 강한 일군으로 일하겠습니다.

(행 2:42) "그들이 사도의 가르침을 받아 서로 교제하고 떡을 떼며 오로지 기도하기를 힘쓰니라"

♦ 역대하 9장 성경칼럼

2절 | 솔로몬이 그가 묻는 말에 다 대답하였으니 솔로몬이 몰라서 대답하지 못한 것이 없었더라

22절 | 솔로몬 왕의 재산과 지혜가 천하의 모든 왕들보다 큰지라

"끝이 없는 것은?"

생활 속에서 끝이 없는 이란 수식어는 흔히 쓰입니다. '즐거움엔 끝이 없다'라는 방송 슬로건이 있었습니다. 그런데 제 생각에서 '타락에는 끝이 없다'로 해석된 적이 있었습니다. 결론적으로 이 세상이나 인간에게는 끝이 없

는 것은 없습니다. 인간이 잴 수 없는 우주에 대하여 끝이 없다는 말도 성경은 거부합니다. 보이는 세계가 아무리 커도 유한하고 종말에는 사라집니다.

(벧후 3:10) "그러나 주의 날이 도둑 같이 오리니 그 날에는 하늘이 큰 소리로 떠나가고 물질이 뜨거운 불에 풀어지고 땅과 그 중에 있는 모든 일이 드러나리로다"

끝이 없는 것 중의 상징이 상상력인데 이것도 유한합니다. 상상의 내용이 무엇이든 없는 것은 상상할 수 없다는 논리에서 결국 끝은 있습니다. 9장은 솔로몬이 누린 전무후무한 영광에 대한 기사입니다. 정치, 경제, 국방, 문화면에서 가히 끝이 없는 찬사를 구사하고 있습니다(23-27절). 하늘의 지혜로 말미암아 주어진 부와 명예는 천하에서 으뜸입니다(22절). 영적인 분야는 물론이고 세상 모든 피조물과 사안에 대하여 막힘이 없이 능통합니다(2절, 왕상 4:33).

스바 여왕이 놀라 정신을 잃고 솔로몬의 하나님께 영광을 돌리고 있습니다(3-8절). 그렇다면 이 광경을 목도하면서 솔로몬의 영화는 최고이며 끝이 없다는 결론을 낼 수 있겠습니까? 정답은 예수님께서 솔로몬을 소환한 말씀에 담겨 있습니다.

(눅 11:31) "심판 때에 남방 여왕이 일어나 이 세대 사람을 정죄하리니 이는 그가 솔로몬의 지혜로운 말을 들으려고 땅 끝에서 왔음이거니와 솔로몬보다 더 큰 이가 여기 있으며"

스바 여왕은 솔로몬의 말을 들었는데 완악한 너희는 내 말을 왜 안 듣느냐는 뜻입니다. 즉 한이 없어 보이는 솔로몬은 주님의 모형일 뿐이고 솔로몬보다 더 크고 완전한 원형은 예수님이라는 것입니다. 금세와 내세에서 끝이 없이 영원한 분은 오직 예수님밖에 없다는 결론을 내립니다. 역대기에서 생략된 국제결혼과 우상숭배와 언약 파기 사건은 솔로몬에게 끝이 있다는 것을 보여 줍니다.

성경은 솔로몬의 지혜와 영화를 강조하면서 원형이 예수님임을 연결합니다. 솔로몬은 주님이 아니면 아무 것도 아니며 구세주가 꼭 필요한 죄인임을 강조합니다. 그의 죽음을 간략하게 기록함으로 유한한 인생임을 보여 줍니다. 우리는 최고의 지혜와 영화가 하나님께로 오는 것을 알고 사모해야 마땅합니다. 하지만 그 어떤 것도 영원하거나 완전하지 않음을 알고 겸손해야 합니다. 예수님을 믿고 받은 지혜와 은사를 주님의 사역에 사용하는 자가 복이 있습니다(고전 10:31).

♦ 역대하 10장 성경칼럼

15절 | 왕이 이같이 백성의 말을 듣지 아니하였으니 이 일은 하나님께로 말미암아 난 것이라 여호와께서 전에 실로 사람 아히야로 하여금 느밧의 아들 여로보암에게 이르신 말씀을 응하게 하심이더라

19절 | 이에 이스라엘이 다윗의 집을 배반하여 오늘날까지 이르니라

"책임 소재"

책임이란 자의적 의지를 가진 행동에 주어집니다. 책임 소재를 밝힌다는 것은 책임질 당사자를 정확히 하자는 것입니다. 조직에서는 이 부분이 매우 중요하기에 감사팀을 가동합니다. 정치부터 가정까지 여러 분야에서 책임 소재를 가지고 다투는 소리가 요란합니다. 세상도 쉽지 않은 책임 소재가 영적인 세계에 들어오면 더욱 어려워집니다. 어떤 것은 도저히 해결하지 못하고 천국 가서 주님께 여쭈어보아야 할 것도 있습니다.

10장은 솔로몬이 죽고 남북왕국의 분열로 가는 기사입니다. 인간사에서 분열이 안 좋다는 것은 누구나 알지만 피할 수 없다는 것도 현실입니다. 신정왕국이 남유다와 북이스라엘로 분열되는 책임은 누구에게 있을까요? 두 가지 관점이 나오는데 인간 책임과 하나님의 섭리입니다. 먼저 인간의 책임 소재 1차 인물은 솔로몬입니다. 말기에 행한 우상숭배로 하나님께서 그의 아들 대에서 왕국이 분열될 것을 선고하셨습니다(왕상 11:11-13). 솔로몬의 유책은 아들을 제대로 교육하지 못한 점도 들어갑니다(삿 2:7).

두 번째 책임은 다윗의 길을 배반한 우상숭배자 여로보암입니다. 솔로몬 당시부터 반역의 기미를 보였던 그는 기회가 오자 10지파를 준동하여 북이스라엘의 왕이 됩니다. 세 번째 인물은 솔로몬에 이어 왕위를 물려받은 아들 르호보암입니다. 아버지와는 달리 지혜를 전혀 구하지 아니하고 교만하여 폭정을 선언하는 망발을 부립니다(5-11절). 지혜로운 원로들을 무시하고 소장 강경파의 말을 듣고 일어난 일입니다. 지금까지가 인간의 책임소재를 다룬 것이라면 이제 하나님의 섭리에 눈을 뜰 차례입니다.

이 비밀은 15절에 힌트가 숨어 있습니다. 르호보암이 백성의 말을 듣지 않은 이유가 '하나님께로 말미암아 난 것'이라고 기술합니다. 나아가 여로보암에게 일어난 일까지 하나님의 뜻이라고 못을 박습니다(15절). 하나님께서 분열왕국을 주관하시거나 허락하셨다는 의미입니다. 인간 차원에서 이해가 되지 않을 수 있지만 하나님께서는 선민인 남유다를 구별하신 것입니다. 이에 대한 증거가 19절인데 역대기는 북이스라엘에 대한 기록을 멈춤으로 적통이 남유다임을 확인합니다.

분열에는 북이스라엘의 배교에 남유다의 선민을 보호하시려는 하나님의 숨겨진 손길이 들어가 있습니다. 악역의 사람(바로, 하만, 가룟유다)과 이단들이 역설적인 쓰임을 받는 섭리는 영안이 열려야 볼 수 있습니다(단 4:35). 신묘막측한 하나님의 섭리에 감격합니다.

♦ 역대하 11장 성경칼럼

4절 | 여호와께서 이같이 말씀하시기를 너희는 올라가지 말라 너희 형제와 싸우지 말고 각기 집으로 돌아가라 이 일이 내게로 말미암아 난 것이라 하셨다 하라 하신지라 그들이 여호와의 말씀을 듣고 돌아가고 여로보암을 치러 가던 길에서 되돌아왔더라

13절 | 온 이스라엘의 제사장들과 레위 사람들이 그들의 모든 지방에서부터 르호보암에게 돌아오되

"자유가 아니면 죽음을 달라"

18세기 미국 독립 전쟁 때 패트릭 헨리가 외친 유명한 연설 마지막 문장입니다. 자유를 생명보다 귀한 가치에 놓았습니다. 제가 전문을 읽어보니 이 자유는 신앙의 자유를 중심에 두고 있었습니다. 대한민국은 미국의 헌법을 따라 인간의 기본권을 보장하는 8가지의 자유를 제정하였습니다. 언론, 출판, 집회, 결사, 종교, 사상, 표현, 양심의 자유입니다. 이 밖에 자유권적 범위도 보장되는 탁월한 헌법을 가지고 있습니다. 문제는 피를 흘리고 자유를 쟁취한 나라와는 다르게 거저 받은 이 자유 환경의 고마움을 대부분의 국민이 모르고 있다는 점입니다. 코앞의 북한왕조 사이비종교 체제에 사는 비참한 동족을 보면서도 깨닫지 못합니다.

11장에 펼쳐지는 남북 분열 왕국의 체제 구축은 신앙의 자유에 대한 주제가 스며들어 있습니다. 군사를 정비하여 북이스라엘로 향한 르호보암 군대가 하나님의 명령에 따라 회군합니다(1-4절). 초기의 방자했던 르호보암이 순종한 것은 하나님께서 역사하신 것임을 알 수 있습니다. 통일전쟁을 저

지시킨 하나님의 의도는 남유다의 신앙적 기초를 쌓게 하시려는 것입니다.

이 과정에서 남북의 영적 상태가 확연히 갈라지는 사건이 북쪽 신앙인들의 월남입니다. 우상숭배를 정한 여로보암측은 여호와께 제사 드리지 못하도록 제사장과 레위인들을 해임합니다. 율법에 의거한 제사장이 아닌 우상숭배를 위한 제사장을 자기들 마음대로 세웁니다. 이제 북이스라엘은 영적 암흑기에 빠졌고 경건한 신앙인들은 자유를 찾아 탈출합니다(13절). 이것은 제3자 입장에서 쉬운 것 같지만 당사자들로서는 모든 것을 건 행동입니다.

기독교 역사는 진정한 신앙을 위해 자신을 희생하는 자들에 의하여 쓰여 졌습니다. 아브라함부터 기득권을 버리고 출발했고(창 12:1) 제자들은 생업을 포기하고 주님을 따랐습니다(마 4:19-22). 러시아의 경건한 수십만 신앙인들은 시베리아 유배를 택했고 유럽 청교도들은 신앙의 자유를 찾아 신대륙으로 향하였습니다. 북한의 기독교인이 기독교의 원수인 공산당을 거부하고 월남한 것은 한국 기독교회사를 새롭게 하였습니다.

남유다 르호보암 초기 3년 동안의 영육간의 진흥은 월남한 경건한 신앙인들과 관련이 있습니다. 르호보암의 죄와 실책을 가능한 안 보이려는 역대기이지만 슬며시 가정사를 언급합니다. 율법을 어기고 처첩을 많이 둔 것은 왕의 한계를 보여줍니다(18-21절). 한편으로는 후계구도에 피를 흘리지 않도록 아들들을 잘 대우하여 지방에 분산시킨 지혜를 칭찬합니다(22-23절). 남유다는 지파 수로 볼 때 10:2의 열세였지만 신앙의 선택에 의해 영적 적통을 이어갑니다(1절). 우리의 크고 작은 신앙의 모험은 반드시 하나님께서 받으십니다.

♦ 역대하 12장 성경칼럼

1절 | 르호보암의 나라가 견고하고 세력이 강해지매 그가 여호와의 율법을 버리니 온 이스라엘이 본받은지라

12절 | 르호보암이 스스로 겸비하였고 유다에 선한 일도 있으므로 여호와께서 노를 돌이키사 다 멸하지 아니하셨더라

"독립심을 가지고 살아야 한다?"

어린 시절 선생님과 어른들에게 많이 듣던 훈계중의 하나입니다. 그런데 제가 물음표를 붙인 이유는 이 말이 틀릴 때가 많기 때문입니다. 사실 젊은 시절 이 말에 영향을 받아 누구를 의지하지 않고 잘 믿지도 않고 살았습니다. 10대 중반에 무작정 상경하여 그날 밤 잘 곳도 없는 상태로 사회생활을 시작했으니 당연한 습성입니다. 이 독립심의 아성은 인간 자체가 전혀 독립적인 존재가 아님을 깨달으며 무너졌습니다. 독립심의 핵심은 남에게 비굴하거나 비겁하게 살지 말라는 것입니다.

인간의 모든 영역이 서로 협력하며 살아야 한다는 면에서 독립심은 독선이라는 부작용을 낳을 수도 있습니다. 의식주가 타인의 도움이고 문화생활의 향유도 내 공로는 거의 없습니다. 넓게는 대한민국이 미국과 동맹이 아니었다면 우리는 북한 동포와 비슷한 생활을 하고 있을 가능성이 높습니다. 영적인 생활에서 독립심이 자유의지라면 의지하며 사는 영역은 하나님의 은혜입니다.

12장은 독립심을 오해하여 하나님을 의지하는 신앙을 잃어버린 르호보암이 주인공입니다. 남유다의 초기 3년은 순종의 결과로 나라가 견고하고 강력하였습니다(1절). 하지만 모든 인간은 등이 따스하고 배가 부르면 자

역대하

기가 무엇이 된 듯 착각하고 교만해집니다. 르호보암이 하나님 없이도 살 수 있다는 생각이 들면서 죄악의 관성으로 돌아가 버린 것입니다. 한국교회가 7-80년대에 불었던 신앙부흥이 살만해진 90년대 후반부터 사그라진 것과 유사합니다.

성경의 비극적인 일은 하나님을 향한 태도가 잘못된 것을 지적한 후에 일어납니다. 르호보암이 여호와의 율법을 버리고(1절) 여호와께 범죄하고(2절) 하나님을 버렸다고(5절) 경고합니다. 실제적으로 열왕기에서는 르호보암과 백성들이 이 죄악을 저지른 사실을 기록합니다(왕상 14:22-24). 애굽 왕 시삭에게 침공 당한 원인이 하나님의 징계였음을 알 수 있습니다. 선대로부터 물려받은 견고했던 성읍과 영토가 안개처럼 사라지는 위기 속에 선지자(스마야)의 대언이 떨어집니다(4-5절).

다행인 것은 왕과 방백들이 회개하고 다시금 기회를 얻습니다(6-7절). 다윗의 언약에 의하여 멸망은 면하지만 영광을 상징했던 솔로몬의 금방패는 빼앗기고 놋방패의 시대로 들어섭니다(9-12절). 겸비해진 왕과 회개의 행동을 한 유다 백성들로 인한 남유다의 회복은 후대의 신앙 사이클로 정해집니다. 르호보암의 17년 통치는 이후 남유다 왕국 344년간의 20여명 왕들에게 본보기가 됩니다. 하나님을 의지하지 않으면 가차 없는 징벌이 따르고 회개하고 겸비하면 은총이 회복된다는 본보기가 됩니다. 은혜의 신약시대를 사는 우리들에게도 이 원리는 변함이 없습니다.

(고전 10:11-12) "그들에게 일어난 이런 일은 본보기가 되고 또한 말세를 만난 우리를 깨우치기 위하여 기록되었느니라 그런즉 선줄로 생각하는 자는 넘어질까 조심하라"

♦ 역대하 13장 성경칼럼

5절 | 이스라엘 하나님 여호와께서 소금 언약으로 이스라엘 나라를 영원히 다윗과 그의 자손에게 주신 것을 너희가 알 것 아니냐

15절 | 유다 사람이 소리 지르매 유다 사람이 소리 지를 때에 하나님이 여로보암과 온 이스라엘을 아비야와 유다 앞에서 치시니

"불신자(타종교인)가 더 부자인데요?"

제자훈련 '축복의 비결' 과목을 공부할 때 나오는 토론주제입니다. 예수님을 잘 믿으면 경제적 축복을 받는다는 이론에 문제가 제기된 것입니다. 국내의 경우 재벌의 규모로 볼 때 불신자나 타 종교인이 더 부자인 것은 사실입니다. 그렇다면 기독교 신앙이 부자 되는 것을 보장해 주는 것이 아님은 확인됩니다. 영적인 축복이 중요하다고 근거를 대어도 세상기준에 싸여 있으면 설득이 어렵습니다. 만약 솔로몬의 부와 영화가 지금까지 계속되었더라면 납득할 수 있을 것입니다.

이 논란에 대한 부분적 정답이 13장에 펼쳐집니다. 이제 남북 분열 왕국은 18년이 지나고 있습니다(1절) 북이스라엘은 여로보암이 아직 왕위에 있고 남유다는 아비야가 2대 왕으로 즉위합니다. 르호보암 때의 국지전과는 다르게 전면 전쟁이 벌어지는데 북이스라엘 군사 수가 2배 많습니다(3절). 그 시대에 군사 수가 많다는 것은 인구가 많고 국력도 강하고 부자라는 증거가 됩니다. 아비야의 연설에 나오는 것처럼 북이스라엘은 하나님께서 싫어하시는 것은 다하는 나라입니다.

분열 후 18년이 경과되었음에도 여호와 신앙을 지킨 남유다가 열세인 것이 현실입니다. 그러나 두 나라가 전력을 다한 전쟁의 결과는 남유다의 완승

입니다. 그 이유는 전쟁은 하나님께 속한 것이고 하나님께서 남유다를 이기게 하셨습니다. 수적 우위를 응용한 탁월한 복병 전략도 소용없이 북이스라엘의 군사 50만 명이 죽습니다(13-17절). 전쟁의 결과로 볼 때 북이스라엘 여로보암 왕이 악행에 대한 징벌을 받은 것입니다. 국력은 꺾였고 영토도 뺏기고 그도 얼마 지나지 않아 하나님의 치심을 받아 죽습니다(18-20절).

이 전쟁이 하나님의 전쟁이었음을 보여주는 힌트는 남유다 군사들이 진퇴양난에서 행한 나팔 부는 것과 함성소리입니다. 이 광경이 익숙한 것은 여리고성 정복과 기드온 삼백 용사의 전쟁에서 목격했기 때문입니다. 종말론적 의미는 마지막 주님 재림 시에 이루어지는 장면이기도 합니다(고전 15:51-52, 살전 4:16). 우리는 최종결과를 알기에 불신자와 타종교의 흥왕에 대해 주눅 들거나 부러워 할 필요가 없습니다.

아비야의 신앙의 정통성 설파와 영적 행위에 대한 멋진 연설은 역설적 교훈이 있습니다. 역대기와는 다르게 열왕기의 아비야는 혹평을 받고 있다는 것을 주목해야 합니다(왕상 15:3). 저자는 아비야가 3년 통치기간 중 이 전쟁에서만 하나님께 붙잡혀 쓰임 받은 것을 부각시킵니다. 허물은 많지만 변하지 않는 소금언약을 붙들고(5절) 분투하는 아비야의 모습 속에 우리가 보입니다. 적은 믿음이지만 최선을 다하는 일꾼을 사용하시는 하나님을 뵙게 됩니다.

♦ 역대하 14장 성경칼럼

4절 | 유다 사람에게 명하여 그 조상들의 하나님 여호와를 찾게 하며 그의 율법과 명령을 행하게 하고

12절 | 여호와께서 구스 사람들을 아사와 유다 사람들 앞에서 치시니 구스 사람들이 도망하는지라

"개혁에 성공하는 비결"

논리학을 배울 때 필수적으로 거치는 것이 헤겔의 변증법입니다. 핵심은 정반합의 사이클로 돌아가는 역사 현상입니다. 정(긍정)에서 반(부정)으로, 반에서 합(부정의 부정)으로, 합에서 정으로 시간이 지나면서 순환된다는 이론입니다. 이 논리에 따르면 개혁을 시작하기는 쉬워도 지속하기는 거의 불가능하다는 현실이 납득됩니다. 인간사에서 개혁 주체가 시간이 지나면서 개혁의 대상이 되는 일이 비일비재한 이유입니다.

분열왕국의 열왕 들 중에 초기에 개혁을 시작하다가 중도에 포기한 사례가 많습니다. 남유다 20여명의 왕들 중에 개혁 군주로 칭찬받은 사람은 4-5명에 불과합니다. 대부분 개혁 군주는 우상은 타파했지만 산당을 허용하는 사례가 가장 흔합니다. 우상의 잔재를 남겨 둠으로 실정 책임을 우상에게 전가하는 정치적 계산도 들어 있습니다.

14장에는 하나님께 칭찬받는 왕 중의 한 명인 아사 왕이 등장합니다. 역대기 기자는 16장까지 많은 지면을 할애하며 그에게 비중을 두고 있습니다. 41년의 재위기간 중 말기 몇 년을 빼고는 선과 정의를 행했다는 평가를 받았습니다(16:13). 그렇다면 아사 왕이 개혁에 성공한 비결을 배우는 것은 유익이 있을 것입니다. 다른 왕과는 구별되는 근본 원인이 분명히 있습니다. 아사왕은 이방 제단과 산당을 없애고 주상을 깨뜨리며 아세라 상과 태양 상까지 찍어냅니다(3, 5절).

이것은 대단한 것이지만 여러 왕들도 했던 것입니다. 다른 왕들은 그 다음 후속 조치를 안 해 시간이 흘러 우상이 들어섰다는 기록이 따라 옵니다. 그들과 아사 왕이 다른 것이 4절에 나오는데 이것이 개혁성공의 비결입니다. 백성들에게 하나님을 찾게 하고 율법과 명령을 교육시켜 행하게 하였습니다. 개혁은 법과 제도와 환경의 외곽 작업을 연속으로 하는 것이 필수입니다. 그러나 그것만 가지고는 얼마 가지 못하고 옛 습관으로 돌아갑니다.

개혁의 힘이 계속 작동하기 위해서는 사람이 바뀌어야 합니다. 사람은 다른 것으로는 바뀔 수가 없고 성령이 역사하는 말씀으로만 가능합니다(딤후 3:15-17). 이 성령과 말씀의 역사를 구약에는 명령과 율법을 배우고 지키게 하는 것이라고 표현합니다. 하나님께 붙들린 아사 왕과 남유다는 그 능력을 마음껏 발휘합니다. 구스 사람 세라의 백만 군대가 하나님께서 치심으로 전멸하는 기적적 승리를 맛봅니다(9-13절). 하나님과의 관계가 온전할 때 영적 축복과 함께 국방과 경제적 축복(13-15절)도 넘치게 받게 됩니다. 성경정독묵상의 위대한 능력을 다시 한 번 실감합니다.

♦ 역대하 15장 성경칼럼

7절 | 그런즉 너희는 강하게 하라 너희의 손이 약하지 않게 하라 너희 행위에는 상급이 있음이라 하니라

13절 | 이스라엘 하나님 여호와를 찾지 아니하는 자는 대소 남녀를 막론하고 죽이는 것이 마땅하다 하고

"후속작업"

'전 작업'이후의 작업을 말하며 '후 공정'이라고도 합니다. 어떤 일이든 한 번에 다 되는 일이 드물기에 후속작업은 매우 중요합니다. AS 개념과 다지기라는 뉘앙스가 있지만 효과와 중요도에서 전 작업에 떨어지지 않습니다. 인생에서 성취를 이룬 사람들은 이 후속작업을 잘했다는 공통점을 가지고 있습니다. 종교개혁이라는 대사는 열정으로 시작하지만 끈기가 없으

면 성공할 수 없습니다. 후속작업은 이 끈기 항목에 들어가는 것이고 개혁 성공의 비결입니다.

15장에는 아사의 2차 종교개혁이 펼쳐지는데 이렇게 1차에 이어 바로 이어지는 경우는 유일합니다. 아사의 개혁 성공은 구스와의 전쟁 승리 후에 교만하지 않고 선지자의 대언을 듣고 순종한 것에서 출발합니다. 선지자 아사랴의 예언을 듣고 아사는 깜짝 놀라게 됩니다. 아사랴는 아사에게 3가지를 회상해 보라고 이릅니다. 선민에게 하나님과 제사장과 율법이 없을 때 어떠했는가를 생각해 보라는 합니다(3절). 그 혼란과 불행과 고난을 또 겪고 싶으냐는 반문입니다. 강하고 온전한 개혁에는 상급이 있음도 알리는데 아사는 1차 때 이미 경험했습니다(7절).

아사는 마음을 모질게 다지고 강력하고 냉혹하게 개혁을 단행합니다. 1차 때는 외곽의 우상을 타파한 것이라면 이제는 가정에 들어와 있는 가증한 물건들을 없애도록 합니다. 가장 어려운 문화로 자리 잡은 것을 뽑아내는 작업을 해내고 있습니다. 아사는 어머니인 마아가가 가증한 목상을 만들었을 때 예외 없이 태후 자리를 폐위시킵니다. 개혁은 혈연에 매이면 절대 성공할 수 없습니다.

(마 12:50) "누구든지 하늘에 계신 내 아버지의 뜻대로 하는 자가 내 형제요 자매요 어머니이니라 하시더라"

아사의 냉혹함을 탓하는 생각이 든다면 하나님의 명령을 되새겨 보아야 합니다. 하나님을 찾지 않는 자는 누구든지 죽이는 것이 마땅하다는 명령입니다(13절). 이 엄격하고 강제적인 하나님의 율법은 바로 하나님의 참사랑에서 나왔습니다. 가나안에서부터 끈질기게 우상을 섬긴 자기 백성을 순수하게 보전하려면 평범한 방법으로는 안 됩니다. 자기 자식이 온갖 나쁜 짓에 물들어 가는데 가만히 놔둘 부모가 없듯이 하나님의 드라이브는 강력합니다.

사람은 상을 받기 위해 변화되는 것보다 저주가 무서워서 고치는 경우가 더 많습니다. 아사의 강력한 개혁은 북이스라엘에 거했던 경건한 자들을 남유다로 흡입하는 요인이 됩니다(9절). 그리스도인은 저주를 피하고 상급을 받는 개혁에 늘 초대되어 있습니다.

♦ 역대하 16장 성경칼럼

2절 | 아사가 여호와의 전 곳간과 왕궁 곳간의 은금을 내어다가 다메섹에 사는 아람 왕 벤하닷에게 보내며 이르되

10절 | 아사가 노하여 선견자를 옥에 가두었으니 이는 그의 말에 크게 노하였음이며 그 때에 아사가 또 백성 중에서 몇 사람을 학대하였더라

"아사 왕은 왜 변했을까?"

보이는 세상의 모든 것은 다 변합니다. 동식물은 물론이고 안 변할 것 같은 광물도 변합니다. 사람은 외모보다 성품이 어떻게 변하는가가 중요합니다. 좋은 방향의 변화는 장려하지만 나쁘게 변하면 큰일입니다. 가장 중요한 것은 영적 세계에서의 변화입니다.

14-15장의 신앙의 영웅 아사 왕이 16장에서는 신앙에 실족한 인물이 됩니다. 그 변화의 내용이 너무 급격해서 당황스럽습니다. 통치 35년간의 선정(15:19)이 말기 6년의 실정으로 가려지는 형국입니다. 하나님께서 주도하신 전성기의 전쟁 승리와 정반대로 바아사의 침략에 아람을 매수하여 맞섭니다(1-3절). 하나님의 소유인 성전의 보화를 벤하닷에게 안기는 망발을 저지릅니다(2절). 선견자 하나니가 충고하자 크게 노하여 옥에 가두어

버립니다(7-10절). 이전에 아사랴의 예언을 청종하여 종교개혁에 충성하던 모습은 사라졌습니다.

하나님을 떠나 자기 마음이 시키는 대로 행한 결과로 병에 걸립니다. 히스기야처럼 회개하고 하나님께 달려가지 않고 인간 의원에게만 의뢰합니다(12절). 아사의 비극적 행로의 원인이 무엇인지 결론을 내리기가 쉽지 않습니다. 그럼에도 이유를 밝혀야 하는 것은 교회사와 우리 주변에 아사의 길을 간 자들이 많기 때문입니다. 구약적 표현으로는 율법을 주야로 묵상하여 지키는 일에 실패한 것입니다.

(시 1:2) "오직 여호와의 율법을 즐거워하여 그의 율법을 주야로 묵상하는도다

성경 전체 맥락에서 끌어낼 수 있는 아사의 실족 이유는 성령 충만을 유지하지 못한 것입니다.

(살전 5:19~20) "성령을 소멸하지 말며 예언을 멸시하지 말고"

신자는 말씀 중심의 신앙 훈련을 지속하지 아니하면 이성이 지배하는 상태로 돌입하게 되어 있습니다. 이성이 주장하면 신념의 사람이 되고 신념은 자기 합리화를 가져옵니다. 자기에게서 나온 신념은 하나님께로부터 나온 신앙과 싸우게 되는데 대부분 신념이 이깁니다. 표면적으로는 신앙인이지만 신념이 주체가 된 사람은 아집과 무모함이라는 캐릭터가 형성됩니다.

참된 신앙이란 말씀과 성령 안에서 자신의 나약함을 인정하며 하나님을 절대 의지하는 것입니다. 신앙을 실족시키는 교만, 태만, 합리화, 신념 등의 정체를 분별하는 과정이 꼭 필요합니다. 한시도 주님 도움이 없이는 못 산다고 고백한 말년의 성령 충만한 다윗이 그리워집니다.

♦ 역대하 17장 성경칼럼

5절 | 그러므로 여호와께서 나라를 그의 손에서 견고하게 하시매 유다 무리가 여호사밧에게 예물을 드렸으므로 그가 부귀와 영광을 크게 떨쳤더라

10절 | 여호와께서 유다 사방의 모든 나라에 두려움을 주사 여호사밧과 싸우지 못하게 하시매

"부귀와 영광의 원리"

인간 소원의 끝에는 부귀와 영광이 있습니다. 고상한 다른 소원도 있겠지만 빈천과 수욕을 받으려고 사는 사람은 없습니다. 인간의 간절한 부귀영화의 욕망에도 불구하고 현실에서는 이루어지지 못하고 반대로 가는 경우가 대부분입니다. 어디서부터 잘못된 것일까요? 부귀와 영광은 목표로 삼아서 이루는 것이 아니라는 것에 힌트가 있습니다. 목표로 삼아 열심히 노력해서 얻는 것이라면 웬만한 사람은 성공했을 것입니다.

성경은 부귀와 영화는 하나님을 경외한 결과로 주어진다는 원리를 정확히 선포합니다.

(대상 29:12) "부와 귀가 주께로 말미암고 또 주는 만물의 주재가 되사 손에 권세와 능력이 있사오니 모든 사람을 크게 하심과 강하게 하심이 주의 손에 있나이다"

아합은 부귀영화를 목적으로 나봇의 포도원을 탈취했다가 저주의 심판을 받았습니다. 그는 재물을 목표로 살다가 낭패를 당하는 신자의 반면교사입니다.

17장에는 북이스라엘 아합 왕과 동시대에 여호사밧이 남유다 왕으로 등극합니다. 선대 왕 아사의 말기 실정으로 국가적 위기 속에 왕위에 오르지

만 하나님 앞에 붙들린 것을 알 수 있습니다. 1절의 스스로 강하게 하였다는 것은 아버지와는 다르게 영적 실력을 쌓았다는 뜻입니다. 그가 일으킨 개혁이 우상 타파에 이어 율법 교육과 국방의 정비까지 이어지는 것은 신앙의 내공이 깊다는 증거입니다. 지방 곳곳까지 제사장과 방백과 레위인을 파견하여 백성들을 가르치게 합니다(7-9절).

이 과정은 개혁의 지속성을 통한 율법의 생활화라는 효과를 가져 옵니다. 여호사밧이 행한 개혁과 선정은 나라를 강하게 하고 백성들을 평안하게 합니다(10절). 자원하여 예물을 가져오고 국방은 역대 최다 군사인 116만 명에 이르게 됩니다(13-19절). 하나님을 경외함으로 오는 강성함은 주변의 나라들이 자원하여 조공을 바치게 합니다. 전략적 요지인 영토이기에 늘 침략을 당했는데 이제는 저들에게 두려움을 주는 나라가 되었습니다.

여호사밧은 분명히 그 출발이 부귀와 영광을 위하여 목표를 세운 것이 아니었습니다. 하나님 앞에 신앙을 키우고 순종하는 길을 꾸준히 가다보니 축복이 주어졌습니다. 백성들을 사랑하여 율법을 가르치고 지키게 하는 모습이 하나님의 마음에 꼭 들었습니다. 뜨거운 가슴과 냉철한 머리를 가지고 행정과 법률을 정비한 실력은 하나님께서 주신 은사입니다. 이후에 허물이 없는 것은 아니지만 아버지 아사의 부족함을 따라 하지 않으려는 몸부림도 느껴집니다. 부귀와 영광이 어디서 오는지를 밝히 보는 우리는 복 있는 사람입니다(고전 4:2).

♦ 역대하 18장 성경칼럼

1절 | 여호사밧이 부귀와 영광을 크게 떨쳤고 아합 가문과 혼인함으로 인척 관계를 맺었더라

31절 | 병거의 지휘관들이 여호사밧을 보고 이르되 이가 이스라엘 왕이라 하고 돌

아서서 그와 싸우려 한즉 여호사밧이 소리를 지르매 여호와께서 그를 도우시며 하나님이 그들을 감동시키사 그를 떠나가게 하신지라

"또 하나의 벽-민족"

흔히 어려운 난제에 부딪쳤을 때 벽을 만났다고 합니다. 벽은 장애물보다 어렵다는 느낌을 주고 뜨거운 감자처럼 다루기 힘들다는 뉘앙스로 다가옵니다. 신앙의 영역에는 거대한 벽들이 첩첩이 세워져 있습니다. 성경의 권위가 맨 앞에 서 있고 이어지는 구원론과 교회생활의 벽들도 만만치 않습니다. '벽을 눕히면 새로운 길이 된다'는 격언처럼 신앙의 벽들을 넘다보면 성숙을 선물로 받습니다.

18장에 나오는 북이스라엘과 남유다 간의 얽힌 사건은 민족이라는 큰 벽에 봉착 합니다. 나아가 민족이라는 주제와 뗄 수 없는 정치관과 연결 됩니다. 종교개혁에 성공하여 칭찬받고 강성함을 이룬 여호사밧이 북이스라엘 아합 가문과 혼인관계를 맺습니다(1절). 이 혼인의 결과가 어떠했는지 열왕기를 배운 우리는 잘 알고 있습니다. 여호람과 아달랴의 혼인은 남유다에 우상숭배를 범람하게 하였고 다윗 왕조가 끊길 뻔한 위기를 초래하였습니다. 18장에서는 연합 전쟁을 하게 만들었고(2-3절) 후대에게 악한 씨를 뿌린 것이었습니다.

아람과의 전쟁에 연합군으로 참여한 여호사밧은 이스라엘 왕으로 오인되어 자칫 죽을 뻔했습니다(31절). 반면에 아합은 변장하고 나가서 우연 같은 필연의 화살에 맞아 죽습니다(33-34절). 여기까지 보게 되면 여호사밧이 북이스라엘과 깊숙이 교류한 것은 하나님의 뜻을 분명히 어긴 것입니다. 그런데 주목할 것은 역대기 기자가 여호사밧의 행위를 악하다고 평가

한 대목이 없다는 사실입니다.

무슨 메시지가 배후에 있다는 것을 느끼게 됩니다. 여호사밧의 선택에는 민족주의라는 의도가 자리 잡고 있었습니다. 영적 입장에서 보면 남유다에게 북이스라엘은 이방나라 수준으로 적대국입니다. 하지만 육적으로 보면 저들은 같은 선민이고 동족입니다. 성군에 속하는 여호사밧이 이 민족주의 관점을 가지고 행동했다면 동기는 분명한 것입니다.

정치가는 종교를 이용하여 명분을 만들려고 늘 시도합니다. 아합이 거짓 선지자 400명을 동원한 것은 정치가 종교를 시녀화한 것입니다(5절). 이를 부수는 종교의 주도권은 참 예언자인 미가야의 승리로 충분히 판명됩니다(23-27절). 민족과 정치를 돌보지 않는 종교는 폐쇄적이 되고 이웃 사랑의 법에 어긋납니다(롬 9:3). 반대로 여호사밧처럼 민족 우선주의로 가게 되면 신앙은 무력화되고 공동체는 사멸될 수 있습니다. 신앙과 민족(정치) 가치와의 병행은 하나님의 뜻이며 우리 분단 조국에도 주어진 숙제입니다. 풀 수 없는 문제는 내지 않으시는 하나님을 바라보며 민족에 대한 지혜와 능력을 구합니다.

역대하

♦ 역대하 19장 성경칼럼

3절 | 그러나 왕에게 선한 일도 있으니 이는 왕이 아세라 목상들을 이 땅에서 없애고 마음을 기울여 하나님을 찾음이니이다 하였더라

7절 | 그런즉 너희는 여호와를 두려워하는 마음으로 삼가 행하라 우리의 하나님 여호와께서는 불의함도 없으시고 치우침도 없으시고 뇌물을 받는 일도 없으시니라 하니라

"사랑의 채찍"

채찍(매)을 맞고 싶은 사람은 없습니다. 그러나 인생에서 채찍은 피할 수 없고 영적 세계에서는 필수적입니다. 죄를 먹고 사는 인생이 죄를 멈추게 하는 채찍(징계)이 없다면 저주를 받은 것입니다.

(히 12:8) "징계는 다 받는 것이거늘 너희에게 없으면 사생자요 친아들이 아니니라"

여기서 온전한 채찍은 사랑의 통로로 바뀌게 됩니다. 부모가 자식이 잘못되지 않도록 채찍을 들듯이 하나님께서는 자기 백성을 징계합니다. 성경은 사랑의 징계가 없는 자를 하나님의 유기라고 하는데 엄청난 저주임을 선포합니다(롬 1:24, 26, 28).

18장에서 여호사밧의 구사일생은 실제적으로는 죽었다가 다시 살아난 것입니다. 민족 통일이라는 대의가 있었지만 하나님 결재 없이 행한 전쟁은 패배와 수치였습니다. 악한 자와의 동맹은 잘못 낀 단추로서 참 선지자인 미가야의 말을 듣지 않는 것으로 진전되었습니다. 북이스라엘 아합 왕은 전사하고 길르앗 라못과 요르단 북부 지역을 아람에게 넘겨줍니다. 사선을 넘어 예루살렘 궁으로 돌아오는 여호사밧에게 선견자 예후가 책망을 합니다(2절).

예후의 모습을 관찰하는 것은 이 시대의 선견자인 그리스도인에게 지침이 됩니다. 예후는 귀환하는 왕을 마중 나가 하나님의 말씀을 대언합니다. 이 타이밍은 여호사밧이 겸비할 때를 찾아 한 것으로 시기를 늦추었다면 최악의 경우 예후는 죽을 수도 있었습니다. 예후는 아버지 하나니가 아사왕에게 저주의 예언을 하다 옥에 갇힌 것을 보았을 것입니다(16:7-10). 기회를 잘 알고 말하는 지혜는 아주 귀합니다(잠 27:9, 25:11).

예후는 책망으로만 권고하지 아니하고 여호사밧의 잘한 점을 상기시켜 주었습니다. 왕에게 선한 일도 있다는 말로 이전에 하나님의 뜻을 행한 공적을 일깨웠습니다(3절). 장점을 칭찬함으로 책망은 약이 되고 심기일전할 수 있는 동기부여로 작용합니다. 하나님의 마음인 사랑의 채찍을 잘 적용하는 예후의 모습이 멋집니다.

힘을 공급받은 여호사밧이 2차 심층적 종교개혁에 나섭니다. 우상을 타파하고 율법 교육으로 백성들을 살렸던 1차 개혁에 이어 사법 제도를 개혁합니다. 중앙과 지방에 재판관으로 레위인과 제사장과 족장들을 적재적소에 세웁니다(5-11절). 율법의 정신을 교육하고 사랑의 자세를 훈련시켜 백성을 재판하게 합니다(6-7, 9-10절). 사랑의 채찍은 맞는 사람이 정확하게 인식할 수 있다는 특성이 있습니다. 하나님께서 나를 얼마나 사랑하시는지를 느낄 때 징계는 하나님의 사람을 만드는 방편이 됩니다.

♦ 역대하 20장 성경칼럼

3절 | 여호사밧이 두려워하여 여호와께로 낯을 향하여 간구하고 온 유다 백성에게 금식하라 공포하매

21절 | 백성과 더불어 의논하고 노래하는 자들을 택하여 거룩한 예복을 입히고 군대 앞에서 행진하며 여호와를 찬송하여 이르기를 여호와께 감사하세 그의 인자하심이 영원하도다 하게 하였더니

"계약서와 보증서"

미국 이민 생활을 하고 있는 지인에게 들은 이야기입니다. 미국 사회는 신용을 중시하며 작은 일이라도 계약서를 작성하는 문화라는 것입니다. 법적 문제가 생기면 증거 제일주의로 재판하는데 핵심에 계약서가 있습니다. 사람

을 믿고 아무 증거를 남기지 않다가 낭패를 겪는 경우는 흔합니다. 계약서가 쌍방의 조건에서 쓰여 진 것이라면 보증서는 발행한 측의 신용과 권위에 의거합니다. 귀중품의 보증서는 보증을 선 쪽에서 전적으로 책임을 집니다.

성경의 용어로 볼 때 계약서는 쌍방 약속이고 보증서는 하나님의 언약이라고 보면 됩니다. 구약에서 선민인 이스라엘은 하나님의 언약이라는 보증서를 가지고 있습니다. 국가적 위기를 만나면 하나님께 나아가서 도움을 청하는데 그 근거가 보증서인 언약입니다. 만약 이 언약의 보증서가 아닌 쌍방 책임인 계약서이었다면 하나님께 나아가는 것조차 허락되지 않았을 것입니다. 늘 인간 편에서 약속을 어기기에 그 책임도 인간이 지어야 하기 때문입니다.

여호사밧이 2차 종교개혁을 완성하고 국력이 회복되었을 때 사해 남쪽으로부터 모압 연합군이 침공합니다. 이 위기는 예후가 여호사밧의 죄악에 대한 징벌을 예언한 것(19:2)이 유예되었다가 일어난 것입니다. 여기서 우리는 하나님의 징벌 방법에 대한 눈을 뜨게 됩니다. 죄는 반드시 대가를 치르지만 감당할 만한 시기에 집행되는 원리입니다(고전 10:13). 여호사밧은 이전 전쟁의 수치가 인간의 방법에서 비롯된 것임을 깨달았습니다. 이제 정반대로 군사적 자구책이 아닌 하나님만 의지하는 기도에 돌입합니다.

자신의 회개로 시작된 기도는 온 백성이 참여하고 금식으로 이어집니다(3절). 금식이란 곡기를 끊는 것인데 음식이 아닌 하나님의 힘으로만 살겠다는 의지입니다. 절박한 금식이 기도의 자세라면 기도의 내용은 하나님의 보증서를 확인하는 것으로 채워집니다. 여호사밧은 백성 가운데 서서 하나님의 주권을 선포하며 간구합니다(5절). 만왕의 왕이신 하나님께서 모든 권세를 가지고 선민에게 준 영토를 보존하실 언약을 상기합니다(6-7절). 솔로몬에게 주었던 성전에서 기도하면 응답하신다는 언약을 근거로 구원하실 것을 확신하고 있습니다(8-9절).

언약이 있는 선민이 모압 족속에게 질 수 없다는 구속사 의식도 드려집니다(10-12절). 언약에 근거한 기도는 구체적으로 응답되어 예언자에 의해 전투 일시와 장소까지 전해집니다(16-17절). 선두에 찬양대를 세운 믿음 앞에 적은 자멸하고 승리와 함께 평화와 전리품이 주어집니다(21-30절). 이 사건은 우리가 주님의 이름으로 기도할 때 주어지는 권세의 예표입니다(요 14:13-14).

♦ 역대하 21장 성경칼럼

6절 | 그가 이스라엘 왕들의 길로 행하여 아합의 집과 같이 하였으니 이는 아합의 딸이 그의 아내가 되었음이라 그가 여호와 보시기에 악을 행하였으나

15절 | 또 너는 창자에 중병이 들고 그 병이 날로 중하여 창자가 빠져나오리라 하셨다 하였더라

"경고, 퇴장, 퇴출"

스포츠에서 규칙이 단순한 종목 중의 하나가 축구입니다. 경기 중의 일부 인 파울을 심하게 하면 경고(yellow card)를 받습니다. 퇴장(red card)은 두 번 경고를 받을 때와 악의적인 경기를 할 때 받고 출전 정지가 이어집니다. 퇴출(throw out)은 버림을 받는 것으로 치명적 흠이나 범죄가 드러날 때 선수 자격이 박탈됩니다. 흠이 많은 인간은 경고와 일시적 퇴장은 있을 수 있고 새 기회도 주어집니다. 하지만 기회를 주어져도 계속된 잘못을 한다면 영구 퇴출을 당할 수밖에 없습니다. 선수가 경기만 잘하면 된다는 생각은 안 통합니다. 그가 누리는 혜택이 공적인 것에서 나오기 때문에 사회적 도덕 기준이 적용됩니다.

그리스도인은 하나님과 교회를 대표하는 영적 공인의 성격을 가지고 있습니다(고후 2:15-16, 3:2-3). 21장에는 열왕 중의 악한 왕 상위에 랭크되어 있는 남유다 5대 왕 여호람이 등장합니다. 뭐 하나 잘 봐줄 구석이 전혀 없는 악한 왕의 요소를 골고루 갖추었습니다. 확실한 경고를 계속 받아도 고치기는커녕 더 큰 악행으로 치달아 갑니다. 아버지는 허물은 많았지만 성군에 속하는 여호사밧이었습니다(12절).

여호람 왕의 비극의 원인은 아버지가 정략결혼을 시킨 것에서 시작되었습니다. 북이스라엘의 시돈 출신 악한 왕후 이세벨의 딸인 아달랴는 악함을 물려받았습니다(6절). 아버지보다 아내의 영향을 더 받은 여호람을 보며 그리스도인의 결혼이 얼마나 중요한지를 알게 됩니다. 아버지의 배려로 동생들은 자리를 잡았는데 여호람은 왕권에 위협을 느껴 동생들을 모두 죽입니다(2-3절). 충언을 하는 방백들까지 죽이는 그의 좁은 그릇이 한심합니다(4절).

다윗의 언약을 지키시려는 하나님의 경고는 여호람에게 내외적으로 주어집니다(7절). 기자는 에돔과 립나가 배반하여 대항한 것이 하나님의 경고였음을 적시합니다(8-10절). 여호람은 정신을 차리기보다 오히려 산당을 세워 음행을 장려합니다(11절). 선지자 엘리야는 서신을 통해 죄악을 지적하고 경고와 함께 퇴출을 예언합니다. 가문이 망하고 창자가 빠져 나온다는 경고를 받고도 회개는 없습니다(12-15절).

블레셋과 아라비아 사람들에게 가문의 치욕을 당한 여호람은 예언대로 2년 동안 창자가 빠져 나오는 고통을 겪다가 죽습니다(18-19절). 이 병은 저주받은 자의 죽는 모습으로 이세벨과 헤롯과 가룟 유다가 당한 것과 같은 맥락입니다. 백성들은 장례식에 분향하지 않음으로 여호람에게 복수하며 불명예를 수여합니다. 구속사는 그가 열왕의 묘실에 들지 못했다고 기록함으로 구원에서 버림받았음을 암시합니다(19-20절).

♦ 역대하 22장 성경칼럼

2절 | 아하시야가 왕이 될 때에 나이가 사십이 세라 예루살렘에서 일 년 동안 다스리니라 그의 어머니의 이름은 아달랴요 오므리의 손녀더라

10절 | 아하시야의 어머니 아달랴가 자기의 아들이 죽은 것을 보고 일어나 유다 집의 왕국의 씨를 모두 진멸하였으나

"악인 사용법?"

세상의 사람을 악인과 선인으로 딱 잘라 나누기는 어렵습니다. 가르는 기준이 다양하고 판별자의 자격과 수준도 차이가 납니다. 그러나 영적인 세계는 악인과 선인에 대한 분류가 정확합니다. 의는 하나님께만 있기에 하나님의 의를 덧입는 자는 선인이고 하나님이 없는 자가 악인입니다. 이것을 교리적으로 '칭의'라고 하고 신학에서는 '그리스도와의 연합 사상'이라고 합니다(롬 6:4-5).

(롬 5:18) "그런즉 한 범죄로 많은 사람이 정죄에 이른 것 같이 한 의로운 행위로 말미암아 많은 사람이 의롭다 하심을 받아 생명에 이르렀느니라"

악인에 대한 인간의 판단은 불확실하지만 성경은 끝까지 회개하지 않는 자가 악인이라고 결론을 내립니다. 여호람 왕의 악함을 지나온 우리는 그 아들 대에서 묘한 모양의 악을 만나게 됩니다. 여호람의 다른 아들은 예언대로 외세에 의해 죽고 막내인 여호아하스만 살아 왕위에 오릅니다(21:16-17). 그가 아하시야 왕인데 어머니 아달랴의 섭정을 받다가 1년 만에 죽습니다(2절). 아달랴는 남편을 악하게 조종하더니 아들에게는 우상숭배를 쥐 잡듯이 시키고 전장에 나가 죽게 만듭니다(3-9절).

영적으로 볼 때 아하시야는 악인의 반열이 분명하고 왕으로서 부귀영화를 누릴 틈도 없이 사라집니다. 차라리 형제들이 참살당할 때 함께 죽는 편이 나았을 것이라는 생각이 듭니다. 그러나 그것은 우리 생각이고 하나님께서는 아하시야를 1년 동안 살게 하신 이유가 있었습니다. 아하시야가 죽자 이방 시돈 출신 아달랴는 손자들을 다 죽이고 정권을 찬탈하여 여왕이 됩니다(10절). 그런데 단 한 명의 갓난아이가 숨겨져 살아나는데 바로 요아스입니다(11-12절). 아하시야가 1년 왕위에 있는 그 기간에 요아스가 태어난 셈입니다.

다윗의 씨(왕조)가 말살되지 않도록 아하시야를 살리고 요아스라는 씨를 보존하셨던 것입니다. 하나님께서는 악인의 범주에 있는 아하시야를 사용하여 언약의 섭리를 이끌어 가셨습니다. 사단의 속성인 살인을 무식하게 감행하는 아달랴에 맞서 하나님의 방법은 너무 소극적인 것처럼 보입니다. 그러나 이것이 구속사를 이어가시는 하나님의 방법입니다. 사라와 리브가와 라헬과 한나는 석녀이었는데 모두 하나님의 은혜로 아이를 낳습니다. 그 여인들의 실체인 마리아는 성령으로 잉태되었습니다.

여호사브앗(여호세바)의 생명을 건 은밀한 헌신이 아기 요아스를 살렸는데 이것이 하나님의 방법입니다. 인간의 눈에 잘 띄지는 않지만 하나님의 사용법은 오류가 없고 반드시 성공합니다. 악인을 그 성향까지 아시고 적재적소에 배치하여 사용하시는 하나님의 전지전능성은 신비하고 놀랍습니다(7-9절).우리도 악인을 보는 안목이 더욱 깊어져야 하겠습니다.

♦ 역대하 23장 성경칼럼

12절 | 아달랴가 백성들이 뛰며 왕을 찬송하는 소리를 듣고 여호와의 전에 들어가

서 백성에게 이르러

21절 | 그 땅의 모든 백성이 즐거워하고 성중이 평온하더라 아달랴를 무리가 칼로 죽였었더라

"국리민복"

나라의 이익과 국민의 행복을 아울러서 이르는 말입니다. 인류사에서 나라의 지도자와 공인들이 실천할 불변의 목적입니다. 이와 반대인 사리사욕을 채우는 지도자는 자격이 없고 어떤 모양으로든 심판을 받습니다. 이 원리는 하나님이 세우셨습니다. 지도자는 자신이 아닌 백성을 위해 자리가 주어진 것을 명심해야 합니다. 신정왕국인 남유다 왕의 최종 평가는 백성들의 상태로 결정됩니다. 다른 치적이 좋아도 백성들이 평안하고 즐거워하지 않으면 선왕이 아닙니다. 하나님께서 기뻐하시는지를 알 수 있는 척도는 백성들의 행복도입니다.

여호람이 죽었을 때 백성들이 분향하지 않았다는 것은 백성을 괴롭게 한 악한 왕이라는 증명입니다(21:19). 솔로몬 왕의 위대함은 그의 지혜와 영화에 있는 것이 아니라 백성들을 귀하게 여긴 것에 있습니다(1:9-12). 다윗이 백성 가운데에서 춤추며 기뻐하고(삼하 6:14) 솔로몬이 자신을 백성으로 자처한 것(대하 6:12-13)은 선왕임이 드러난 것입니다. 하나님께서 백성들을 신정왕국에서 진짜 주인공으로 대우받도록 설정해 놓으셨습니다.

23장에서 대제사장 여호야다의 혁명으로 다윗의 씨인 요아스가 왕위에 오릅니다. 여호야다가 주도했지만 군인과 족장과 레위인과 백성들이 합쳐서 이루었습니다. 치밀한 전략과 함께 민심을 얻어 승리가 주어졌습니다. 유혈이 따르는 다른 혁명과 달리 악녀 아달랴와 바알의 제사장 맛단을 죽

이는 것으로 끝납니다(15, 17절). 아달랴가 졸지에 백성들에 의해 미문에서 죽는 모습은 악인의 급작스런 멸망의 예표입니다. 악하고 어리석은 자는 코앞의 일도 전혀 예상하지 못하는 영적 맹인임을 보여줍니다. 바로 군대의 홍해 수장은 순식간에 일어났고 견고한 여리고성은 때가 찬 한 방에 무너졌습니다. 천하를 주름잡던 악한 권력이 하나님의 뜻에 의해 무너지는 것은 백성들을 괴롭혔기 때문입니다.

요아스의 등극 후 모든 백성이 즐거워하고 성중이 평온했다는 기록(21절)이 반가운 것은 웬일일까요? 선한 왕은 드물고 그동안 백성들은 곤핍했다는 행간이 읽혀지기 때문입니다. 우리는 왕이 아니고 높은 지위도 없어서 이 교훈은 내 것이 아니라고 흘려버릴 수도 있습니다. 하지만 성경은 그리스도인의 정체성을 왕 같은 제사장이라고 밝히 선포하였습니다.

내가 거하는 영역이 어디이든 하나님의 청지기로서 책임지고 섬기고 중보하는 곳임을 새겨야 합니다. 섬김에 따라 악왕(에발산)도 될 수 있고 선왕(그리심산)도 될 수 있는 갈림길에 오늘도 서 있습니다(신 11:26-32).

(신 11:26) "내가 오늘 복과 저주를 너희 앞에 두나니"

♦ 역대하 24장 성경칼럼

16절 | 무리가 다윗 성 여러 왕의 묘실 중에 장사하였으니 이는 그가 이스라엘과 하나님과 그의 성전에 대하여 선을 행하였음이더라

22절 | 요아스 왕이 이와 같이 스가랴의 아버지 여호야다가 베푼 은혜를 기억하지 아니하고 그의 아들을 죽이니 그가 죽을 때에 이르되 여호와는 감찰하시고 신원하여 주옵소서 하니라

"세속정권, 영성정권"

세속정권은 쉽게 이해가 되지만 영성정권은 아주 낯섭니다. 누군가가 사용했었겠지만 24장을 묵상하다가 떠오른 단어입니다. 영성정권이란 말은 남북 분열왕국 시대를 분별할 수 있는 중요한 열쇠가 됩니다. 세속정권은 정치가가 주도권을 가진 체제로서 이방 나라를 따라 한 북이스라엘이 해당됩니다. 처음부터 이방 신을 받아들이고 여호와 신앙이 말살된 구조로 출발하여 종교 갈등이 거의 없었습니다. 영성정권은 여호와 신앙인 율법과 제사를 중심하였기에 제사장의 영향 하에 있는 체제입니다.

신정왕국을 물려받은 남유다가 이 체제라고 볼 수 있습니다. 왕과 선지자와 제사장이 모두 자신이 맡은 역할에 충실할 때 영성정권이 이루어집니다. 가끔 나오는 선왕의 시대는 영성정권이 잘 작용했고 그 복을 온 백성이 받았습니다. 가끔 나온다는 말은 역설적으로 영성정권을 이루거나 유지하기가 매우 어렵다는 뜻입니다. 세속정권은 죄 성에 물든 인간이 좋아할 쾌락과 이익의 카르텔로 엮여져 단결이 잘되고 지속력이 강합니다. 하지만 영성정권은 보이지 않는 하나님을 섬기기에 단기적인 메리트가 잘 안보여 결속력이 느슨합니다.

이런 선지식을 가지고 24장의 요아스 시대를 성찰하면 여러 의문점이 해결됩니다. 돌 박이 고아인 요아스를 키워 왕위에 앉힌 대제사장 여호야다의 영향력은 막강하였습니다. 섭정 왕 같은 위치였지만 끝까지 제사장의 위치를 지키고 타락하지 않은 그는 영성정권의 주체 세력이었습니다. 그가 죽자 왕이 아닌 자로서 유일하게 열왕의 묘실에 들어간 것은 백성들의 존경을 받았기 때문입니다(16절). 문제는 여호야다가 죽은 이후 영성 정권이 세속정권의 도전을 받아 패배한 것입니다.

역대하

유약한 요아스가 정치 지도자인 방백들의 말에 휘둘려서 우상숭배에 들어갔습니다(17-18절). 인간 집단은 파워게임에 들어가면 수단방법을 가리지 않습니다. 선지자들의 말도 안 듣고 여호야다의 아들 스가랴가 전한 하나님의 경고도 무시합니다(19-20절). 은혜를 입은 요아스가 부화뇌동하여 스가랴를 성전 뜰에서 돌로 쳐 죽이게 합니다(21-22절). 영성정권을 무너뜨리고 인간의 죄악을 충족시키려는 세속정권은 천륜과 인륜에 아랑곳하지 않습니다.

이 진행은 병행장(왕하 12장) 칼럼에서 기술한대로 요아스의 영적실력의 미흡이 원인입니다. 영적 내공이 없는 왕에게 도전하는 영적 배후세력이 있듯이 신자에게도 이 구도는 펼쳐집니다. 한 사람의 인생은 하나의 나라로서 영적 파워게임을 하는 현장입니다. 예수님을 왕으로 섬기느냐, 사단을 왕으로 섬기느냐는 전투는 수없이 일어납니다(마 12:26-28). 말기의 죄악으로 버림받는 요아스의 모습만은 절대 따라가면 안 되는 길입니다(23-25절).

♦ 역대하 25장 성경칼럼

2절 | 아마샤가 여호와께서 보시기에 정직하게 행하기는 하였으나 온전한 마음으로 행하지 아니하였더라

14절 | 아마샤가 에돔 사람들을 죽이고 돌아올 때에 세일 자손의 신들을 가져와서 자기의 신으로 세우고 그것들 앞에 경배하며 분향한지라

"IC(Interchange), JC(Junction)"

IC는 인터 체인지의 약자로 일반도로와 고속도로를 출입하는 길이고 우리말로는 나들목이라고 합니다. JC는 정션의 약자로 고속도로와 고속도로를 연결하는 곳을 말하며 우리말로는 갈림목(분기점)이라고 합니다. 운전

할 때 이 안내판을 미리 잘 보아야 목적지에 고생하지 않고 갈 수 있습니다. 다른 곳에 시선을 두거나 딴 생각을 하거나 차선을 미리 바꾸지 않으면 다른 길로 갈 수밖에 없습니다. 극단적인 사례를 들었지만 신앙의 세계에서 잠시 방심하다가 딴 길로 들어서는 경우가 있습니다.

열왕들의 이야기를 추적하면서 영적인 나들목과 갈림목을 잘못 타는 모습이 많이 발견됩니다. 선왕으로 출발했다가 말기에 버림받는 왕이 되는 계기에는 잘못된 분기점이 있습니다. 아버지 요아스에 이어 왕위를 이어받은 아들 아마샤도 그 길을 따라가고 있습니다. 기자는 아마샤에 대하여 '여호와 보시기에 정직히 행하였으나 온전한 마음으로 행하지 아니했다'고 평가합니다(2절). 기자의 아쉬운 한숨이 우리에게도 진하게 전달됩니다. 그때 그 순간에 믿음의 온전한 마음만 있었다면 선왕이 되었을 것이라는 바람이 숨겨져 있습니다.

아마샤는 부왕을 죽인 반역자에 대한 처형을 원한에 치우치지 않고 율법을 지키며 시행했습니다(3-4절, 신 24:16). 에돔과의 전쟁에서 북이스라엘 용병 십만 명을 동원한 것은 불신앙에서 온 것입니다(6절). 다행히 하나님의 사람이 나타나 잘못을 지적하자 갈등 끝에 순종합니다(7-9절). 전쟁은 승리로 끝났지만 돌아가던 에브라임 군대가 유다 성읍을 약탈함으로 잘못에 대한 대가를 치릅니다(13절).

이어서 아마샤의 악한 방향의 분기점이 나타나는데 어이가 없습니다. 정복한 지역에서 세일 자손의 우상들을 가져와서 그것들 앞에 경배하며 제사한 것입니다(14절). 그 이유가 무엇인지 나와 있지는 않지만 승리에 도취해 하나님을 까맣게 잊은 것 같습니다. 아마샤의 교만함은 영안을 흐려지게 하고 북이스라엘에게 선전포고를 하기에 이릅니다. 이스라엘 왕 요아스에게 패망하고 재물을 빼기고 포로로 잡혀 버립니다. 하나님께서 아마샤를 멸하겠다는 예언(15-16절)이 그대로 성취되었습니다.

이후의 생존한 15년은 수난의 기간이었고 결국 아버지처럼 신하들의 반역에 의해 참살됩니다(25-27절). 영적 실력이 없는 왕이 언제 어디서 넘어질지 모르듯이 신자의 평소 훈련은 매우 중요합니다. 아마샤에게 승리가 없었다면 교만의 기회도 없었을 것이라는 가정도 해 봅니다. 인간은 하나님을 아는 지식으로 충만하지 아니하면 어떤 환경에서든 교만해지는 것을 피할 수 없습니다. 감정에 치우쳐 조급하고 분노하는 아마샤의 경솔함을 보면서 정서적 훈련의 긴요함을 새기게 됩니다.

(고후 6:2) "..보라 지금은 은혜 받을 만한 때요 보라 지금은 구원의 날이로다"

♦ 역대하 26장 성경칼럼

5절 | 하나님의 묵시를 밝히 아는 스가랴가 사는 날에 하나님을 찾았고 그가 여호와를 찾을 동안에는 하나님이 형통하게 하셨더라

19절 | 웃시야가 손으로 향로를 잡고 분향하려 하다가 화를 내니 그가 제사장에게 화를 낼 때에 여호와의 전 안 향단 곁 제사장들 앞에서 그의 이마에 나병이 생긴지라

"축복과 저주의 조건"

누구나 축복을 받고 싶어 하고 저주를 원하는 사람은 없습니다. 축복과 저주는 본래 사람의 노력으로 조정할 수 있는 영역이 아닙니다. 이는 하나님께서 정해 놓으신 원리입니다. 아브라함은 소명 시에 이미 '복의 근원(브라카:복덩어리)'이 되었습니다(창 12:2). 율법 시대에 이르러 축복과 저주

는 조건으로 주어집니다. 그 조건은 하나님의 말씀을 삼가 듣고 지켜 행하는 것입니다. 신명기 28장에는 이 조건과 내용이 정확히 제시되어 있습니다. 순종하는 자는 온갖 축복이 주어지고(1-14절) 불순종하는 자는 상상하기도 싫은 저주가 임합니다(15-68절).

축복과 저주가 임하는 방법과 시기는 다양합니다. 즉결심판이 집행되기도 하고 수십 년이 걸려서 일시적으로 저주를 피한 것처럼 오해할 수도 있습니다. 26장의 웃시야 왕의 징벌은 저주의 성격을 알게 해주는 독특한 사례입니다. 성경에서 즉결심판이 임하는 경우는 죄가 중대하다는 것이며 공동체에 즉각적인 경고를 주는 목적도 있습니다. 나답과 아비후가 다른 불을 드리다가 즉사했고 모세를 대적한 고라 일당은 졸지에 땅이 갈라져 산 채로 매장되었습니다. 웃사는 흔들리는 법궤를 잡다가 죽었고 아나리아와 삽비라는 성령님과 사도들을 속이려다 즉사했습니다.

웃시야는 두 번째의 장기 즉위기간(52년)의 왕이었으며 선한 왕으로 쓰임 받았습니다. 하나님께서 형통케 하심으로 전쟁마다 이기고 국방을 튼튼히 하였습니다(8-15절). 목축과 농업을 진흥시켜 백성들을 부유케 하였습니다(10절). 이대로 잘 나가면 좋았을 웃시야가 돌연 이상해졌습니다. 제사장에게만 주어진 제사와 분향을 자신이 나서서 하는 망발을 저지른 것입니다(16-18절). 제지하는 제사장 그룹을 향해 화를 내는데 그 순간 나병이 즉시 발생하였습니다(19-20절). 형상은 흉물이 되었고 규례대로 격리되어 버림을 받고 죽어가는 장기적 형벌은 즉사보다 고통스럽습니다.

웃시야는 형통함의 함정인 교만에 빠졌는데 기자는 그 이유를 명확히 기록합니다. '하나님의 묵시를 밝히 아는 스가랴'의 유무가 형통과 저주를 결정하는 조건이 되었습니다(5절). 묵시란 히브리어로 '비르아트'로서 '두

역대하

려운 교훈'이란 뜻입니다. 즉 하나님을 두려워하는 교훈을 주는 스가랴가 죽고 없어지자 웃시야는 망하게 되었습니다.

책을 거의 안 읽는 디지털 영상시대에 사는 현대인은 생각하는 능력이 급속히 얕아져 갑니다. 두려운 하나님을 의식하고 사는 경외하는 신앙이 얼마나 복된 것인지를 깊이 깨닫습니다(시 1:1-2).

♦ 역대하 27장 성경칼럼

2절 | 요담이 그의 아버지 웃시야의 모든 행위대로 여호와 보시기에 정직하게 행하였으나 여호와의 성전에는 들어가지 아니하였고 백성은 여전히 부패하였더라

6절 | 요담이 그의 하나님 여호와 앞에서 바른 길을 걸었으므로 점점 강하여졌더라

"잘 살면 잘 믿을까?"

여기서 잘 산다는 것은 경제력이 좋다는 것이고 잘 믿는다는 것은 하나님께 순종한다는 뜻입니다. 환경이 다르고 사람도 다양하기 때문에 확정적 정답을 낼 수는 없습니다. 다만 경험적으로 신자가 잘 살게 되면서 신앙의 열심을 낮추는 추세가 높아진다는 것입니다. 우리나라 기독교 인구는 국민소득이 높아질수록 줄어드는 통계가 나오고 있습니다. 산업화와 민주화와 선진화가 나라의 나아갈 방향이지만 신앙화와는 정비례하지 않음을 보여줍니다. 영적 세계는 하나님의 섭리와 인간의 의지가 상수와 변수로 작용하기에 통찰하기가 쉽지 않습니다.

분열왕국 시대의 남유다의 모습은 신앙의 여러 형태를 보여주는 거울입니다. 27장에는 요담 왕과 백성들의 신앙 양상이 독특하게 펼쳐집니다. 아

버지 웃시야 왕이 나병에 걸려 격리되면서 요담이 즉위합니다(1절). 즉위 이전과 이후 모두 섭정체제에 있었던 요담은 아버지의 절대적인 영향을 받았습니다. 국가의 번성을 이룬 선대왕이 한순간 교만하여 제사장 역할을 하다가 진노의 심판을 받는 것을 목격했습니다(26:16-21). 말은 안 해도 절대 아버지처럼 실수하지 않겠다는 교훈을 뼛속 깊이 새겼을 것입니다.

요담이 여호와의 성전에 들어가지 아니했다는 것은 양면적 의미가 있습니다(2절). 영적 범죄를 삼가 조심했다는 뜻이지만 하나님을 향한 소극적 자세를 지적하는 언급이기도 합니다. 역대 위대한 왕들은 성전을 가까이 하여 기도생활과 함께 제사를 장려하는 적극적 행동을 하였기 때문입니다. 그가 아버지의 유산을 물려받아 나라 곳곳을 건축하고 암몬에게 승리하고 경제 융성을 이루었지만 단점이 드러난 것입니다(5절).

백성들은 잘 살았지만 여호와 신앙으로 충만하지 않았고 부패하여 산당으로 향했습니다(왕하 15:35). 요담은 자신의 신앙을 지키고 큰 실수는 없어 보였지만 백성들을 이끄는 영적 향도자 역할에는 실패했습니다. 이사야 선지자는 번성할 때 온갖 죄악이 팽배함을 경고합니다(사 2:7-8). 환경이 좋고 있는 것이 많으면 사치와 방탕과 교만이 들어옵니다. 교만은 하나님을 안 보이게 하는 능력을 발휘합니다. 자연스럽게 화려한 우상에게 달려가고 가진 힘을 과시하고자 전쟁을 부추기기까지 합니다.

요담 시대의 신앙 거울(mirror)은 작지만 중요한 소극적 신앙이라는 흠을 발견하게 합니다. 요담의 어머니가 대제사장 사독의 딸이었다는 것은 신앙교육을 잘 받았다는 배경을 소개한 것입니다(1절). 부모의 좋은 영향은 받고 부족한 것을 개척하는 진취적 기상을 갖추면 참 좋겠습니다. 우물 안 개구리 신앙으로 평균만 하겠다고 은사를 숨기는 것은 악한 신앙에 속합니다(마 25:24-30). 환경이 좋아지면 잘 하겠다는 자세보다 지금 할 수 있는 일을 하는 지혜자가 되기를 원합니다.

♦ 역대하 28장 성경칼럼

8절 | 이스라엘 자손이 그들의 형제 중에서 그들의 아내와 자녀를 합하여 이십만 명을 사로잡고 그들의 재물을 많이 노략하여 사마리아로 가져가니

15절 | 이 위에 이름이 기록된 자들이 일어나서 포로를 맞고 노략하여 온 것 중에서 옷을 가져다가 벗은 자들에게 입히며 신을 신기며 먹이고 마시게 하며 기름을 바르고 그 약한 자들은 모두 나귀에 태워 데리고 종려나무 성 여리고에 이르러 그의 형제에게 돌려준 후에 사마리아로 돌아갔더라

"아... 고맙습니다"

고마움을 표현하는 것은 맞는데 무언가 느낌이 다릅니다. 직선적 고마움이 아니라 한참 지나 생각하고 결과를 보니 정말 고맙다는 뉘앙스가 담겨 있습니다. 28장은 악한 왕의 대표 격인 아하스에 대한 기사입니다. 아하스는 병행장인 열왕기하 16장의 칼럼에서 설파했듯이 영적 구제불능의 인물입니다. 나쁜 이미지의 문구를 다 동원해도 부족한 악행의 종합백화점입니다. 이전 3대의 선왕들은 선과 악의 교차점이 있었지만 아하스는 선한 행위의 기록이 일절 없습니다.

우상숭배의 차원을 넘어 이방 나라처럼 아들을 힌놈 골짜기에서 불사릅니다. 이후에 므낫세 왕이 따라했지만(33:6) 유다 왕 중에는 사형에 해당되는 이 율법(레 20:1-5)을 최초로 어겼습니다. 제사장적 관점으로 기록된 본장은 선지자 관점의 열왕기와 다른 해석이 발견됩니다. 전쟁의 원인이 아하스의 악행에 대한 징벌임을 명확히 합니다(5-6절). 그가 하나님을 버리니 그 징벌로 아람 왕과 이스라엘 왕에게 넘겼다는 것입니다. 그 참상이 얼

마나 대단한지는 숫자로 나타납니다.

북이스라엘 왕 베가가 유다에서 하루 동안에 용사 12만 명을 죽입니다(6절). 일반적으로 있을 수 없는 일이 일어난 것인데 여호와의 징벌로 인한 살육임을 보여 줍니다. 더 참혹한 것은 연약한 여자와 아이를 포함한 20만 명이 재물을 뺏기고 사마리아에 포로로 잡혀간 것입니다(8절). 우상숭배의 죄와 지도자의 악행을 미워하시는 하나님의 진노는 엄혹합니다. 칠흑같이 어두운 영적 상태에서 일어나는 지옥 같은 참상을 보면 남유다는 끝났다는 생각이 듭니다.

그런데 여기서 열왕기에서 기록되지 않은 사건이 일어납니다. 북왕국의 선지자 오뎃이 돌아오는 군대를 영접하며 일장 설교를 합니다. 북이스라엘은 남유다를 징벌하는 도구였는데 그 도가 지나쳤다는 것입니다(9절). 동족을 노예로 삼는 것은 율법에 금지(레 25:39)되어 있음에도 시류에 따라 실행한 것을 지적합니다. 하나님의 진노가 임할 것이 틀림없다는 책망에 정신이 번쩍 든 회중은 회개의 행동에 들어갑니다(11-14절). 하나님의 영이 역사한 현장에는 이제 세상에서 볼 수 없는 화해와 섬김의 장이 열립니다. 포로들에게 의식주를 공급하고 치료해 주며 교통편을 마련하여 남유다로의 귀환이 이루어집니다(15절).

원수 같았던 남북왕국이 선민임을 확인하는 이 모습은 예루살렘 초대교회의 예표입니다(행 2:42-47). 아하스의 끝이 없는 악행 속에서도(16-25절) 백성을 향한 하나님의 긍휼은 그치지 않았습니다. 우리가 사는 세상이 악으로 가득 차 보여도 신실한 신자를 향한 주님의 사랑은 더 깊게 역사되고 있습니다. "아… 감사합니다!"

♦ 역대하 29장 성경칼럼

3절 | 첫째 해 첫째 달에 여호와의 전 문들을 열고 수리하고
11절 | 내 아들들아 이제는 게으르지 말라 여호와께서 이미 너희를 택하사 그 앞에 서서 수종들어 그를 섬기며 분향하게 하셨느니라

"절박하면 보인다"

위기에 처했거나 실패한 사람에게 옆에 있는 사람이 툭 던지는 말이 있습니다. '사람은 다 살게 되어 있어.' 속담으로 치면 하늘이 무너져도 솟아날 구멍은 있다 입니다. 사람은 절박할 때 이전에 안 보이던 것이 보이게 되어 있습니다. 만약 살 길이 단 하나밖에 없다면 그 방법에 올인(All in)합니다. 인간이 하나님을 찾지 않는 이유는 다른 살 길이 있다고 판단하기 때문입니다. 자기가 해볼 수 있는 것은 다 해보고 낭패를 겪고 나서야 하늘을 보는데 그 대가는 너무 큽니다.

29장부터 등장하는 히스기야 왕은 여호사밧과 요시야와 더불어 남유다의 3대 성군입니다. 그는 놀랍게도 남유다의 가장 악한 왕인 아하스의 아들입니다. 그 아버지에 딴 아들이 된 이유가 자못 궁금합니다. 객관적 원인으로 주목되는 것이 그가 즉위할 때의 나이인 25살입니다(1절). 아하스가 16년간 왕위에 있었음으로(28:1) 히스기야의 9살 때 아하스가 즉위했다는 계산이 나옵니다. 철이 들면서 16년 동안 아버지의 영육간의 악행을 옆에서 지켜 본 히스기야는 어떤 생각이 들었을까요? 북이스라엘이 망해 가는 것이 훤히 보이고 남유다도 이대로 가다가는 끝장이라는 절박함이 몰려왔을 것입니다.

실제로 북이스라엘은 히스기야 6년에 앗수르에 의하여 비참하게 멸망합

니다(왕하 18:10). 히스기야가 즉위한 첫 해 첫 달에 성전정화 사역을 시작했다는 것은 이 일이 무엇보다 절실했다는 뜻입니다(3절). 보통 왕들은 성전정화의 필요성을 모르지만 히스기야는 여기에 최우선을 두고 생명을 걸었습니다. 아버지가 왜 버림을 받았고 백성들이 모진 고통을 당했는지 그 원인을 알아챘습니다. 다른 일을 아무리 잘해도 하나님과의 관계가 어긋나면 버림받는 것은 신구약의 절대원리입니다. 구약의 성전은 예배의 중심이며 신약용어로는 '하나님 앞에 사는 삶'입니다.

하나님의 주권을 세우는 성전 정화의 대역사는 히스기야가 주도하고 레위인의 열정적 동참으로 이루어집니다(4-11절). 영적 개혁운동은 한 명의 영웅에 의해서가 아니라 공동체의 동참이 따라줄 때 성공할 수 있습니다. 종교개혁은 하나님께서 역사하셔야만 이룰 수 있다는 결론이 나옵니다.

하나님께서는 칠흑같이 어두웠던 아하스 시대에 히스기야를 단련하며 준비시켰습니다. 백성에게는 오직 하나님만 갈망하도록 겸비한 심령을 주었습니다. 성전 재봉헌의 행사를 진행하면서 매우 기뻐하는 백성들을 바라보시는 하나님의 마음을 헤아려 봅니다(20-36절). 내 몸과 마음의 성전정화가 성공하기를 소원합니다(고전 6:19).

♦ 역대하 30장 성경칼럼

20절 | 여호와께서 히스기야의 기도를 들으시고 백성을 고치셨더라
23절 | 온 회중이 다시 칠 일을 지키기로 결의하고 이에 또 칠 일을 즐겁게 지켰더라

"팔방미인"

본래 뜻은 여러 모로 아름다운 사람이고 여러 방면에 능통한 사람에게

붙여줍니다. 말은 변하는 속성이 있어 '한 가지에도 전문적이지 않다'는 놀림조로도 쓰입니다. 열두 가지 재주에 저녁거리가 없다는 속담과 같은 맥락입니다. 한 우물만 파라는 반대 격언도 있는데 다양성을 적용하여 유익하게 사용하면 됩니다. 전환하여 영적인 팔방미인은 있을까라는 질문을 해봅니다. 서투른 재주꾼이 아니라 하나님과 한편이 되어 그 뜻을 능통하게 행하는 자를 말합니다. 없을 것이라는 생각이 먼저 들지만 기간을 정하여 판단하면 당연히 나옵니다.

역대하 29-32장에 나오는 히스기야는 영적 팔방미인으로 보기에 손색이 없습니다. 얕은 실력이 아닌 깊은 영적 내공을 발휘하는 모습이 모든 열왕 중에서 으뜸입니다. 바벨론 사신의 방문 때에 하나님의 시험에 불합격한 것(32:31)을 제외하고는 성령 충만한 삶을 살았습니다. 열왕기에서는 위의 사건이 멸망의 씨를 심은 큰 실책으로 기록하고 있습니다(왕하 20:12-19). 최고의 부귀영화를 누리는 말년이 영적으로 얼마나 위험한 것인지를 증거합니다.

히스기야의 공식 재위 기간은 기적적 신유로 연장된 15년을 포함하여 42년입니다. 30장은 성군의 시대에 백성들이 얼마나 평안하고 행복했는지를 기뻐하며 기록하고 있습니다(7, 21, 23, 25, 26절). 백성들이 모든 면에 능동적으로 참여하고 결정하는 주체가 되었음을 보여줍니다(2, 4, 14, 23, 27절). 히스기야는 왕의 직책을 가지고 있었지만 제사장과 선지자 역할을 훌륭히 감당하고 있습니다. 하나님을 사랑하면 자연스럽게 백성을 사랑할 수 있다는 것을 보여 줍니다. 제사장의 사역인 중보기도를 하나님께서 얼마나 기뻐하시며 응답하는지가 생생히 펼쳐집니다. 하나님의 뜻을 전하는 그의 설교는 율법에 정통하여 흠잡을 곳이 없습니다.

권위주의가 아닌 소통에 의하여 결정된 유월절 행사 연기는 영적 실력이 없이는 나올 수 없습니다(2절). 제사장이 부족하고 백성들이 모이기 힘든 환경(3-5절)을 율법의 예외 조항(민 9:6-13)으로 해결합니다. 철저한 준비 후에 열린 성대한 유월절 행사에 기적이 일어납니다. 백성들은 우상을 스스로 타파하고 규례를 어긴 자들은 히스기야의 중보기도로 사죄의 은총을 받습니다(14-20절).

찬양이 울려 퍼지고 먹고 교제하는 유월절의 모습은 신약교회의 성만찬을 예표 합니다. 하나님의 영광의 드높아지면서 무교절 절기 7일이 지나자 온 회중이 7일을 연장합니다(23절). 이방인 나그네까지 품은 이 기쁨의 분위기는 솔로몬 이후 처음입니다(25-26절). 주님의 마음을 품고 그릇을 준비하는 자는 히스기야의 길이 예비 되어 있습니다(빌 2:1-5).

♦ 역대하 31장 성경칼럼

4절 | 또 예루살렘에 사는 백성을 명령하여 제사장들과 레위 사람들 몫의 음식을 주어 그들에게 여호와의 율법을 힘쓰게 하라 하니라

20절 | 히스기야가 온 유다에 이같이 행하되 그의 하나님 여호와 보시기에 선과 정의와 진실함으로 행하였으니

"진짜 은혜를 받으면.."

진짜 은혜가 있다면 가짜 은혜도 있다는 것입니다. 가짜 은혜를 분별하는 실력은 신앙의 여정에서 자연스럽게 생깁니다. 단기적으로 알아보는 방법은 언어와 태도에서 나옵니다. 자기를 자랑하고 교만하면 가짜 은혜를 받은 것입니다. 장기적으로는 열매를 보고 판단합니다(눅 6:43). 잠시 겸손하고 헌신을 할지라도 이익이 걸린 위기에서 본색을 드러냅니다. 히스기야

시대의 종교 개혁은 성전 정화에 이어 유월절을 지킴으로 충만한 은혜를 받습니다(29-30장). 특별히 14일간의 무교절 행사로 기도가 응답되고 온 회중이 하나님을 뜨겁게 체험합니다. 하나님과의 관계가 좋을 때 형통함과 행복해지는 수순이 성취되었습니다.

31장에는 이 은혜 받은 후의 열매가 기록되어 있습니다. 이 정통적인 은혜의 과정을 직시하면 은혜의 온전한 분별과 그 적용을 할 수 있습니다. 30장에서 무교절이 시작되면서 예루살렘에 있는 우상 제단과 향단들이 제거된 것을 보았습니다(30:13-14). 14일간의 충만한 무교절을 마친 무리가 이제 고향에 돌아가면서 유다 각 지방의 우상을 제거합니다(1절).

자기 집에 가기 전에 먼저 이 사역을 한 것은 은혜 받은 자의 '즉시 행동하는 원리'를 보여 줍니다. 실제적으로 육적 습관에 길들여진 인간이 은혜를 받고 영적으로 행동하는 텀(term, 기간)은 그리 길지 못합니다. 이 우상 타파는 누가 명령해서 한 것이 아니라 자원하여 한 것입니다.

히스기야의 탁월함은 내적 개혁으로 제도 정비에 들어간 것으로 나타납니다. 다윗 시대에 정해졌지만 흐트러졌던 제사장과 레위인의 반차(직분)를 회복합니다. 법과 제도는 내용(율법)을 담는 그릇(형식)으로 장기적인 지속을 위해서 필수입니다. 그는 생활보장이 없는 정의가 지속될 수 없다는 것을 잘 알고 있었습니다. 성직을 맡은 자에게 생활을 보장하는 시스템을 구축함으로 이 약점을 보완합니다.

히스기야 자신부터 자기 재산을 내놓자 백성들이 뜨겁게 호응합니다. 헌물과 십일조가 넘치고 넘쳐 이를 관리하고 집행하는 전문적인 조직을 만듭니다. 이 자원함의 헌신은 후에 신약교회의 헌금 정신으로 연결됩니다. 히스기야가 행한 투명한 재정집행은 그의 신앙인격에서 나왔습니다(20절). 선과 정의와 진실함으로 행한 보상은 형통함의 복으로 이어졌습니다(21절).

(고후 9:7) "각각 그 마음에 정한 대로 할 것이요 인색함으로나 억지로 하지 말지니 하나님은 즐겨 내는 자를 사랑하시느니라"

♦ 역대하 32장 성경칼럼

20절	이러므로 히스기야 왕이 아모스의 아들 선지자 이사야와 더불어 하늘을 향하여 부르짖어 기도하였더니
26절	히스기야가 마음의 교만함을 뉘우치고 예루살렘 주민들도 그와 같이 하였으므로 여호와의 진노가 히스기야의 생전에는 그들에게 내리지 아니하니라

"고급 고자질"

고자질은 남의 잘못이나 비밀을 일러바치는 것입니다. 여기서 나온 말이 '고자질하는 네가 더 나쁘다'입니다. 고자질하는 사람을 옆에 두면 언젠가는 자신도 당할 수 있다는 것을 알고 있습니다. 나쁜 고자질에 고급이란 수식어를 붙인 것은 바람직한 고자질인 기도를 도입하기 위해서입니다.

히스기야 왕은 신앙의 기복은 있었지만 끝까지 정직하여 선을 행했다고 평가합니다(32절, 29:2, 31:20-21). 하나님의 시험은 히스기야를 얼마나 사랑하시는지에 대한 역설적 증거입니다. 고통을 주려는 목적의 시험(페이라조)이 아니라 연단된 믿음을 부여하기 위한 시험(도키마조)입니다. 아브라함에게 이삭을 요구하는 테스트(test)와 같은 수준입니다. 기자는 하나님의 마음을 읽고 여러 사건에 히스기야의 실수를 가리려는 해석을 합니다.

히스기야가 하나님의 마음에 들어 인도함을 받는 결정적 원인에 기도가 있습니다. 그의 기도가 빛나는 것은 자신이 해야 할 일을 하며 기도에 힘쓴 것입니다. 앗수르 왕 산헤립의 침략에 물의 근원을 끊고 요새와 무기를 탄탄히 하고 백성들에게 신앙교육을 시킵니다(2-8절). 당시에 앗수르의 세력은 영적으로 사탄의 권세를 예표 합니다. 하나님을 의심하게 하고 구원을 흔들며 공동체를 분열시키는 모습이 사탄의 사역과 똑 같습니다(9-15절). 하나님을 모독하고 하나님의 일군을 혼란시키는 모습은 현대 인본주의의 도전과 비슷합니다(16-19절).

괘씸한 저들을 향하여 같은 방법으로 대항하고 싶지만 히스기야는 전혀 다른 길을 선택합니다. 선지자 이사야와 함께 부르짖는 기도에 돌입합니다(20절). 어감은 안 좋지만 고급 고자질에 들어간 것입니다. 적과 원수를 내가 해결하는 것이 아니라 하나님께 맡기며(던지며) 의뢰합니다(벧전 5:7). 시편에는 원한을 직접 갚지 못하고 하나님께 맡기는 저주기도가 많습니다(시 109:1-20). 기도의 응답으로 앗수르 군은 하루 밤 사이에 한 천사에 의해 185,000명이 시체가 되어 버렸습니다(왕하 19:35). 이 후유증으로 하나님을 모독한 산헤립은 저주를 받아 자식들에게 참살됩니다(21절).

히스기야의 기도는 죽을병이 걸렸을 때도 빛이 납니다. 역사에 길이 남을 기적의 치유가 응답되고 일영표에 새겨졌습니다(왕하 20:11). 바벨론 방백들의 방문 때에 한 실수도 이사야의 책망에 교만을 꺾고 바로 순종합니다(26절, 왕하 20:18). 연약한 인간이 하나님의 친구와 같은 대우를 받는 것은 약속을 믿는 정직한 기도로 시작됩니다(요 15:14-15).

(요 16:24) "지금까지는 너희가 내 이름으로 아무 것도 구하지 아니하였으나 구하라 그리하면 받으리니 너희 기쁨이 충만하리라"

♦ 역대하 33장 성경칼럼

13절 | 기도하였으므로 하나님이 그의 기도를 받으시며 그의 간구를 들으시사 그가 예루살렘에 돌아와서 다시 왕위에 앉게 하시매 므낫세가 그제서야 여호와께서 하나님이신 줄을 알았더라

23절 | 이 아몬이 그의 아버지 므낫세가 스스로 겸손함 같이 여호와 앞에서 스스로 겸손하지 아니하고 더욱 범죄하더니

"용서받지 못할 죄"

사람 사이에는 관계에 따라 용서받지 못할 죄가 있습니다. 같은 관계라도 당사자의 수준에 따라 용서의 폭은 달라집니다. 율법에서 사형에 해당되는 죄들은 인간 사이에도 중죄에 해당됩니다. 그러면 하나님 앞에서 용서받지 못할 죄는 무엇일까요? 주님께서 이 질문에 대하여 명확히 말씀하셨습니다.

(막 3:28~29) "내가 진실로 너희에게 이르노니 사람의 모든 죄와 모든 모독하는 일은 사하심을 얻되 누구든지 성령을 모독하는 자는 영원히 사하심을 얻지 못하고 영원한 죄가 되느니라 하시니"

성령을 모독하는 죄만 빼고 모든 죄는 용서받을 수 있다는 결론을 주십니다. 이 결론을 적나라하게 설명해 주는 역사적 사례가 33장의 므낫세와 아몬 이야기입니다. 하나님께서 인간의 어떤 악행도 용서해 주시는 것은 므낫세 왕을 통해 보여 주십니다. 그의 영육간의 악행은 아하스에 못지않은 극단의 죄악입니다. 아버지의 우상을 타파하고 성전을 정화하고 교육과 국방과 정치에 이룬 업적을 산산이 부숴버립니다. 이방의 종교와 문화를 받아들여 인신 제사를 드리고 일월성신을 숭배하고 점술과 사술과 요술이 판치게 합니다(3-6절).

기자는 백성들이 므낫세의 꾀임을 받아 악을 행한 것은 멸망한 이방 나라보다 더했다고 선언합니다(7-9절). 이보다 더 큰 죄악이 없어 하나님의 용서는 절대 없을 것이라는 생각이 듭니다. 그런데 하나님의 징벌로 앗수르에 포로로 끌려간 므낫세가 환난을 당하는 가운데 뉘우치고 회개합니다(10-12절). 너무나 놀랍게도 하나님의 용서함이 주어지고 므낫세는 돌아와 왕위에 복귀합니다. 그는 이방신과 비슷하게 생각했던 여호와가 그제야 전능하신 하나님이심을 알고 고백합니다(13절).

그는 우리에게 하나님을 어떤 분으로 알고 섬길 것인지 점검하는 과제를 주었습니다. 여기까지의 결론은 하나님께서 용서하지 못할 죄는 없다는 것이며 그 조건은 진정한 회개임을 알려줍니다. 그렇다면 성령을 모독(훼방)하는 죄의 본질은 회개할 기회를 주었음에도 회개하지 않는 것을 의미합니다. 므낫세의 회개 후 개혁은 시원치 않았고 전체적인 그의 죄는 남유다의 멸망의 단초가 된 것은 분명합니다(14-17절). 그러나 기자는 그의 결국이 하나님께 돌아온 것으로 판정합니다(18-19절).

반면에 왕위를 이은 아몬은 같은 악한 왕이었지만 회개에 이르지 못한 자의 전형입니다. 므낫세보다 더욱 범죄 했다는 해석을 붙이고 신하에게 척살당하는 심판을 받았다고 기록됩니다(22-24절). 조직신학의 '구원의 서정'에서 믿음 다음에 회개가 있다는 것은 진실한 회개의 희귀함을 웅변합니다. 회개하는 자에게 은혜를 베푸시는 하나님의 사랑은 이 시간에도 계속되고 있습니다(고후 6:2). 민초들을 위해 패역한 아몬을 2년 만에 퇴위시키고 요시야를 준비시키는 하나님의 배려에 눈시울이 붉어집니다(25절).

♦ 역대하 34장 성경칼럼

2절 | 여호와 보시기에 정직하게 행하여 그의 조상 다윗의 길로 걸으며 좌우로 치우치지 아니하고
19절 | 왕이 율법의 말씀을 듣자 곧 자기 옷을 찢더라

"준비된 자"

준비하면 제일 먼저 떠오르는 기억은 신병 훈련소의 조교 목소리입니다. '준비 되었습니까'라는 호령에 우렁차게 화답하고 행동해야 합니다. 인간과 하나님과의 관계는 여러 가지가 있지만 명령과 복종의 구도 하에 이루어집니다. 복종의 준비가 되어 있지 않는 자가 하나님의 사역에 쓰임 받는 사례는 없습니다. 준비의 과정은 하나님의 은혜가 주도하고 인간의 의지가 반응하는 것입니다.

남유다의 3대 성군 중 마지막 왕인 요시야를 보면서 하나님의 놀라운 준비하심을 목격하게 됩니다. 요시야의 전체 평가는 전 이스라엘의 모든 왕 중에 다윗 다음이라고 볼 수 있습니다. 그 근거는 2절로서 '정직하게 다윗의 길을 행했다'고 나옵니다(2절). 이 평가는 성군인 여호사밧과 히스기야에게도 주어졌는데 요시야에게는 한 가지가 추가됩니다. 좌우로 치우치지 아니했다는 것으로(2절) 하나님께서는 신명기부터 명령하셨습니다(신 17:18-20절).

요시야가 하나님의 율법과 계명에 의해서만 판단하고 행동했음을 의미합니다. 율법책을 발견하여 그 영향을 받아 선왕의 길을 갔다는 결론이 나옵니다. 하지만 수많은 왕 중에 왜 요시야에게 율법책이 주어졌는지에 대한 질문이 나타납니다. 율법책을 받아도 준비가 되어 있지 않으면 소용이

없습니다. 그렇다면 요시야는 율법책을 받을 준비가 되어 있었고 율법책을 적용할 그릇이 되었다는 뜻입니다. 아버지 아몬 왕의 악함은 최악에 속했는데 2년 만에 제거된 것은 요시야를 보호하기 위해서입니다. 8살에 왕위에 올라 16살에 여호와를 구했다는 것은 8년 동안 보호와 양육을 받은 것입니다(3절).

20살이 되어 개혁을 시작하는데 지혜롭고 과감하게 실행합니다(3절). 우상을 빻아서 뿌렸다는 것은 우상숭배가 재생하지 못하게 한 조치입니다(4절). 우상타파를 유다 지역을 넘어 북이스라엘까지 돌며 행한 것은 특별한 열심이 있었다는 증거입니다(6-7절). 성전 수리에 들어간 요시야에게 하나님께서 제사장 힐기야를 통해 율법책을 선물합니다. 그의 나이 26살 때 일어난 일로 이전의 준비가 있었기에 주어진 축복입니다(8절). 31년 재위중 절정기인 즉위 18년에 사반을 통해 낭독되는 율법책의 내용을 듣고 요시야는 통곡합니다(18-21절).

절개가 군센 여선지자 훌다의 남유다 멸망의 예언은 전율을 느끼게 합니다(22-26절). 므낫세 때 멸망당할 것이 하나님의 자비로 집행유예가 되어 요시야까지 이른 것을 알게 되었습니다. 겸비하여 통회하는 요시야에게는 심판이 유예되지만 이전 왕처럼 타락할 여지가 없습니다(27-28절). 정확무오한 성경을 받은 우리는 어떤 자세로 말씀을 청종하며 지키고 있을까요?

♦ 역대하 35장 성경칼럼

1절 | 요시야가 예루살렘에서 여호와께 유월절을 지켜 첫째 달 열넷째 날에 유월절 어린 양을 잡으니라

17절 | 그 때에 모인 이스라엘 자손이 유월절을 지키고 이어서 무교절을 칠 일 동안 지켰으니

"시간 안에서 시간 밖에서"

시간은 주 종류로 구분되는데 첫째는 수치적이고 객관적인 시간으로 공평한 성격이 있어 세월이라 부릅니다. 둘째는 의미가 있는 시간으로 보이는 것 이상의 가치를 말할 때 역사라고 칭합니다. 성경에는 세월과 역사보다 차원 높은 하나님의 '섭리'가 있습니다. 객관적 사건에서 보이지 않는 하나님의 뜻을 알아내는 것이 성경연구의 목적입니다. 성경의 사건은 1차적으로는 선민의 역사이지만 구속사의 의미를 가지고 해석해야 합니다. 시간을 초월해 계시는 하나님의 뜻을 알아가는 작업은 어렵지만 그 열매는 알차고 달콤합니다. 시간 안에서 판단하는 사람의 눈에는 의아하게 보이는 일이 영적 금맥이 되는 경우가 빈번합니다.

35장에는 요시야가 율법에 의해 유월절을 성대하게 치르는 장면이 나옵니다(1, 7-19절). 종교개혁을 한 왕들의 레벨은 크게 유월절 절기를 지킨 자와 지키지 못한 자로 나누어집니다. 종교개혁은 우상 제거와 성전 중수와 유월절 준수의 3단계입니다. 개혁군주인 아사, 여호사밧, 요아스, 히스기야, 므낫세, 요시야 중에서 유월절 준수를 한 왕은 히스기야와 요시야입니다. 모세 이후 분열 왕국 이전까지 유월절을 지킨 자도 솔로몬과 사무엘뿐입니다.

유월절을 지키는 것이 아주 가치가 높다는 것이 분명합니다. 유월절의 구약적 의미는 예배의 회복이지만 구속사적으로는 예수님의 대속을 예표하는 것입니다. 출애굽 때에 피를 바른 집만 죽음의 사자가 넘어간 것은 오직 예수님의 보혈만이 사죄의 방편이 된다는 의미입니다(벧전 1:18-19). 히스기야와 요시야가 유월절을 지키면서 메시야를 대망하는 마음을 가졌을 것이라는 생각이 듭니다. 나라는 망하겠지만 선민을 포기하지 않으시는 하나님의 성육신 섭리를 눈이 열려 바라보았을 것입니다. 이사야 선지자가 정확히 선포하며 예언했던 임마누엘을 시간 밖에서 보았습니다(사 7:14).

35장에서 영안이 열려 볼 수 있는 또 하나의 사건은 요시야의 죽음입니다. 일단 육안으로 보았을 때 요시야의 죽음은 비굴하고 바람직하지 않습니다. 죽는 행태가 악한 아합 왕과 유사합니다. 하나님의 뜻을 거스른 애굽과의 전쟁에 참전해서 변장까지 하고 예기치 않은 화살에 맞아 죽습니다(20-24절). 마지막까지 멋진 왕으로 갔으면 했는데 39세에 죽었으니 아쉽고 아깝습니다.

요시야의 죽음에 대한 시간 밖에서의 해석은 예레미야 선지자가 제공합니다. 요시야의 죽음에 애통해 하는 백성들에게 그의 죽음보다 그의 아들들을 위해 울라고 한 것입니다(렘 22:10-12, 18). 요시야 사후 23년 만에 멸망하는 남유다의 마지막 왕이 개혁군주일 수는 없는 것입니다. 3명의 자기 아들과 1명의 손자(여호야긴)가 왕위에 오르며 심판받는 치욕을 목격하지 않도록 하려는 독특한 위로가 담겨 있습니다(24절, 34:28).

♦ 역대하 36장 성경칼럼

15절 | 그 조상들의 하나님 여호와께서 그의 백성과 그 거하시는 곳을 아끼사 부지런히 그의 사신들을 그 백성에게 보내어 이르셨으나

21절 | 이에 토지가 황폐하여 땅이 안식년을 누림 같이 안식하여 칠십 년을 지냈으니 여호와께서 예레미야의 입으로 하신 말씀이 이루어졌더라

"모르면 힘들고 알면 쉽다"

시험 문제에 대입할 수 있지만 크게는 인생에 적용할 수 있습니다. 당장의 고통은 힘들지만 훗날에 어떻게 될는지를 정확히 안다면 이겨낼 수 있

습니다. 드디어 역대기의 마지막 장이 열리고 남유다 멸망의 이야기가 펼쳐집니다. 요시야가 죽자 찬란했던 영광은 사라지고 23년 만에 패망의 광경을 목격합니다. 요시야의 세 아들과 한 명의 손자가 왕위에 오르지만 어김없이 악하여 이방에게 수모를 당합니다.

여호아하스가 석 달 만에 애굽으로 끌려가고 여호야김이 11년간 재위하지만 중간에 바벨론에 포로로 끌려갑니다(6절). 그의 아들 여호야긴이 석 달 열흘 치리하지만 역시 포로로 끌려가고 삼촌인 시드기야가 마지막 왕으로 세워집니다. 시드기야는 선지자의 말씀을 듣지 않음으로 악해지는 길을 재촉합니다(12절). 이 암흑의 시기에도 하나님께서는 부지런히 그의 사자들을 보내어 권고하셨습니다(15절). 구제불능이란 말은 이럴 때 쓰는 말입니다. 하나님의 사자를 비웃고 말씀을 멸시하며 선지자를 욕하니 이 죄를 회복할 길이 없습니다(16절).

이 표현을 보면서 즉각 떠오르는 것이 '지금 우리 세대와 똑 같네'라는 생각입니다. 살아도 산 것이 아니라는 말이 있듯이 유다의 절망은 한이 없습니다. 그런데 역대기 기자는 절망을 깨는 희망의 멘트를 날리고 있습니다. 그 배경은 역대기를 쓴 연대가 바벨론 포로 귀환 이후이기에 나올 수 있는 것입니다. 전체를 보고 있는 자만이 가장 어려운 문제를 쉽게 풀 수 있음이 증명됩니다. 절망적 문제를 쉽게 푸는 내용의 첫 번째는 70년 만에 귀환한다는 예언입니다(렘 29:10).

이미 예레미야를 통하여 주어진 예언은 정식 멸망(B.C.586년)으로부터 50년 후인 B.C.536년에 고레스 칙령으로 성취됩니다. 70년이란 기간은 여호야김 포로 때(B.C.605년)부터 카운트되었던 것이니 얼마나 큰 희망입니까?(단 1:1-2) 두 번째 주어지는 위로는 바벨론에서의 포로생활에 대한 새로운 해석입니다. 70년의 기간을 '안식의 기간'이었다고 선언합니다(21절). 그렇다면 포로생활은 새로운 시작을 위한 배려였다는 뜻입니다. 멸망의 기간이 합력하여 다시 하나님께로 겸비하게 나올 수 있는 기회로 사용되었습니다.

세 번째는 이방 왕인 고레스를 감동시켜 사용하시는 하나님을 경험하는 복입니다(22-23절). 성경은 바로와 고레스를 도구로 사용하시는 하나님의 주권을 생생히 증거 합니다(롬 9:17, 사 45:1-5). 이 관점은 기독교를 탄압하는 세상 권력자들의 행태와 말로를 주시할 수 있는 실력을 갖게 합니다. 하나님의 섭리를 알아갈수록 인생의 난제는 쉽게 풀어집니다.

에스라

♦ 에스라 1장 성경칼럼

1절 | 바사 왕 고레스 원년에 여호와께서 예레미야의 입을 통하여 하신 말씀을 이루게 하시려고 바사 왕 고레스의 마음을 감동시키시매 그가 온 나라에 공포도 하고 조서도 내려 이르되

5절 | 이에 유다와 베냐민 족장들과 제사장들과 레위 사람들과 그 마음이 하나님께 감동을 받고 올라가서 예루살렘에 여호와의 성전을 건축하고자 하는 자가 다 일어나니

"주인공 찾기?"

영화나 드라마는 물론이고 인생의 각 영역마다 주인공은 확실히 정해져 있습니다. 숨겨진 실세도 있고 막후 설계자가 있지만 주인공 찾기는 그리 어렵지 않습니다. 성경을 읽으면 주인공이 누구인지 금세 알아볼 수 있습니다. 신구약 전체가 예수님을 주인공으로 가리키고(히 1:1-2) 있으며 나라로는 선민인 이스라엘입니다(레 26:12). 세속 역사로 볼 때 이스라엘이 강국일 때는 다윗과 솔로몬 시대 정도입니다. 죄가 깊었을 때 주변국을 통해 심판한 것을 너무나 많이 보아왔습니다.

이스라엘과 전쟁을 치르고 영향을 주고받은 성경의 배경이 되는 6대 강국이 있습니다. 성경을 해석하는데 있어서 시대적 환경과 세속 사건을 알아보는 것은 필수입니다. 6대 제국은 애굽(이집트), 앗수르, 바벨론, 바사(페르시아), 헬라(그리스), 로마입니다. 에스라서로 들어오면서 주변 열강에 대한 소개를 하는 것은 하나님의 주권을 목격할 수 있기 때문입니

다. 북이스라엘은 앗수르에게 B.C.722년 멸망했고 남유다는 바벨론에게 B.C.586년 멸망당했습니다.

이 사이에 앗수르는 바벨론에게 패권을 넘겨주었다는 것을 알 수 있습니다. 하나님께서는 바벨론에 포로로 끌려간 이스라엘 선민을 70년 만에 해방시킬 것을 약속하였습니다(렘 29:10). 우리는 이 약속이 우연히 이루어지지 않을 것을 믿고 있습니다. 역대기 끝과 에스라 시작을 보면서 고레스 왕에 대한 호기심이 생겼을 것입니다. 이 고레스(2세)는 하나님께서 준비하셨고 정한 타이밍에 등장시킨 것입니다.

고레스는 바사의 첫째 왕으로 즉위 첫 해(B.C.537년)에 이스라엘에 귀환 칙령을 내립니다. 그렇다면 바벨론을 꺾고 패권을 잡게 한 것은 하나님의 간섭이었음이 증명됩니다. 구속사의 주인공 나라인 이스라엘의 멸망과 회복을 위해 열방의 흥망을 주관하셨습니다. 나라뿐만 아니라 고레스 개인까지 감동시킨 것을 확실히 기록하고 있습니다(1절). 이사야는 이미 기원전 8세기에 이름까지 꼭 집어서 예언하였습니다(사 44:25, 45:1). 그는 구약적 신앙의 핵심인 성전 수축을 위한 명령과 재정과 정책까지 마련하는 도구로 사용됩니다(7-11절). 또한 하나님께서 고레스의 그릇을 다니엘을 통해 준비하셨다는 것을 성경은 증거 합니다(단 6:28).

하나님께서는 외적 환경조성과 함께 당사자인 이스라엘 백성들도 겸비하게 만들었습니다. 포로생활의 고난 속에서 소망을 쌓는 남은 자들이 주인공으로 등장하여 구속사를 쓰고 있습니다(5절). 감동을 받은 에스라와 느헤미야와 스룹바벨이 각자 맡은 역할을 충성스럽게 감당하는 시리즈가 기대됩니다. 요셉과 바울이 가는 곳마다 주인공이었듯이 우리도 있는 곳에서 복음의 주인공입니다(창 39:1-5, 행 27:18-44).

♦ 에스라 2장 성경칼럼

1절 | 옛적에 바벨론 왕 느부갓네살에게 사로잡혀 바벨론으로 갔던 자들의 자손들 중에서 놓임을 받고 예루살렘과 유다 도로 돌아와 각기 각자의 성읍으로 돌아간 자

68절 | 어떤 족장들이 예루살렘에 있는 여호와의 성전 터에 이르러 하나님의 전을 그 곳에 다시 건축하려고 예물을 기쁘게 드리되

"육적 계산, 영적 계산"

인간 생활은 끝없는 계산의 연속이라 해도 과언이 아닐 것입니다. 계산의 목적은 이익, 즉 욕망의 수요가 채워지느냐에 있습니다. 사람을 움직이는데 있어서 이익보다 강한 힘은 없기 때문입니다. 여기까지가 육적 계산의 세계였다면 영적 영역에서는 다른 계산이 있습니다. 비교 차원에서 계산이라는 단어를 썼지만 '영적 판단'이라고 하는 것이 옳을 것 같습니다. 이 둘 사이에는 건널 수 없는 큰 강이 버티고 있습니다. 육적 계산에만 몰두되어 있는 사람은 영적 판단에 들어올 가능성이 거의 없습니다. 처음에는 육적 계산으로 시작된 신앙생활도 참된 신앙으로 가기 위해서는 영적 계산의 강을 꼭 건너야 합니다.

2장에는 이스라엘 고토에 1차로 귀환하는 백성들의 명단이 기록되어 있습니다. 2차와 3차 귀환이 있지만 그 숫자는 아주 소수이므로 1차 귀환 명단과 숫자는 중요 합니다. 여기서의 귀환은 강제적 명령이 아니라 허락받은 것이어서 선택사항입니다. 그렇다면 귀환을 선택할 때 계산이 들어갈 것은 당연 합니다. 일단 육적 계산에 들어가면 귀환을 하지 않을 조건이 산더미처럼 쌓여 있습니다. 70년 또는 50년 만에 돌아간다는 것은 백성들이 바벨론에 더 익숙하다는 뜻입니다. 고토를 어릴 때 떠났거나 바벨론에서

태어났기 때문입니다.

재산과 생활 기반을 포기해야 하고 원주민과 혼인한 가족 문제도 정리해야만 떠날 수 있습니다. 바벨론에서 팔레스틴과의 거리는 2,400km의 광야길이고 특별한 교통수단도 없습니다. 한반도의 끝(함북 온성)과 끝(전남 해남)의 길이가 1,012km이니 육신의 고생을 각오해야 합니다. 노약자들을 이끌고 갈 고토에 육신 생활의 보장은 없고 오히려 성전 재건을 위해 희생해야 합니다(68절).

이 육신 계산서를 뽑고 기쁘게 나설 사람의 확률은 얼마나 될까요? 200만 명이 바벨론에 거주했다고 추정하면 5만 명(64-65절) 정도가 귀환했으니 2.5%가 영적 선택을 한 셈입니다. 에스라는 이 모든 것을 감안하며 귀환 명단과 숫자를 자랑스럽게 공개합니다(1-2절). 그렇다면 귀환자들이 영적 판단을 할 수 있는 이유는 무엇이었을까요? 약속의 땅에 돌아온 자들만이 하나님의 백성이라는 선지자의 중대한 메시지를 접수한 것입니다.

(사 10:21~22) "남은 자 곧 야곱의 남은 자가 능하신 하나님께로 돌아올 것이라 이스라엘이여 네 백성이 바다의 모래 같을지라도 남은 자만 돌아오리니 넘치는 공의로 파멸이 작정되었음이라"

남은 자만 구원받고 번영이 보장된다는 것인데 믿는 자에게만 보이는 약속입니다(슥 8:11-12, 히 11:1). 영적 분별을 하고 행동하는 소수만이 하나님을 잘 믿을 수 있다는 것은 지금도 똑같이 적용됩니다(마 7:13-14).

♦ 에스라 3장 성경칼럼

1절 | 이스라엘 자손이 각자의 성읍에 살았더니 일곱째 달에 이르러 일제히 예루

살렘에 모인지라

12절 | 제사장들과 레위 사람들과 나이 많은 족장들은 첫 성전을 보았으므로 이제 이 성전의 기초가 놓임을 보고 대성통곡하였으나 여러 사람은 기쁨으로 크게 함성을 지르니

"겉보기와는 다르다"

신언서판, 루키즘(lookism), 보기 좋은 떡이 먹기도 좋다 등은 외형의 중요성을 강조합니다. 하지만 인생을 살면서 겉보기보다 내면의 충실이 얼마나 중요한지를 절감합니다. 잘 생기고 예쁜 사람의 위험도 알아야 하고 말 잘하는 자의 함정도 눈치 채야 합니다. 영적인 세계로 들어가면 이 원리는 더 깊게 적용됩니다. 에스라서의 핵심 주제는 성전 재건인데 외형과 내적 의미의 결정적 사례가 등장합니다. 70년의 포로생활에서의 귀환은 외형적으로 볼 때 결코 멋지고 아름답다고 볼 수 없습니다. 자신들의 독립전쟁으로 얻은 해방이 아니라 이방 왕을 통한 하나님의 은총이었습니다.

70년 동안 지키지 못한 초막절을 맞아 어떤 마음을 갖는가는 매우 중요합니다. 귀환 후 각 지역에 흩어졌던 백성들이 모여 일심동체가 되고 규례를 따라 제사를 드립니다(1절). 성전 재건에 앞서 마음을 바로잡고 신앙을 돋우는 것이 우선이었던 것입니다. 단을 만들고 모세의 율법에 기록된 대로 상번제와 월삭과 절기를 철저히 지킵니다(2-6절). 환경에 휩쓸려 다시는 실족하지 않으려는 간절한 마음에서 나온 자세입니다. 스룹바벨과 예수아의 지도하에 물품이 준비되고 귀환한 이듬 해 성전 재건의 기초를 놓는 지대 작업이 완성됩니다(7-10절).

다윗의 규례대로 하나님께 영광 돌리는 예식이 거행됩니다. 악기가 연주되고 찬송가가 화답하는 가운데 하나님께 영광을 돌립니다(10-11절).

젊은이들은 감격하고 기뻐서 찬양하는데 한편에서 통곡이 터져 나옵니다(12-13절). 솔로몬 성전의 영광을 목도했던 노인들이 초라한 스룹바벨 성전의 외양을 보고 통곡을 한 것입니다. 노인의 숫자가 작았음에도 더 크게 들렸다는 것은 회한의 복받침이 엄청났다는 뜻입니다.

그렇다면 여기서 우리는 솔로몬 성전과 재건되는 스룹바벨 성전의 가치에 대한 성찰을 해야 합니다. 두 성전의 외형적 가치는 비교할 수 없도록 큰 격차가 납니다. 외형적 가치만이 아니라 언약궤가 멸망 시에 실종되어 재건되는 성전에는 없습니다. 그렇다면 스룹바벨 성전이 열등하다는 결론을 내야 마땅합니다. 그런데 역전이 일어나는데 학개 선지자가 두 성전의 영광을 바꾸어 놓은 것입니다(학 2:3, 7-9).

언약궤가 없는 스룹바벨 성전이 참 성전으로 오시는 주님과 모양과 시기에서 가깝습니다. 솔로몬 성전은 외형에서는 우월하지만 스룹바벨 성전은 구속사에서 우월하다는 결론을 내리고 있습니다. 영적 세계의 가치는 주님과 가까이 있고 닮은 것에 있다는 것이 증거 되고 있는 것입니다. 헤롯 성전의 외양이 매우 화려하여도 구속사와 관련이 없어 아무 소용이 없는 것과 같은 원리입니다.

♦ 에스라 4장 성경칼럼

4절 | 이로부터 그 땅 백성이 유다 백성의 손을 약하게 하여 그 건축을 방해하되
24절 | 이에 예루살렘에서 하나님의 성전 공사가 바사 왕 다리오 제이년까지 중단되니라

"가장, 훼방, 참소, 대적?"

이 단어의 공통점을 묻는다면 기독교인은 단번에 사탄이라고 대답할 것입니다. 사탄의 목적은 하나님의 사람을 무력하게 하여 영적 사망에 이르게 하는 것입니다. 이 역할에 성공하기 위해서는 광명의 천사로 가장도 하고 속이며 참소하고 위협하기도 합니다(고후 11:14). 악인들이 온갖 수단 방법을 동원하여 목적을 이루려 하는 것은 마귀의 자식이기 때문입니다(요 8:44). 사람이 하나님의 사역을 훼방하는 것처럼 보이지만 배후에는 사탄이 있습니다.

4장에는 하나님의 사역의 상징인 성전 재건을 막으려는 세력이 등장합니다. 이들의 전략을 잘 분별한다면 우리가 처한 영적 전투에 대처할 수 있습니다. 큰 줄기로 볼 때 성전 재건의 역사가 순조롭게 진행되는 것이 오히려 이상한 것입니다. 이방 왕 고레스를 감동시킴으로 귀환과 성전 재건의 조건이 주어졌지만 악한 세상이 계속 협조할 리는 없기 때문입니다. 하나님의 일은 본질적으로 하나님의 사람들이 주도한 믿음과 헌신으로 이루어지도록 되어 있습니다.

본서 기자는 성전 재건이 16년 동안 중단된 것은 외부의 방해라고 보았지만 학개 선지자는 다른 관점을 나타냅니다.

(학 1:4~5) "이 성전이 황폐하였거늘 너희가 이 때에 판벽한 집에 거주하는 것이 옳으냐 그러므로 이제 만군의 여호와가 이같이 말하노니 너희는 너희의 행위를 살필지니라"

백성들의 희미해진 신앙과 식어진 헌신이 영적 원인이었다고 지적합니다.

영적 실패는 본질적으로는 우리의 책임이라는 전제하에 사탄의 궤계를 살펴보겠습니다. 사탄은 가장하여 속이고 침투하는 간접 전략을 먼저 사용합니다. 1절의 유다와 베냐민의 대적이란 구체적으로는 사마리아 사람들을 의미합니다. 유다와 베냐민이란 귀환자의 주체를 말하며 대적' 해를 끼칠 목적으로 접근해오는 원수를 가리킵니다. 이들이 성전 재건에 동참하겠다는 의사는 세상 명분으로 볼 때 포용해야 할 것 같습니다. 하지만 저들의 정체는 여호와 신앙과는 상극인 다신론적 혼합종교론자입니다.

이를 정확히 분별한 지도자들은 동참을 불허합니다. 이 사건은 현대 기독교에서 종교다원주의에 대한 대처와 교회일치 운동에 대한 경계의 원리가 됩니다. 사탄의 전략은 틈새를 찾아 끝까지 물고 늘어지는 속성이 있습니다. 계획을 세워 조직적으로 바사의 관리들에게 뇌물을 주어 허가를 막습니다(5절) 성전 재건을 주도하는 주민을 고발하여 사법적 리스크를 일으킵니다(6절). 행정적인 면에서는 모반 가능성도 첨가하여 성읍과 성벽 재건까지 중단시키는 작전을 폅니다(7-16절). 이들의 공작은 결국 성공하여 성전 재건은 중단되었지만(17-24절) 마귀가 최종 승자가 되는 경우는 역사상 없습니다. 기도로 영분별의 은사를 받고 지혜롭게 사용해야 하겠습니다(고전 12:10, 고후 1:11).

♦ 에스라 5장 성경칼럼

1절 | 선지자들 곧 선지자 학개와 잇도의 손자 스가랴가 이스라엘의 하나님의 이름으로 유다와 예루살렘에 거주하는 유다 사람들에게 예언하였더니

12절 | 우리 조상들이 하늘에 계신 하나님을 노엽게 하였으므로 하나님이 그들을 갈대아 사람 바벨론 왕 느부갓네살의 손에 넘기시매 그가 이 성전을 헐며 이 백성을 사로잡아 바벨론으로 옮겼더니

"반대로 하면 산다"

중병에 걸린 환자에게 내리는 명의의 생활 처방은 의외로 간단합니다.

병에 걸린 원인을 파악하여 반대로 살라는 것입니다. 운동부족이었던 사람은 운동을 해야 하고 밤잠을 안 잤던 사람은 밤잠을 자야 합니다. 많이 먹어 걸린 병은 소식을 하면 되고 스트레스를 받아 걸린 병은 홀가분하게 살아야 합니다. 직장과 사업과 가정이 실패했다면 이 원리를 지혜롭게 적용할 수 있습니다.

4장에서 성전 재건이 여러 원인으로 멈추었는데 그 기간이 무려 16년이었습니다. 5장에는 4장에서의 실패 원인과 반대되는 일들이 일어남으로 성전 재건이 이루어집니다. 시작은 하나님의 뜻을 전하는 선지자의 출현으로 시작됩니다. 하나님께서 보내신 학개와 스가랴가 백성들을 일깨우고 감동을 받은 무리가 공사를 시작합니다(1-2절). 가장 큰 이유였던 백성들의 영적 나태가 해결된 것입니다. 신앙의 부흥은 예나 지금이나 성령으로 역사하는 말씀과 순전한 기도가 근원입니다(요 14:26).

이어지는 역전은 하나님께서 역사하시는 환경의 조성입니다. 바사(페르시아) 왕국은 16년 동안 3명의 왕이 바뀌면서 비정통성을 가진 다리오 1세가 통치하는 혼란 상태이었습니다. 선민에게는 선지자를 통해 권고하셨고 주변은 정치적 혼란을 조성하여 성전 재건의 환경을 주신 것입니다. 사탄의 조종을 받았던 이전의 사마리아 반대 세력은 제거되고 우호적인 총독이 등장합니다. 맛드대 총독과 그 부하는 성전 재건에 대한 올바른 정보 보고서를 작성하여 다리오 왕에게 올려 보냅니다(3-6절).

예전의 모함하고 조작하던 방해 공작과 판이한 상황을 섭리하시는 하나님의 손길이 느껴집니다. 보고서에 들어가 있는 이스라엘 백성들의 현명한 답변은 여호와 신앙이 자리를 잡았다는 것을 증거 합니다. 바벨론에 포로로 끌려간 원인을 정확히 알고 있고 성전 재건이 의미하는 진실을 정직하게 밝히고 있습니다(11-16절). 세속적 힘과 상관없이 하나님 앞에서 살고 싶은 갈망이 뿜어져 나오고 있습니다. 이스라엘 백성들의 의와 진실함 앞에 주변인들은 호의를 갖게 됩니다(17절).

신자의 확실한 신앙고백과 당당한 신앙 행태는 하나님이 역사하시는 그릇이 됩니다. 하나님의 섭리와 사람의 신앙적 수용 관계는 신비에 속하여 알아보기 힘듭니다. 분명한 것은 인간의 수용이 있을 때 목적을 이룰 수 있다는 사실입니다. 하나님께서 거의 다 조성하시고 인간의 순종을 요구하시는 원리는 지금 우리에게도 와 있습니다. 혹시 신앙의 열매와 생활의 축복이 결여되었다고 진단되십니까? 그렇다면 이전 신앙생활과 반대로 살아 보는 행동에 도전해 보시기를 권합니다.

♦ 에스라 6장 성경칼럼

15절 | 다리오 왕 제육년 아달월 삼일에 성전 일을 끝내니라
16절 | 이스라엘 자손과 제사장들과 레위 사람들과 기타 사로잡혔던 자의 자손이 즐거이 하나님의 성전 봉헌식을 행하니

"재기할 수 있을까?"

재기란 실패한 자가 역량을 모아 다시 일어나는 것을 뜻합니다. 인생을 살아 본 사람은 재기가 얼마나 어려운 것인지 알고 있습니다. 가능성과 확률이 너무 낮아 재기에 성공한 사람은 존경의 대상이 됩니다. 젊을 때의 실패가 약이 되는 이유는 다시 도전할 힘이 있기 때문입니다. 기독교 신앙의 영역에서 실패한 자가 재기할 확률은 얼마나 될까요? 세상과 비교해서 높다는 생각이 드는 것은 기회가 많기 때문입니다. 하나님의 인내하심과 사랑하심에 기대어 회개하고 다시 시작할 수 있습니다. 기회가 많이 주어진

다는 것이 죄의 형벌을 면제하는 것이 아니라는 점을 유의해야 합니다. 기회가 많은 것과 성공할 확률이 정비례하지 않는 것은 영적 습관을 바꾸기가 어려워서입니다.

이스라엘은 죄를 짓고 회개하기를 반복하였습니다. 남북 왕조가 멸망한 것은 민족적 실패를 했다는 것입니다. 솔로몬 성전의 훼파는 모세 언약이 파기된 것을 의미합니다. 사람의 힘으로 율법을 지킬 수 없는 한계가 증명된 것입니다. 포로 생활에서의 귀환과 성전 재건이 의미하는 것은 새 기회를 받은 것이고 새 언약이 갱신되는 것을 뜻 합니다.

6장에는 성전 재건이 착공 20년만인 B.C.517년에 완공이 되는 장면이 펼쳐집니다. 하나님께서 이방의 세 왕(고레스, 다리오, 아닥사스다)을 사용하시고 선지자를 통해 백성들을 이끄셔서 이루신 역사입니다(14절, 5:1). 인간의 나태와 대적자들의 방해가 있었지만 하나님의 뜻을 막지는 못했습니다. 다리오 왕의 조서에 나오는 내용을 통해 하나님의 주권과 위대하심이 높이 드러납니다(1-12절).

성전 완공 후에 행해지는 두 행사는 하나님의 백성들의 재기에 대한 의미가 새겨 있습니다. 성전 봉헌식의 주목적은 속죄제입니다(16-18절). 70년 이상 제사가 드려지지 못했다는 것은 하나님과의 교제가 단절되었다는 것입니다. 속죄제를 드리는 백성들은 역사의 실패를 곱씹으며 진정한 속죄제물 되시는 메시야를 희미하게나마 대망했을 것입니다.

두 번째 행사인 유월절(무교절)을 '일물일어설(한 사물은 한 단어로 나타냄)'로 표현하면 어린 양 예수입니다. 솔로몬 성전과는 비교가 안 되는 성전이지만 구속사의 계시는 한층 밝아지며 진전되어 갑니다. 신앙의 재기는 실패한 경험을 디딤돌로 삼아 이전보다 좋은 상태로 가는 것입니다. 6장은 그리스도인의 영적 재기는 외형에 있는 것이 아니라 '내면의 그리스도화'에 있음을 계시합니다.

(고후 4:16) "그러므로 우리가 낙심하지 아니하노니 우리의 겉 사람은 낡아지나 우리의 속사람은 날로 새로워지도다"

♦ 에스라 7장 성경칼럼

10절 | 에스라가 여호와의 율법을 연구하여 준행하며 율례와 규례를 이스라엘에게 가르치기로 결심하였었더라

27절 | 우리 조상들의 하나님 여호와를 송축할지로다 그가 왕의 마음에 예루살렘 여호와의 성전을 아름답게 할 뜻을 두시고

"자기 소개서"

자기 소개서는 어느 조직에 들어가기 위한 서류 전형에 필수적으로 들어갑니다. 어떤 곳에서는 당락에 결정적 영향을 끼치기도 합니다. 거짓이나 과장이 없는 바탕에서 자신의 장점을 어필해야 합니다. 이런 시각에서 7장에 나오는 에스라의 자기 소개서를 보면 의아한 생각이 듭니다. 전체 맥락에서 볼 때 자기 자랑이 넘쳐흐르는 것처럼 보이기 때문입니다. 바울이 사역이 깊어 갈수록 겸손해지며 자신을 심히 낮춘 것과 반대입니다(고전 15:9, 엡 3:8, 딤전 1:15). 구약 최고의 석학으로서 다른 의도가 있는 것이 틀림없습니다.

7장은 2차 귀환의 인도자인 에스라가 자기소개를 함으로서 시작됩니다. 에스라가 족보를 자세히 언급한 것은 아론의 16대 손으로 제사장의 정통성이 있다는 것을 강조한 것입니다(1-5절). 나아가 율법에 능통한 학자임을

자부하고 있습니다(6절). 하나님이 함께 하심으로 왕에게 구하는 것은 다 받을 수 있는 실세임을 알립니다(6절). 에스라서는 에스라가 썼고 역대기도 제사장적 관점의 저작으로 그가 썼다는 것이 정설입니다. 그런 면에서 그의 자기소개는 과장도 아니고 교만한 것은 더욱 아닙니다. 귀환의 시점에서 자신에 대해 정확히 알리는 것이 필요했던 것입니다. 하나님의 사역에 쓰임받기 위한 중심을 가지고 자신의 권위를 세워야 했음을 알 수 있습니다(10절).

영적 실력과 함께 아닥사스다 왕이 부여한 권력도 사용하려는 의도를 나타내고 있습니다. 성전 재건은 완수되었지만 자신의 사명인 신앙 개혁운동의 성공을 위하여 진력하는 모습입니다. 왕의 조서 초본을 자세히 기록한 것도 같은 맥락입니다. 조직과 재물을 제공받는 것은 당시의 실정에서 효율성을 높이는 방법입니다(12-23절). 법과 행정적 지원을 받는 것이 비굴한 것이 아니라 하나님의 전적인 도우심이라고 확신하고 있습니다(24-26절).

아닥사스다 왕도 고레스와 다리오와 함께 하나님의 도구로 사용되고 있다는 시각을 가지고 있습니다. 그리스도인은 자연인을 사용하시는 하나님의 손길을 예리하게 관찰할 필요가 있습니다. 에스라의 자기소개가 자기 유익을 위한 것이 아니라는 증거는 그의 찬양에 드러나 있습니다. 왕과 방백들의 마음을 주관하신 하나님께 영광을 돌립니다(27절).

하나님의 손이 자기 위에 임하므로 힘을 얻어 귀환에 성공했다고 감사하며 고백합니다(28절).

그 유명한 바울의 나의 나 된 것은 하나님의 은혜라는 고백과 동일합니다(고전 15:10). 영적 겸손을 기본으로 재능과 스펙을 활용하는 하나님의 일군이 되기를 소원합니다.

♦ 에스라 8장 성경칼럼

15절 | 내가 무리를 아하와로 흐르는 강가에 모으고 거기서 삼 일 동안 장막에 머물며 백성과 제사장들을 살핀즉 그 중에 레위 자손이 한 사람도 없는지라

25절 | 그들에게 왕과 모사들과 방백들과 또 그 곳에 있는 이스라엘 무리가 우리 하나님의 성전을 위하여 드린 은과 금과 그릇들을 달아서 주었으니

"멈추어야 보이는 것들"

여러 종류의 여행이 있겠지만 걷는 시간이 없다면 큰 보람을 뺏기는 것입니다. 도보여행은 차량으로 다닐 때에 보지 못한 것을 보게 합니다. 걷다가 멈추는 순간 결정적인 것을 발견하기도 합니다. 신자는 이 땅에 나그네로 와 있습니다(벧전 1:17). 본향(천국)에 이를 때 이 세상 나그네 길은 끝이 납니다(히 11:16). 나그네로 이 세상을 여행하는 신자에게는 잠시 쉬면서 점검하는 일은 필수입니다. 목적을 되새겨야 하고 미비한 것을 채워야 하고 에너지를 충전해야 합니다.

에스라가 이끄는 2차 귀환 행렬이 바벨론을 떠나 예루살렘으로 출발합니다. 2,000km의 먼 길을 장정 1,773명을 포함한 9,000여명이 도보로 4개월 걸리는 행군입니다(3-14, 7:9). 80년 전 1차 귀환의 5만여 명보다 많이 줄었지만 어려운 일들이 산적된 여정입니다. 에스라는 아하와로 흐르는 강가에 3일 동안 머물며 무리를 관찰하면서 중요한 점을 발견하였습니다. 일행 중에 레위 자손이 한 사람도 없음이 확인된 것입니다(15절). 레위인이 없다는 것은 제사 드릴 때 섬겨 줄 직분자가 없다는 것이므로 중대한 결함이 생긴 것입니다.

우리는 북이스라엘이 정통적인 제사장을 무시하다가 멸망당한 것을 익

히 보았습니다. 에스라가 멈추고 살폈기에 오류를 바로 잡을 수 있었습니다. 즉시 족장들을 뽑아 가까운 가시뱌 지방으로 보내 40여명의 레위인과 220명의 느디님 사람을 데려 오게 합니다(16-20절). 이들이 하나님의 의를 위하여 온전히 설득되어 합류한 것은 훌륭한 신앙인의 모범입니다. 에스라는 이 일을 통해 하나님을 더욱 의지해야 할 것을 절감합니다.

금식을 선포하고 더욱 겸비해진 에스라는 두 가지의 지혜를 얻게 됩니다(21절). 첫째는 외부 도적 떼의 공격을 방어하는 방책입니다. 왕에게 군사를 요청하여 보호받는 것을 선택하지 않고 하나님께만 의탁하는 믿음을 드립니다(22절). 결과는 에스라의 믿음이 응낙되어 하나님께서 보호하셨다고 간증합니다(23, 31절).

둘째는 일행들이 가지고 나온 귀중품과 유력자들이 기부한 재물을 관리하는 부분입니다. 어느 시대 어느 집단이든 내부에서 재물을 잘못 관리하면 큰 문제가 일어납니다. 에스라는 재물을 취합하여 종교 직분자인 제사장과 레위인들에게 위탁합니다(24-30절). 몇 차례에 걸쳐 달아서 주고 기명하여 배분함으로서 횡령 등의 사고 여지가 없도록 합니다(25, 29, 33-34절). 성전에 쓰여 지는 것은 어떤 것이라도 소중히 관리해야 함을 교육합니다. 나의 잠시 멈춤과 그 점검은 어떤 내용일까요?

♦ 에스라 9장 성경칼럼

3절	내가 이 일을 듣고 속옷과 겉옷을 찢고 머리털과 수염을 뜯으며 기가 막혀 앉으니
13절	우리의 악한 행실과 큰 죄로 말미암아 이 모든 일을 당하였사오나 우리 하나님이 우리 죄악보다 형벌을 가볍게 하시고 이만큼 백성을 남겨 주셨사오니

"지푸라기라도 잡는 심정"

바다에 빠진 사람이 살 길은 누가 구해 주어야만 합니다. 든든한 밧줄이 내리워질 가능성이 다 사라질 때 지푸라기라도 잡는 심정이 됩니다. 지푸라기를 잡아도 소용이 없다는 것은 다 알고 있습니다. 그런데 이 말이 통하는 유일한 영역이 있습니다. 인간이 최후의 순간에 하나님만 바라며 은혜에 기대는 그 순간입니다.

9장의 에스라의 통곡은 마치 지푸라기를 잡고 몸부림치는 모양새입니다. 에스라가 귀환한지 4개월이 지나자 예루살렘의 영적 실상이 샅샅이 드러납니다. 방백들이 찾아와 모든 계층들이 이방인과 통혼하여 가증한 일을 행하고 있다고 전합니다(1절). 제사장과 레위인들까지 적극적으로 이방여인과 결혼하여 타락과 부패가 넘쳐흐르고 있었습니다. 당시 대제사장 예수아의 가족까지 이 패역에 동참했으니 구제불능입니다(10:18). 이방인과의 통혼은 율법에 엄히 금한 규례입니다(신 7:1-4). 통혼은 신앙이 혼합됨으로 타락할 수밖에 없고 우상이 들어와서 하나님을 떠나게 하는 지름길이 됩니다. 종교인들과 고관들이 앞장서고 백성들이 따라 하니 이미 문화가 되어 있습니다(2절).

이 영적 실상에 에스라는 기가 막혔습니다(3-4절). '기가 막힌'은 히브리어 '솨맘'에서 파생된 단어로서 넋을 잃은 상태를 말하는데 우리 표현으로는 실성했다는 것입니다. 그리스도인이 불신자와 결혼하는 것이 아무렇지도 않은 현 시대의 비극을 분별해야 합니다. 한참 있다 정신을 차린 에스라가 한 행동은 통탄의 기도입니다. 옷을 찢고 머리털과 수염을 뜯고 무릎 꿇어 기도하는 것은 겸손을 넘어 고통스럽다는 의미입니다(3, 5절). 이스라엘 백성과 연대의식을 가지고 우리 죄는 당장 멸망당해도 마땅하다고 외칩니다(6-15절).

조상들이 극악한 죄를 짓고 멸망당해 포로생활까지 했는데 몇 십 년 지나지 않아 더 악해졌으니 변명할 것이 없습니다. 죄악의 백서를 쓰는 것처럼 죄악의 실상을 정확히 고하고 있습니다. 이것으로 이스라엘 온 백성은 죽음을 당하고 나라가 멸망하는 수순으로 가는 것일까요? 여기서 에스라의 지푸라기라도 잡고 싶은 마음이 드러납니다. 감히 말씀드릴 수는 없지만 그래도 하나님께서는 과거에 은혜를 베푸신 적이 있지 않느냐고 여쭤 봅니다.

불쌍히 여김을 받고(9절) 얼마를 남겨 두어 피하게 하신 남은 자 원리를 조심스럽게 소환합니다(8절). 죄악보다 형벌을 가볍게 하셔서 지금 이 무리가 존재하고 있음을 아뢰고 있습니다(13절). 주된 기도는 죽여 달라는 내용이지만 에스라는 오직 긍휼의 지푸라기를 잡고 있습니다. 이 시대 그리스도인은 에스라의 지푸라기라도 잡고 싶은 마음과 상관이 없을까요?

♦ 에스라 10장 성경칼럼

1절 | 에스라가 하나님의 성전 앞에 엎드려 울며 기도하여 죄를 자복할 때에 많은 백성이 크게 통곡하매 이스라엘 중에서 백성의 남녀와 어린 아이의 큰 무리가 그 앞에 모인지라

12절 | 모든 회중이 큰 소리로 대답하여 이르되 당신의 말씀대로 우리가 마땅히 행할 것이니이다

"살려면 잘라야 합니다"

심한 다리 부상으로 여러 번의 수술 끝에 의사가 선고하는 말입니다. 그 다리를 잘라야만 살 수 있다면 아무리 아까와도 살기 위해 잘라내야 합니다.

성경에서 가장 센 명령이 무엇일까를 묵상해 보니 두 가지가 떠올랐습니다.

(마 18:9) "만일 네 눈이 너를 범죄하게 하거든 빼어 내버리라 한 눈으로 영생에 들어가는 것이 두 눈을 가지고 지옥 불에 던져지는 것보다 나으니라"

주님께서는 두 손과 두 발과 한 눈을 포기해서라도 지옥에는 가지 말라고 하십니다.

(마 19:29) "또 내 이름을 위하여 집이나 형제나 자매나 부모나 자식이나 전토를 버린 자마다 여러 배를 받고 또 영생을 상속하리라"

인간 사회에서 가장 행복한 관계인 가족과 필수적인 재산보다 영생이 더 소중하다고 말씀하십니다. 우리는 이 두 말씀이 신체와 가족과 재물을 폄하하는 것이 아니라 우선순위에 대한 것임을 알고 있습니다. 하나님께 가는 길을 막는 것을 과감히 제거하지 못하면 거기에 잡아먹히게 되어 있습니다. 이 영적 원리를 전제해야만 10장의 사건을 해석할 수 있습니다.

제사장을 비롯한 레위인, 직분자, 사역자들의 통혼은 여호와 신앙 공동체인 이스라엘의 치명적 환부입니다. 우상 숭배하는 이방인의 수준을 넘어 더 악한 지경에 이른 것입니다. 아름다운 꽃이 자리를 떠나 쓰레기통에 있으면 더 추한 것과 같은 것입니다. 에스라가 이 사실을 직시하면서 절망하며 철저한 회개에 들어갑니다(9장). 에스라는 제사장이었지만 바사 왕국으로부터 세속 권세도 위임받은 신분입니다. 법적이고 행정적인 방법의 조치를 선택할 수 있었습니다. 하지만 영적 질병은 영적 방법으로만 치유가 일어나는 것이 하나님 나라의 법칙입니다.

에스라의 설교적 자복기도에 성령께서 역사하시고 첫 번째 회개자인 스가냐가 나타납니다(2절). 어떤 전환점(Tipping point)에 1번으로 나서는 자(First penguin)는 참으로 귀하고 아름답습니다. 이방인 아내와 그 소생인 자녀를 내어 보내는 일은 당시 상황에서 뼈를 도려내는 것처럼 힘든 일입니다(3-4절). 자기 지지 세력이 거의 없었던 에스라에게 후원자들이 생기고 이제 단식하며 과감한 개혁으로 들어갑니다(5-6절). 총회를 모집하여 이 통혼 문제를 해결하지 아니하면 진노의 멸망이 임할 것을 깨우칩니다(7-14절).

영적인 사역에 만장일치가 없는 현상은 이번에도 예외 없이 일어납니다(15절). 통혼자의 명단이 작성되고 이혼 절차가 진행되면서 공동체는 회생의 기운이 솟아납니다. 이 사건은 신약교회의 결혼 문화에 대한 기준을 제시하고 문제 해결의 원리를 제시합니다(고전 7장). 나아가 불신 문화에 물들어 경건의 능력을 상실한 신자가 살길이 무엇인지를 찾게 합니다. 권징이 거의 없는 현대교회가 거룩과 순결을 위해 무엇을 해야 할까요?(마 18:15-17, 고전 5:5, 딤전 1:20).

느헤미야

♦ 느헤미야 1장 성경칼럼

3절 | 그들이 내게 이르되 사로잡힘을 면하고 남아 있는 자들이 그 지방 거기에서 큰 환난을 당하고 능욕을 받으며 예루살렘 성은 허물어지고 성문들은 불탔다 하는지라

9절 | 만일 내게로 돌아와 내 계명을 지켜 행하면 너희 쫓긴 자가 하늘 끝에 있을지라도 내가 거기서부터 그들을 모아 내 이름을 두려고 택한 곳에 돌아오게 하리라 하신 말씀을 이제 청하건대 기억하옵소서

"지도자가 되려면..."

성경의 목적은 예수님을 바르게 믿게 하고 하나님의 사역을 잘 할 수 있게 하는 것입니다. 66권의 성경은 그 목적에 맞게 각 권의 주제와 특징이 있습니다. 잠언과 전도서는 지혜의 책이고 복음서는 주님의 생애를 기록하여 복음을 알게 합니다. 역사서는 구속사의 경륜을 보여주고 서신서는 교리와 신앙생활의 원리를 배우게 합니다. 그러면 느헤미야서는 어떤 주제와 교훈을 줄까요? 하나님께서 쓰시는 지도자의 모델을 제시하는 책입니다. 다른 지도자가 많지만 느헤미야는 평신도가 따라 할 수 있는 유형의 지도자입니다.

느헤미야는 B.C.444년 3차 귀환을 이끈 지도자로서 직책은 총독입니다. 1차 B.C.537년(스룹바벨), 2차 B.C.458년(에스라) 귀환 후 13년 정도 지날 때입니다. 기록 연대는 그의 은퇴 이후이니 메시야 탄생 400여 년 전에 쓰여 졌습니다. 내용은 구약 역사의 마지막 부분에 해당되며 성벽이 무너진 상태에 있는 귀환민의 고통해결을 다루고 있습니다. 느헤미야의 신분은 바

사 왕국 아닥사스다 왕의 최고신임을 받는 술관원이었습니다(11절, 2:1).

1장은 그가 고토로 귀환하는 배경을 언급하고 있습니다. 화려한 수산 궁에 거하며 권세를 누리던 그에게 예루살렘에서 돌아 온 동생 하나니 일행이 슬픈 소식을 전합니다(2절). 유다 땅은 바사의 127도의 하나로서 주변으로부터 능욕을 당하고 있었습니다. 난공불락을 자랑하던 예루살렘 성벽은 허물어지고 이방인의 약탈로 선민은 도망 다니기에 바쁩니다. 성전도 무사할 리도 없고 하나님의 영광은 이방인들의 모멸에 상실되었습니다.

신앙의 사람 느헤미야가 얼마나 충격을 받았는지 수일 동안 울며 금식기도를 합니다. 이방에서 탁월한 냉철함으로 출세한 느헤미야가 이처럼 감정적이었다는 것은 하나님의 의에 대한 사모함 때문입니다. 신앙 지도자의 자질 중 가장 근본은 하나님을 향한 열정입니다. 이 열정에서 섬김이 나오고 백성을 이끌고자 하는 헌신이 나오고 하나님께만 매달리는 기도를 할 수 있습니다. 그가 한 기도의 내용에 이 자세가 담겨져 있습니다.

하나님의 긍휼을 붙들고 백성들의 죄를 자세히 고백합니다(5-7절). 율법에 의거하여 죄의 대가를 받아들이고 은혜를 소망하며 회복을 간구합니다. 징벌로 흩으셨으니(8절) 순종하면 모이게 하실 것(9절)이라는 언약을 붙들며 간구합니다. 지도자의 자질은 하나님의 것에 대한 열정과 언약을 붙드는 기도와 자기희생임이 증거 되고 있습니다. 우리에게 느헤미야 같은 지도자가 일어나게 하옵소서!

♦ 느헤미야 2장 성경칼럼

2절 | 왕이 내게 이르시되 네가 병이 없거늘 어찌하여 얼굴에 수심이 있느냐 이는

18절	필연 네 마음에 근심이 있음이로다 하더라 그 때에 내가 크게 두려워하여 또 그들에게 하나님의 선한 손이 나를 도우신 일과 왕이 내게 이른 말씀을 전하였더니 그들의 말이 일어나 건축하자 하고 모두 힘을 내어 이 선한 일을 하려 하매

"기회와 용기와 능력"

성공의 요소 중에 빠질 수 없는 것이 기회와 용기입니다. 기회를 볼 수 있어야 하고 잡을 수 있는 용기가 더해질 때 일은 시작됩니다. 나아가 진행하는 과정에서 능력이 따라주지 않으면 중도에 포기하기 쉽습니다. 여기까지 듣고 나면 탁월한 사람만이 무언가를 해낼 수 있다는 결론에 이릅니다. 세상에서는 이 논리가 통하지만 영적세계는 다른 조건이 붙습니다.

2장의 느헤미야 귀환 과정을 성찰할 때 이 주제에 대한 영적 원리가 밝히 드러납니다. 힌트는 1절에 나와 있는 느헤미야와 아닥사스다 왕이 만나는 때입니다. 술관원으로서 왕을 대면할 때가 '니산월'이었다고 적시됩니다. 그렇다면 하나니 일행이 예루살렘의 동정을 알린 시기인 '기슬로월'과 4개월 차이가 납니다(1:1). 우리 달력으로 계산하면 9월에서 다음 해 1월이 된 셈입니다. 느헤미야의 마음으로는 속히 귀환하고 싶으나 하나님께서는 4개월의 기간을 주신 것입니다.

왕이 바벨론에서 월동을 하고 있었던 것이 직접 원인이었지만 하나님께서는 느헤미야에게 기도를 시켰습니다. 슬픈 마음에 수시로 금식하며 기도한 느헤미야의 모습에 왕의 시선이 닿았습니다. 신하가 잔치에 수심이 가득한 표정을 하고 있다면 처벌을 받을 일입니다. 느헤미야가 이 표정을 연기한 것이 아니라는 것입니다. 왕이 한마음이 되어 느헤미야에게 수심의 원인을 물었다는 것은 하나님의 감동입니다. 비언어적 메시지도 사용하시는 하나님의 세밀한 성품을 만나게 됩니다(2절). 장기간의 신임과 기도로 인한 외적 초췌함이 합력하여 이루어진 대화는 놀라운 결과를 만들어 냅니다.

왕이 원하는 소원을 물었을 때 느헤미야가 하나님께 묵도했다는 것은 기도가 응답되었음을 알았다는 것입니다(4절). 담대한 용기로 청하는 모든 것이 결재되고 보너스의 지원도 따라 옵니다. 귀환이 허락되고 총독 신분이 내려지며 경호가 따르고 재건에 필요한 경제적 지원을 받게 됩니다(5-8절). 하나님의 사역에 이방인을 감동시켜 사용하는 능력은 준비된 그릇에게 주어지는 축복입니다.

귀환 후의 은밀한 탐색은 대적하는 무리(10, 19절)를 대처하는 지혜로서 지도자의 덕목입니다(11-16절). 무기력해져 있는 지도자와 백성들을 일으키는 느헤미야의 메시지는 힘이 있습니다(17-18절). 하나님의 뜻을 전하기에 담대할 수 있고 자기 유익은 생각하지 않기에 감동을 일으킬 수 있습니다. 기회와 용기와 능력의 근원에 기도에 있다는 것은 우리에게 큰 동기부여가 됩니다.

(요 15:7) “너희가 내 안에 거하고 내 말이 너희 안에 거하면 무엇이든지 원하는 대로 구하라 그리하면 이루리라”

♦ 느헤미야 3장 성경칼럼

5절 | 그 다음은 드고아 사람들이 중수하였으나 그 귀족들은 그들의 주인들의 공사를 분담하지 아니하였으며

20절 | 그 다음은 삽배의 아들 바룩이 한 부분을 힘써 중수하여 성 굽이에서부터 대제사장 엘리아십의 집 문에 이르렀고

"52일"

제목만 보아도 내용이 그려지는 영화가 있습니다. 반대로 내용을 다 보아야만 제목이 이해되는 영화도 있습니다. '52일'이란 성벽의 재건 공사 기간을 말합니다(6:15). 솔로몬 성전이 준비 기간 3년을 빼고도 7년 반이 걸렸고 스룹바벨 성전이 5년 정도 소요된 것에 비하면 아주 짧은 기간입니다. 성전이 하나님의 임재와 관계를 의미한다면 성벽은 하나님 백성의 구원과 보호를 상징합니다.

(사 49:16) "내가 너를 내 손바닥에 새겼고 너의 성벽이 항상 내 앞에 있나니"

성벽의 보호를 받지 못한 백성들은 원수들로부터 수시로 약탈당하고 피난을 다녀야 합니다. 구원의 근본이 흔들려 방랑하는 신앙인의 모습과 같습니다. 느헤미야가 통탄하며 뜨거운 눈물의 기도를 드린 이유를 알 것 같습니다. 그가 하나님의 지혜를 힘입고 탁월한 지도력으로 단 52일 만에 성벽 재건을 마친 것은 매우 급했다는 뜻입니다. 효율성을 위해 작업의 몫을 적절히 나누어 책임을 지고 일하게 하는 지혜를 발휘하였습니다.

3장은 이 위대한 사역에 동참하여 헌신한 자들을 기록하고 있습니다. 공사 방식과 재료의 소개보다 명단과 업무를 위치별로 기록합니다. 52일간의 헌신이 성경에 기록되어 세상 끝 날까지 불리어지니 이들은 얼마나 영광스럽겠습니까? 한편 이들의 영광과 대조되는 다수의 방관자들을 주목할 필요가 있습니다. 대적자는 아닐지라도 합리적 핑계를 만들어서 피해 다니는 사람은 언제나 있습니다. 드고아의 일반인은 참여했으나 지도자인 귀족들은 대적자와 밀착되어 눈치를 보며 불참합니다(5절). 잠시의 이익과 근심이 영원 세계에 쌓을 상급을 빼앗아 갔습니다.

한편 기자는 적극적 헌신자들을 등장시킴으로서 후대에 감동을 선사합니다. 바룩(20절)과 므레못(21절)과 빈누이(24절)는 자기 할당 구역을 속히 마치고 또 다른 몫을 담당하였습니다. 자원함과 부지런함과 기쁨으로 일하는 신자는 하늘의 별과 같이 빛이 납니다. 만약 이 때 성벽 재건이 속히 이루어지지 않았다면 예루살렘은 황폐화되어 신앙의 전수가 끊어질 위기가 왔을 것입니다.

성벽 재건의 깊은 의미를 인식하지 못했을지라도 지도자를 믿고 따라준 자들이 귀합니다. 우리도 사역의 깊이는 자세히 몰라도 말씀에 순종한다면 하늘의 상급을 쌓을 것입니다. 주님께서는 자기 위치를 지키는 충성된 자들을 부르십니다.

(고전 4:1-2) "사람이 마땅히 우리를 그리스도의 일꾼이요 하나님의 비밀을 맡은 자로 여길지어다 그리고 맡은 자들에게 구할 것은 충성이니라"

♦ 느헤미야 4장 성경칼럼

4절 | 우리 하나님이여 들으시옵소서 우리가 업신여김을 당하나이다 원하건대 그들이 욕하는 것을 자기들의 머리에 돌리사 노략거리가 되어 이방에 사로잡히게 하시고

22절 | 그 때에 내가 또 백성에게 말하기를 사람마다 그 종자와 함께 예루살렘 안에서 잘지니 밤에는 우리를 위하여 파수하겠고 낮에는 일하리라 하고

"파워, 정의, 신앙"

'역사는 승자의 기록이다'라는 말이 있습니다. 승자가 기록을 독점하고 조작한다는 것에서 나온 말입니다. 후대에 정의의 관점에서 수정되는 경우가 많기에 이 말은 허점이 있습니다. 역사에서 가장 하수는 어떤 수단과 방법으로든 이기면 된다는 부류입니다. 당장의 승리를 가져오는 파워게임을

대부분의 계층은 선호합니다. 하지만 인간에게는 양심이 있어 옳고 그름에 대한 싸움이 있습니다. 여기서 나온 '정의란 무엇인가'가 장기간 패권 향방에 영향을 끼칩니다. 멀리 본 역사는 불의는 망하고 정의가 세워진다는 것을 증명합니다. 정의가 서양 고전의 치열한 논쟁 주제였던 것으로 보아 보편적 원리인 것이 분명합니다.

하지만 그리스도인에게는 이보다 높은 진리의 영역이 있습니다. 인간의 생각에서 나온 정의보다 하나님 앞에서의 신앙을 추구합니다. 신본주의 신앙은 하나님 편이냐 아니냐로 결정됩니다. 인간의 생각과 달라도 하나님의 명령이라면 순종하는 것을 믿음이라고 합니다. 이 영역이 존재한다는 것을 알 때 성경의 사건을 해석할 수 있습니다.

4장의 성벽 재건을 방해하는 세력의 준동은 파워게임의 전형을 보여 줍니다. 병력과 무기로 볼 때 이스라엘의 민간 작업자들은 훅 불면 사라질 존재로 보입니다. 위협하면 겁을 먹고 조롱하면 사기가 꺾여 작업을 중단할 것 같았는데 그렇지 않았습니다(1-3절). 이제 무리를 더 모으고 작업자들의 고향을 야비하게 공격하며 준동합니다(7-12절). 최후의 순간에는 지도자 암살까지 시도합니다(6:1-4).

사단의 전략은 신앙이 없는 사람에게는 위협적이지만 하나님의 사람에게는 먹히지 않습니다. 느헤미야가 선택한 신앙의 방법은 기도를 최우선으로 하는 것입니다(4-6절). 기도는 하나님께서 대신 싸우시는 것임을 알고 있습니다(15, 20절). 나아가 신앙이 어린 백성들을 독려하고 방비 태세를 마련합니다(14-19절). 이 와중에서 하나님의 뜻인 성벽 공사가 중단되지 않도록 굳세게 행동하는 것은 영적 센스입니다(22-23절).

파워 보다 정의가 강하고 정의보다 신앙이 세다는 것을 증명하는 느헤미야는 진정한 영적 지도자입니다. 온전한 믿음의 구사는 어떤 위기도 극복하는 원리는 우리에게도 그대로 적용됩니다.

(사 26:3) "주께서 심지가 견고한 자를 평강하고 평강하도록 지키시리니 이는 그가 주를 신뢰함이니이다"

♦ 느헤미야 5장 성경칼럼

7절 | 깊이 생각하고 귀족들과 민장들을 꾸짖어 그들에게 이르기를 너희가 각기 형제에게 높은 이자를 취하는도다 하고 대회를 열고 그들을 쳐서

19절 | 내 하나님이여 내가 이 백성을 위하여 행한 모든 일을 기억하사 내게 은혜를 베푸시옵소서

"지도자의 해결 능력"

사람이 모인 집단은 끊임없이 난제가 발생합니다. 난제라는 말은 웬만해서는 해결이 어렵다는 뜻입니다. 가장 큰 단위인 국가 간의 문제는 정치력으로 풀 수 없을 때 전쟁이 일어나기도 합니다. 세상에서의 지도력은 지성적 논리(로고스)와 인성의 감화(에토스)와 감성적 공감(파토스)을 조화시킨 설득으로 나타납니다. 압축하면 바른 논리와 공감 능력과 본받을 성품의 지도자를 요구합니다.

5장에 나오는 유다 공동체의 내적 문제는 4장의 외적 공격보다 더 심각한 성격입니다. 내부 문제의 폐해는 분열을 가져오고 최악에는 내란으로 치달아 갑니다. 성벽 재건의 중간에 이 문제가 부각된 것은 경제적 부담에서 시작되었습니다. 하지만 그동안 잠재되어 있었던 것이 폭발한 것이고 성벽 재건과 함께 꼭 해결되어야 하는 현안이었습니다. 백성들이 가져온

민원은 빈부 격차로 인한 부자들의 고리대금 횡포이었습니다(2-5절). 서민은 빚을 지면 두려워서 꼼짝달싹도 못하고 자살자도 생깁니다.

느헤미야가 노발대발하며 문제 해결에 나섭니다(6절). 세상의 지도자들은 권력과 행정력을 동원하여 해결하지만 느헤미야는 지혜를 의지합니다. 7절에 깊이 생각했다는 말은 하나님의 뜻인 율법을 상기했다는 것입니다. 이 해석은 귀인과 민장들을 크게 꾸짖은 내용이 율법에 근거했기 때문입니다.

(출 22:25) “네가 만일 너와 함께 한 내 백성 중에서 가난한 자에게 돈을 꾸어 주면 너는 그에게 채권자 같이 하지 말며 이자를 받지 말 것이며”

동족들에게는 이자를 받지 않아야 되고 전당물인 옷도 바로 돌려주어야 합니다(신 24:12). 담보 가치가 없는 옷은 잠시 증거로만 확보하고 해지기 전에 돌려주는 것이 규례입니다. 부자가 가난한 자를 축재의 대상으로 삼는 것을 율법은 엄히 금지 합니다. 느헤미야가 대회를 열고 율법의 내용을 설파한 것은 대단한 지혜입니다(7-11절). 이방인의 문화에 의해 고리대금이 보편화되어 있는 현상을 지체하지 않고 일거에 타파합니다. 율법을 상기한 백성들의 순복은 성령의 감화이고 그동안의 말씀 교육의 효과로 볼 수 있습니다(12-13절).

대부분의 개혁이 실패하는 원인은 개혁주도 세력의 도덕성이 따라주지 않아서입니다. 느헤미야는 자신이 총독으로 있는 동안 녹을 받지 않고 청빈한 생활을 한 것을 알립니다(14-15절). 나아가 측근들까지 부패하지 않게 함으로 공동체의 내적 개혁을 이루어 내고 있습니다(16-18절). 하나님께 감사하며 이후까지 의뢰하는 기도는 해산의 수고를 감당하는 지도자의 모습입니다(19절). 조국교회에 하나님의 뜻을 펼치는 지도자가 배출되기를 기도합니다.

(갈 4:19) "나의 자녀들아 너희 속에 그리스도의 형상을 이루기까지 다시 너희를 위하여 해산하는 수고를 하노니"

♦ 느헤미야 6장 성경칼럼

2절 | 산발랏과 게셈이 내게 사람을 보내어 이르기를 오라 우리가 오노 평지 한 촌에서 서로 만나자 하니 실상은 나를 해하고자 함이었더라

12절 | 깨달은즉 그는 하나님께서 보내신 바가 아니라 도비야와 산발랏에게 뇌물을 받고 내게 이런 예언을 함이라

"간교함과 신실함"

간교는 간사하고 교활하다는 것이고 신실은 순수하고 진실하다는 뜻입니다. 간교는 사단의 영역에 있는 자의 특징이고 신실은 하나님께 속한 사람의 성품입니다. 간교한 자와 신실한 자의 전투는 구속사의 주제이고 신앙생활에서도 벌어집니다. 어느 편이 이기는가에 대한 정답은 단기간에 내려지지 않습니다. 다만 신실한 자를 편드시는 하나님의 궁극적인 뜻은 반드시 이루어집니다.

6장에는 악한 편의 대표인 산발랏 일당과 선한 일군인 느헤미야의 치열한 쟁투가 벌어집니다. 이미 4장에서 위협과 분산 전력과 물리력을 동원했던 저들은 이제 느헤미야를 암살하려 합니다(2-4절). 당시의 원톱 지도자인 느헤미야만 제거하면 성벽 재건을 막을 수 있기 때문입니다. 유화책으로 가장하여 오노 평지로의 회동을 요구하지만 느헤미야는 단번에 저들의 저의를 알아차립니다. 간교한 자들의 속성인 끈질김으로 4차례나 시도하지만 실패합니다. 이제 전략을 바꾸어 느헤미야를 역적으로 몰려 하지만 걸려들지 않습니다(5-8절).

포기를 모르는 간교한 자들이 선택한 방법은 선지자를 이용하는 것입니다. 스마야 선지자에게 뇌물을 주고 성전의 법을 어기도록 고단수 계략을 씁니다(10-13절). 스마야는 느헤미야가 자신을 찾아오도록 은둔생활로 위장합니다. 암살을 피해 성전에 숨자고 제의하는데 이는 느헤미야를 범법자로 만들어 지도력을 상실케 하려는 것입니다. 성전은 부지중에 범죄 한 자가 제단 뿔을 잡고 도피할 수는 있습니다. 하지만 죄인이 아닌 느헤미야가 제단 뿔을 잡지 않고 제사장만 들어갈 수 있는 성전에 거하면 불법이 됩니다. 거짓 선지자는 말씀의 진위와 그 열매에 의하여 분별할 수 있습니다.

교묘하고 악착같은 사단의 각종 전략을 이긴 느헤미야의 방법은 무엇이었을까요? 첫째, 음모의 단락마다 들어가 있는 그의 기도의 자세입니다(9, 14절). 이 영성의 능력은 악한 세력의 계략을 간파하는 분별력으로 이어집니다(2, 12절). 둘째, 하나님의 언약을 철저히 믿고 담대함을 잃지 않았습니다. 성벽 재건은 하나님의 뜻이므로 어떤 방해에도 성취될 것을 알고 있었습니다.

이 믿음은 어른이 아이를 훤히 보듯 사단의 활동을 통찰하는 능력을 주었습니다. 예수님께서 가룟 유다의 배신을 미리 알고 대하신 것과 같습니다(요 6:64). 52일 만에 성벽은 완공되고 느헤미야는 하나님께서 이루셨다고 신실한 고백을 올립니다(15-16절). 악의 세력은 위협적이지만 결국 멸망한다는 것을 알 때 담대해지고 승리합니다(막 1:24).

♦ 느헤미야 7장 성경칼럼

5절 | 내 하나님이 내 마음을 감동하사 귀족들과 민장들과 백성을 모아 그 계보대로 등록하게 하시므로 내가 처음으로 돌아온 자의 계보를 얻었는데 거기에 기록된 것을 보면

64절 | 이 사람들은 계보 중에서 자기 이름을 찾아도 찾지 못하였으므로 그들을 부

정하게 여겨 제사장의 직분을 행하지 못하게 하고

"뭐시 중헌디"

무엇이 중요한가의 지방 사투리입니다. 인생은 필요한 것과 중요한 것을 찾아가는 여행입니다. 필요한 것이 있어야 살고 중요한 것이 있어야 보람을 얻습니다. 필요한 것이 꼭 중요하지 않을 수 있고 중요한 것만 찾다가 자칫하면 낭인이 될 수도 있습니다. 그리스도인은 이 두 가지를 모두 균형 있게 갖추어야 하며 기회에 맞게 사용해야 합니다. 나아가 인생의 마지막에는 중요한 것만 남는다는 것을 알고 가장 중요한 신앙을 지켜야 합니다.

기독교 지도자의 롤모델인 느헤미야는 7장에서 이 주제를 펼쳐 보입니다. 6장에서 성벽이 완공되어 7장은 성벽 낙성식을 거행되는 것이 수순인데 전혀 다른 일이 벌어집니다. 느헤미야는 낙성식보다 더 필요하고 중요한 것을 보았던 것입니다. 성벽 재건은 귀환 후 1순위의 필요성과 중요성의 요건을 가지고 있었습니다. 외적의 침입으로 수시로 약탈당하는 예루살렘의 피폐함은 한시도 방치될 수 없었던 현안입니다.

난관을 뚫고 성벽이 완공되자 낙성식은 필요성과 중요성에서 밀리게 되었습니다. 성벽 자체가 중요한 것이었지 낙성식은 나중에 해도 된다는 통찰력이 발휘됩니다(12장). 그러면 느헤미야가 당장 필요하고 가장 중요하다고 판단한 것은 무엇일까요? 예루살렘의 인구가 너무 적었던 것입니다(4절). 인구가 적으면 성벽을 지킬 수도 없고 성전의 기능도 발휘할 수가 없습니다. 방비 체제와 행정 책임자를 인선한 느헤미야는 인구 재배치에 들어갑니다(1-3절). 이 지혜적 조치가 자신에게서 나오지 않았다는 것을 분명히 하며 지도자와 백성들을 소집합니다(5절).

하나님께서 마음을 감동하셨다는 것은 지혜를 넣어 주셨다는 뜻입니다. 1차 귀환 때의 계보(족보)를 기준으로 흩어진 자들을 이주 시킵니다. 시간이 흘러 가문 등록부를 분실한 자들이 나오는데 포로 이전에 살던 조상들의 지방으로 확인을 합니다. 이방인이었지만 성전의 막일을 도운 느디딤인과 솔로몬 신복 자손들의 귀환은 영적 선택의 아름다운 모델입니다(46-60절). 제사장의 직분은 혈통이 불명확한 자에게 엄격하게 적용하여 제외시킵니다(61-65절).

이 사례는 신약 시대에 성찬식 불참 규례와 직분자의 권징에 예시가 됩니다(고전 11:23-26, 딤전 3:1-13). 성벽을 재건하고 지키는 일을 신약시대에 적용한다면 교회를 든든히 세우고 성도를 섬기는 일입니다. 맡은 영역에서 충성하는 것이 성도의 가장 중요한 일입니다.

(롬 15:1) "믿음이 강한 우리는 마땅히 믿음이 약한 자의 약점을 담당하고 자기를 기쁘게 하지 아니할 것이라"

♦ 느헤미야 8장 성경칼럼

5절 | 에스라가 모든 백성 위에 서서 그들 목전에 책을 펴니 책을 펼 때에 모든 백성이 일어서니라

12절 | 모든 백성이 곧 가서 먹고 마시며 나누어 주고 크게 즐거워하니 이는 그들이 그 읽어 들려 준 말을 밝히 앎이라

"일어서다, 엎드리다, 울다, 그리고.."

90년대 초반 러시아에 가서 러시아 정교회의 예배에 참석하였습니다. 특이한 것은 예배시간에 일어서는 순서가 많았다는 것입니다. 하나님께 드리고 받는 순서를 앉아서 할 수 없다는 정신에서 나온 것입니다. 이 몸의

헌신은 외형적인 것처럼 보이지만 중요한 의미가 있습니다. 한국교회의 예배에 엄숙한 경외함이 없이 가볍게 행동하는 분위기는 생각해 보아야 합니다. 말씀을 두려워하지 않고 받는다면 은혜에 있어서 손해를 봅니다.

저는 느헤미야 8장을 성경 전체에서 '은혜 회복의 교과서'로 부르고 싶습니다. 성벽 재건이 가시적 회복의 상징이라면 이제 내적신앙의 부흥이 시작됩니다. 14년 만에 학사 겸 제사장인 에스라가 백성들의 요청에 의해 율법책을 가지고 강단에 섭니다(1-2절). 어린이를 제외한 이스라엘 남여 모두가 율법책을 펼치는 순간 다 일어납니다(5절). 에스라가 광대하신 하나님을 송축하자 백성들이 손을 들고 아멘을 연창 합니다.

그동안 하나님의 말씀이 얼마나 그리웠는지 얼굴을 땅에 대고 경배를 드립니다(5절). 에스라가 강단에서 율법책을 읽으면 중간에 있던 레위 사람들이 다시 낭독하고 그 의미를 가르쳐 줍니다(7절). 율법을 들은 백성들은 죄를 깨닫고 뉘우치며 울지 않는 사람이 없습니다(8-9절). 새벽에 시작해서 정오까지 적어도 6시간 이상 폭포수처럼 은혜가 쏟아지고 있습니다(3절).

그토록 완고하고 사악했던 백성들이 이토록 은혜를 받는 이유가 무엇일까요? 바벨론 포로 생활에서 당한 유기의 고통이 말씀을 받는 그릇으로 준비된 것입니다. 이 그릇은 율법을 듣고자 하는 간절함을 가져 왔고 하나님의 뜻에 절대 순복을 할 수 있게 되었습니다. 인간은 다른 길이 있으면 하나님께 올인(all in)하지 않지만 그들에게는 다른 길이 없었습니다. 교회사에서도 이 같은 신앙의 부흥이 드문드문 일어나는데 패턴은 똑 같습니다.

성령께서 역사하시는 말씀만이 죄악 된 인간을 변화 시킵니다. 오직 하나님만 소망하는 자에게 역사가 일어납니다. 이제 회개한 무리에게 다음 단계가 주어지는데 바로 기쁨입니다. 유대 종교력 7월은 나팔절과 대속죄일과 초막절이 이어지는 절기입니다(13-18절). 에스라와 느헤미야와 레위인들이 슬퍼하는 회중들을 위로하며 성일의 기쁨을 알립니다(9-12절). 여호와를 기뻐하는 것이 힘임을 강조합니다(10절). 고통은 은혜를 사모하게 하고 은혜는 기쁨을 얻고 기쁨은 힘을 발휘합니다(빌 4:4-5). 주님… 저희도 사모합니다!

♦ 느헤미야 9장 성경칼럼

1절 | 그 달 스무나흗 날에 이스라엘 자손이 다 모여 금식하며 굵은 베 옷을 입고 티끌을 무릅쓰며

33절 | 그러나 우리가 당한 모든 일에 주는 공의로우시니 우리는 악을 행하였사오나 주께서는 진실하게 행하셨음이니이다

"가장 슬픈 눈망울"

제가 기억하는 가장 슬픈 눈망울은 영화 '워낭소리'에 나온 소의 눈망울입니다. 다큐멘터리 영화로 2009년 개봉되어 300만 명이 본 영화입니다. 여든 살의 최원균 할아버지는 사료는 단 한 번도 안 쓰고 여물을 먹이며 40년 동안 친구같이 소와 살았습니다. 소의 평균 수명이 15년인데 인간으로 비교하면 200년 이상 산 셈이니 기적입니다. 혹시라도 농약이 소에게 전달될까 염려되어 고추 농사에 사용하지 않았습니다. 죽음을 예감한 소가 이별을 앞두고 할아버지를 쳐다보는 눈망울은 지금 생각해도 처연합니다. 동물은 영이 없는데 그 소에게는 마치 영혼이 있는 것 같은 착각이 들 정도입니다(전 3:21). 모든 걸 놓아 버리고 단 하나의 사랑인 친구 같은 주인을 바라보는 소의 눈망울을 소환하는 이유가 있습니다.

9장에 나오는 이스라엘 백성들이 마치 그 소의 눈망울을 가지고 하나님을 바라보고 있다는 생각이 들었습니다. 무슨 일이 있었기에 인간의 수단방법을 다 내려놓고 순수하게 하나님만 바라보는 일이 생겼을까요? 백성들은 8장에서 말씀을 듣고 회개하고 절기에 참여했습니다. 7월 1일부터 나팔절과 초막절로 이어지는 22일 동안과 대성회가 열린 23일이 지났습니다. 이 충만한 기간이 지났는데 중간 10일에 있는 대속죄일은 언급되지 않았습니다.

누가 소집했다는 것이 나와 있지 않지만 백성들이 24일에 일제히 모였습니다(1절). 대속죄일은 노동을 금하고 죄를 각성하고 자신을 괴롭게 하며 대제사장의 속죄제가 드려지는 날입니다(레 23:26-32). 말씀에 사로잡힌 백성들의 회개는 율법에 의해 행한 것을 넘어 자원함이었다는 것을 알 수 있습니다. 레위인들이 대신하는 기도의 내용이 예사롭지가 않습니다. 찬양과 감사의 내용은 전혀 없고 자신의 죄와 조상들의 죄를 낱낱이 고백합니다. 말로만이 아닌 의복과 몸에 죄인으로서의 모습을 새깁니다. 금식하고 굵은 베를 입고 티끌을 뒤 집어 씁니다.

3시간 율법책을 읽고 3시간 죄를 자복하는데 이방인과의 절교로 죄의 입구를 차단하는 행동에 이릅니다(2-3절). 아브라함부터 가나안 입성까지 하나님은 신실하신데 인간이 패역했던 것을 일일이 비교하며 가슴을 칩니다(6-22절). 왕국 시대의 완악함으로 나라가 망하고 포로로 끌려간 징계가 마땅하다는 자각을 하고 있습니다(23-31절) 전적 타락으로 부패한 인간이 하나님 앞에 이토록 낮아질 수 있도록 한 것은 회개입니다(33절).

회개는 신앙의 최고 장벽이기도 하고 최고 축복이기도 합니다. 하나님의 처분만 바라는 이 순수한 눈망울이 되기까지 힘들었지만 다시 욕망으로 충혈 될 것을 우리는 알고 있습니다. 하지만 여운처럼 던져진 38절은 영적 눈망울에 응답하는 빛나는 순간을 예고합니다.

◆ 느헤미야 10장 성경칼럼

30절 | 우리의 딸들을 이 땅 백성에게 주지 아니하고 우리의 아들들을 위하여 그들의 딸들을 데려오지 아니하며

31절 | 혹시 이 땅 백성이 안식일에 물품이나 온갖 곡물을 가져다가 팔려고 할지라도 우리가 안식일이나 성일에는 그들에게서 사지 않겠고 일곱째 해마다 땅을 쉬게 하고 모든 빚을 탕감하리라 하였고

"갱신"

갱신하면 떠오르는 것이 부동산 계약을 연장하는 것입니다. 살던 집을 다시 계약하면 명시 갱신이 되고 말없이 기간이 지나면 묵시 갱신이 됩니다. 내용은 달라지지 않지만 갱신의 방법에 따라 의미가 달라질 수 있습니다. 9장의 마지막은 회개한 백성들에게 하나님의 언약이 갱신되어 인봉한 것이었습니다.

10장은 이 언약의 갱신에 인친 자들의 명단으로 시작 됩니다. 백성들의 대표인 방백과 레위 사람들과 제사장들이 차례로 기록됩니다. 여기서 인은 도장인데 당시의 유력자들은 반지에 자기 이름을 새겨 도장으로 사용했습니다. 언약의 갱신에 있어서 중요한 것은 내용입니다. 본 언약과 조금이라도 달라지는 것이 있으면 꼭 확인해야 합니다.

언약을 지키겠다는 다짐으로 볼 때 내용은 달라지지 않았습니다. 내용이 다름이 없는 대신 각오는 새로워졌습니다. 그동안 언약을 지키지 못해 받았던 징계가 너무 막대해서 이제는 그 길을 가지 말아야 하기 때문입니

다. 이스라엘 백성들은 구속의 역사를 배우면서 무엇이 문제였는지 깨달았습니다. 죄를 짓는 근본이 어디에 있는지 알았고 이제는 점검하며 지킬 것을 다짐합니다.

백성들의 신앙적 결단은 크게 3가지입니다. 첫째, 이방인과의 통혼을 금하겠다는 것입니다(30절). 이방인과 결혼하면 그들의 풍습과 문화가 침투하여 하나님께서 가장 미워하시는 우상숭배로 갈 수밖에 없습니다. 신앙의 순수성을 위해 통혼을 엄격하게 금지하였음에도 잡초처럼 계속 일어나는 이유는 무엇일까요? '콩과 보리(숙맥)'도 분별 못하는 현실적 무지는 율법을 계속 묵상하지 않음으로 은 것입니다.

둘째, 안식일을 온전히 지키겠다고 결단합니다(31절). 하나님께 예배드리는 날을 소홀히 하면 모든 것이 허물어집니다. 마치 사람이 음식을 안 먹고도 살수 있다는 망발과 다름이 없습니다. 셋째, 성전의 제사를 위한 책임을 감당하겠다고 결단합니다(32절). 성전세와 초태생 규례와 십일조의 충성으로 사역의 경제적 책임을 다 하겠다는 것입니다(33-39절). 성전 유지가 안되고 제사장과 레위인들이 생활고로 흩어지면 백성들의 곤고함으로 돌아오게 되어 있습니다. 경제적 헌신은 이론을 실전으로 적용하는 실체가 됩니다. 멸망을 당해 본 백성들의 결단이 어떻게 열매를 맺을지 우리 일처럼 지켜보게 됩니다

♦ 느헤미야 11장 성경칼럼

1절 | 백성의 지도자들은 예루살렘에 거주하였고 그 남은 백성은 제비 뽑아 십분의 일은 거룩한 성 예루살렘에서 거주하게 하고 그 십분의 구는 다른 성읍에 거주하게 하였으며

2절 | 예루살렘에 거주하기를 자원하는 모든 자를 위하여 백성들이 복을 빌었느니라

"은혜 받은 후.."

부교역자 시절 학생부를 5년간 담임한 적이 있었습니다. 당시에는 학생 수련회를 여름과 겨울에 열었습니다. 마지막 밤 집회에 은혜가 충만하게 임하여 참석자 모두가 통곡하며 기도가 터졌습니다. 반주자도 반주를 못 하고 통회하는 역사를 보고 참 뿌듯하고 보람이 있었습니다. 하지만 이 감동은 불과 몇 시간도 안 되어 산산이 부서졌습니다. 다음 날 귀가하기 위해 버스를 타는데 서로 좋은 차를 타기 위해 몸싸움이 벌어진 것입니다.

그 때 깨달은 것은 은혜의 유효기간에 대한 독특한 성찰입니다. 멀리 갈 필요도 없이 예배에 은혜를 충만히 받고 이어진 회의에서 대거리하는 경우가 얼마나 많습니까? 영적인 은혜가 실생활에서 선한 행실로 맺혀지는 것이 얼마나 어려운지 경험했을 것입니다

느헤미야 8장부터 시작된 은혜 충만과 진실한 회개와 뼈저린 결단은 의심할 바 없는 팩트입니다. 율법을 듣고 깨어져 기도하고 절기를 지키고 언약이 갱신되며 나온 열매입니다. 은혜 그 후의 이야기가 11장에 나오는데 좋은 결과가 나와서 다행입니다. 예루살렘 인구 재배치는 7장 4절에 나와 있지만 그 실행은 신앙부흥을 이룬 11장에서 이루어집니다. 예루살렘성에 이주하는 것은 당사자들에게 큰 희생을 요구한 것이었습니다. 거주지에서의 생업과 기득권을 포기해야 되고 수도 방위의 책임도 져야 합니다.

느헤미야는 지도자들을 모으고 먼저 정착시키는 조치를 합니다(1절). 이어 인구의 십분의 일을 이주시키는 제비뽑기를 실행합니다. 이 과정에서 백성들이 문제 제기를 안했다는 것은 하나님의 뜻인 제비뽑기에 순종했다는 뜻입니다. 은혜 받은 후의 백성들은 자기희생을 감수했다는 결론이 나

옵니다. 나아가 적극적인 신앙을 발휘하는 사람이 나타납니다. 이왕 뽑힌 것을 자원하여 기쁘게 감당하겠다는 것입니다.

이것은 교회생활을 하는 우리에게 깊은 울림을 줍니다. 교회 봉사는 성도에게 의무이며 권리입니다. 맡은 사역을 즐겁게 감당하는 자에게 능력과 축복이 주어집니다. 뽑힌 자들을 위해 백성들이 복을 빌어 주었다는 것은 이스라엘 공동체가 성숙해졌다는 증거입니다(2절). 예루살렘성의 각 영역에 배치된 명단(4-24절)처럼 성도들은 하나님의 사역에 부름 받았습니다. 은사에 따라 자원하여 힘차게 사용되는 일군이 되기를 원합니다(롬 12:6-8).

♦ 느헤미야 12장 성경칼럼

26절 | 이상의 모든 사람들은 요사닥의 손자 예수아의 아들 요야김과 총독 느헤미야와 제사장 겸 학사 에스라 때에 있었느니라

43절 | 이 날에 무리가 큰 제사를 드리고 심히 즐거워하였으니 이는 하나님이 크게 즐거워하게 하셨음이라 부녀와 어린 아이도 즐거워하였으므로 예루살렘이 즐거워하는 소리가 멀리 들렸느니라

"몇 수까지 보세요?"

장기와 바둑의 승패는 수 싸움으로 결판이 납니다. 몇 수까지 볼 수 있느냐는 상대방 수까지 꿰뚫어 보아야 하기에 무궁무진합니다. 프로 바둑 선수들이 경기가 끝난 후 복기하는 것을 보면 경기하면서 얼마나 많은 수를 생각했는지 놀라게 됩니다. 수 싸움의 가장 큰 마당은 정치권으로 정권과 국운이 결정 됩니다. 하지만 그 어떤 영역도 영적 세계와는 비교할 수 없습니다. 영적 세계의 수는 영생과 직결되고 영생의 그림자인 신앙생활과 연결 됩니다.

우리는 지금까지 느헤미야가 수를 정확히 보고 있음을 목격할 수 있었습니다. 세상의 정치 술수와는 다른 하나님의 뜻을 알고 주어진 지혜를 발휘한 결과입니다. 12장에서도 뜨거운 가슴과 냉철한 머리를 가진 하나님의 사람임을 드러냅니다. 12장의 핵심은 성벽 낙성식입니다. 성벽 재건은 그가 귀환한 해인 B.C.444년 6월 25일에 완공되었습니다(6:15). 이미 거쳐 온 대로 낙성식은 미루어졌고 그 이유도 배웠습니다.

현안인 경제 문제와 예루살렘 성안의 인구부족과 백성의 영적 부흥을 우선순위에 두었습니다. 이 과정을 성공적으로 마친 후에 이제 낙성식이 이루어집니다. 그런데 느헤미야는 낙성식 전과 후에 두 가지 수를 두고 있습니다. 하나님의 지혜를 받은 그는 이 문제가 낙성식을 온전하게 하는 수순임을 읽었습니다. 성벽의 목적은 외적으로 침략을 방어하는 것이지만 궁극적으로는 성전을 보호하는 것입니다. 성전은 하나님과의 교통과 신앙의 통일성을 위한 것이고 성벽은 성전이 그 역할을 하도록 유지시키는 것입니다.

그렇다면 성벽의 목적을 이루기 위해서는 성전사역을 하는 사람에 대한 정비가 선결되어야 합니다. 제사장과 레위 사람들에 대한 계보를 정리하고 저들을 정결케 하는 수순이 필요했습니다(1-26절). 낙성식 후에 한 제사장과 레위 사람에 대한 경제적 지원도 같은 맥락의 조치입니다(44-47절). 이것은 새 제도가 아니라 그동안 지키지 못했던 십일조 규례를 회복시킨 것입니다.

눈앞의 현안에 싸여 전후를 분간 못하는 지도자는 백성을 힘들게 합니다. 느헤미야의 영적 혜안은 때에 맞는 낙성식을 거행함으로서 영적 즐거움을 일으킵니다. 온갖 악기를 동원하여 찬양하고 정결함을 입은 중보자들의 행렬에 거룩한 기쁨이 솟아납니다(27-42절). 부녀가 즐거운 일이 없었던 시대에 모두가 즐거워 한 이 모습에서 하나님의 기쁨을 발견합니다(43

절, 마 25:45). 주님 공로로 완전한 기쁨을 누리는 그리스도인이 얼마나 존귀한 존재인지 확인하는 순간입니다.

(빌 4:4) "주 안에서 항상 기뻐하라 내가 다시 말하노니 기뻐하라"

♦ 느헤미야 13장 성경칼럼

8절 | 내가 심히 근심하여 도비야의 세간을 그 방 밖으로 다 내어 던지고
27절 | 너희가 이방 여인을 아내로 맞아 이 모든 큰 악을 행하여 우리 하나님께 범죄하는 것을 우리가 어찌 용납하겠느냐

"혼신의 힘, 영적인 힘"

혼신의 힘을 쏟는다는 것은 모든 힘을 다 쓴다는 뜻입니다. 젖 먹던 힘까지 다 한다는 것이니 죽기까지 애쓴다는 것입니다. 세상에서 최선을 다한다는 뜻과 같은 영적 세계의 말은 무엇이 있을까요? 영적 세계는 사람의 힘으로는 안 되고 하나님께서 역사해야 된다는 점에서 영적인 힘으로 한다가 될 것입니다. 사람의 최선에 영적인 힘이 역사할 때 하나님의 뜻이 이루어집니다. 주기도문에 나오는 하늘에서와 같이 땅에서도 이루어지이다가 됩니다.

느헤미야서는 구약 역사서의 마지막 책이고 느헤미야는 구약 최후의 지도자입니다. 그 중 마지막 장인 13장에는 느헤미야의 최선을 다한 마지막 사역이 나옵니다. 세례 요한의 등장까지 약 400년 동안 선지자가 없고 영적 지도자도 없는 시대로 돌입하는 시점입니다. 느헤미야는 귀환한지 11년 만인 B.C.433년에 바벨론에 갔다가 1년 만에 돌아오게 됩니다(6절). 자리를 비운 사이에 일어난 문제를 파악하고 4가지의 중대 사역에 진력 합니다. 이 4가지가 보존되지 아니하면 하나님 나라의 전수는 이루어지지 않습니다.

첫째, 이방인과의 단절인데 이미 대제사장 엘리아십 마저 범하고 있었습니다(1-7절). 절대 절교할 대상인 암몬 사람 도비야에게 성전의 큰 방을 만들어 준 것입니다. 분노한 느헤미야에 의해 축출되는 이 모습은 예수님의 성전 청결 모습과 닮았습니다(8-9절, 요 2:15-16). 여호와 신앙의 순수성을 위한 이 조치는 성도는 신앙의 지조를 지켜야 함을 예표합니다(고후 6:14-18).

둘째, 레위인들의 분깃(기업) 규정을 확실히 정립하고 있습니다(10-14절). 철저한 십일조의 봉헌이 될 때 성전 제사가 드려질 수 있습니다. 제사가 안 드려지는 구약 백성이란 있을 수 없어 당시의 말라기 선지자는 십일조의 온전한 준수를 선포하고 있었습니다(말 3:8-12). 셋째, 안식일 준수가 선민으로서의 절대 의무임을 가르칩니다. 안식일에 쉬는 일과 말씀을 공급받는 것을 놓치면 하나님을 잃고 재앙을 당하게 되어 있습니다.

넷째, 타락하는 첩경인 이방인과의 통혼을 엄하게 금지합니다. 느헤미야는 이 죄가 얼마나 큰 것인지를 시청각으로 보여줍니다. 잡혼을 한 자들이 히브리 말을 못하니 신앙의 전수가 불가능함을 전시합니다(23-24절). 이들에게 책망과 저주를 하고 때리고 머리털까지 뽑는데 매정한 것이 아니라 본보기적 처벌입니다(25절). 솔로몬의 타락을 예를 들고 이를 범한 대제사장 엘리아십을 파면합니다(26-28절). 하나님께 자신의 한 일을 아뢰면서 의탁하는 느헤미야의 최선은 우리의 모델입니다(29-31절).

에스더서

♦ 에스더 1장 성경칼럼

4절 | 왕이 여러 날 곧 백팔십 일 동안에 그의 영화로운 나라의 부함과 위엄의 혁혁함을 나타내니라

12절 | 그러나 왕후 와스디는 내시가 전하는 왕명을 따르기를 싫어하니 왕이 진노하여 마음속이 불 붙는 듯하더라

"안 보이는 하나님?"

하나님이 안 보이는 것은 당연합니다(약 1:17). 누가 육안으로 하나님을 보았다고 하면 무조건 잘못된 것입니다. 그리스도인이 하나님을 보았다고 하는 것은 믿음의 눈(영안)으로 보았다는 뜻입니다. 구체적으로는 성경 말씀을 보고 하나님을 경험한 것입니다(욥 42:5). 그런데 성경 66권 중에 하나님의 이름이나 실존 문제를 언급되지 않은 책이 있습니다. 바로 에스더서인데 성도라면 누구나 아는 독특한 책입니다. 하나님은 등장하지 않는데 하나님에 대한 내용임을 절실히 느낄 수 있습니다. 왜 이런 구조로 쓰여 졌는지는 이 책의 연대와 무대를 파악할 때 이해됩니다.

에스더서는 나라가 멸망하고 포로로 끌려간 백성들 중에 고토로 귀환하지 못하고 남겨진 자들을 주인공으로 하고 있습니다. B.C.537년 1차 귀환민의 숫자가 5만 명 정도밖에 안되었으니 얼마나 많은 선민들이 남아 있었겠습니까? 강제 이주를 거치며 바벨론에 거주하던 그들에게 여호와 신앙이 희미해져 있음은 당연합니다. 배경 연대인 아하수에르 왕의 치세기간이

B.C.485-464년인데 망국의 긴 세월이 계산됩니다(3절).

북이스라엘은 B.C.722년에 망했고 남유다는 B.C.586년에 멸망했습니다. 100년에서 길게는 237년 동안 타국에서 대를 이어 고난을 겪는 자들의 실정에 하나님의 이름이 들어올 틈이 없었습니다. 마치 현장소설처럼 펼쳐지며 하나님의 전면 등장을 안 시키는 이유입니다. 율법에서 금한 통혼과 이방 음식 먹는 것을 아무 지적 없이 지나치고 있는 것도 이해됩니다. 에스더서의 가치는 선민으로서의 의식도 없고 자격도 불분명한 자들을 섭리하시는 하나님을 만나는 것에 있습니다.

귀환한 자들의 신앙을 귀하게 받으신 하나님께서 그 길에 나서지 못한 자들도 찾아 오셨습니다. 마치 예수님께서 패역한 이스라엘 백성들에게 오셔서 구원의 문을 열어 주신 것과 같습니다(사 53장). 민족적으로는 북한의 지하교회 성도들을 귀하게 보시고 권념하시는 하나님을 인식하게 됩니다. 또한 택한 백성임에도 실족되어 교회를 못 정하고 방황하는 한국의 가나안 성도를 위한 기도의 근거도 됩니다. 그 숫자가 150만 명이나 된다는 통계에 마음이 저려 옵니다.

1장에 나오는 이방 왕의 외형 찬란함과 내적 빈곤함은 우연이 아닙니다(4-8절). 에스더의 등장을 위한 배경이며 사람의 성정까지 사용하시는 하나님이 보입니다(9-12절). 와스디 왕비의 폐위와 신하들의 역할은 인간의 선택 같지만 선민을 보호하시려는 장치가 가동된 것입니다(13-22절). 택한 자를 끝까지 찾으시는 주님을 묵상하며 눈시울이 뜨거워집니다.

(요 10:28) "내가 그들에게 영생을 주노니 영원히 멸망하지 아니할 것이요 또 그들을 내 손에서 빼앗을 자가 없느니라"

♦ 에스더 2장 성경칼럼

10절 | 에스더가 자기의 민족과 종족을 말하지 아니하니 이는 모르드개가 명령하여 말하지 말라 하였음이라

23절 | 조사하여 실증을 얻었으므로 두 사람을 나무에 달고 그 일을 왕 앞에서 궁중일기에 기록하니라

"유리천장(Glass celling)"

유리로 된 천장은 잘 보이지 않지만 단단합니다. 보이지 않는 장벽을 은유한 말로 특정 계층이 일정 서열 이상 못 오르게 한 내밀한 장치를 뜻합니다. 예전에는 대기업에서 여성이 임원이 되면 유리천장을 깼다는 기사가 나왔는데 지금은 보편화 되었습니다. 유리천장의 개념을 넓히면 사람이 사는 곳이라면 꼭 있는 금기와 연결됩니다. 금기란 하기에 꺼리고 행하면 집단에 악영향을 끼쳐 벌칙이 주어지는 것을 말합니다. 절대적인 것은 아니어서 상황에 따라 바뀌어 갑니다. 40년 전에 교회에서 드럼을 치면 이단시 했던 적이 있었는데 얼마 안가서 없어졌습니다.

에스더서에는 기존의 율법으로 볼 때 유리천장을 깨는 장면이 나옵니다. 배경이 이스라엘이라는 공간을 벗어나 이방 땅에서 일어난 사건이기 때문입니다. 멸망한 이스라엘 백성들은 흩어진 유대인(Diaspora)의 삶을 살고 있습니다. 율법 조항으로 판단하면 양대 주인공인 에스더와 모드르개는 여러 율법을 어겼습니다. 와스디가 폐위되자 새 왕후를 뽑는 수순이 시작됩니다. 모르드개는 양녀로 키운 사촌 동생 에스더(본명:하닷사)를 왕후로 세우려 합니다(7절). 에스더의 미모가 최고임이 강조되는데 영적 아름다움이 더해진 평가입니다.

율법을 깬 내용은 3가지로서 가볍지 않습니다. 이방 왕과의 결혼은 율법에서 금지된 통혼에 해당됩니다. 두 사람은 유대인임을 숨기는 거짓말도 약속합니다(10, 20절). 수산 궁에 들어가서 율법을 의식하지 않고 이방인의 음식을 먹고 문화에 적응합니다(8-9절). 다니엘이 생명을 걸고 이방 음식을 거부한 것과는 정반대입니다(단 1:8).

이 문제는 상황윤리 편에서도 다룬 바 있지만 정리하기 어려운 주제입니다(삼상 13장 칼럼 참조). 구원의 목적을 위해서 수단은 불법이어도 되느냐는 장벽도 등장합니다. 이 문제는 예수님의 말씀과 행동으로 정답을 도출할 수 있습니다.

(요 7:23) "모세의 율법을 범하지 아니하려고 사람이 안식일에도 할례를 받는 일이 있거든 내가 안식일에 사람의 전신을 건전하게 한 것으로 너희가 내게 노여워하느냐"

구약 율법의 최종 정신은 하나님을 사랑하고 사람을 사랑하는 것에 있습니다(갈 5:14). 예수님께서 안식일에 병자를 고치신 초점은 안식일을 어긴 것이 아닌 사람을 사랑한 것에 있습니다. 거짓말을 하고 금기를 깨고 아무렇게 살라는 이야기와는 전혀 다른 차원의 원리입니다. 왕후가 된 에스더의 도움으로 모드르개는 왕의 암살을 막게 됩니다(21-23절). 이후에 이 공적이 유용하게 사용됨으로서 하나님의 보이지 않는 세밀한 준비를 느끼게 합니다(에 6:1-3).

◆ 에스더 3장 성경칼럼

1절 | 그 후에 아하수에로 왕이 아각 사람 함므다다의 아들 하만의 지위를 높이 올려 함께 있는 모든 대신 위에 두니

13절 | 이에 그 조서를 역졸에게 맡겨 왕의 각 지방에 보내니 열두째 달 곧 아달월

십삼일 하루 동안에 모든 유다인을 젊은이 늙은이 어린이 여인들을 막론하고 죽이고 도륙하고 진멸하고 또 그 재산을 탈취하라 하였고

"씨를 말린다"

세상에서 무서운 말 경연대회를 한다면 우승할 수 있는 것 중의 하나입니다. 전부 싹 없애버리고 재기할 수도 없게 한다는 뜻이니 더 무서운 말을 찾기 어려울 것입니다. 이 말은 마귀의 세 속성 중의 하나인 살인과 직결됩니다(요 8:44). 살인은 생명을 없애는 것인데 역적에게는 후환을 없애고자 3족을 멸합니다. 그러나 역사에서 살인의 끝판왕은 민족 대학살입니다. 한 민족을 다 죽이려는 잔악한 행위는 실제로 여러 번 일어났습니다. 가까이는 나치에 의하여 유대인 600만 명이 학살되었고 에스더 시대 100년 전에는 바사에 의한 마구스 족 학살이 있었습니다.

3장에서 하만에 의해 준비되고 있는 유대인 학살은 바사에 거주하는 2-300만 명이 1차 대상입니다. 나아가 예루살렘으로 귀환한 사람들도 연이어 죽게 되는 민족의 씨를 말리는 대학살입니다. 인간이 악하게 되면 상상할 수 없는 살인을 저지르게 되는데 그 원인은 마귀가 배후에 있기 때문입니다. 하만이란 인물을 소개하는 멘트가 예사롭지 않습니다. 1절과 10절을 통합하면 아각 사람, 유대인의 대적 하만'입니다. 아각 하면 떠오르는 것은 아말렉 왕 아각입니다(삼상 15:9) 하나님께서 모세 때부터 이스라엘과 철천지원수로 절대 잊지 말라고 지목한 족속입니다(출 17:8-13, 신 25:17-19).

다윗 때에 정복하였지만(대상 18:11) 완전 진멸되지 않고 그 후손인 하만이 여기에 등장한 것입니다. 유다 민족의 대학살 계획이 하만과 모드르개의 개인 원한보다 훨씬 깊은 이유가 있음이 확인됩니다(2-3절). 하만이

말하고 행동하는 것의 모양새가 사단의 조종을 받는 적그리스도와 유사합니다. 바사의 2인자가 되어 모든 사람의 절을 받겠다고 합니다(2절). 거역하는 자는 그 사람만이 아닌 그 민족까지 씨를 말리겠다고 합니다.

모드르개가 속한 하나님의 공동체를 표적으로 진멸을 위한 정밀한 작전에 들어갑니다(5-6절). 제비를 뽑아 11개월의 기한을 두고 법령을 통과시킵니다(7절). 이 과정에서 아하수에로 왕에게 뇌물 은 1만 달란트를 가지고 회유합니다(8-11절). 왕의 인친 조서가 각 언어로 쓰여 각 지방에 전령을 통해 전해집니다(12절). 유대인은 남녀노소 모두 12월 13일에 죽이고 재산은 다 탈취하라고 하달됩니다(13절).

기자는 이 모든 과정을 담담히 그려 나가지만 당사자인 유대인들의 위기감은 형용할 수 없습니다. 그러나 하나님의 섭리가 신앙의 용기를 가진 자들에게 역사하고 있음을 우리는 느끼고 있습니다.

(벧전 5:8) "근신하라 깨어라 너희 대적 마귀가 우는 사자 같이 두루 다니며 삼킬 자를 찾나니"

♦ 에스더 4장 성경칼럼

14절 | 이 때에 네가 만일 잠잠하여 말이 없으면 유다인은 다른 데로 말미암아 놓임과 구원을 얻으려니와 너와 네 아버지 집은 멸망하리라 네가 왕후의 자리를 얻은 것이 이때를 위함이 아닌지 누가 알겠느냐 하니

16절 | 당신은 가서 수산에 있는 유다인을 다 모으고 나를 위하여 금식하되 밤낮 삼 일을 먹지도 말고 마시지도 마소서 나도 나의 시녀와 더불어 이렇게 금식한 후에 규례를 어기고 왕에게 나아가리니 죽으면 죽으리이다 하니라

"신의 한 수였다!"

난제를 기이한 방법으로 해결할 때 감탄하며 나오는 말로서 다양하게 사용됩니다. 우리가 사는 세상은 어려운 일이 많아 신의 한 수를 갈망합니다. 성경에서 하나님의 해결 방법은 말 그대로 신의 한 수입니다. 그렇다면 하나님께서 가장 기뻐하시는 신의 한 수는 어떤 것일까요?

결정적인 힌트가 에스더 4장에 나옵니다. 3장에서 보았듯이 이스라엘 공동체가 당한 위기는 어떤 형용사로도 표현할 수 없습니다. 민족의 집단 대학살이 패권을 잡은 제국의 법령으로 정해졌습니다. 교통 법규 하나만 어겨도 빠져 나갈 수가 없는 현실은 법이 그만큼 무섭다는 의미입니다. 모드르개는 자신이 발단이 되어 시작된 위기이지만 배후에 사탄이 있다는 사실을 직시하였습니다. 그렇다면 해결 방법도 사람의 생각이 아닌 신본주의에 의해서만 해결할 수 있습니다.

옷을 찢고 굵은 베를 입고 재를 쓰고 대성통곡하는 것은 오직 하나님만 의지하는 것입니다(1절). 각도에 전해진 조서를 받은 무수한 유대인들도 같은 모습입니다(3절). 에스더에게 전해진 모드르개의 모습을 통해 둘 사이에 소통이 시작됩니다(4-7절). 내시 하닥이 메신저 역할을 하였지만 마치 둘이 만나서 대화를 한 것처럼 묘사됩니다. 모드르개는 에스더에게 왕 앞에 나가 민족을 위해 구하라고 권고합니다(8절). 에스더는 왕이 먼저 부르기 전에는 나갈 수 없다는 실정법을 들어 난색을 표합니다(9-11절).

이에 대한 모드르개의 대답에서 하나님께서 기뻐하시는 최선을 알 수 있는 정답이 나옵니다.

에스더가 역할을 안 해도 하나님께서는 다른 방법으로 자기 백성을 구할 것이라고 말합니다(13-14절). 그 방법이 어떤 것인지는 일어나지 않아서 확실하지 않습니다. 다른 일군이 나올 수 있고 기적을 통해서라도 구원하실 것은 분명합니다. 모드르개가 전한 핵심 메시지는 기적의 방법은 하수이고 에스더의 순종이 하나님의 최선이라는 뜻입니다.

구속사적으로 볼 때 기적은 출애굽부터 가나안 입성까지 이스라엘 백성의 유아기 때가 가장 많았습니다. 성숙해 갈수록 유아기의 기적보다 인간의 자원적인 순종을 통해 하나님의 뜻이 성취됩니다.

(고전 1:27) "그러나 하나님께서 세상의 미련한 것들을 택하사 지혜 있는 자들을 부끄럽게 하려 하시고 세상의 약한 것들을 택하사 강한 것들을 부끄럽게 하려 하시며"

하나님의 명령을 내가 순종하는 것이 하나님의 초월적 사역인 기적보다 더 기뻐하심을 분명히 합니다. 하나님의 이름이 안 보여도 하나님의 뜻을 이루는 이들의 순종은 성도의 성숙한 삶을 계시합니다(15-17절). 아.. 교회시대의 신의 한 수는 나의 충성이었습니다.

♦ 에스더 5장 성경칼럼

2절 | 왕후 에스더가 뜰에 선 것을 본즉 매우 사랑스러우므로 손에 잡았던 금 규를 그에게 내미니 에스더가 가까이 가서 금 규 끝을 만진지라

8절 | 내가 만일 왕의 목전에서 은혜를 입었고 왕이 내 소청을 허락하시며 내 요구를 시행하시기를 좋게 여기시면 내가 왕과 하만을 위하여 베푸는 잔치에 또 오소서 내일은 왕의 말씀대로 하리이다 하니라

"극한기도 전후"

성경 명구 중의 하나에 속하는 것이 에스더가 말한 '죽으면 죽으리이다(4:16)'입니다. 모르드개의 폐부를 찌르는 권고에 에스더가 응답한 것입니

다(4:13-14). 왕후로서 잠시는 피할 수 있으나 결국 죽을 수밖에 없다는 것을 직시하고 사명을 감당하겠다고 선언합니다. 3일 간 수산에 있는 백성들과 함께 단식기도에 들어갑니다.

5장은 단식기도 삼일 째에 단장한 에스더가 왕과 대면하는 장면으로 시작됩니다(1절). 수산 성의 유다 백성들은 단식기도를 계속하던 시간입니다. 이때부터 시작된 민족 구원을 위한 에스더의 노력은 그가 어떤 기도를 했는지를 보여 줍니다. 기도 전의 모습이 쭈뼛함을 거친 결단이었다면 기도 후의 모습은 담대한 용기가 흘러넘칩니다. 기도하는 가운데 확신과 지혜가 주어졌음이 선명합니다. 하나님의 뜻이 자신의 역할을 통해 이루어질 것이 응답되었음을 알 수 있습니다 .

사명의 큰 줄기가 정해졌다면 어떤 방법으로 할 것인지에 대한 구체적 지혜도 구했을 것입니다. 에스더를 발견한 왕의 반응은 영적 성찰을 통해 보아야 합니다. 심히 사랑스럽다는 차원은 외모만으로는 나올 수 없는 표현입니다(2절). 이 때 왕의 마음이 감동되어 금규를 내밀지 않았다면 에스더는 바로 처형될 수도 있었습니다. 왕후가 된지 5년이 경과한 때이고 30일 이상 왕이 에스더를 찾지 아니한 것(4:11)으로 보아 인간적 작용이 아니었습니다. 인간의 '취모멱자(털을 불어가며 흠을 찾는다)'의 발동으로 일을 그르칠 가능성이 더 큰 환경이었습니다. 하나님께서 에스라에게 주신 영적 아름다움에 왕은 처음 경험하는 사랑스러움을 느낀 것입니다.

인간이 아무리 단장하고 노력해도 하나님께서 역사하시지 않으면 될 일이 없습니다. 에스라의 지혜는 하만의 흉계를 드러내고 제거하는 온전한 방법으로 나아갑니다. 첫날 단숨에 왕이 들어줄 것 같아 이야기했다면 틀어질 요소가 있었습니다. 다음 날 왕과 하만과 에스더가 다시 만나기로 한 전략은 인간 심리를 감안한 것으로 보입니다. 하지만 궁극적으로 하나님의 지혜에서 나왔음이 증명되고 있습니다(5-8절). 하만이 돌아가는 길에 모드르개를 만나게 되고 분노한 하만이 사형대를 준비하기 때문입니다(9-12절).

하나님의 지혜를 받은 자와 사단의 조종을 받는 자의 대조되는 행동의 결과는 어떻게 될까요? 오십 규빗(23m) 높이의 사형 도구는 이미 세워졌습니다(14절). 겸손한 자세와 찬찬한 실행으로 하나님의 일에 사용되는 에스더가 돋보입니다. 초월적 기적보다 귀한 순종을 통한 섭리가 더욱 드러나고 있습니다.

♦ 에스더 6장 성경칼럼

1절 | 그 날 밤에 왕이 잠이 오지 아니하므로 명령하여 역대 일기를 가져다가 자기 앞에서 읽히더니

4절 | 왕이 이르되 누가 뜰에 있느냐 하매 마침 하만이 자기가 세운 나무에 모르드개 달기를 왕께 구하고자 하여 왕궁 바깥뜰에 이른지라

"작고 평범하고 우연 같은 일!"

자동차와 비행기는 수만 개의 부품이 조합되어 만듭니다. 그 중에 하나라도 잘못되면 기능을 발휘하지 못하고 사고도 날 수 있습니다. 부품 중에는 아주 작은 볼트부터 큰 외형 강판까지 다양합니다. 이를 영적인 방향으로 눈을 돌려 적용해 보겠습니다. 의외로 신자 중에 하나님은 큰 일만 하시는 분으로 알고 있는 분이 많습니다. 신학적으로는 '이신론(deism)'에 해당하는 것으로 성경과 맞지 않습니다. 하나님의 사역은 작은 일과 큰 일이 유기적으로 조합되어 성취됩니다. 초자연적 기적은 구속사에서 필요할 때만 일어나고 대부분은 자연적 섭리로 역사하신다는 뜻입니다. 성경은 실제

적으로 사소한 일을 실마리로 큰일을 이루는 것을 수없이 보여 줍니다.

에스더서의 핵심 주제는 하나님이 등장하지 않음에도 가장 큰 일이 이루어지고 있다는 것입니다. 수백 만 명의 이스라엘 백성들이 이방 땅에서 인종 청소를 당하는 일이 얼마나 큰일입니까? 4-5장에서는 모드르개와 에스더와 백성들을 일상 속에서 인도하셨습니다. 이제 6장은 하나님 반대편에 있는 자들에게 역사하시는 하나님을 뵙게 됩니다. 그 방법은 역시 자연적 섭리로서 일상의 평범한 일로 이루어집니다.

에스더와 하만과 연회 전날 밤에 왕은 잠이 오지 않았습니다(1절). 잠이 오지 않는 일은 누구라도 겪을 수 있는 아주 평범한 일입니다. '그 날 밤'을 명시한 것은 불면증이 아니었다는 뜻이고 그렇다면 하나님께서 간섭하신 것입니다. 잠이 안 오니 역대 일기를 듣게 되고 하필 그 때 읽은 페이지가 이전의 모드르개와 관련된 사건이었습니다(2-3절). 이 날은 하만이 모르드개를 죽이고자 준비한 날이었는데 왕은 모르드개가 세운 공적을 듣고 있는 것입니다. 당시에 보상을 받지 않고 저축해 놓은 일(2:21-23)이 정확한 타이밍에 왕에게 닿게 됩니다.

이 순간에 하만은 모르드개를 죽이는 결재를 받고자 왕궁 뜰에 대기하고 있었습니다(4절). 왕과 하만의 공적자에 대한 엇갈린 대화는 교만한 자가 자기 함정을 파게 합니다(6-9절). 모드르개는 등용되어 높이 되고 하만은 엑스트라처럼 낙하됩니다(10-11절). 작은 일이 우연처럼 연결되어 한쪽은 죽을 지경에서 살아나고 상대편은 죽는 코스로 방향을 잡습니다.

왕의 내시들이 급속히 하만을 데려가는 영화 같은 장면은 그의 앞날을 충분히 예측하게 합니다(14절). 교만한 자는 자기 함정을 어느새 파고 있고 신실한 자는 모든 것이 합력하여 선을 이루는 것이 영적원리입니다. 큰 기도를 하되 작은 일에서 하나님의 일하심을 알아채는 은혜는 참 귀합니다.

♦ 에스더 7장 성경칼럼

3절 | 왕후 에스더가 대답하여 이르되 왕이여 내가 만일 왕의 목전에서 은혜를 입었으며 왕이 좋게 여기시면 내 소청대로 내 생명을 내게 주시고 내 요구대로 내 민족을 내게 주소서

6절 | 에스더가 이르되 대적과 원수는 이 악한 하만이니이다 하니 하만이 왕과 왕후 앞에서 두려워하거늘

"뜻밖의 인물"

에스더서의 원톱 주인공은 에스더입니다. 주연급은 모르드개와 하만과 아하수에로 왕입니다. 그밖에 조연급이 여럿 등장하는데 짧은 출연이지만 결정적 역할을 하는 인물이 있습니다. 7장에도 임팩트 있는 인물이 등장하는데 잠시 숨겨 놓겠습니다. 에스더서는 영화나 드라마에서 나오는 스릴과 반전이 있어 흥미진진하지만 실화라는 점에서 진지해야 합니다. 이스라엘 백성이 몰살당할 위기에서 전부를 거는 전쟁입니다. 이들의 정체가 선민이라는 것은 육적 전쟁을 넘어 영적 전쟁이라는 점을 놓쳐서는 안 됩니다.

7장의 내용은 에스더의 용기와 지혜로 악한 세력을 완전히 멸절하는 장면입니다. 하루의 시한을 두고 벌어진 역전의 장치를 우리는 이미 알고 있습니다(6장). 이제 왕과 에스더와 하만이 마주 앉아 술잔을 기울이게 됩니다. 왕은 어제부터 궁금했던 에스더의 소원을 묻는데 나라의 절반이라도 줄 태세입니다(2절). 이 표현은 문자적인 의미로 받기보다 최고의 신임을 한다는 의미입니다. 에스더는 모든 분위기가 이루어져 있는 이때를 포착하

고 본론을 내밉니다. 참으로 지혜로운 것은 민족의 구원보다 자기의 생명을 달라는 요청을 먼저 한 것입니다(3절).

만약 유대인을 살려 달라는 말을 먼저 했다면 복잡한 설명상황으로 돌입하여 일이 어그러질 수 있었던 것입니다. 사람의 듣는 느낌은 아 다르고 어 달라서 사랑스런 왕후의 생명이 걸린 일은 왕이 당연히 들어 주게 됩니다. 누가 이 악독한 인종 청소를 주도하느냐는 질문에 에스더는 바로 앞의 하만을 지명합니다(6절). 소위 예능적인 표현으로 그 동안의 눌러 왔던 것이 빵 터지는 순간입니다. 노하여 왕은 정원에 나갔고 하만은 에스더에게 살려 달라고 무릎을 꿇고 사정을 합니다(7절).

이 모습은 종말의 심판 때에 악인들이 진노를 가려 달라고 외치는 모습과 닮았습니다(계 6:12-17). 얼마나 급했던지 에스더에게 가까이 다가간 하만은 왕후 추행범까지 되어 버립니다(8절). 얼굴이 싸이고 체포된 하만은 이제 죽는 일만 남았는데 이 순간에 뜻밖의 인물이 등장합니다(9절). 어전 내시 하르보나 인데 하만이 모르드개를 죽이기 위해 세운 나무 형틀에 대한 이야기를 꺼냅니다. 그가 어떤 연유로 나섰는지는 여러 설이 있지만 그가 없었다면 하만의 사형집행은 다른 방법으로 되었을 것입니다.

하만의 처형은 하나님의 사람을 죽이려는 자는 자기가 그 죽음을 당한다는 사실을 높이 알리게 되었습니다(9-10절, 시 7:15-16). 십자가가 믿는 자에게는 구원이지만 불신자에게는 멸망이 됨을 널리 선포하는 것의 예표입니다(고전 1:18). 하나님께서 우리를 어떻게 캐스팅해서 쓰실지 기대가 됩니다.

♦ 에스더 8장 성경칼럼

3절 | 에스더가 다시 왕 앞에서 말씀하며 왕의 발 아래 엎드려 아각 사람 하만이 유다인을 해하려 한 악한 꾀를 제거하기를 울며 구하니

11절 | 조서에는 왕이 여러 고을에 있는 유다인에게 허락하여 그들이 함께 모여 스스로 생명을 보호하여 각 지방의 백성 중 세력을 가지고 그들을 치려하는 자들과 그들의 처자를 죽이고 도륙하고 진멸하고 그 재산을 탈취하게 하되

"원형 복구가 아니었다"

멸망의 위기가 극복되면 그 위기 전의 상태로 가는 것이 일반적입니다. 유대 민족 대학살의 음모는 하만의 죽음으로 취소된 것으로 생각되었습니다. 하지만 그 조서는 살아 있었습니다. 왕의 이름을 쓰고 반지로 인친 조서는 누구라도 취소할 수 없다는 규례에 걸렸습니다(8절). 하만의 처형 후에 그의 재산은 에스더에게 주어지고 모르드개는 2인자로 등용됩니다(1-2절). 에스더는 하만의 모든 재산을 모르드개에게 맡기며 힘을 실어 주었습니다. 왕은 여기까지 후의를 베푸는 것으로 에스더와 모드르개에게 보상을 했다고 생각하였습니다.

지혜로운 에스더가 상황을 속히 파악합니다. 이대로 가다가는 12월 13일에 유대인 학살이 집행될 것이고 이를 노리는 세력은 여전히 도사리고 있습니다. 엎드려 울며 탄원하는 에스라를 일으켜 세운 왕은 조서 취소가 아닌 새로운 조서의 작성을 허락합니다(3-7절). 왕의 명의로 쓰되 자의로 작성하여 반포하라는 것입니다(8절). 우리는 여기서 '자의로'라는 말 때문에 이스라엘 공동체가 새로운 국면에 들어선 것을 알아챌 수 있습니다. 절대위기를 벗어난 것으로 만족하는 것이 아닌 스스로 할 수 있는 영역이 주어졌다는 의미입니다.

지금까지의 결과는 하나님의 섭리 가운데 이방 왕의 결단과 후의로 이루어졌습니다. 그러나 이제는 자위권이 주어지고 당면한 위기를 극복할 시점이 되었습니다. 모르드개가 중심이 되어 작성되어 반포된 조서의 내용은 획기적입니다(9-10절). 대적자들이 죽이려는 그날에 유대인들도 저들과 똑같이 대적하라는 것입니다. 모여서 스스로 지키고 나아가 대적들을 진멸하고 재산을 탈취하라는 내용입니다(11절). 수동적 원형 복귀가 아닌 능동적 전투 대형을 갖추고 승리를 촉구하고 있습니다.

지금까지 펼쳐진 상황을 보면서 무언가 발견된 것이 있으신가요? 이방 땅의 이스라엘 공동체가 소수로 존재하는 신약교회의 그림자로 보이지 않습니까? 다만 싸우는 무기가 혈과 육이 아니라 영과 진리인 점은 다릅니다(엡 6:12). 십자가 군병인 신약교회는 거센 도전을 받지만 결국 승리할 것입니다(딤후 2:2-3).

이 승리의 보장은 조서를 받은 유대인들의 반응에서 나타납니다. 영광과 즐거움과 기쁨과 존귀함이 주어지고 이방인들은 두려워하며 소수의 개종도 일어납니다(16-17절). 다수의 비진리인들에 싸여서 영적인 쟁투를 하는 그리스도인이여! 에스더와 함께 하신 하나님께서 진취적인 그리스도인과 동행하십니다.

♦ 에스더 9장 성경칼럼

10절 | 곧 함므다다의 손자요 유다인의 대적 하만의 열 아들을 죽였으나 그들의 재산에는 손을 대지 아니하였더라

28절 | 각 지방, 각 읍, 각 집에서 대대로 이 두 날을 기념하여 지키되 이 부림일을 유다인 중에서 폐하지 않게 하고 그들의 후손들이 계속해서 기념하게 하였더라

"D-day에서 기념일로.."

디데이는 어떤 일이 개시되는 날입니다. 이 날이 잡히면 그 날에 맞추어 계획을 세우고 준비하며 사후처리까지 예비해 놓아야 합니다. 유다 백성이 학살당하기로 된 날인 12월 13일이 닥쳤습니다(1절). 우리는 에스더와 모르드개의 주도로 백성들이 깨어 기도하며 자위권을 확보한 것을 알고 있습니다. 유대인에게는 대적들을 무찌를 수 있는 디데이가 된 것입니다. 포로로 잡혀 이주한지 북이스라엘로 보자면 240여년이고 남유다는 100여년이 지날 때입니다. 이 계산은 아하수에르 왕의 재위기간(B.C.485-464)에 근거하였습니다.

9장의 내용을 볼 때 유다 백성들이 대단히 호전적으로 보입니다. 에스더는 수산성에서 500명 사살에 미흡함을 느끼고 상소를 하여 14일에 300명을 추가 살상합니다(6-15절). 하만의 아들 10명을 나무에 달아 공개 처형합니다(13절). 바사의 각 도에서 도륙한 75,000명은 엄청난 숫자입니다(16절).

너무나 잔인하게 보이는 이 광경을 어떻게 해석해야 할까요? 첫째, 이 날의 사건은 영적 전쟁이라는 관점을 가지고 보아야 합니다. 선민을 말살하려고 주도하는 아말렉 세력은 적그리스도를 상징합니다. 유일신을 섬기는 유대인을 미워하는 여러 종족의 세력은 교회를 미워하는 세상을 예표 합니다. 영적 전쟁의 속성은 승패만 있고 타협이나 양보는 없습니다(계 21:8).

둘째, 이 전쟁은 육적으로도 전부를 걸고 하는 것입니다. 몰살을 시도한 대적에게 지면 유다 민족은 멸절되기에 저들에게 완전 패배를 안겨야 합니다. 셋째, 이 전쟁을 통해 하나님의 의가 선포되어야 합니다. 대적자들을 죽이되 재산을 건드리지 않은 것은 이익을 위한 전쟁이 아님을 보여줍니다

(10, 15, 16절). 법령으로는 재산을 탈취하라고 했지만(8:11) 유다인은 그렇게 하지 않았습니다. 재산을 노획하는 순간 자중지란이 일어날 것이고 단결력은 와해됩니다. 저들의 재물이 국가에 귀속됨으로서 유다인은 향후 시비에서 벗어날 수 있었습니다.

유다인의 디데이 승리는 기념일을 정하는 지혜로 나아갑니다. 만약 일시적 승리로 지나쳤다면 저들은 교만해 질 수 있었습니다. 이 전투에는 하나님의 기적적인 역사가 없었기에 자신들의 힘으로 이겼다고 착각할 수 있습니다. '부르(제비뽑기)'에서 나온 부림절은 지금도 유대인이 지키는 큰 명절이며 이웃 섬김을 실천합니다(22-32절). 죄와 피 흘리기까지 싸우는 전투는 지금 우리에게도 와 있습니다(히 12:4).

♦ 에스더 10장 성경칼럼

2절 | 왕의 능력 있는 모든 행적과 모르드개를 높여 존귀하게 한 사적이 메대와 바사 왕들의 일기에 기록되지 아니하였느냐

3절 | 유다인 모르드개가 아하수에로 왕의 다음이 되고 유다인 중에 크게 존경받고 그의 허다한 형제에게 사랑을 받고 그의 백성의 이익을 도모하며 그의 모든 종족을 안위하였더라

"에필로그에서 드러나다"

에필로그(epilog)란 본편이 마감된 후 끝맺는 말입니다. 첨언과 부록과 종곡의 의미가 있지만 본편 메시지의 확정과 반전이 들어가기도 합니다. 10장은 에스더서의 에필로그에 해당되며 아주 짧게 핵심만 전하고 있습니다. 소설같이 에스더서를 쓴 저자는 역사적 사실을 기록함으로 최종 목적을 정확하게 남기고 있습니다. 위기에 처한 유대인의 상황이 반전되어 승

리하고 부림절의 전수도 이루어집니다. 이 결과 후에 어떤 진전이 있었는가는 매우 중요합니다. 혹시 또 다른 위기가 와서 나쁜 재역전이 일어난다면 본편의 승리는 허사가 됩니다.

3절에 압축된 에필로그는 다행히 행복한 상황으로 전개되었음을 알립니다. 그런데 이 에필로그에는 깊이 들여 보아야만 알 수 있는 장치가 숨어 있습니다. 겉으로 볼 때 아하수에로 왕과 모르드개가 부강과 존귀의 주인공으로 나타납니다. 왕은 식민지로부터 풍성한 조공을 받고 세금을 정비함으로 하나님으로부터 왕권 강화의 보상을 받습니다(1절). 모르드개는 2인자의 위치를 굳히고 선정을 베풀어 존경받는 복을 받습니다(2-3절). 하나님의 사역에 쓰임 받은 자들에 대한 보상과 축복은 풍성합니다.

그러나 하나님의 최종 관심은 그 몇 사람이 아니라 유다 백성들에게 있었습니다(3절). 실질적 주인공인 유다 백성들을 위하여 왕과 에스더와 모드르개와 기타 인물들을 섭리하셨다는 뜻입니다. 하나님께서는 왕이 헬라 연합군에게 여러 번 패하였음에도 다른 영토를 주셔서 제국을 유지하게 하였습니다. 그를 좋아해서가 아니라 하나님의 백성을 위해 그에게 강성함을 잃지 않게 하신 것입니다. 모르드개가 출신의 약점을 극복하여 총리가 되게 하신 손길도 백성을 위해서입니다. 이방 땅에 거하는 백성에게 기적을 통하지 않고 사람을 들어 쓰셔서 존귀를 누리게 하셨습니다.

왕과 총리가 한편이 되어 보호하는 유다 민족을 보여 주심으로 이방 종족을 두렵게 하였습니다. 부림절 사건이 B.C.474년이었는데 왕은 그 후 11년 동안 유대인의 울타리가 된 셈입니다. 그의 아들 아닥사스다가 왕위에 올라 2차 귀환의 호의를 받은 것도 하나님의 섭리입니다(스 7:11-28).

10장은 하나님 백성이 보호와 승리의 차원에서 이제 승귀(Exaltation)로 나아가는 것을 보여줍니다. 그 일을 위해 택한 그릇을 다듬어 사용하시고 이방인에게도 역사하셨습니다. 모드르개를 통해 유다 백성이 존귀해진 것처럼 우리도 주님의 공로로 승귀에 이르게 되었다고 성경은 선포합니다. 주님 뵈올 날을 고대합니다.

(엡 2:5-6) "허물로 죽은 우리를 그리스도와 함께 살리셨고 (너희는 은혜로 구원을 받은 것이라) 또 함께 일으키사 그리스도 예수 안에서 함께 하늘에 앉히시니"

에스더

욥기

♦ 욥기 1장 성경칼럼

1절 | 우스 땅에 욥이라 불리는 사람이 있었는데 그 사람은 온전하고 정직하여 하나님을 경외하며 악에서 떠난 자더라

12절 | 여호와께서 사탄에게 이르시되 내가 그의 소유물을 다 네 손에 맡기노라 다만 그의 몸에는 네 손을 대지 말지니라 사탄이 곧 여호와 앞에서 물러가니라

"심오한 문제에 답하기"

심오하다는 뜻은 매우 깊고 오묘해서 이해하거나 대답하기가 어렵다는 것입니다. 인간이 배우거나 경험해서 알 수 없는 영역에 대하여 정확하게 알지 못할 때 쓰는 말입니다. 이럴 때는 일반적으로 두리뭉실하게 넘어가거나 양비론적 대답을 하며 미룰 수밖에 없습니다. 그리스도인들은 정직하게 모르겠다고 털어놓고 천국 가서 주님께 여쭤보라고 할 수 밖에 없는 주제를 말합니다.

성경에서 가장 심오한 영역을 주제로 한 책이 욥기입니다. 그러므로 세상의 어떤 문학작품과 철학 사상(욥의 친구들에 의해 나타나 있음)도 욥기 '안과 아래'에 있다는 것은 당연합니다. 욥기는 욥과 그 친구들의 쟁론이 내용의 중심이지만 인간으로서는 상상할 수 없는 영적 세계의 단면을 보여줍니다. 한 예로 하나님과 천사와 사단의 상면과 대화(6-12절)는 어디서도 엿볼 수 없는 신비한 장면입니다.

욥기는 인간의 영원한 숙제인 내세와 죽음의 문제를 비롯하여 고난의 신비를 다루고 신정론을 눈치 채게 합니다. 여기서 신정론(데오스디케, Theodicy)이란 '모순된 세상을 다스리는 하나님의 섭리'를 말합니다. 세상에 존재하는 악과 하나님에 의하여 다스려지는 세상과의 조화를 모색하는 것입니다. 역설적으로 표현하자면 '하나님이 살아 계시다면 세상이 왜 이래요?'라고 외치는 것입니다. 하나님의 의와 그것이 통용되지 않는 상황 속에서 많은 그리스도인이 신앙을 의심하며 방황하는 것이 현실입니다.

실재하였던 욥이라는 한 인물의 고난의 경험을 통해 하나님의 신비한 뜻을 알아가는 정답이 욥기에 나옵니다. 1장의 내용은 도덕적으로나 신앙적으로 흠이 없고(1절) 완벽한 하나님의 복(부귀, 영화, 건강, 가정)을 받은 욥이 받는 1차 시련입니다. 인간의 고통의 원인을 인간(애굽) 아니면 신에게로 돌리는(히브리) 당시의 세계관에 새로운 원인이 등장합니다. 사단의 개입으로 신앙적 시험의 목적으로 고통이 오고 하나님이 이를 허락하시는 것입니다.

사단이 하나님께 도전하며 제안합니다. '욥은 하나님의 복을 받아서 경건한 것이니 그 복을 뺏으면 어쩔 것 같습니까?(9-11절)' 우리의 바람과는 다르게 하나님의 허락이 떨어집니다. 소유물은 뺏을 수 있도록 허락하시되 몸만은 손을 대지 말라고 하십니다(12절). 재산 문제에 대한 1차 시련은 욥의 하나님 전적 주권의 신앙(청지기 사상)으로 승리합니다. 우리는 욥의 이후에 벌어질 더 큰 시험을 알고 있기에 이 통과가 대단하지 않은 것처럼 여기지만 대부분의 사람들은 여기서 아웃임을 알아야 합니다. 그러므로 욥의 청지기적 삶의 고백은 우리가 기본으로 가져야 할 신앙의 단계입니다.

(21절) "이르되 내가 모태에서 알몸으로 나왔사온즉 또한 알몸이 그리로 돌아가올지라 주신 이도 여호와시요 거두신 이도 여호와시오니 여호와의 이름이 찬송을 받으실지니이다 하고"

♦ 욥기 2장 성경칼럼

5절 | 이제 주의 손을 펴서 그의 뼈와 살을 치소서 그리하시면 틀림없이 주를 향하여 욕하지 않겠나이까

9절 | 그의 아내가 그에게 이르되 당신이 그래도 자기의 온전함을 굳게 지키느냐 하나님을 욕하고 죽으라

"악독하고 지독한 도전, 경건하고 굳센 믿음"

사람마다 두렵고 무서운 그 무엇이 있을 것입니다. 소유를 잃는 일, 건강 악화와 죽음의 고통, 인간관계의 상실과 외로움, 내세 지옥의 공포 등입니다. 만약 이 내용이 악착같이, 지독하게, 끊임없이 도전해 온다면 정말 아찔합니다. 그런데 영적인 세계에서는 이 현상이 만약이 아니라 실제인 것을 알게 해주는 것이 욥기입니다. 하나님과 사단이 인간 욥을 놓고 첨예하게 대립되는 장면이 1장에 이어 계속되고 있습니다(1-6절).

참으로 사단은 포기할 줄 모르는 특출한 속성을 가지고 성도를 공격하고 있는 것을 성경은 증거 합니다. 처음 구원의 과정을 알려주는 것이 구약의 출애굽 사건입니다. 사단의 대리자인 애굽의 바로(왕)는 이스라엘 백성을 순순히 보내 주지 않습니다. 얼마나 끈질기게 붙잡고 늘어지는지를 보여 주는 과정이 열 재앙인데 결국 마지막 재앙인 장자(전부)를 친 후에야 출애굽이 허락됩니다.

욥의 사건은 성격을 달리하여 성도의 경건한 참 신앙을 향한 사단의 집요한 공격을 보여주는 것입니다. 대적자가 신앙의 성숙을 얼마나 싫어하는지를 충분히 알 수 있습니다. 다른 측면으로 보면 경건한 진짜 신앙을 위하여 굳세게 싸우는 성도를 향한 하나님의 책임지시는 사역이기도 합니다.

처음 구원의 기적도 하나님의 엄청난 기적이듯이 성화의 구원도 영적세계에서의 치열한 전투임을 욥기는 눈치 채게 합니다.

2장은 욥의 2차 시련으로 욥 자신의 몸에 오는 악창과 아내의 배신입니다. 1장에서 재산과 자녀를 다 잃은 욥은 실족하지 않고 굳센 신앙고백을 합니다. 이에 사단은 포기하지 않고 욥의 몸을 건드릴 수 있게 해 주면 하나님을 원망하고 신앙을 버릴 것이라고 도전합니다. 하나님께서는 생명은 해하지 말라는 조건으로 이를 허락하십니다.

사단에게 맡겨진 욥의 육체, 정수리부터 발바닥까지 악창이 가득차서 기와로 득득 긁는 욥의 처참한 모습을 목격합니다(7-8절). 소유를 잃는 것은 몸 밖에서 일어나서 다룰 수 있는 여지가 있지만 육체의 질병은 차원이 다릅니다. 아브라함도 기근을 맞아 타향에 갔을 때 생명의 위협이 있자 아내를 두 번이나 판적이 있습니다. 이것은 어떤 것도 자신과 바꿀 수 없고 자기 몸이 세상의 중심임을 보여주는 것입니다. 내 몸이 중병에 걸려 깨지면 신기하게도 보이는 이 세상의 모든 것도 깨져 보이는 원리는 겪어본 사람만 알 수 있습니다.

여기에 직계 가족으로는 마지막 남은 아내의 독설과 저주(하나님을 욕하고 죽으라)는 욥의 마음을 부수어 버립니다(9절). 입으로 범죄 하지 않는 욥의 대응(10절)과 세 친구의 등장은 고난의 신비와 새로운 신앙의 차원을 예고합니다(11-12장). 욥과 친구들의 7일 동안의 침묵(13절)은 우리가 묵상하기에 훌륭한 재료입니다.

♦ 욥기 3장 성경칼럼

> **11절** | 어찌하여 내가 태에서 죽어 나오지 아니하였던가 어찌하여 내 어머니가 해산할 때에 내가 숨지지 아니하였던가
>
> **26절** | 나에게는 평온도 없고 안일도 없고 휴식도 없고 다만 불안만이 있구나

"화불단행 앞의 마음과 신앙"

'화불단행'이란 재앙이 여러 개가 함께 닥친다는 뜻으로 엎친 데 덮친 격과 같습니다. 욥에게 닥친 소유(모든 재산과 10명의 자녀)의 전멸과 극한고통의 악창과 부인의 비웃음과 친구의 힐난은 불행의 끝판 왕입니다. 동방 최고의 부자로서 명성과 존귀함을 누리고 인격과 신앙에 흠이 없었던 이전의 상태를 알기에 그의 추락은 인간차원에서는 불가사의한 일입니다. 친구들이 그의 소식을 듣고 찾아와서 7일간의 침묵을 지켰다는 것은 인간의 지혜로는 해석할 상황이 아니었다는 의미입니다.

고통과 혼란의 7일이 지나 욥이 마침내 입을 엽니다. 자신의 심정을 마치 성난 파도와 같은 탄식으로 토로합니다. 자신의 생일을 저주하며 태어나지 않는 것이 더 좋았을 것이라고 외칩니다(3-10절). 그런데 태어난 것이 현실이니 빨리 죽는 것이 최선이라고 부르짖습니다(11-19절).

얼마나 고통스러우면 탄생은 저주요 죽음은 동경이라는 논조가 나왔을까요? 세상은 여기에서 해결 방법으로 자살이라는 비결(?)이 등장할 것입니다. 그러나 욥은 죽을 수조차 없는 자신의 존재를 알고 있습니다(21절). 고통 받는 현 시점의 생은 비극이지만 출생도 자기 의사가 아니었듯이 죽음도 제 맘대로 할 수 없다는 것입니다. 생명과 삶의 주인은 오직 하나님이시라는 전적 주권을 붙들고 있습니다.

사단이 의도한 욥과 하나님과의 간격을 벌리고 신뢰를 무너뜨리고 비난하게 하는 목적을 전적 주권으로 와해시킨 것입니다. 욥은 절망과 비탄 속에서 도전해 오는 자포자기의 충동을 탄식은 하되 믿음을 붙잡음으로 돌파합니다. 주님이 말씀하신 믿음의 전능성은 어떤 지경에서든 사용할 수 있습니다.

(마 17:20) "이르시되 너희 믿음이 작은 까닭이니라 진실로 너희에게 이르노니 만일 너희에게 믿음이 겨자씨 한 알 만큼만 있어도 이 산을 명하여 여기서 저기로 옮겨지라 하면 옮겨질 것이요 또 너희가 못할 것이 없으리라"

3장을 읽으면서 우리는 자칫 욥의 격정적인 탄식에 불편할 수도 있습니다. 그러나 내가 욥과 같은 상태였다면 어떠했을까를 연상해 볼 필요가 있습니다. 또한 행간에 담겨져 있는 깊은 사고와 신중함을 발견함으로서 겸손을 잃지 않으려는 욥의 중심도 느낄 수 있습니다. 완벽한 인간은 절대 없기에 그의 애가는 절망 중에 하나님을 붙드는 기도문으로도 보입니다. 성경에 욥기가 없었다면 고통당하는 신자들이 얼마나 시행착오를 겪었을 지를 생각해 봅니다. 욥에게 고마움도 생기고 욥의 하나님이 나의 하나님임을 확인하며 깊은 신앙을 사모합니다.

♦ 욥기 4장 성경칼럼

4절 | 넘어지는 자를 말로 붙들어 주었고 무릎이 약한 자를 강하게 하였거늘
7절 | 생각하여 보라 죄 없이 망한 자가 누구인가 정직한 자의 끊어짐이 어디 있는가

"속셈을 알 수 없네"

상대방의 속마음을 알기 어려울 때 판단과 대처는 어렵습니다. 속셈을 안다 할지라도 수시로 변하는 인간의 속성상 안심할 수가 없습니다. 죄의

성격은 교만과 연약성을 함께 가지고 있기에 위선과 가장을 하도록 되어 있습니다. 지혜와 우매함의 왕래는 유한한 인간의 본질적 특성입니다. 하나님을 경외하는 기초위에 거하지 않은 보편적 지혜는 유한할 수밖에 없다는 의미입니다. 인간사회에서 학식과 지혜를 갖춘 존경받는 인물이 어떤 사건을 통하여 바닥을 드러내고 순식간에 추락하는 이유입니다.

논쟁이 대부분(4-31장)을 차지하는 욥기를 해석하는데 있어서 내용보다 화자(말하는 사람)를 더 주목해야 하는 이유입니다. 예를 들어 욥기에서 가장 유명하고 좋아하는 말씀이 있습니다. '네 시작은 미약하였으나 네 나중은 심히 창대하리라(8:7)'라는 말씀인데 하나님께서 직접 하신 것이 아니라 빌닷이 한 말입니다. 이 말씀이 잘못되었다는 것이 아니라 나온 배경을 알고 적용을 해야 한다는 것입니다.

7일간의 침묵을 깨고 나온 욥의 탄식(3장)은 이제 친구들의 충고가 나오게 하는 기폭제가 됩니다. 엘리바스는 친구 중에 연장자로서 지혜로운 어법을 발휘하는 것처럼 보입니다. 대화의 기술 중의 기본인 상대방의 장점과 업적을 먼저 언급합니다(1-6절). 그러나 이어서 나오는 그의 말을 보면 칭찬은 충고를 위한 수단으로 사용했음을 알 수 있습니다. 자신의 지혜가 뛰어남을 나타내기 위한 날카로운 분석을 펼치고 있습니다. 그의 말의 핵심은 보편원리로서 뛰어나고 반박하기 어려운 인과응보 논리입니다(7절). 심은 대로 거두리라(갈 6:7)라는 하나님의 일반 은총을 부인할 사람을 아무도 없습니다.

욥의 재난의 근본원인이 범죄라는 것이며 나아가 욥의 자기 의에 대한 인식도 고급적 죄임을 지적합니다. 그러하기에 오직 문제의 해결도 죄에 대한 회개뿐임을 충고합니다. 그는 한걸음 더 나아가 자기의 경험위에 환상적 계시를 공개함으로 욥의 자기 의에 대한 고집을 꺾으려 합니다(12-

21절). 그러면 엘리바스의 논리와 행동에 어떤 문제가 있는 것일까요? 첫째, 인간의 모든 고난이 꼭 내적 허물이나 외적 악행에서만 유래한다는 것은 하나님의 섭리를 무시하는 것입니다. 하나님께서는 의인을 일찍 거두시기도 하시는 신비한 섭리도 하시기 때문입니다(사 57:1~2). 신상필벌이라는 보편원리를 '하나님과 사단 사이의 욥'이라는 특정인물에 바로 적용하는 것은 내공이 부족한 것입니다.

둘째, 사람의 냉철한 권면에 뜨거운 사랑이 수반되지 않으면 결과는 허사가 되고 독약이 됩니다(고전 13:1~3). 타인의 고난 앞에 자신의 잘남과 형통을 드러내고자 하는 속셈은 어느 순간 환하게 드러날 수밖에 없습니다(겔 33:31). 내 속셈을 버리고 하나님 앞에 솔직하게 나아가서 아뢰며 은택받기를 기도합니다.

♦ 욥기 5장 성경칼럼

17절 | 볼지어다 하나님께 징계 받는 자에게는 복이 있나니 그런즉 너는 전능자의 징계를 업신여기지 말지니라

27절 | 볼지어다 우리가 연구한 바가 이와 같으니 너는 들어 보라 그러면 네가 알리라

"타당성, 타개 능력"

어떤 판단이 옳고 가치가 있을 때 타당하다고 합니다. 그 판단의 근거가 어디인가에 따라 타당성의 지속력이 결정됩니다. 올바르지 않은 진영에 맞춘 타당성은 금방 사라집니다. 타당성에 대한 문턱을 넘으면 타당성을 행사할 수 있는 능력이 필요합니다. 문제는 제기해 놓고 해결할 수 없다면 말장난으로 끝날 수 있는 것입니다. 옳은 말을 유창하게 설파한 사람에게 '그래서 어떻게 할 건데' 하면 입을 닫는 경우는 흔합니다. 난제에 대한 타개

능력은 인간의 영원한 숙제입니다.

4장에 이어 엘리바스의 논박이 5장에 계속됩니다. 욥이 당한 고난의 근거를 과거의 범죄 때문이라고 충고한 것을 욥이 받아들이지 않았기 때문입니다. 다시 욥의 어리석음을 꾸짖고(1-7절) 하나님의 주권과 능력을 강조하고(8-16절) 징계 후에 오는 행복을 강론합니다(17-27절). 일반적인 논리로 볼 때 엘리바스의 주장은 타당성이 있어 보입니다. 연장자로서 교육하고 상담자로서의 면모도 드러냅니다.

그러나 엘리바스의 주장에는 근본적 모순이 숨겨져 있습니다. 하나님의 섭리를 설명함에 있어 죄악을 철저히 징계하는 하나님만 강조한 것입니다(17절). 어느 인간도 죄를 짓고 고생을 하는 것은 틀림없고 타당한 실상입니다(7절). 하지만 하나님의 사랑과 긍휼에 대한 영역에서 욥이 자리 잡고 있음은 보지 못하고 있습니다. 인과응보 섭리 너머에 있는 욥과 하나님과 사탄의 특별한 관계는 눈치 챌 수 없었던 것입니다. 욥이 회개해야 하는 것은 마땅하지만 일반 원리와 규칙만을 적용하여 압박하는 모양새는 적당하지 않습니다(27절).

당시 최고의 석학인 엘리바스의 이 수준은 역사속의 지성인들이 하나님을 판단하는 모습을 대변하고 있습니다. 자신의 사고와 시대의 사조와 전통적 문화에 갇혀 불가해한 하나님을 재단하는 자들의 상태를 보여 줍니다. 엘리바스의 지적은 수준에 따라 납득할 수 있지만 욥의 고통에 대한 본질적 타개 능력은 결론적으로 없었습니다. 5장에 나타난 이 그림은 영적 지식의 엘리트라고 자부하는 그리스도인에게 강한 교훈을 줍니다. 우리가 고난을 당하는 이웃에 대해 어떤 자세를 가지고 있는지 되돌아보게 됩니다. 섣부른 권면을 하고 과격한 충고도 하며 우월적 위로를 던지고 있음을 부인할 수 없습니다. 일반 원리와 다른 개인적 고통의 깊은 심연을 들여다볼 수 없다는 것을 인정할 수밖에 없습니다.

엘리바스의 타개 능력의 한계는 욥이 받아들이지 못하고 항변하는 것으로 이어집니다(6장). 사람에게서 나온 타당성의 한계를 숙고하는 자에게 하나님의 타개 능력의 은혜가 예비 되어 있습니다(사 55:8-13).

(수 1:5) "네 평생에 너를 능히 대적할 자가 없으리니 내가 모세와 함께 있었던 것 같이 너와 함께 있을 것임이니라 내가 너를 떠나지 아니하며 버리지 아니하리니"

♦ 욥기 6장 성경칼럼

4절 | 전능자의 화살이 내게 박히매 나의 영이 그 독을 마셨나니 하나님의 두려움이 나를 엄습하여 치는구나

25절 | 옳은 말이 어찌 그리 고통스러운고, 너희의 책망은 무엇을 책망함이냐

"때에 맞는 말"

'저는 다른 것은 몰라도 하나님께 건강의 축복을 받은 것이 너무나 감사해요.' 참 귀한 고백과 간증으로 보입니다. 하지만 이 말을 중병에 걸린 성도를 문병하면서 그 앞에서 심방대원이 한 말이라면 문제가 심각해집니다. 그런데 교회마다 이런 사람이 어김없이 있다는 것을 우리는 잘 압니다. 4-5장은 불가사의한 재난을 당하고 몸의 극한 병과 영혼에까지 타격을 입은 욥을 앞에 둔 친구들의 모습입니다.

이미 3장에서 욥은 매우 적나라하게 비탄의 감정을 토로하였습니다. 이제 엘리바스의 변론을 듣고 난 본장에서는 한층 더 격화된 형태로 공박합니

다. 알 수 없는 고난의 정체에 자포자기의 상태로 들어가려 하는 순간입니다. 하나님의 살이 몸에 박히고 영은 독을 마시고 두려움은 엄습했다고 부르짖습니다(4절). 그런데 욥은 이 변론의 영향으로 도전적 태도가 생기고 형용하기 어려운 에너지가 생기게 됩니다(14절). 역설적으로 욥이 친구들을 만나지 않고 혼자 씨름했다면 위대한 욥기는 우리에게 오지 않았을 것입니다.

인간은 상대가 있고 적이라는 환경이 있을 때 진검승부를 위해 실력의 칼날을 가다듬을 수 있는 존재입니다. 하나님 앞에서 질문을 하던 욥은 친구의 도발로 인간의 숨겨진 고급 죄인 '자기중심적 사고'를 캐내게 됩니다. 실제로 욥을 돕고 충고하려던 엘리바스의 시도는 아무 능력도 나타나지 않았습니다. 병을 고치거나 고난의 환경을 해결하지 못하고 오히려 정죄하고 배신감만 들게 하는 결과만 가져왔습니다(25절).

극한의 고통을 당하는 욥의 최종적 소원과 관심은 건강회복과 재산획득과 자손의 축복을 다시 받는 차원이 아닙니다. 자신이 믿던 좋으신 하나님에 대한 섭리와 현재의 고난체험의 이해하기 어려운 혼돈을 해결받기를 원했습니다. 욥의 이런 모습을 전혀 이해하지 못하는 친구들은 너는 죄 값을 받는 것이고 우리는 너와 무언가는 다르지 않겠느냐고 합니다. 하나님 앞의 자세가 아닌 자기중심적이고 이기적인 태도입니다.

욥은 인간적인 분노를 표출하는 허물을 보였지만 인간 누구도 욥을 정죄하기는 어렵습니다. 그만큼 인간의 속 좁음과 무지는 우리가 점검하고 인정해야 할 주제입니다. '조그만 달팽이 좌우에 나라가 있어서 서로 싸우다가 수만 명이 죽었다(와우각상지쟁)'라는 말은 별것 아닌 것에 전부를 거는 인간의 어리석음을 보여 줍니다. 그리스도인의 성숙은 타인에 대한 너그러움(관용)이 잣대가 됩니다(행 17:11). 가루는 갈수록 고와지고 말은 할

수록 거칠어진다는 속담을 기억하며 진중한 토론의 매너도 갖추어야 할 것입니다. 하나님만 두려워하고 은혜만 바라는 꿋꿋함을 갈망합니다.

♦ 욥기 7장 성경칼럼

6절 | 나의 날은 베틀의 북보다 빠르니 희망 없이 보내는구나
15절 | 이러므로 내 마음이 뼈를 깎는 고통을 겪느니 차라리 숨이 막히는 것과 죽는 것을 택하리이다

"그 사람에게서 누군가 보인다"

부모와 자식 간에나 형제자매 간에 닮은 점이 있는 것은 당연합니다. 그러나 남남이지만 특수한 면에서 비슷한 점을 발견할 때 위의 말을 씁니다. 성경에는 많은 인물이 등장하는데 구세주이신 예수님을 부분적으로 예표하는 사람들이 있습니다.

(히 1:1) "옛적에 선지자들을 통하여 여러 부분과 여러 모양으로 우리 조상들에게 말씀하신 하나님이"

이 말씀은 역으로 보면 구세주로 오신 예수님을 만나고 나니 구약의 특정인물에게서 메시야의 특징이 보인다는 뜻입니다. 요셉은 형제들에게 팔려서 배신당한 예수님을 연상하게 하고 다윗은 왕국을 세워 하나님의 나라의 통치를 보여줍니다. 요나는 3일후의 부활로 예수님의 모형을 나타냈으며 노아의 방주는 예수님 안에 있어야만 구원받음을 선포합니다.

그러면 욥은 어떤 면에서 예수님을 계시하는 것일까요? 욥은 인간으로서는 최고의 고통을 당했고 주님은 하나님이신데 비하되어 최고의 고통을 당하신 점입니다. 욥은 분명히 완전한 사람은 아니지만 성경 인물 중에서

도 뽑힌 3명의 의인으로 기명되었습니다(겔 14:14). 예수님은 두 말할 필요도 없이 죄가 일절 없는 하나님입니다.

(히 4:15) "우리에게 있는 대제사장은 우리의 연약함을 동정하지 못하실 이가 아니요 모든 일에 우리와 똑같이 시험을 받으신 이로되 죄는 없으시니라"

욥의 이해할 수 없는 고난 속에 예수님의 대속주로서의 고통을 보게 된다는 말씀입니다. 그렇다면 예수님의 고통은 우리의 구원을 위한 것이었고 욥의 고통을 보면서 신자는 고난의 신비를 발견할 수 있다는 깨달음이 오게 됩니다. 7장에서 욥이 부르짖는 비참한 처지를 실제적으로 겪진 않지만 우리의 이야기가 될 수 있다는 것입니다. 욥은 일단 인생 자체가 전쟁에 나간 군사와 같고 부역하는 노동자의 신세와 같다고 전제합니다(1-3절). 몇 달째 악화된 피부병은 고름에 구더기와 딱지로 뒤덮여 어느 순간 합창하듯 터져나갑니다(5절). 건강할 때는 인생이 시간도 충분하고 기회도 많다고 생각했는데 베틀의 북처럼 순식간에 가버려 허무함이 몰려옵니다(6절).

이처럼 희망이 없는 자에게 시간은 고통이거나 절망의 무가치함뿐임을 절규하듯 고백합니다. 이 상태에서 생각은 죽음외의 다른 길이 없음을 다시금 확인하며 원망하는 기도도 금하기 어렵습니다(7-16절). 절망의 끝에서 부르는 기도는 알 수 없고 희미한 그 무언가를 붙잡습니다. 욥이 지금까지 믿고 섬겼던 하나님이 어떤 분이었는지 거의 무의식적으로 튀어 나옵니다.

인간을 크고 귀하게 여기시고 마음에 두시는 하나님(17절), 매일 첫 시간부터 분초와 침 삼킬 동안도 감찰하고 붙드는 하나님(18-19절), 나는 포기하지만 하나님께서는 무언가 뜻이 있을 것이라는 끈을 붙들고 있습니다(20-21절). 아, 욥기는 고난당하는 신자에게 주시는 희망의 메시지임이 분명 합니다.

♦ 욥기 8장 성경칼럼

3절 | 하나님이 어찌 정의를 굽게 하시겠으며 전능하신 이가 어찌 공의를 굽게 하시겠는가

8절 | 청하건대 너는 옛 시대 사람에게 물으며 조상들이 터득한 일을 배울지어다

"경직의 위험"

경직이란 몸이나 생각과 태도가 굳어서 뻣뻣하게 된 것을 말합니다. 운동을 할 때 제일 많이 지적되는 것이 힘을 빼라는 코칭입니다. 운동보다 훨씬 중요한 인생에서 생각과 태도가 경직되면 큰일이 납니다. 예를 들어 깔끔한 사람은 좋고 지저분한 사람은 나쁘다고 단정하는 것입니다. 이 단정은 깔끔한 사람은 대개 까칠하고 지저분한 사람은 대부분 순한 면이 있다는 다양성을 놓치게 합니다. 신앙의 영역에서 자기의 지식과 경험에 경직되면 인간관계에서 충돌이 생기고 교인 간에 정죄하는 오류를 범합니다. 이 에너지는 자기 의를 나타내고 인정을 받고자 하며 권력을 쟁취하려는 무리수를 쓰게 됩니다.

욥과 엘리바스의 쟁론을 지켜보던 빌닷이 나서는 8장은 경직된 신앙의 위험성이 드러납니다. 연장자가 예의를 갖추어 충고를 하는데 접수하지 않고 반발하는 욥의 모습에 빌닷이 이 때다하며 튀어 나옵니다. 절대자이신 하나님의 정의가 욥의 탄원적인 연설 가운데에서 비난당했다고 여겼기 때문입니다. 극한의 고통을 당하는 욥에게 필요한 공감과 위로보다 절대무오한 하나님의 공의만이 보인 것입니다(2-3절). 의인은 축복이요 악인은 징계라는 근본원리에 어딜 감히 토를 다느냐는 경직된 신앙의 발로입니다.

너의 자녀가 다 죽은 것은 득죄하였기 때문이라고 욥의 심장에 칼질을 합니다(4절). 사실 욥은 자녀들의 의식하지 못하는 죄까지 범하지 않도록 자녀 각자를 위한 정례적인 성결 의식을 시행했습니다(1:5). 빌닷의 경직된 사고는 부당한 고난에 대한 유연성이나 선과 악을 허용한 하나님의 신비한 섭리를 지나쳐 버렸습니다. '시작은 미약하였으나 나중은 심히 창대하리라'라는 말이 나온 동기는 빌닷이 욥을 향해 은밀한 조소를 띠고 한 말입니다.

그럼에도 불구하고 이 말은 신비롭게 욥에게 이루어졌고(42:10-17) 후세인 우리에게도 이루어질 약속이 되었습니다(막 4:31-32). 이 부분을 설교자로 적용하자면 설교내용보다 훨씬 큰 열매를 맺는 신비한 경험을 한다는 점입니다. 빌닷의 욥을 향한 회개의 요구는 다소 완화되어서 옛 시대의 교훈을 도입하여 이어집니다(8-19절). 왕골과 갈대, 거미줄, 뿌리 깊은 나무의 비유는 인과응보와 사필귀정의 경고를 충분히 표현합니다. 일시적이고 개인적인 경험보다 선조들이 검증하여 쌓아놓은 전통적인 체계가 우월하다는 논리입니다.

베이컨의 4가지 우상(종족, 동굴, 시장, 극장)중에도 이와 같은 이론이 있어 상당한 설득력을 발휘합니다. 그러나 욥의 경우에는 고대의 지혜와 성경의 보편적 질서인 정의에서 정답을 내지 못하는 무언가의 신비한 영역이 있음을 인식해야 합니다. 인간은 하나님을 증명할 수 없다는 기독교 변증법의 전제를 신비로서 접근할 수 있는 여지가 욥기에서 점점 드러납니다. 우리 신앙이 더욱 영글어서 고난과 영광의 신비한 방정식을 잘 풀 수 있으면 참 좋겠습니다.

♦ 욥기 9장 성경칼럼

3절 | 사람이 하나님께 변론하기를 좋아할지라도 천 마디에 한 마디도 대답하지 못하리라

11절 | 그가 내 앞으로 지나시나 내가 보지 못하며 그가 내 앞에서 움직이시나 내가 깨닫지 못하느니라

"중간 역할"

양자 사이의 건너기 어려운 벽이나 문제가 있을 때 중간에서 역할을 하는 사람이 필요합니다. 결혼에는 중매자, 사업에는 중개인, 재판에는 변호인, 친구 간에는 화해자가 이 역할을 합니다. 절대자이신 하나님과 죄인 된 인간 사이는 너무 간격이 커서 필히 '중보자'가 있어야 합니다. 구약에서는 대제사장이 중보자의 역할을 했는데 예수님의 모형이었습니다(히 5:1-5). 우리는 이미 역사 속에 중보자로 오신 예수님을 알고 있지만 욥은 예수님의 실체를 모르고 있습니다.

이 같은 배경 속에서 빌닷의 공격에 대응하는 욥의 항변이 9장부터 시작됩니다. 먼저 욥은 상대적 가치 기준을 가지고 모든 사람을 의인과 악인으로 구분하는 빌닷의 논리를 반박합니다. 인간은 사람의 눈으로 판단하는 의인과 악인으로 나눌 것이 아니라 하나님 앞에서 절대 악인임을 선포합니다. 이 사실을 증명하기 위해 하나님은 인간과 비교조차 할 수 없는 절대적 속성과 능력이 있음을 강조합니다. 지혜와 통치는 인간이 감히 짐작도 못하고 말도 붙일 수 없는 경지입니다(4-14절). 이전에 욥이 고통을 견딜 수 없고 신앙의 회의에 항변만 하던 모습에서 분위기가 달라져 있음이 느껴집니다.

그렇다고 온전히 받아들이기는 힘들어 고난의 부당함에 씨름하는 모습

이 사라진 것은 아닙니다(15-20절). 자신의 의와 무죄함에도 부당한 정죄를 받는 것에 대한 문제 타결에 신경을 곤두세우게 됩니다(21-24절). 욥의 문제는 친구들의 권고와 충고나 인간 지혜의 교훈으로 해결될 것이 분명히 아닙니다. 세월은 덧없이 빠르게 흘러가는데 고통은 끝이 없고 무엇을 한들 헛수고만 하는 것 같습니다(25-31절). 하나님을 향하여 아무리 외치고 기를 뿜어 보아도 허공만 치는 메아리와 같습니다.

욥에게는 오직 하나님만이 자신의 문제를 해결하실 분이라는 믿음만은 확실합니다. 도저히 어찌할 수 없는 이 간격은 무엇으로 채울까요?(3, 10, 11, 14, 15, 16, 19, 20, 24, 32절) 믿음으로는 희망인데 현실은 절망인 이 간격에 중보자가 희미하게 떠오릅니다. 처절하게 부르짖는 욥의 입에서 '자기와 하나님 사이에 손을 얹을 판결자가 없다'는 절규가 나옵니다(32-33절). 여기서 판결자(모키아흐)는 재판관과 변론자라는 뜻으로 중재자의 역할을 하는 것입니다.

욥이 희미하지만 간절히 찾던 중보자가 바로 우리 구주 예수 그리스도이십니다.

(딤전 2:5) "하나님은 한 분이시요 또 하나님과 사람 사이에 중보자도 한 분이시니 곧 사람이신 그리스도 예수라"

죄인 된 나를 속죄하시고 내편이 되어 변호하시는 예수님을 의지하는 나는 참 행복하고 존귀한 사람입니다(34-35절).

♦ 욥기 10장 성경칼럼

1절 | 내 영혼이 살기에 곤비하니 내 불평을 토로하고 내 마음이 괴로운 대로 말하리라

21절 | 내가 돌아오지 못할 땅 곧 어둡고 죽음의 그늘진 땅으로 가기 전에 그리하옵소서

"참 기복이 심하네"

육신적인 병은 어떻게 해볼 수 있는 여지가 있지만 정신적인 병을 대처하기는 매우 어렵습니다. 조현병(정신분열증)과 치매 환자가 집안에 있으면 그 기복 때문에 온 가족이 늘 비상입니다. 이보다는 약하지만 조울증(조증과 우울증이 오가는 것)이 있는 사람은 하루에도 수없이 변하는 감정 때문에 주변사람이 힘듭니다. 사람은 육체와 마음과 영혼이 유기적으로 연결되어 움직이는 존재이기에 자칫 지나치기 쉬운 영혼의 기복은 매우 중요합니다. 어쩌면 근본에 해당하는 영혼의 관리에 의하여 육체와 마음이 영향을 받는다는 것이 맞습니다(요삼 1:2).

욥의 입장에서 영혼의 잘됨(하나님과의 관계)에 균열이 생겼으니 모든 관계에 갈등과 번뇌와 방황이 있는 것은 당연한 수순입니다. 아이가 한 방에 어른이 될 수 없듯이 욥의 기복은 어쩌면 하나님의 뜻을 알아가는 성숙을 향한 필수 코스입니다. 10장에 나오는 하나님을 향한 욥의 기도는 그 내용에 기복이 아주 심합니다. 자신의 고난에 대한 항변으로 시작하여 신앙고백으로 나아갑니다(1-7절). 다시 자신의 처지를 탄원하다가 하나님에 대한 신뢰를 고백합니다(8-13절). 다시 미래적 단정의 고난 탄식을 거쳐 하나님의 손길을 고백합니다(14-17절).

하지만 이전의 친구들과 쟁론할 때와 같은 기복이 아니라 하나님 앞에서 탄원하는 기도의 내용으로 그 성격이 달라지고 있습니다. 성경은 수많은 하나님의 사람들이 사람이 아닌 하나님 앞에 나와 솔직하게 자신의 허물까지 내놓는 장면을 보여 줍니다. 만약 중간 중간에 있는 하나님을 향한 신앙의 고백이 없었다면 10장은 고통 받는 죄인의 울부짖음으로 끝날 수도 있습니다. 우리가 고난의 순간에 얼마만큼 신실한 신앙고백을 하고 있는지 점검할

포인트입니다.

부당하다고 생각하는 고난을 도저히 받아들일 수 없는 욥의 절정 불안은 죽음은 동경하지만 내세는 부정적으로 보게 됩니다. 3장 17-19절에서는 내세를 평강과 자유가 있는 곳으로 표현했으나 본장에서는 그 곳을 암울하고 어두운 곳으로 언급합니다(21-22절). 욥 시대의 사후관과 계시록이 주어진 우리 신약성도의 천국 이미지가 다름을 확인할 수 있습니다.

1절의 욥이 탄식한 삶의 곤비함(가시와 엉겅퀴, 땀과 죽음, 창 3:17-19)은 모든 죄인 된 인간이 겪는 것이고 하나님의 정하신 법칙입니다. 다만 하나님의 사람들이 다른 점은 곤비함 속에서 하나님만을 찾고 의지하는 보배로운 믿음이 있다는 점입니다. 욥이 극심한 기복 속에서도 끊임없이 하나님을 붙드는 모습이 바로 나의 믿음이기를 원합니다.

(벧후 1:1) "예수 그리스도의 종이며 사도인 시몬 베드로는 우리 하나님과 구주 예수 그리스도의 의를 힘입어 동일하게 보배로운 믿음을 우리와 함께 받은 자들에게 편지하노니"

♦ 욥기 11장 성경칼럼

12절 | 허망한 사람은 지각이 없나니 그의 출생함이 들나귀 새끼 같으니라
20절 | 그러나 악한 자들은 눈이 어두워서 도망할 곳을 찾지 못하리니 그들의 희망은 숨을 거두는 것이니라

"준비 됐나?"

군대에서 많이 듣던 말이라고 퍼뜩 떠오릅니다. 이 말은 모든 스포츠에

서 경기 개시 전에 반드시 하는 코스입니다(예:정렬-준비-시작). 어떤 교육이든 준비 과정이 없이 시작하는 일은 절대 없습니다. 인생에서 지혜를 배우거나 진리를 탐구할 때 준비과정이 필히 있어야 하는 것은 두말 할 필요도 없습니다. 잠언이 낙관주의적 색채의 지혜를 배우는 것이라면 전도서와 욥기는 비관주의적 지혜에 대한 책이라고 볼 수 있습니다. 지혜는 세상을 움직이는 법칙과 인생의 성공을 이끄는 실용적 지식과 비결을 말합니다.

여기서 끝나는 것이 아니라 깊은 지혜는 인간과 하나님과의 관계 속에 감추어져 있는 고난의 신비에 눈을 뜨는 것으로 나아갑니다. 성경은 사소한 식사법의 지혜로부터 거창한 고난의 신비에까지 다양하게 펼쳐 있습니다. 욥기에 나오는 욥의 친구들의 말을 이해하고 해석하기 위해서는 이런 지혜의 수준과 다양성을 전제로 해야 한다는 의미입니다. 그들의 말은 당시의 자연법칙과 도덕률이 작용했고 또한 경험하고 전승받은 인생철학들이 스며들어 있습니다. 그러하기에 그들의 연설은 지식의 상대성을 가지고 판단해야 합니다. 자신과 환경에 갇혀 온전한 하나님의 뜻을 받아들이려는 개방성에 실패하고 있음을 눈 여겨 보아야 합니다.

최연소자인 소발의 공박이 욥에게 퍼부어지는 11장은 진리의 탐구 과정이 부족한 자의 폐단입니다. 전통적인 면이나 교리적으로 그의 말의 오류는 별로 눈에 안 뜨일 수도 있습니다. 문제는 욥의 고통을 겉으로만 보고 정죄하며 일반 이론인 인과응보와 회개 만능법칙으로 질책하였다는 점입니다. 자기가 가진 가치관으로 벽을 쌓고 열린 마음이 없어 자신은 의롭고 욥은 죄인이기에 네가 고쳐야 한다는 것 외에는 생각이 없습니다. 욥을 향하여 말이 많고 자랑이 심하고 건방지고 위선자라고 몰아칩니다(1-6절).

어찌하던 흠집을 찾아내려는 자세를 가진 자 앞에서 견딜 자는 없습니다. 우리도 얼마든지 수시로 범하는 바리새적 신앙의 악습입니다. 이 모습을 교정하지 않으면 과장된 모함이 얹혀 지고 어느새 하나님의 자리에서 재판자가 되어 버립니다. 소발이 욥보다 더 나은 사람이 분명히 아닌데 그의 폐쇄된 지식은 극도의 교만으로 가득 차 있습니다. 그렇다고 그의 예리한 논지를 모두 무시하라는 뜻은 아닙니다.

우리는 그가 설파한 인간의 허망함과 무지함을 알고 하나님의 참 지혜인 십자가로 나아간다면 지혜로울 것입니다(7-12절). 들 나귀처럼 길들이기 어려운 인간의 완악함을 깨닫고 먼저 순종하신 예수님을 바라볼 수밖에 없습니다(히 5:8-9). 만물보다 부패한 인간과 하나님의 걸작품인 신자의 이 모순은 순종하는 믿음만이 정답입니다. 자신의 지식에 고착되지 않고 마음을 열고 준비를 하는 자가 복이 있습니다.

♦ 욥기 12장 성경칼럼

2절 | 너희만 참으로 백성이로구나 너희가 죽으면 지혜도 죽겠구나

7절 | 이제 모든 짐승에게 물어 보라 그것들이 네게 가르치리라 공중의 새에게 물어 보라 그것들이 또한 네게 말하리라

"독과점, 독선"

독과점이란 독점과 과점을 합한 용어로 일정 시장에서 경쟁기업이 무의미할 정도의 점유율을 차지하는 현상을 말합니다. 독과점을 이룬 기업의 권력과 이익은 절대적이어서 이를 이루기 위한 온갖 수단이 펼쳐집니다. 대기업이 신생 경쟁 업체를 자라지 못하게 하거나 경쟁의 기미가 보이면 큰 보상을 하여 흡수하는 것(M&A)도 독과점을 위해서입니다. 플랫폼(유무형 시장의 승강장)을 무료로 시작하여 적자를 감당하다가 압도적 시장 장

악이 이루어지면 유료로 전환하는 것도 독과점 달성의 방법입니다. 이런 살벌한 경제 전쟁을 공정거래법은 제한하고 있지만 경제의 천재들은 지금 이 순간에도 멈출 줄 모릅니다.

독과점 같은 경제적 현상을 지식적 권력에서 대비하여 찾아본다면 바로 독선이라고 볼 수 있습니다. 독선이란 자기의 생각만이 옳다고 믿고 행동하는 것입니다. 신앙에 있어서 독선만큼 위험하고 피해를 주는 것이 없습니다. 바로 신앙인의 최대의 적인 교만과 같은 뿌리에서 나오기 때문입니다. 교만은 하나님을 절대 만나지 못하게 하고 타인을 인정하지 않는 폐단을 쌓게 합니다.

12장은 소발의 공격을 받은 욥이 그의 인간적 독선을 지적하는 내용으로 시작됩니다. '너희만 사람이고 너희가 죽으면 지혜도 죽겠다(2절)'고 한 것은 세 친구가 하나님의 자리에 앉은 것처럼 군다는 의미입니다. 인과응보에서 나오는 축복과 저주가 현실에서 정말 이루어지지 않는 것을 냉철하게 지적해 줍니다(4-6절). 욥은 악인의 형통이 하나님의 오묘한 섭리임을 증명하기 위해 자연과 피조물을 등장시켜 강조합니다(7-11절). 참된 지혜는 탁상공론에서 나오는 것이 아니라 지혜의 근본이신 하나님의 섭리를 알 때 얻을 수 있다는 논지입니다.

욥도 고통 속에서 이해가 되지는 않지만 하나님의 전적 주권의 섭리와 역사는 그리 단순치 않다는 점을 몇 가지 예를 들어 펼칩니다. 하나님께서는 파괴 행위를 통해서도 그 뜻을 이루어 가시는 분이십니다(14절). 이미 바벨탑 사건과 대홍수 사건에서 하나님의 심판의 전능성을 보여 주셨습니다(창 6-7장). 또한 하나님의 깊은 경륜이 드러나는 것이 인간적 권위(모사, 재판장, 왕, 권력자)를 지배하시는 능력입니다(17-19절). 만약 하나님의 이런 지혜와 간섭이 없었다면 세상은 이미 혼돈과 멸망으로 가득 찼을 것입니다.

이어서 인간의 꾀와 권력과 영광이 하나님 안에 있지 아니하면 무너지고 치욕을 당할 수밖에 없음을 고백합니다(22-25절).

(잠 16:9) “사람이 마음으로 자기의 길을 계획할지라도 그의 걸음을 인도하시는 이는 여호와시니라”

인간의 겸손하지 못한 독선의 끝은 허망하기 그지없음을 알게 됩니다. 나만 옳고, 나만 알고, 나 없으면 안 된다는 독선의 길은 절대 가지 말아야 할 것을 깊이 깨닫습니다.

♦ 욥기 13장 성경칼럼

3절 | 참으로 나는 전능자에게 말씀하려 하며 하나님과 변론하려 하노라
23절 | 나의 죄악이 얼마나 많으니이까 나의 허물과 죄를 내게 알게 하옵소서

"배후에 누가 있는가?"

보이는 것이 다가 아니다 라는 말을 많이 씁니다. 역사를 배우고자 하는 사람은 기록된 정사는 기본이고 감춰진 야사도 섭렵을 해야 깊은 내공을 갖추게 됩니다. 대부분의 역사(정사)는 승리한 쪽의 시각으로 쓰여 졌기에 사실과 다를 수 있기 때문입니다. 숨겨진 사건의 진실을 전하는 기록(야사)은 남아 있기 어렵기 때문에 각고의 노력을 해야 얻을 수 있습니다. 우리는 역사에서 전면에 등장하는 사람보다 배후에서 실권을 행사하는 인물의 영향력이 더 큰 것을 알고 있습니다. 영적인 세계에서도 보이는 사건과 인물만 본다면 진리에의 접근이 어렵습니다.

소발의 도발 앞에서 욥이 격앙된 반격을 한 것이 12장입니다. 13장에

들어서면서 욥은 한참 공박을 하다가 갑자기 자신이 어리석은 쟁론에 휘말리면 안 되겠다는 생각이 들었습니다. 자신이 소발에 비하여 부족함이 없는데 단지 고난을 당한다는 점에서 하수로 취급받는 것이 느껴진 것입니다(1-2절). 세 친구들은 고난의 현상과 이유에 집중하고 있지만 욥은 고난을 주신 하나님의 뜻이 무엇인지에 집중을 하게 됩니다. 보이는 것이 전부가 아니라 배후에 계신 하나님의 의도에 초점을 맞추는 것입니다(3절).

욥은 친구들의 생각과 말은 이미 그가 섭렵한 과정에 있었던 것으로 해결방법이 안 된다는 것을 선언합니다(4-12절). 친구들과의 쟁론은 사람의 방법이기에 혼돈과 대립만 일으키고 근본적 해답을 줄 수 없음을 알고 있습니다. 이제 자신은 본질적인 해답을 배후에 계신 하나님께 찾겠다는 것입니다(13절). 이를 하나의 예를 들자면 교회의 분쟁이 있을 때 사람과의 관계에서 해결하고자 하면 혼란만 가중 됩니다. 하지만 배후의 주권자 되시는 하나님께 기도하고 맡기면 좋은 결과를 가져오는 사례가 많은 것과 같습니다.

극한의 고통 가운데에서 번뇌하고 감정의 기복을 겪어가며 부르짖는 욥의 모습이 안타깝습니다. 14-19절에 나오는 욥의 자신감이 넘친 자기 의에 대한 표현은 해석이 필요합니다. 현대의 조직신학의 범위에서 의인은 있을 수 없습니다(롬 3:10-18). 하지만 욥이 살던 시대적 배경에서 보면 그는 인간으로서 최선의 경건한 삶을 살았다고 고백할 수 있었습니다. 이는 결과로서가 아닌 자세와 동기로서의 떳떳함과 담대함의 고백으로 받아들일 수 있습니다.

신약의 그리스도인이 연약해서 넘어질 경우에 죄를 회개한 후에 일어날 생각은 안하고 좌절감에만 머물러 있다면 안 되지 않겠습니까? 용서의 하나님을 정말 믿는다면 죄에 끌려가던 이전 삶을 돌파하여 사죄의 은총으로 새 생활로 들어서야 하는 것입니다(고후 5:17). 침묵의 하나님을 모질게 경험하는 욥이 생각과 말에 기복이 있는 것은 이해가 됩니다(20-28절). 그 침묵이 길수록 힘은 들지만 최후 승리의 좋은 방향으로 간다는 것을 미리 아는 우리는 복된 존재입니다.

♦ 욥기 14장 성경칼럼

1절 | 여인에게서 태어난 사람은 생애가 짧고 걱정이 가득하며
5절 | 그의 날을 정하셨고 그의 달 수도 주께 있으므로 그의 규례를 정하여 넘어가지 못하게 하셨사온즉

"날수를 세며 살다"

특별한 경우를 제외하고 사람은 날(일)수를 계산하며 삽니다. 지나간 날을 기념하기도 하고 앞날의 결행일(D-day)을 바라보기도 합니다. 연수를 세면 길게 느껴지지만 날짜 수를 생각하면 가까운 감각으로 다가옵니다. 시한부 인생이라 할 때 몇 년으로 말하지 않고 몇 개월, 며칠이 남았다고 하면 급박한 느낌이 들기도 합니다. 인간 모두는 어떤 의미에서 몇 년 내지 몇 십 년의 시한부 인생입니다. 죽지 않을 사람은 아무도 없어서 시한부 인생임은 분명한데 이를 의식하지 못하는 이유는 죽는 시기가 불확실하기 때문입니다. 젊은 사람일수록 살날이 많다고 느끼지만 그것은 통계이지 개인적으로 볼 때 실상은 달라집니다.

저는 중환자실과 승화원을 많이 다녀 보았는데 그 곳에는 노인뿐만이 아니라 전 연령대가 골고루 있었습니다. 여인에게서 태어난 사람은 다 죽는다는 욥의 멘트는 죽음은 피할 자가 없다는 것이며 이 필연성을 꼭 생각하고 살라는 뜻입니다(1절). 인간은 피조물 중에서 가장 위대하고 강한 존

재이지만 죽음 앞에서는 가장 연약한 자임을 선언합니다. 인생 생사는 우연이 없으며 하나님의 정하심에 따라 이루어짐을 아는 것이 지혜입니다(5-6절). 나무 기둥을 자르면 때가 되어 다시 움이 돋을 수 있지만 사람이 한번 꺼꾸러지면 일어날 재간이 없다고 말합니다(7~9절). 물이 시간이 지나면서 마름같이 인간의 육체 쇠약의 덧없음을 헤아립니다(11~12절).

성경 전체의 죽음에 대한 메시지는 인생은 단회적이며 이는 딱 한번 태어나고 죽는다는 뜻입니다. 세상에서는 '일사부재의의 법칙'이 안 지켜지는 수도 있지만 하나님의 죽음의 법은 완전하게 엄수됩니다. 그러므로 그리스도인은 전생이나 환생 등에 마음을 빼앗기면 안 됩니다. 또한 타종교의 윤회나 연옥설이 주장하는 또 한 번의 구원기회는 절대 없음도 명심해야 합니다(눅 16:22-31). 욥이 고통의 과정에서 죽기를 탄원하고 죽음에 대한 깊은 성찰을 하는 이유는 죽음이 끝이 아니라는 소망이 들어왔기 때문입니다(13~14절).

절대적 절망의 대표인 죽음이 절대 희망으로 바뀌는 세계가 복음이 임한 하나님의 나라입니다. 만약 주님의 부르시는 음성이 없고 예비하신 처소로서의 인도가 없다면 우리의 믿음은 헛된 것이 됩니다.

(요 14:3) "가서 너희를 위하여 거처를 예비하면 내가 다시 와서 너희를 내게로 영접하여 나 있는 곳에 너희도 있게 하리라"

나이와 상관없이 나의 살날의 기한을 세며 사는 신자는 깨어 있는 신앙을 가질 수 있습니다. 죽음을 무서워하는 상태를 뛰어넘어 죽음을 정복하신 주님 안에 있는 구원의 신분을 확인합니다.

(시 90:12) "우리에게 우리 날 계수함을 가르치사 지혜로운 마음을 얻게 하소서"

♦ 욥기 15장 성경칼럼

3절 | 어찌 도움이 되지 아니하는 이야기, 무익한 말로 변론하겠느냐
9절 | 네가 아는 것을 우리가 알지 못하는 것이 무엇이냐 네가 깨달은 것을 우리가 소유하지 못한 것이 무엇이냐

"한 놈만 팬다"

영화의 대사로 많이 들어 살벌한 느낌을 주지만 우리 주변에서 흔하게 일어나는 현상입니다. 교육현장의 일벌백계라는 훈육방법이고 어떤 조직이든 본보기라는 형태로 시행됩니다. 이를 조금 응용하자면 토론을 할 때 상대방의 약점이 되는 논리 하나만 집중 공략하는 것입니다. 범죄를 증명할 때는 스모킹 건이라고 하고 육박전일 경우는 아킬레스건을 끊는다고 표현합니다.

15장부터는 욥과 세 친구들의 2차 대화 주기가 시작됩니다. 말이 대화요, 토론이지 실상은 마음과 영혼 영역에서의 전쟁입니다. 욥의 말을 듣고 있던 엘리바스의 어조는 이전의 배려심은 사라지고 극도로 적대적이고 난폭합니다. '한 놈만 팬다'의 논조(치명적 약점논리)로 등장하는 내용이 바로 인과응보를 거부하는 욥의 모습입니다. 그는 어느 시대 어느 누구도 피해 갈 수 없는 '의-축복, 불의-저주'의 전통적 인과응보에 욥의 약점이 있다는 것을 찾았고 이를 집중적으로 공격합니다.

'네가 당하는 고통이 죄의 결과임을 거부한다면 더 따질 것도 없이 너는 악인이다'에 집중합니다. 이런 전제에서 본다면 욥은 몹시 불경건합니다. 욥이 하는 모든 말이 헛된 지식이고 혀는 간사하고 입술은 스스로 악인임을 증거 한다고 공격합니다(1-6절). 얼마나 교만한지 사람 중에 너를 말릴

자가 없고 마치 하나님 보좌에 앉아 있는 것 같다고 비꼽니다(7-16절). 그렇게 계속 나가면 악인의 저주를 받게 되는데 그 고통을 한번 들어 보라고 장시간 연설합니다. 나아가 자신이 한 말은 이미 열조들의 전통적 교훈이며 검증이 끝난 것이라고 도장을 찍듯이 결론을 냅니다(17-35절).

사람이란 한 가지에 빠지면 신기하게도 다른 것은 보지 못하는 어리석음을 범합니다. 거기에 추가되는 것이 자신의 이론을 성립시키고자 온갖 논리와 수단을 동원하게 됩니다. 엘리바스가 주장한대로 악인들의 저주와 멸망은 틀림없지만 그 상황과 적용은 모두에게 일정하지 않습니다. 욥이라는 특정한 사례에 대한 깊은 성찰이 없이 일반화의 오류를 범한 엘리바스가 보입니다. 그는 현세에서 악인이 형통할 수도 있고 의인이 요절할 수도 있는데 성급한 일반화를 주장한 것입니다(20절).

엘리바스는 인과응보를 비켜 나가려는 욥을 굴복시키고 하나님을 의지하도록 하는 목적만 보였습니다. 그 결과 객관성을 잃고 압박성의 편파적 논리를 펴게 된 것입니다. 우리는 인간에게서 나온 지식과 지혜의 한계를 분별해야 합니다. 오직 성경에서 주어지는 하나님의 뜻(참 지혜)을 사모하는 자세를 갖추기를 소원합니다.

♦ 욥기 16장 성경칼럼

2절 | 이런 말은 내가 많이 들었나니 너희는 다 재난을 주는 위로자들이로구나
9절 | 그는 진노하사 나를 찢고 적대시 하시며 나를 향하여 이를 갈고 원수가 되어 날카로운 눈초리로 나를 보시고

"최악의 상상"

사람에게 불안과 두려움이 있다는 것은 현재와 미래에 나쁜 일이 생길 것이라는 상상을 하기 때문입니다. 각자의 처지와 감정에 따라 차이가 나겠지만 스트레스 지수를 보면 그 종류는 알 수 있습니다. 스트레스는 물리적, 사회적, 관계적인 것과 함께 마음과 영적인 면까지 다양하게 받을 수밖에 없습니다. 실연, 실직, 결혼관계, 질병, 경제빈곤, 가족죽음, 전쟁 등은 스트레스 지수가 높습니다. 나아가 정신적인 불안정과 불면증은 마음의 병을 키우기도 합니다.

마지막으로 신앙의 침체와 영적 불안정은 모든 스트레스의 원인으로 작용됩니다. 성경의 교훈은 염려가 아무 것도 해결할 수 없기에 하지 말라고 합니다(마 6:27~30). 상상으로 생기지 않는 일까지 끌어서 하는 염려는 무용하지만 인간은 연약하기에 끌려가기가 십상입니다.

16장에는 인간 최대의 악한 상상이 등장합니다. 바로 욥이 하나님과 원수가 되는 상상입니다. 욥이 하나님을 미워하고 하나님은 욥을 원수로 하여 내쳐 버린다는 상상입니다. 이 상상은 욥이 고난을 당할 초창기에는 없었습니다. 15장의 엘리바스의 공박을 듣고 난 욥이 비탄함을 가지고 외치는 내용입니다. 가족이 죽고 집안이 망하고, 병의 고통으로 육신은 견딜 수 없으며, 주변의 사람들은 조롱하는데 찾아온 친구들마저 자기 의를 내세우며 정죄합니다(1-5절).

하나님이 자신을 대적하지 않는다면 이런 일이 있을 수 없다는 무서운 가상이 생겨 버렸습니다. 진노하신 하나님이 자신을 찢고 이를 갈며 째려보며 대적하신다는 극적인 표현까지 등장합니다(7-9절). 사람들이 저토록 자신을 천대하고 뺨을 치는 것은 하나님이 악인들에게 자신을 던졌기 때문일 것이라고 생각합니다(10-11절). 하나님의 화살이 자신을 과녁으로 삼아 사방에서 쏘니 남아날 장기가 없다고 탄식합니다(12-13절). 하나님의 꺾으심으로 오직 남은 것은 죽음뿐이라고 최후진술 하듯이 말합니다(14-16절).

이 욥의 상상과 진술은 사실일까요? 결코 아니라는 사실은 성경 전체의 결론과 욥기 42장의 결말로서 증명되지만 욥의 17절부터의 고백이 역전의 키가 됩니다. 인간으로부터 오는 어떤 증명도 기대할 수 없다면 하나님에게서만이 의의 보증을 받을 수밖에 없다는 전환이 이루어진 것입니다(17-18절). 희미하지만 중보자의 개입을 다시금 바라보게 됩니다(19-22절). '길이 끝나는 곳에 길이 다시 시작 된다'는 시구처럼 그리스도인은 절망중일지라도 중보자 예수님이 계십니다.

♦ 욥기 17장 성경칼럼

9절 | 그러므로 의인은 그 길을 꾸준히 가고 손이 깨끗한 자는 점점 힘을 얻느니라
12절 | 그들은 밤으로 낮을 삼고 빛 앞에서 어둠이 가깝다 하는구나

"절망의 끝에서 무엇을 붙잡는가?"

절망이란 모든 희망이 끊어진 상태를 의미하는데 절망의 끝이니 시체가 되기 바로 전이라 표현할 수 있습니다. 욥이 16장 마지막에서 하나님께 대한 호소를 했는데 17장에 들어 다시 절망의 끝에 이르렀다는 절규를 합니다. 이 모습은 그가 겪는 고통이 얼마나 깊은지 능히 짐작할 수 있습니다. 기운이 쇠하였다는 것은 호흡하기도 힘들다는 것입니다. 무덤이 준비되었다는 것은 당장 죽어도 이상할 것이 없는 상태라는 뜻입니다(1절).

친구들의 교묘한 말들은 화를 돋우고 대중들은 동정심 없이 침을 뱉습니다(2-6절). 근심과 슬픔은 눈꺼풀을 오르내릴 힘도 없고 온 지체의 뼈마

디는 지탱할 기운이 다 빠져 버렸습니다(7절). 더욱 심장에 박히는 것은 친구들이 자신을 이용하여 잘남을 뽐내는 것인데 견딜 수 없어 욥은 저주를 해 버립니다(5절). '네 자손들이 눈이 멀 것'이라는 저주는 모든 것을 누릴 수 없다는 말과 같은 의미입니다.

이것은 후에 욥이 회개한 후에(42:9~10) 친구들을 용서한 것과 대비되는 장면입니다. 사람이란 정말 신기해서 같은 광경과 사안을 보고도 정반대의 평가와 선택을 하는 존재입니다. 같은 예수님을 보고도 그리스도로 고백한 자(마 16:16)와 미친 자라고 매도(요 10:20)한 자로 나누어집니다. 예를 들면 내일 죽는다는 것을 안다고 할 경우입니다. 선하게 하루를 살고 내세를 준비하겠다(마 25:4-5)는 사람과 내일 죽으니 먹고 마시자(사 22:13)는 사람으로 갈라집니다.

욥이 절망의 끝에서 외적으로는 불평하고 포기하는 것 같았지만 하나님의 의로우심을 붙잡는 것은 잊지 않았습니다. '의인은 그 길을 꾸준히 가고 손이 깨끗한 자는 점점 힘을 얻는다'는 하나님의 절대 법칙을 고백했기 때문입니다(9절). 이것은 욥이 악인이 낮보다 밤을 더 좋아하며 죄를 사랑하여 달려가는 것과 같다(12절)고 분별한 이유입니다.

(요 3:20-21) "악을 행하는 자마다 빛을 미워하여 빛으로 오지 아니하나니 이는 그 행위가 드러날까 함이요 진리를 따르는 자는 빛으로 오나니 이는 그 행위가 하나님 안에서 행한 것임을 나타내려 함이라 하시니라"

악인의 조롱에도 불구하고 의의 빛을 향하여 달려 나가는 참된 그리스도인이 그리운 시대입니다. 선한 사람은 악에서도 선을 배우지만 악한 사람은 선에서도 악을 배웁니다. 욥의 고난이 의인에게는 분발할 힘을 주지만 악인에게는 죄 지을 핑계를 줄 수 있습니다. 이 세상의 모든 것이 신앙생활하기에 어렵다고 보지 않고 믿음의 실력을 발휘할 광장으로 보는 자가 복이 있습니다. 크고 작은 절망 속에서 부르는 나의 노래는 무엇일까요?

♦ 욥기 18장 성경칼럼

4절 | 울분을 터뜨리며 자기 자신을 찢는 사람아 너 때문에 땅이 버림을 받겠느냐 바위가 그 자리에서 옮겨지겠느냐

19절 | 그는 그의 백성 가운데 후손도 없고 후예도 없을 것이며 그가 거하던 곳에는 남은 자가 한 사람도 없을 것이라

"반복으로 되는 것과 안 되는 것"

교육과 훈련의 왕도는 반복입니다. 운전을 처음 할 때 얼마나 서툴렀는지 아찔합니다. 운전동작의 수많은 반복을 통하여 능숙한 운전자가 되고 어느 순간 차가 마치 내 옷과 같다는 느낌까지 이르게 됩니다. 교육학에서는 암기의 비결이 8시간 안에 반복하여 여러 번 복습하면 효과가 틀림없다는 결론이 나와 있습니다. 군대에서 고참의 능숙함에 복종하는 이유도 반복이 훈련과 기술습득의 비결임을 증명합니다.

그렇다면 반복으로 되지 않는 영역은 무엇일까요? 바로 사람의 타고난 유전적 기질과 후천적으로 만들어진 고착된 지식입니다. 나아가 인성이라고 볼 수 있는 인격적 됨됨이는 반복된 교육을 통해서도 쉽게 고쳐지지 않습니다. 실적을 목적으로 하는 기업에서 신입사원을 뽑을 때 고쳐서 쓸 사람보다 이미 만들어진 사람을 선택하는 이유입니다. 기본을 통과한 수습사원들에게 인성을 점검할 음주와 놀이와 토론과 극기 훈련을 하는 목적도 이와 연결되어 있습니다. 사람이 잘 변하지 않는 것을 역설적으로 증명하는 분야가 상담학입니다. 인본주의에서 나온 상담학의 이론과 실기의 종류

가 500가지가 넘는다는 것은 그만큼 만능적인 상담은 없다는 뜻입니다.

욥기를 묵상하면서 왜 이리 반복적인 쟁론이 계속되는지에 대한 의문이 듭니다. 만약 욥기가 10장 이내로 기록되었어도 고난의 신비에 대한 충분한 결론을 낼 수 있었을 것입니다. 세 친구와 후에 합류한 엘리후까지 한번 주기의 쟁론만 기록되었어도 될 만한 일입니다. 지루할 만큼 3번의 반복적인 공박이 오가는 것은 하나님과 저자의 고난에 대한 정답을 내릴 공력이 부족해서가 아닐 것입니다. 이는 사람이 쉽게 바뀌지 않는다는 것과 함께 다양한 인간 군상들이 독특한 아집을 가지고 설치는 모습을 보여 주기 위한 것이기도 합니다. 이 과정이 기록된 욥기는 후대의 독자들이 '자신을 들여 다 보는 거울'과 '세상을 읽는 창문'으로 사용되는 것입니다.

18장에 등장하는 빌닷은 8장의 빌닷보다 한결 격분하여 욥에게 비난을 난사합니다(2-4절). 이전에 내가 옳은 말을 한 번 권고했으면 알아들어야 하는데 반발하는 욥의 태도가 괘씸하여 용서할 수가 없다는 것입니다. 자기는 오류가 없다는 프레임을 굳게 하여 자기와 다르면 공격하는 전통적 보수주의자로서의 웅변을 쏟아냅니다(5-19절). 빌닷이 한 악인에 대한 기준과 처벌과 저주는 일반적인 면에서 맞는 내용이지만 모든 사람에게 단편적으로 적용시키면 오류가 나타납니다.

상담자는 이해력과 공감능력과 사랑하는 마음이 전제되어야만 할 수 있는 사역입니다. 사람을 고칠 수 있는 힘은 하나님께로부터 오는 것(예수님, 말씀, 성령님, 교회)으로만 가능합니다. 예수님을 구주로 모시고 말씀과 성령 안에 양육을 받고 기도에 힘쓰는 길이 바로 그 비결입니다.

♦ 욥기 19장 성경칼럼

10절 | 사면으로 나를 헐으시니 나는 죽었구나 내 희망을 나무 뽑듯 뽑으시고
25절 | 내가 알기에는 나의 대속자가 살아 계시니 마침내 그가 땅 위에 서실 것이라

"있을 때 잘해"

친한 사이에서 흔하게 주고받는 말입니다. 이와 비슷한 말로는 잘 나갈 때 주변 사람들에게 베풀어라가 있습니다. 힘과 능력이 있고 잘 나갈 때 잘하는 사람이 얼마나 있을까요? 아마 이기적이고 조건적인 관계에서는 있겠지만 무조건적인 면에서는 아주 드물 것입니다. 이것을 인간이 하나님을 찾는 상황으로 대입해 봅니다. 성경은 평탄하고 부족함이 없는 조건에서 하나님을 사모하여 나오는 사람이 거의 없다는 결론을 내리고 있습니다.

(막 10:25) "낙타가 바늘귀로 나가는 것이 부자가 하나님의 나라에 들어가는 것보다 쉬우니라 하시니"

모태신앙으로 살다보니 어느덧 신앙을 굳세게 가졌다는 분은 참 복된 사람입니다. 그런 경우에도 욥기는 고난의 신비를 간접 경험함으로서 더욱 유익한 책이 될 것입니다. 극도의 절망적인 상태가 되지 않고서는 절대 하나님을 찾지 않는 인간의 실상을 욥기는 보여 주기 때문입니다. 19장은 빌닷의 두 번째 공격을 받은 욥의 답변입니다. 위로와 동정은 사라지고 논리와 변쟁으로 정죄하는 데에 대한 욥의 반응은 체념하는 분위기입니다.

욥을 악인과 동일시했던 빌닷을 향하여 무슨 말을 해도 허사라는 절망적인 참담함이 드리워져 있습니다. 하나님이 자신을 버려 고난에 빠지게 했다는 생각에 이르자 견딜 수 없는 침통함에 몸을 떱니다(7-12절). 완벽하게 인간들에게 기피되고 소외당하고 조롱당하며 배척받고 살육 당한 비극적인

자신의 모습을 쏟아냅니다(13-22절). 이 절망에 이르는 인간의 한계를 호소하는 자기 말을 누군가 철필과 연으로 기록해서 남겨 달라고 애원하기도 합니다(23-24절).

보이는 세계에서와 어느 인간에게도 위로와 변호를 받을 수 없는 절대 절망(10절)에서 과연 욥은 끝나는 것일까요? 당연히 끝이 아니었습니다. 욥기 전체에서 극적 전환의 핵심 구절이라고 정평이 난 25-26절 때문입니다. '나의 구속자(고엘)가 살아 계시다'고 신앙을 고백합니다. 히브리어 고엘은 룻기에서 보여준 대로 보호자, 복수대행자, 기업을 무를 자를 뜻하지만 욥은 메시야(그리스도)를 바라본 것입니다.

땅위에 서실 메시야의 성육신을 멀리서 바라보고 믿는 욥의 영적 성찰은 그가 살던 상고시대로서는 기적입니다. 자신의 이해 못할 고통 문제가 영영 미궁에 빠질 것이 아니라 메시야의 출현으로 해답을 줄 것이라고 확신하였습니다. 한걸음 더 나아가 '육체 밖에서 하나님을 보리라(26절)'고 고백한 것은 내세와 부활의 영광까지 확신한 믿음입니다. 캄캄할수록 밤하늘의 별은 빛나듯이 살기가 어렵고 절망이 클수록 우리의 신앙은 빛날 수 있음을 습득합니다.

♦ 욥기 20장 성경칼럼

2절 | 그러므로 내 초조한 마음이 나로 하여금 대답하게 하나니 이는 내 중심이 조급함이니라

15절 | 그가 재물을 삼켰을지라도 토할 것은 하나님이 그의 배에서 도로 나오게 하심이니

"말은 맞는 것 같은데 가시가 있네"

대화를 나누다 보면 마음이 상쾌하기도 하고 찜찜하기도 합니다. 분명히 옳고 좋은 말을 들었지만 뒷맛이 개운치 않은 이유는 의도가 담긴 말을 들었기 때문입니다. 의도가 담긴 말은 당연히 주고받는 것이지만 그 속에 상대적 우위를 차지하고자 할 때 말에 가시가 들어 있다고 말 합니다. 사람의 기질에 따라 이 가시는 은근한 조롱으로 나타나기도 하고 독설과 정죄의 모양으로 펼쳐지기도 합니다. 결국 목표는 우월감 확인과 자신이 인정받는 것이기에 언어에 가시가 들어갈 수밖에 없습니다. 시간이 지나면 쟁론에서는 이기고 평판에서는 완패하는 코스로 갑니다.

소발의 두 번째 쟁론이 나타나는 20장은 악인에 대한 일시적 번영의 헛됨과 결과적 멸망에 대한 논설로 보입니다. 이 견해는 성경이 증거 하는 악인이 걸어가는 과정과 종말에 대한 묘사와 다르지 않습니다.

(살전 5:3) "그들이 평안하다, 안전하다 할 그 때에 임신한 여자에게 해산의 고통이 이름과 같이 멸망이 갑자기 그들에게 이르리니 결코 피하지 못하리라"

소발은 악인의 번영이 일시적인 것으로 그 자랑은 덧없고 자식에게는 빌어먹는 역전이 일어난다고 타박합니다(4-11절). 악인의 은폐된 죄악은 징벌로 나타나고 그 쾌락은 만족이 없어 진정한 기쁨을 누릴 수 없다고 일갈합니다(12-19절). 재물을 쌓아도 보존치 못하고 불의한 행위는 사람들의 복수로 재난을 당하게 됩니다. 하늘이 치고 하나님이 진노하는 징벌은 너무 정확하고 가혹해서 피할 길이 없음을 강변합니다(20-29절). 이상과 같은 소발의 강론은 철저히 인과응보에 근거하여 욥에게 퍼붓는 말이라는 것에 주목해야 합니다. 더 자세히 분석하면 욥이 처한 환경과 욥이 한 말에 대한 대항어로 등장한 것입니다. 결국 욥에게 흥분하여 조급해진(2절) 소발은 욥을 악인으로 단정하여 의도를 가진 공격을 했던 것입니다.

사람이란 조급하고 불안하면 성급하게 단정하여 오판하는 미숙한 존재입니다. 자신의 기득권 수호에만 집착하여 예수님을 공격하고 십자가에 못 박는 바리새인들이 여기에 속합니다(마 26:65~66). 스데반의 진리의 설교를 귀를 막고 오히려 돌로 쳐서 죽이는 유대교 지도자들과 추종자들의 닫혀 진 마음도 목격합니다(행 7:57-59). 자신이 스스로 훌륭하다고 판단하는 순간 저지르는 오판은 하나님의 기준을 배격합니다(롬 1:22).

율법의 최종 결론과 신약성도들에게 최종적으로 주어진 임무는 이웃사랑입니다(갈 5:14). 이웃은 복수의 의미이지만 실제적으로는 한 사람에 대한 태도로서 결정됩니다. '한 사람이 나에게 왔다는 것은 그의 일생이 온 것이다(정현종)'라는 시어가 있습니다. 그의 자초지종, 삶의 애달픈 파편들, 하나님이 나를 만나게 하신 의도를 헤아리자는 것입니다. 그 한 사람을 긍정적으로 보고 호의로 대한다면 우리는 가시(의도, 이익)를 빼고 사랑의 위로자가 될 수 있을 것입니다.

♦ 욥기 21장 성경칼럼

13절 | 그들의 날을 행복하게 지내다가 잠깐 사이에 스올에 내려가느니라
30절 | 악인은 재난의 날을 위하여 남겨둔 바 되었고 진노의 날을 향하여 끌려가느니라

"늦은 이유를 말해 보시오"

약속된 시간을 맞추지 못한 이유에 따라 용납이 되기도 하고 페널티(벌

칙)를 받기도 합니다. 이 원칙은 지도층이나 상류사회일수록 엄격합니다. 일시적 위기를 모면하고자 거짓말을 둘러대다가는 그룹에서 퇴출되기도 합니다. 부득이한 이유가 있다면 책벌에 앞서 위로가 있을 수도 있는 것이 조직사회이기도 합니다. 이 상황을 하나님과 인간관계에서 대입할 수 있을까요? 조직사회에서는 지각의 이유를 묻는 측이 갑이고 지각은 하는 자가 을입니다. 그러나 하나님과 인간 사이에서는 인간이 갑이고 하나님이 을로 바뀌는 이상한 일이 발생합니다.

바로 이 질문 때문입니다. '하나님이 살아 계시다면 저 악인을 언제까지 놔두시렵니까?' '종말과 심판은 믿어지는데 왜 이리 지체되어 우리들을 힘들게 하십니까?' 늦게 온 지각생을 다그치듯이 지체되는 심판을 견디지 못해 하나님을 윽박지르는 볼썽사나운 모습이 아주 흔하게 일어납니다. 21장은 2차 대화 주기의 마지막 장으로 소발에 대한 항변이기도 하지만 세 친구 모두에 대한 결론적 답변입니다. 욥은 그 동안의 비난과 탄식과 독백과 기도를 멈추고 진지한 자세로 친구들의 변론에 답하고 있습니다(1-6절). 저들은 인과응보의 철저한 응용에서 욥이 고난 받는 것이 죄와 악이 원인임을 주장합니다.

이에 대해 욥은 너희들 논리가 맞는다면 현실적으로 '악인의 번영과 그 지속성은 어떻게 해석할 수 있는가'라고 논박합니다(7-13절). 실제 역사에서 헤롯처럼 이 세상에서 하나님의 징계를 받아 망하는 자가 있습니다(행 12:23). 반면에 나사로 시대의 부자처럼 이 땅에서 평안을 누리다가 죽은 후에 비참해지는 자도 있습니다(눅 16:19-31). 욥은 악인의 번영과 징벌의 지체에 대한 하나님의 처리가 인간의 요구 차원을 떠난 주권적 섭리임을 고난을 직접 받으면서 눈치 채고 있습니다. 우리가 하나님을 향하여 갑의 위치에서 악인에 대한 즉각적인 보응을 요구할 수 없음을 깨닫게 됩니다.

욥은 족장시대의 인물로서 하나님을 아는 계시의 폭이 아주 희미했습니다. 하지만 우리는 구약과 신약의 계시와 주님의 행적과 말씀을 듣고 사도들의 업적과 2천년 교회사의 증거가 주어졌습니다. 욥은 계시가 희미했던 시대적 배경에서 죽음에 대한 놀라운 신앙을 가졌습니다. 하물며 밝고 명쾌한 교리의 혜택을 받은 우리는 더 크고 담대한 신앙을 고백하는 것이 마땅할 것입니다.

욥의 고백인 부하든 가난하든 죽기는 마찬가지(22-26절)에서 시작해 바울의 모든 풍부와 궁핍에도 비결을 배워 자족하는 수준(빌 4:12-13)으로 갈 수 있게 되었습니다.

(롬 14:8) "우리가 살아도 주를 위하여 살고 죽어도 주를 위하여 죽나니 그러므로 사나 죽으나 우리가 주의 것이로다"

♦ 욥기 22장 성경칼럼

13절 | 그러나 네 말은 하나님이 무엇을 아시며 흑암 중에서 어찌 심판하실 수 있으랴

29절 | 사람들이 너를 낮추거든 너는 교만했노라고 말하라 하나님은 겸손한 자를 구원하시리라

"어디서부터 잘못된 것일까?"

인생을 살면서 수없이 하는 질문입니다. 작게는 행사를 마치고 하는 피드백일 수도 있고 크게는 큰 사건의 공과를 점검하는 백서일수도 있습니다. 민족적으로 보면 전쟁 이후에 후세에 교훈을 남기려는 징비록이 이에 해당됩니다. 잘된 경우와 잘못된 결과에 결정적으로 작용했던 어떤 순간이나 사유를 찾아내는 작업은 있어야 합니다. 개인과 회사와 나라가 점검하고 반성하고 수정하는 과정이 꼭 필요하다는 것은 역사가 증명합니다.

이것을 영적인 신앙의 영역으로 옮겨 올 경우에는 '신론'에도 적용됩니다. 신론이란 신에 대한 가치관을 말하며 신관이 어떠냐에 따라 파생되는 결과는 천차만별로 갈라지게 됩니다. 예를 들어 공산주의는 유물론에 근거한 무신론이어서 하나님을 전혀 의식하지 않습니다. 그 결과로 공산당 독재의 권력유지 목적을 위해서는 어떤 악행도 자연스럽게 행할 수 있게 됩니다. 사람의 행복을 우선으로 행해지는 인본주의 심리학과 상담도 이신론의 또 다른 현상입니다.

이제 3차 대화주기가 시작되고 엘리바스가 서막을 장식하며 등장합니다. 특이한 것은 그의 1,2차 변론에 비해 그 내용과 어조가 더 극단적이라는 사실입니다. 논리적인 권면과 설득은 사라지고 욥을 악독한 죄인으로 단정하고(1-5절) 이를 못 박기 위해 수단방법을 다 동원 합니다. 일반적인 부자들이 범하는 사회적 죄악들을 욥에게 적용하여 비난하고 욥의 목을 조릅니다(6-11절). 그러나 욥은 실제적으로 그 시대 누구보다 선행과 구제에 앞장선 사람이었습니다(31:16-23).

그러면 노신사의 품격을 나타냈던 엘리바스의 속단과 무리한 논리와 과격한 태도의 원인은 어디에 있을까요? 그가 믿던 하나님에 대한 가치관(신론)이 이신론이기 때문입니다. 이신론을 한 마디로 정의하면 인간 이성에 의한 신의 이해로 볼 수 있습니다. 무신론과는 달리 창조주로서의 신은 인정하지만 지으신 세계를 지배하시고 섭리하시는 인격적 존재로는 생각하지 않습니다. 인간의 합리적 사고 안에서 신을 이해하기에 계시와 기적을 부인하는 것으로 나아갑니다.

결국 창조된 이 자연계는 하나님의 섭리와 손길이 아닌 기계적 필연의 법칙으로 움직인다고 보는 것입니다.

엘리바스의 이런 신관은 그의 변론에서 속속히 드러납니다(2-3, 12-14절). 이신론은 그리스도인들이 재림을 이야기하면 우리 주변의 불신자들이 조롱하는 것과 비슷합니다. 수백, 수천 년 동안 끄떡없던 저 하늘이 어떻게 무너질 수 있느냐며 인간 이성에서 벗어나지 못하는 모습을 떠올리면 됩니다(벧후 3:3-5). 결과적으로 이신론을 가진 신앙은 인간을 향한 하나님의 깊고 세미한 사랑을 거부하게 됩니다. 인간이 만든 미신적인 하나님이 아니라 성경에 계시된 인격적인 하나님을 섬기는 우리는 얼마나 큰 축복자인지요.

♦ 욥기 23장 성경칼럼

8절 | 그런데 내가 앞으로 가도 그가 아니 계시고 뒤로 가도 보이지 아니하며
10절 | 그러나 내가 가는 길을 그가 아시나니 그가 나를 단련하신 후에는 내가 순금 같이 되어 나오리라

"난제-하나님의 침묵"

난제란 목에 가시가 걸렸을 때처럼 삼킬 수도 없고 뱉을 수도 없는 사안을 말합니다. 어떤 선택도 할 수 없고 설혹 선택을 할지라도 정답이 되지 않는 경우는 누구나 경험하셨을 것입니다. 인생에서 크고 작은 난제가 있듯이 신앙생활의 주요 난제 중의 하나가 하나님의 침묵입니다. 여기서 침묵은 소극적인 표현이고 욥기에 나오는 환경을 들자면 하나님의 방관입니다. 방관이 끝이 아니라 욥은 극심한 고통 속에 하나님이 나를 대적 하신다'는 경지까지 나아갑니다(16:11-16).

욥의 사례는 아니더라도 성도가 하나님의 침묵내지 방관에 대해 항변하는 경우를 흔하게 목격합니다. 기도응답이 조금이라도 더디면 마치 갓난아이처럼 울고 대드는 모습이 속출합니다. 우리가 알고 믿는 하나님은 전능하

시고 사랑이 풍성하신 분이신데 왜 이리 느끼지 못하는지 회의가 들 때도 있습니다. 23장은 엘리바스의 공격을 받은 욥의 답변인데 분위기가 이전과 다른 느낌입니다.

친구들에게 반박을 펼치기보다 자신의 문제를 하나님께 직접 항의하는 것으로 시작됩니다(1-5절). 그동안 욥이 하나님을 향하여 불평하고 항변하는 것이 불손하고 교만한 모습으로 보았다면 이제는 다른 시각을 가져야 합니다. '기생집 문고리를 잡는 순간에도 인간은 하나님을 찾는다'라는 역설적 문장을 떠올리면 힌트를 얻을 수 있습니다. 이 말은 죄를 짓는 순간에 하나님을 의식하고 죄의식을 갖는 것만 해도 대단한 것이라는 전제를 가지고 있습니다. 성경의 전체적 결론이 '하나님을 먼저 찾는 인간은 없다'이기 때문입니다(시 14:2-4, 렘 5:1).

(시 53:2-3) "하나님이 하늘에서 인생을 굽어 살피사 지각이 있는 자와 하나님을 찾는 자가 있는가 보려 하신즉 각기 물러가 함께 더러운 자가 되고 선을 행하는 자 없으니 한 사람도 없도다"

하나님의 백성은 많았지만 정작 진리를 찾는 사람은 하나도 없다는 하나님의 평가 앞에 욥의 항변은 그래서 의미가 있습니다. 욥은 육체적, 환경적, 사회적 극한의 고통 상태에서 마지막 남은 영적 영역의 끝자락에 다다른 것입니다. 친구들과의 쟁론에서 우위를 점하고 명예를 회복하는 차원은 지금 그에게 큰 의미가 없습니다. 오직 하나님께만 묻고 나아가며 듣기를 소원하고 있습니다. 전후좌우를 아무리 둘러봐도 볼 수 없고 만날 수 없는 하나님이라고 탄식합니다(8-9절). 하지만 자기를 향한 뜻만은 분명히 있을 것이라는 것에 깨달음이 온 것입니다(10절).

풀 한 포기에도 하나님의 뜻이 있을진대 자기에게 정금 같은 믿음을 주시려는 하나님의 뜻이 있을 것이라고 각성하게 됩니다. 이는 인류 역사상 고난에 대한 지고지순한 최상의 깨달음입니다(벧후 1:7). 인간은 수시로 변하지만 신자를 향한 하나님의 이 작정과 섭리는 영원합니다(13-14절). 하나님을 향하여 항변으로 시작했다가 두려운 사랑을 고백하는 욥의 모습(15-17절)은 진리를 향하는 구도자에게 모델입니다.

♦ 욥기 24장 성경칼럼

2절 | 어떤 사람은 땅의 경계표를 옮기며 양 떼를 빼앗아 기르며
13절 | 또 광명을 배반하는 사람들은 이러하니 그들은 그 도리를 알지 못하며 그 길에 머물지 아니하는 자라

"세상 살면서 억울한 일은 당하지 말아야지"

억울한 일을 당한 약한 사람에게 힘 있는 사람이 이런 말을 하며 문제를 해결해 준다면 얼마나 좋겠습니까? 억울한 일은 힘이 비슷한 사이에서는 일어나지 않습니다. 제가 20살 때의 일입니다. 당시 저는 두 가지 직업(two job)을 가지고 있었습니다. 가리봉동 동창섬유의 주임기사와 영등포시장의 보관소를 운영했습니다. 그리고 시장의 노점 2개를 가지고 자영업을 했는데 크게 깨달은 것이 있습니다. 노점의 길이는 8자(약 2.4m)이었는데 매일 이 치수는 정확히 확보합니다. 만약 1cm라도 남의 것을 침범하거나 뺏기는 일이 일어나면 전쟁을 불사합니다.

여기서 죽기 살기로 싸우는 이유는 쌍방의 힘이 비슷하기 때문입니다. 인간이 모인 어느 시대, 어느 사회이든 억울한 일이 발생하는 이유는 가진 자가 약자를 강탈함으로 일어납니다. 이 억울한 일이 풀어지는 시스템을 만들면 좋은 사회와 국가가 되겠지만 현실은 정반대로 돌아갑니다.

23장에서 개인에 대한 하나님의 침묵에 대해 항변했던 욥은 본 장에서 세상과 사회에 있는 악행을 고발하고 있습니다. 경계표를 옮겨 양을 빼앗고 방어능력이 없는 고아와 과부의 나귀와 소를 인질 잡는 현실에 대해 고발합니다. 이 약자들의 아우성에 하나님은 어떻게 침묵하실 수 있느냐며 항의합니다(2-12절).

이어서 착취뿐만이 아니라 진리의 빛을 떠나 사회 법칙을 파괴하는 악인들의 치명적인 죄악들을 열거합니다(13-17절). 살인자와 간음자와 밤의 도둑들은 빛의 진리를 거부하는 자들로서 애쓰지 않아도 자연스럽게 악행의 코스로 가게 됩니다.

(요 3:20) "악을 행하는 자마다 빛을 미워하여 빛으로 오지 아니하나니 이는 그 행위가 드러날까 함이요"

악인은 죄를 지으며 겉으로는 쾌락에 즐거워할 수는 있지만 악행 자체가 이미 심판을 받는 것입니다. 악인에 대한 하나님의 심판은 우리가 기대하는 기계적(즉각) 실행은 아니지만 반드시 보응을 받습니다(18절). 현세에서 이루어지지 않는다면 내세에 반드시 이루어집니다(19-20절). 악인이 하나님이 주시는 형통과 평안을 누리고(22-23절) 의인을 핍박하는 현실은 분명히 억울해 보입니다. 하지만 그것은 영원 속에서는 아주 잠시일 뿐이고 때가 되면 이삭이 순식간에 베이듯이 끝이 난다고 결론을 냅니다(24-25절). 우리의 신앙 목표는 오직 진리를 따르는 것과 하나님께로부터 오는 진정한 평안과 자유임을 다시금 확인합니다(요 8:32).

♦ 욥기 25장 성경칼럼

3절 | 그의 군대를 어찌 계수할 수 있으랴 그가 비추는 광명을 받지 않은 자가 누

구나

4절 | 그런즉 하나님 앞에서 사람이 어찌 의롭다 하며 여자에게서 난 자가 어찌 깨끗하다 하랴

"숨은 그림 찾기"

게임이 다양하지 않던 어린 시절에 했던 놀이입니다. 처음에는 안 보이다가 숨어있는 형체를 발견하는 순간의 짜릿함은 대단합니다. 인생을 살면 살수록 우주와 자연과 역사와 인간관계에 숨어 있는 그림들을 발견하게 됩니다. 예전에 태백에 있는 석탄박물관을 관람하면서 땅속에서 캐낸 엄청난 종류의 찬란한 광물들을 보고 감탄한 적이 있습니다. 인간의 변덕을 보는 가치관에서도 예전에는 조석지변이었지만 이제는 일일백변(하루에도 백번 변함)이라는 숨은 그림을 볼 수 있습니다. 하루에 몇 번 정도가 아니라 예측할 수 없는 인간의 가변성과 돌발적 행동을 겪어 보았기 때문입니다.

보이는 것만 쫓아가는 인간에게 보이지 않는 세계에 호기심을 가져야 한다는 동기는 영적 세계로 연결됩니다. 기독교 신앙생활을 정의하라고 할 때 여러 가지가 있겠지만 저는 '영적 숨은 보석 찾기'라는 착상이 떠올랐습니다. 우주만물의 광대함과 신비함은 하나님의 능력을 찬양하지 않고는 못 견딜 일입니다. 우리 몸의 유기적 연합과 보이지 않지만 작동하는 면역력은 찬사를 금할 길 없습니다. 선악을 오가는 인간의 정신세계의 광활함과 존귀함은 무한한 탐구를 요구합니다.

성경을 만나지 못했다면 어찌 하늘나라와 천군천사에 대한 눈이 열렸겠습니까? 천군천사의 보호와 능력이 얼마나 많은 순간 나를 스쳐갔는지 이제는 헤아릴 수 있습니다. 눈에 보이지 않았지만 분명히 하늘에서 허용했

던 수많은 선물들을 내가 누려 왔던 것이 틀림없습니다.

(약 1:17) "온갖 좋은 은사와 온전한 선물이 다 위로부터 빛들의 아버지께로부터 내려오나니 그는 변함도 없으시고 회전하는 그림자도 없으시니라"

욥기를 정독묵상하면서 제일 어려운 부분은 하나님의 뜻과 욥과 세 친구의 말이 얼마나 일치될 수 있는지를 분별하는 것입니다. 인간이 다양한 동기에서 한 말이 절대성을 가질 수 있느냐는 문제입니다. 그렇다고 문장 자체로 볼 때 그릇되었다는 단정도 할 수 없습니다. 옳은 말이지만 욥에게 잘못 적용한 것 자체에 대한 지적은 이미 많이 했습니다(4절).

25장은 빌닷의 마지막 말이자 세 친구들의 마지막 변론입니다. 매우 짧은 것이 특징인데 그 의미를 분석하면 포기하는 성향과 보충하고자 하는 목적이 겹쳐 있습니다. 내용상으로는 하나님의 위엄과 능력에 대한 인간의 절대 비천함을 강조합니다(1-6절). 보이지 않는 하나님의 군대 이야기는 기밀 누출 같은 뉘앙스입니다(3절). 마치 기독교인들이 겉으로는 볼품없는 무화과 열매지만 속으로는 영광스런 꽃이 피어있는 것을 비유하는 것 같습니다. 이 비밀에 따라 기독교인은 겉으로는 누추해 보이지만 안으로는 영광의 능력을 소유하고 있음을 알 수 있습니다. 영적으로 아름다운 그대는 바로 하나님의 사람입니다.

♦ 욥기 26장 성경칼럼

7절 | 그는 북쪽을 허공에 펴시며 땅을 아무것도 없는 곳에 매다시며

14절 | 보라 이런 것들은 그의 행사의 단편일 뿐이요 우리가 그에게서 들은 것도 속삭이는 소리일 뿐이니 그의 큰 능력의 우렛소리를 누가 능히 헤아리랴

"장인의 숨결이 느껴진다"

명품을 만나거나 명작을 감상할 때 감동이 오면 찬사의 의미로 하는 말입니다. 여기서 장인의 손길이라고 하지 않고 숨결이라고 표현한 것은 만든 자가 생명과 정신을 쏟아 부어 창작했다는 최고의 헌사입니다. 장인들은 각 분야별로 존재하고 그 중의 으뜸을 거장이라고 칭합니다. 이런 인간 세계의 거장은 알고 높이면서 창조주 하나님을 모른다면 인간의 도리를 모르는 것입니다(전 12:1, 13). 피조 세계를 보면 하나님의 성품과 숨결과 지문이 담겨져 있음을 알 수 있습니다(사 40:26).

(롬 1:20) "창세로부터 그의 보이지 아니하는 것들 곧 그의 영원하신 능력과 신성이 그가 만드신 만물에 분명히 보여 알려졌나니 그러므로 그들이 핑계하지 못할지니라"

하나님은 누구와 비교할 수 있는 거장이 아니라 전능하신 창조주이심을 늘 고백해야 합니다. 25장에서 빌닷은 하나님의 권능과 위엄을 제시하면서 인간의 불의와 비천함을 비교하였습니다. 그 목적은 욥이 자기 의와 자기 본위의 신앙을 내려놓고 항복하기를 원하는 것이었습니다. 과연 욥은 빌닷과 세 친구들의 연설을 듣고 설득되고 항복하였을까요? 아주 정반대의 반응이 나온 것을 목격합니다.

2-3절에서 자신에게 조금의 도움도 주지 못한 것을 비웃어 주고 경멸하듯이 이야기합니다. 네(빌닷)가 한 말은 네 자신에게서 나온 것이 아니고 타인의 말을 반복한 것에 지나지 않음도 확인해 줍니다(4절). 이어서 하나님에 대한 초월적 지식과 경험은 자신이 훨씬 깊이 알고 있음을 창조기사를 묘사함으로 드러냅니다. 지금까지의 3차에 걸친 쟁론은 이제 세 친구들은 궁색한 모습이고 욥은 초월적이며 자신감 있는 분위기입니다.

5절부터 나오는 창조와 섭리의 찬양은 한없이 읽고 외워도 부족할 만큼 명문장입니다. 창조와 섭리는 하나님께 속하였지만 이를 기뻐하며 찬양하는 특권은 욥을 비롯한 하나님의 사람에게 주어졌다는 놀라운 깨달음을 얻습니다. 친구들의 하늘과 관련된 사실에 대한 언급을 뛰어넘어 욥은 땅 밑과 음부에까지 미치는 하나님의 주권을 찬양합니다(5-6절). 7절을 통해 텅 빈 우주 공간에 하늘을 휘장같이 드리우시고 지구를 특별 대우하셔서 공간에 매다시는 하나님의 능력을 목격 합니다. 때를 따라 주시는 기상학적 법칙들이 하나님의 관리라니 놀랍지 않습니까?(8절)

일월성신을 운행하는 큰일부터 작은 미생물에 이르기까지 통제하고 보살피는 섭리는 너무나 자상하십니다(9-13절). 그런데 욥은 우리가 알고 느끼는 하나님의 주권과 섭리는 아주 일부분에 불과하다는 결론을 내립니다(14절). 인간의 제한된 지성을 가지고 하나님을 함부로 판단하는 것은 있을 수 없다는 것을 다시금 확인합니다. 우주만물의 광대함과 작은 세포에 닿는 섬세함에 주님의 신성과 선(착함)성이 드리워져 있습니다. 욥을 통해 하나님을 경험케 하시니 너무나 감사합니다.

♦ 욥기 27장 성경칼럼

2절 | 나의 정당함을 물리치신 하나님, 나의 영혼을 괴롭게 하신 전능자의 사심을 두고 맹세하노니

5절 | 나는 결코 너희를 옳다 하지 아니하겠고 내가 죽기 전에는 나의 온전함을 버리지 아니할 것이라

"맹장, 용장, 덕장"

인생은 전쟁터와 같다고 합니다. 옛날에는 힘과 칼과 총으로 직접 싸웠지만 현대에 들어와서는 말과 펜과 돈과 핵으로 싸웁니다. 그리고 배경에

는 예나 지금이나 '영(spirit)의 전쟁'이 깔려 있습니다. 사람들이 삼국지를 좋아하는 이유는 파워(권력)게임의 이야기를 통해 인생을 비춰볼 수 있기 때문입니다. 맹장에 속하는 장비와 조자룡은 전투에 강하고 충성도에 있어서 뛰어납니다. 관우와 제갈공명은 지략이 있고 의리를 지키는 용장(지장)이라고 볼 수 있습니다. 유비는 맹장과 용장은 아니지만 인격을 갖추고 전체를 보며 사람을 이끄는 덕장의 면모를 보여줍니다.

흔히 기업의 창업자는 맹장이 유리하고 성장기에는 용장이 되어야 하고 번성한 후에는 덕장이 되어야 수성을 할 수 있다고 말합니다. 어떤 공동체든지 업적을 이루려면 이 세 유형의 일군들이 융합을 잘 이루어야 함을 더 말할 필요가 없습니다. 26장까지 욥과 세 친구간의 상호 논박은 마치 맹장들의 각축전 같았습니다. 쟁론의 내용에는 상대방을 거꾸러지게 하려는 정보와 지식과 철학과 종교의 무기가 도사리고 있음을 목격했습니다.

이제 3번의 쟁론(소발은 2번) 사이클이 마친 후에 욥의 긴(27-31장) 변론이 시작됩니다. 지금까지 맹장같이 돌진하며 세 친구들과 치고받던 욥이 굳센 용장으로의 변신이 눈에 뜨입니다(5절). 일단 욥은 고난에 대한 정답을 인간에게서 찾으면 안 된다는 깨달음을 얻은 것 같습니다. 함부로 맹세를 하면 안 된다는 것을 알고 있었음에도 하나님의 사심을 걸고 맹세하고 있습니다(2절). 죄의 결과로만 판단하는 고난을 하나님의 법정에서 자신의 결백을 하나님께서 변호해 달라는 호소를 드리고 있습니다.

하나님이 자신을 부당하게 다루셨다면 변호하실 분도 오직 하나님뿐임을 어필하는 것입니다. 어느덧 눈앞의 인간적 승리에 초연하고 하나님의 넓은 세계를 향한 갈급함의 사람으로 성숙되어 있습니다. 그러면 욥은 앞서 비유적으로 표현한 영적 덕장의 반열에 언제 오를지 궁금하실 것입니다. 이후의 엘리후 와의 논쟁을 더 거치고 하나님의 말씀을 듣고 난 42장의 모습을 떠 올리면 답이 될 것입니다.

욥이 용장(지장)으로서의 확인은 13절 이후의 악인의 운명을 이야기할 때 드러납니다. 이 내용은 친구들이 자신을 정죄할 목적으로 했던 것과 입장을 같이 합니다. 친구들의 이야기한 것을 반대를 위한 반대가 아니라 맞는 내용은 수긍하고 동의한 것입니다. 이 모습은 평범하게 보이지만 우리가 본받아야 할 덕목입니다. 악인이 받을 징벌에 대해 자손의 저주(14-15절)와 가산의 뺏김(16-18절)을 적나라하게 언급합니다. 악인의 결국은 두려움 속에서 종말을 맞이한다는 것으로 정리하고 있습니다(20-23절). 우리의 신앙과 그 열매가 하나님이 인정하시는 성숙으로 나아가기를 소원합니다.

♦ 욥기 28장 성경칼럼

23절 | 하나님이 그 길을 아시며 있는 곳을 아시나니
28절 | 또 사람에게 말씀하셨도다 보라 주를 경외함이 지혜요 악을 떠남이 명철이니라

"보화는 어디에..."

어떤 의미에서 인생은 보화를 찾고 소유하기 위한 여행이라고 볼 수 있습니다. 물론 여기서의 보화란 1차적으로는 값이 나가는 보석이지만 넓게 보면 이익을 창출하는 도구입니다. 정보와 지식과 인적관계 등이 보화입니다. 보화를 통하여 얻는 유익이 너무나 크기에 사람은 온갖 수단과 도구를 동원하고 최고의 정성을 바칩니다. 세상의 보화는 세상에서 찾을 수 있습니다.

28장에는 은, 금, 철, 동을 얻기 위한 채광자의 절실함과 함께 전력투구하는 모습이 나옵니다. 정확한 위치를 알기 위해 몸부림치고 갱구를 뚫고 로프를 달고 갱 속으로 내려갑니다(4절). 산을 깨고 시냇물을 막는 수고를 마다하지 않습니다(9-11절). 이렇게 열심히 노력한다고 해서 사람마다 보화를 획득하는 것이 아님을 우리는 잘 알고 있습니다. 세상의 금은보화도 귀하지만 이와 비교할 수 없는 하나님의 보화가 있음을 알아야 합니다. 바로 구원의 진리에 이르는 '하나님의 지혜'입니다

금광의 위치를 아는 것과 채광작업이 힘들듯이 하나님의 보화인 지혜를 얻는 길은 매우 어렵습니다. 아니, 어려운 수준이 아니고 인간의 방법으로는 불가능합니다. 이는 28장 안에서 두 번씩이나 반복하여 강조한 것으로 증명됩니다(12-13, 20-22절). 하나님의 지혜를 얻는 길이 어렵고 불가능하다는 것은 인간의 방법으로 하면 안 된다는 의미입니다. 인간의 방법인 공부와 수도와 경험을 통하여 할 수 있다면 타종교가 우리보다 더 지혜를 얻었을 것입니다.

하나님의 지혜를 받는 비결은 하나님이 주셔야만 받을 수 있다는 원리를 믿는 것입니다(23절). 이것을 계시라고 하며 또 다른 말로는 '신적 기원'이라고 부릅니다. 계시란 비밀을 가진 주체가 알려 주어야만 알 수 있다는 뜻입니다(골 2:2-3). 철학에서 그토록 쟁론했던 '알고 믿느냐(이성)'와 '믿고 아느냐(신앙)'의 선택에서 신앙을 선택하는 것이 계시입니다.

불행하게도 현대인들은 이성의 손을 들어주어서 성경의 계시로 주어지는 하나님의 지혜를 거부하고 있습니다. 그러나 성경의 결론은 완벽하게 순종을 통한 하나님 경외만이 지혜를 얻는 길(28절)이라고 단언합니다. 또한 명철을 얻는 소극적인 원리는 악을 떠나는 것이라고 말씀합니다(28절).

순종의 적극적인 모습인 하나님을 사랑함으로 지혜로운 청지기로 나아가야 하겠습니다.

(잠 8:17) "나를 사랑하는 자들이 나의 사랑을 입으며 나를 간절히 찾는 자가 나를 만날 것이니라"

♦ 욥기 29장 성경칼럼

2절 | 나는 지난 세월과 하나님이 나를 보호하시던 때가 다시 오기를 원하노라
12절 | 이는 부르짖는 빈민과 도와 줄 자 없는 고아를 내가 건졌음이라

"이 또한 지나가리라"

과거와 현재와 미래 중에서 가장 중요한 것은 무엇일까요? 심리학과 상담 이론을 한창 공부할 때 심각하게 생각했던 주제입니다. 과거를 중시하면 무의식속의 내적 상처의 치유방법을 응용 합니다. 행동 수정과 보상을 중요시하여 효과가 빠른 현재 중심의 치유요법도 있습니다. 또한 미래에 대한 소망을 강조함으로 현재를 극복하는 긍정 마인드 컨트롤 방법도 있습니다. 사람은 다양하고 문제도 복잡하기에 어느 한 방법이 만능이라고 볼 수 없고 각각 장단점이 있습니다. 굳이 심리와 상담에 대한 이야기를 도입한 것은 인간은 시간과 밀접한 관련이 있기 때문입니다.

세월이 약이라는 말은 망각의 은사를 통해 과거를 딛고 살 수 있다는 뜻입니다. 세월 앞에 장사 없다는 말은 시간의 위력 앞에 순응해야 하는 인간의 실존을 의미합니다. 신앙의 3요소(믿음, 소망, 사랑) 중에 소망이 있는 것은 미래에 대한 약속을 받지 않고는 신앙생활을 할 수 없다는 증거입니다. 과거의 내가 현재의 나를 이룬다는 말은 맞지만 인간은 기계가 아니기에 꼭 들어맞는 것도 아닙니다. 미래를 예측할 수는 있지만 인간의 영역을

벗어나는 변수가 너무나 많아 시간에 대한 교만은 금물입니다.

그러면 시간에 대한 성경의 정의는 무엇일까요? 영원의 눈으로 모든 시간을 보는 것입니다. 여기서 영원이란 하나님의 세계이고 다른 말로 하면 하나님께는 시간이 없다는 뜻입니다. 사람이 괴롭고 힘들게 사는 것은 시간 속에서 벗어나지 못해서인데 하나님의 눈으로 보면 이 모든 것이 영원히 계속되지 않습니다. '이 또한 지나가리라'는 말은 성경에서 때를 비교하는 내용의 메시지를 압축한 것입니다(전 3:1-11).

29장에서 욥이 자신의 과거를 회고하면서 독백하는 내용은 오해하기가 쉽습니다. 하나님과 친구처럼 교통하였고(1-6절) 영육간의 축복은 물론이고 사람들에게 칭송과 존경을 받은 분명한 사실을 이야기합니다(7-16, 21-25절). 약자들을 돕고 보상하며 재판하였고 악한 자들을 용기 있게 치리한 의인임을 담대히 선포합니다(17절). 객관적으로 볼 때 욥의 자기 자랑 같은 이 자세는 의인은 한명도 없다는 성경의 인간론에 어긋난 것입니다. 그가 현재 처한 처참한 고난의 지경에서도 과거고착 형 인간으로 조롱받을 수도 있습니다.

그러나 욥의 이 과거회상은 법정적인 변론으로 친구들의 고소(22:6,7,9)에 대항하는 내용으로 한 것입니다. 욥의 중심은 하나님과 단절된 것 같은 지금, 과거에 자신과 모든 면에서 함께 하셨던 하나님을 간절히 붙드는 것입니다. 인간은 육신을 가지고 시간 안에 사는 한 결코 시련을 피할 수는 없습니다. 하지만 하나님과 함께 하였던 지나간 시간속의 은혜는 미래는 물론이고 영원까지 바라보게 만들고 시련도 극복하게 합니다. 영원의 시각을 가진 우리는 능력 있는 행복자입니다.

♦ 욥기 30장 성경칼럼

19절 | 하나님이 나를 진흙 가운데 던지셨고 나를 티끌과 재 같게 하셨구나
20절 | 내가 주께 부르짖으나 주께서 대답하지 아니하시오며 내가 섰사오나 주께서 나를 돌아보지 아니하시나이다

"나는 무엇에 지배를 받는가?"

인생의 철칙 중의 하나는 사람은 반드시 무언가의 지배를 받는다는 사실입니다. 지배라는 말이 거부감이 있다면 영향이라는 단어로 바꿀 수 있습니다. 가장 원초적인 지배는 완력으로 주먹과 무기에게 굴복하는 것입니다. 두 번째는 돈과 시스템에 의한 지배로서 가부장 제도와 기업의 금력과 국가의 공권력이 해당됩니다. 세 번째는 지식을 통한 지배로 장기간의 교육을 통하여 지배자가 원하는 유형(이념)의 인간으로 만들어 갑니다. 네 번째의 지배는 문화적 지배로서 사회와 생활 전반에 스며든 습관에 물들어 자신이 인식하지 못하는 가운데 지배를 받습니다. 한 예로 제가 회교국을 방문했을 때 최고의 외모를 가진 숙녀가 맨손으로 음식을 집어서 먹는 것을 보고 문화화의 위력을 실감하였습니다.

마지막의 지배를 꼽자면 하나님의 지배입니다. 다른 지배와는 차원이 다르기에 차별화를 위해 하나님의 통치(다스림)라고 부르는 것이 적절합니다. 욥기는 인간이 영적인 하나님의 다스림을 눈치 채기 어렵다는 것을 보여 줍니다. 우리는 욥기의 배경과 과정과 결말을 알기 때문에 욥을 향한 하나님의 섭리를 알 수 있지만 등장인물들은 다릅니다. 욥의 고난의 원인이 인과응보로 보는가, 다른 것이 있는가에 수많은 밤을 지새우고 있습니다.

전장의 과거 회상 분위기가 돌변하여 30장은 다시금 침울하고 고통스러

운 현실로 돌아와 부르짖는 욥의 상태를 보게 됩니다. 사회의 쓰레기 같은 자들에게까지 기롱당하고 침 뱉음과 비난이 쏟아지며 무시당합니다(9-12절). 예수님이 이 땅에 오셔서 당한 수욕의 그림자라고 볼 수 있습니다(마 27:30). 욥이 인간에게서 아무 도움과 희망이 없을 때 바로 하나님의 손길을 체험했다면 욥기 드라마는 조기 종영되었을 것입니다. 그런데 하나님의 통치의 깊이는 욥에게 더 가혹한 연단을 주는 것으로 방향을 잡고 있습니다.

참담한 진흙에 던지고 무의미한 티끌의 재같이 만들어 버립니다(19절). 뼈아픈 사실은 절박함의 끝자락에서 하나님을 부르는데 야속하게도 아무 대답도 안하십니다(20절). 나아가서 아예 사경으로 몰아 넣으셔서 절망의 끝에 이르게 하십니다(21-22절). 인간은 여기서 '하나님은 왜 하나님의 사람들을 절망케 하십니까?'라고 질문합니다. 본장에서는 정답이 나오지 않지만 성경과 교회의 역사는 하나님의 사람(아들)이기에 그렇게 한다고 응답합니다(히 12:7-11).

연단이 없이 하나님의 전권대사로 쓰임 받은 사람은 전혀 없기 때문입니다. 욥을 비롯한 세 족장과 요셉, 모세와 다윗과 다니엘과 바울과 베드로의 연단의 여정을 성경에서 묵상해 봅니다. 도스토예프스키와 존 밀턴과 존 번연과 미우라 아야코는 사경에서 건지심을 받은 후에 기독교 명작을 집필한 것을 교회사가 증언합니다. 죄와 벌, 까라마조프 형제, 실락원, 복락원, 천로역정, 빙점은 신학도의 필독서입니다. 오직 하나님의 다스림 속에서 연단된 사람으로 쓰임받기를 소원합니다.

♦ 욥기 31장 성경칼럼

1절 | 내가 내 눈과 약속하였나니 어찌 처녀에게 주목하랴

16절 | 내가 언제 가난한 자의 소원을 막았거나 과부의 눈으로 하여금 실망하게 하였던가

"어떻게 이런 삶이 가능하지?"

'세상에 이런 일이?'라는 TV 프로그램이 있습니다. 세상의 신기한 일과 특별한 사람들을 심층 취재하여 흥미를 자아냅니다. 제가 다 본 것도 아니고 점검도 안 했지만 욥 같은 사람은 발견할 수 없었을 것이라고 생각합니다. 욥의 역전에 역전을 거듭한 삶의 극적인 여정도 찾을 수 없겠지만 욥의 중심과 삶의 열매로 볼 때 그렇다는 것입니다. 이 생각은 31장을 대할 때 더욱 확실해집니다.

1부 마지막 변론의 결말에 속하는 본장은 자신의 결백을 맹세의 형식으로 진술합니다. 맹세는 지키느냐와 파기하느냐에 따라 축복과 저주가 임하기에 거짓이 들어갈 수가 없습니다. 배경은 친구들의 고소한 죄목에 대한 변론이지만 하나님 앞에서 토로하는 것입니다. 욥이 자신의 결백을 변론하는데 있어서 생명을 걸고 하였기에 이 내용은 허위가 아니라는 뜻입니다. 그가 하나님의 사람으로서 인정되었다는 것(욥 1:1)은 한 분야의 평가와 업적 때문이 아님을 알 수 있습니다. 죄의 영역은 자신과 대인과 대물, 나아가 하나님과의 관계에 이르기까지 모두 보아야 하기 때문입니다.

모든 인간의 숙제인 탐욕적인 호색을 하지 않았고(1-4절) 거짓과 탐심의 죄악도 물리쳤습니다(5-8절). 간음죄에 대한 결벽증을 가졌고(9-12절) 아랫사람인 종들을 멸시한 적도 없었습니다(13-15절). 가난한 자와 과부와 고아를 최선을 다해 돌봐 주었고(16-23절) 재물을 탐하지 않고 자연 숭배의 죄악도 짓지 않았습니다(24-28절). 나아가 원수와 나그네까지 적극

적으로 선대하고(29-32절) 죄에 대해서는 결코 숨기려고 하지 않았습니다(33-34절). 만약 친구들이 자신의 죄를 더 찾아내서 고소한다면 기꺼이 수용하겠다고 맹세합니다(35-40절).

우리는 여기까지 살펴보면서 한 가지 의아함을 느끼게 됩니다. 욥의 모습과 열매로 볼 때 이 정도면 의인은 한 명도 없다는 성경의 정의(롬 3:10)에 비껴가지 않느냐는 질문입니다. 대답은 욥의 의로움은 상대적인 것이고 욥 또한 그리스도를 믿는 의가 아니면 구원받지 못합니다(롬 3:22-24). 그렇다면 욥이 죄악을 이기고 우리와 다른 차원의 경건한 삶을 살게 한 원동력이 무엇인지 궁금합니다.

1절의 '내가 내 눈과 약속(언약)하였다'는 말에 집중해야 합니다. 이 말은 일단 죄의 첫 관문인 눈으로 보는 것을 조심하겠다는 것이며 주목하지 않겠다는 것은 마음에 들이지 않겠다는 의지입니다. 그리고 이것이 되었을 때 하나님 앞에서 자신의 모든 속마음을 정결하게 할 수 있게 됩니다. 눈과 마음은 연결되기에 눈의 관리를 잘하면 인생의 모든 영역의 유혹도 물리치게 되는 것입니다. 매일 매순간 내 눈과 약속을 지키는 일은 작아 보이지만 경건한 삶을 살 수 있는 시작이며 큰 능력이 됩니다.

♦ 욥기 32장 성경칼럼

2절 | 람 종족 부스 사람 바라겔의 아들 엘리후가 화를 내니 그가 욥에게 화를 냄은 욥이 하나님보다 자기가 의롭다 함이요

9절 | 어른이라고 지혜롭거나 노인이라고 정의를 깨닫는 것이 아니니라

"금수저+관수저+영수저"

다 아시다시피 금수저는 좋은 조건을 가지고 태어난 사람을 말합니다. 관수저와 영수저는 제가 만들어 본 단어입니다. 관수저는 좋은 조건을 사용하여 실력과 인격을 갖춰 출세하여 고관에 오른 사람을 뜻합니다. 영수저는 신앙의 유산을 이어받아 탁월한 영적 자산을 가진 사람을 의미합니다. 그럴 리가 없겠지만 만약 이 세 가지를 다 갖춘 사람이 있다면 부러워하기에 충분할 것입니다.

성경의 수많은 인물 중에 이 모델에 가장 근접한 사람이 32장에 등장하는 '엘리후'입니다. 그가 긴 변론(33-37장)을 시작하기 전에 먼저 그에 대한 소개와 변론의 당위성과 심경을 토로하는 내용이 나옵니다. 엘리후라는 이름의 뜻은 '그가 나의 하나님'이고 아버지인 바라겔은 '오 하나님 축복하소서'라는 뜻입니다. 성경에서 가문(람 족속 부스 사람)을 소개하는 것은 사회적으로 영향력이 있다는 의미이며 그 이름에 의해 영적 명문 가정임이 증명됩니다.

본장에서 엘리후는 다른 사람에 비해 젊다는 큰 특징을 부각하고 있습니다. 일반적으로 연소하다는 것은 경험이 부족하고 감정조절이 미흡하다는 측면에서 단점일 수 있습니다. 하지만 그는 젊음의 장점인 정의감이 투철하고 젊기에 때를 기다리는 신중함을 보여 줍니다. 32장에는 그가 화를 낸다는 표현이 3번이 나오는데 나름의 정당한 이유가 있음을 기술하고 있습니다. 세 친구에게는 욥을 논리로 제압하지 못한 이유이고 욥에게는 자기 의를 내세워 하나님 앞에 교만한 태도에 화를 냅니다(2-3절).

욥과 세 친구와의 쟁론 중간에 얼마든지 끼어들 수가 있었지만 인내하고 있었다는 것을 강조합니다(4절). 좋은 조건을 가진 역설적 한계는 나중에 분명히 드러나지만 욥기는 그의 등장으로 전환점을 맞이합니다. 엘리후라는 인물의 등장으로 욥기는 죄와 인과응보라는 카테고리를 벗어나고 새

출입구를 맞이합니다. 숨겨진 역발상 코드에 의해 반전과 상상이상의 무언가를 기대하는 마음이 생깁니다. 고난의 이유가 무엇이냐는 메아리 같은 질문에 죄의 결과가 아닌 하나님의 섭리라는 힌트는 이미 받았습니다.

그러면 섭리의 구체적 내용을 알아야 하는데 대부분 여기서 막히게 됩니다. 그러므로 엘리후가 고난의 비밀에서 '연단'이라는 코드를 찾아낸 것은 대단한 것입니다. 이 연단은 신약과 교회사를 통해 구원의 여정중의 '성화'의 교리로 정해집니다. 그가 탁월했다는 의미보다 앞서의 토론을 경청하고 통찰하는 태도에서 나온 결과라고 볼 수 있습니다. 사람이 다른 사람의 말과 의견과 지식을 받아들이고 자기 것을 만든다는 것이 얼마나 큰 장점인지가 증명됩니다. 열정으로 변론하되 사람의 귀에 좋은 대로 말하지 않겠다는 선언(16-22절)은 기독지도자들에게 귀감이 되는 모습입니다.

♦ 욥기 33장 성경칼럼

7절 | 내 위엄으로는 그대를 두렵게 하지 못하고 내 손으로는 그대를 누르지 못하느니라

16절 | 그가 사람의 귀를 여시고 경고로써 두렵게 하시니

"성경 교사, 대언자, 위임 권위자, 신적 권위자"

제가 20대 중반에 겪었던 일입니다. 당시의 저는 초신자를 막 벗어난 상태였고 직업은 기독교백화점을 운영했었습니다. 어느 날 손님으로 온 한 목회자가 저의 눈을 뚫어지게 쳐다보면서 한 마디 던졌습니다. '요새 죄를 많이 짓고 사는구만!' 저는 한 순간 흠칫했지만 금방 평정을 되찾고 속으로 말했습니다. '에이 사이비 목사로군, 어딜 영혼을 도둑질하려고 해.' 하나님의 지혜를 간절히 구해서 응답받은 것이 이런 분별을 가능하게 한 것

이었습니다. 이 해프닝을 소개하는 것은 인간이 하나님의 자리를 차지하면 안 된다는 것을 말씀드리고 싶어서입니다.

성경교사는 주어진 하나님의 말씀을 잘 해석하여 가르치는 일이기에 모든 그리스도인이 가야 할 길입니다. 대언자(선지자, 예언자)는 구약에서 성경이 완성되기 전에 하나님의 뜻을 전하는 특수한 사역자입니다. 위임 권위자는 보이지 않는 하나님을 대신하여 위임받은 뜻을 행하는 존귀한 지도자입니다. 여기까지는 하나님께서 허락하시고 우리가 겸손하게 순종해야 하지만 신적 권위자는 다른 차원임을 분별해야 합니다.

신적 권위자란 자신의 말과 지도가 하나님이 하시는 것과 동일하게 생각하고 강요하는 것이기 때문입니다. 어느 누구도 하나님의 위치에서 사람을 판단하고 지시할 수는 없고 자기 말이 하나님의 뜻과 똑같다고 속이면 이단의 길로 들어서는 것입니다. 엘리후의 4차 변론 중의 1차에 해당되는 33장에 들어섰습니다. 엘리후는 자신의 변론의 진실성을 위해 하나님의 신적 권위를 도입합니다. 자신은 진실하고 영감을 받았기에 충분히 충고할 수 있다고 위치를 설정합니다(3-4절).

하나님께 항변하는 상대를 제압하기 위한 신적 권위를 사용하는 의도는 인간이 흔히 하는 실수입니다. 그러나 엘리후가 여기서 더 나아가지 않고 멈춘 것은 너무나 다행입니다. 자신과 욥이 모두 하나님의 피조물로서 동등한 입장에서 솔직한 대화를 하자고 제안합니다(5-7절). 이후에 그는 욥의 말을 자세히 듣고 분석한 자로서 하나님과의 중재자로 사용되는 것을 보게 됩니다(8-14절).

그리스도인들은 신앙의 대화에서 우월의식과 교만을 버리고 허심탄회하게 대화를 나누어야만 한다는 교훈을 얻습니다. 이 전제가 이후의 변론의 내용으로 볼 때 이전의 획일적인 고난의 이유(인과응보)에서 진전된 하나님의 뜻(사랑으로서의 연단)이 펼쳐지는 계기를 이루게 됩니다. 하나님의 뜻이 인간에게 전해지는 다양한 방법들(15-17절)을 배우면 범사에 감사하는 신앙으로 가게 된다는 것을 깨닫게 됩니다. 오직 하나님의 은혜만이 절대절망의 인간을 구원할 수 있다는 선포(18-30절)는 우리가 믿는 구원의 표현과 동일합니다.

♦ 욥기 34장 성경칼럼

4절 | 우리가 정의를 가려내고 무엇이 선한가 우리끼리 알아보자
36절 | 나는 욥이 끝까지 시험 받기를 원하노니 이는 그 대답이 악인과 같음이라

"논리, 분별, 대안, 해결"

시사 프로의 토론을 보게 되면 논리에 뛰어난 사람이 돋보입니다. 감정을 자극하는 선동형의 토론자를 결국 이기는 경우가 많습니다. 그러나 어떤 논리도 완벽할 수 없는 이유는 불확정성의 원리에 의하여 인정 안하는 자에게는 무용지물이 되기 때문입니다. 불확정성의 원리란 시간과 공간이 달라지면 운동량도, 그 가치도 달라진다는 의미입니다. 논리의 한계를 표현해 주는 것이 '저 사람은 말도 잘하고 논리도 맞는 것 같은데 싸가지가 없다'라는 평판입니다. 더 줄이면 '참 재수 없다'입니다.

그러므로 논리의 사람위에 분별하는 사람이 있습니다. 분별이란 크게는 선악을 알아보는 것부터 작게는 아주 비슷한 것을 알맞게 자리매김하여 질서 있게 놓을 수 있는 실력을 말합니다. 복잡한 세상의 시시비비를 단순하게 해결할 수 있는 평론을 의미합니다. 이런 사람을 표현하는 말로는 현인,

원로, 석학, 향도자가 있습니다. 이런 선각자들에 의해 대안이 주어지고 그 대안을 실천할 수 있는 지도자가 있다면 최상입니다. 문제는 이론과 분별과 대안이 주어져도 실행할 능력이 없다면 허탈감만 주게 됩니다.

34장은 엘리후의 2차 변론이 진행되는 가운데 그의 분별력과 대안이 돋보입니다. 욥이 한 말을 듣고 허점과 약점을 정확하게 포착하여 지적하고 공격하는 날카로움은 젊은 저격수로서 손색이 없습니다(5-9절). 하나님의 공의에 대한 증거와 심판에 대한 방법은 빈틈이 없어 보입니다(10-15절). 인간이 하나님을 향하여 취할 순종과 헌신에 대한 바른 태도의 강조는 귀담아 듣기에 모자람이 없습니다(16-20절). 이 모든 줄거리의 짜임새로 볼 때 그는 대단한 달변가요 문장가로 보입니다. 이전의 감정적인 세 친구들과는 차별화되는 넓은 시야의 설득력을 가지는 것 같습니다.

그러면 엘리후의 위치는 과연 어디일까요? 36절에 그 힌트가 나옵니다. 그는 욥의 태도에서 하나님에 대한 대적의 요소를 정죄하며 그 악 때문에 고난을 더 받아야 한다고 정죄합니다(36절). 그는 분별과 대안까지는 잘하였지만 하나님의 진정한 뜻에는 접근하지 못하였습니다. 남을 분별하고 정죄하는 것이 어느 순간 자신에게 잔인함과 교만으로 돌아오게 된 것입니다(37절).

사람의 한계는 하나님의 능력인 사랑의 치유함까지 갈 수 없음을 보게 됩니다. 오직 원수까지 사랑할 수 있는 힘은 나를 속죄하신 예수님의 공로로만 될 수 있음을 고백합니다(눅 6:27-38).

♦ 욥기 35장 성경칼럼

8절 | 그대의 악은 그대와 같은 사람에게나 있는 것이요 그대의 공의는 어떤 인생

에게도 있느니라

11절 | 땅의 짐승들보다도 우리를 더욱 가르치시고 하늘의 새들보다도 우리를 더욱 지혜롭게 하시는 이가 어디 계시냐고 말하는 이도 없구나

"아는 것이 힘이다?"

어린 시절부터 공부하라는 취지로 너무나 많이 듣던 말입니다. 장성해서도 지식의 위대함에 대하여 항거할 어떤 명분도 찾기 어려운 것이 사실입니다. 저 같은 경우에는 지식에 대한 탐구를 소홀히 하는 날에는 죄의식까지는 아니라도 불편한 감정을 숨길 수가 없었습니다. 그런데 성경의 지혜를 얻으면서 아는 것에 대한 분별이 생겼습니다. 지식을 가져도 잘못되는 사례를 많이 목격했기 때문입니다. 세상의 수많은 정보와 지식에 이런 수식어가 붙게 되면 힘이 되는 것이 아니라 독이 된다는 것을 알았습니다. 가짜 지식, 얕은 지식, 부분적 지식, 일시적 지식, 이기적 지식 등입니다

하나님으로부터 주어지지 않거나 연결되지 않는 지식은 허점이 많고 너무나 위험합니다. 이것은 인류 최고의 지식인인 솔로몬이 고민한 내용이기도 합니다.

(전 1:18) "지혜가 많으면 번뇌도 많으니 지식을 더하는 자는 근심을 더하느니라"

사도 바울도 세상 지식의 한계와 독성을 설파했습니다.

(고전 8:1) ".. 지식은 교만하게 하며 사랑은 덕을 세우나니"

지식을 잘못 습득하면 영적으로 막장의 죄인 교만한 자가 된다고 하니 아찔합니다. 성경공부를 열심히 하다가 교만해져서 신앙의 실족을 하거나 교회의 파괴자가 된 사람을 많이 보았습니다. 사랑의 덕을 바탕으로 한 영적

지식만이 사람을 세우고 교회의 영광을 나타낼 수 있음을 새겨야 합니다.

엘리후의 세 번째 변론을 통하여 우리가 놓치기 쉬운 영적 지혜의 진수를 배울 수 있습니다. 하나님을 향하여 군주같이 무서운 분으로 알고 섬기는 것도 문제지만 그 반대의 경우도 잘못되었다는 점을 지적합니다. 인간의 선과 악의 행위를 하나님의 유익과 손해로 보고 함부로 자비하신 하나님을 시험하면 안 된다는 것입니다(6-8절). 마치 육신의 부모에게 대하듯이 내가 잘못되면 하나님 손해이고 속상해 하시겠지 하며 함부로 하지 말라는 것입니다. 이런 태도에서 자기중심적인 응석이 나오고 불평이 나오게 됩니다.

엘리후의 탁월한 지혜의 연설 속에 숨겨져 있는 독이 있다면 바로 자신이 하나님의 전부를 아는 것처럼 자부하고 있는 것입니다(13-16절). 이는 하나님을 아는 지식의 항로에서 절대 겸손해야 하는 인간의 위치를 벗어난 행위입니다. 참된 지혜자는 하나님의 기이한 섭리 앞에 익은 벼가 숙여지듯이 부복하는(엎드린) 자세를 늘 가져야 합니다.

(롬 11:33) "깊도다 하나님의 지혜와 지식의 풍성함이여, 그의 판단은 헤아리지 못할 것이며 그의 길은 찾지 못할 것이로다"

♦ 욥기 36장 성경칼럼

7절 | 그의 눈을 의인에게서 떼지 아니하시고 그를 왕들과 함께 왕좌에 앉히사 영원토록 존귀하게 하시며

33절 | 그의 우레가 다가오는 풍우를 알려 주니 가축들도 그 다가옴을 아느니라

"농부의 비상?"

직접 농사를 지은 적은 없었지만 어린 시절 농부의 삶은 많이 지켜보았

습니다. 농부의 관심은 온통 곡식에 있는데 잘 자라지 않는다면 모든 노력을 퍼부어 정상적으로 돌려놓습니다. 그러나 이보다 더 큰 위기는 잘 자라던 곡식이 병충해에 걸릴 때입니다. 농부는 비상이 걸리고 모든 일을 뒤로 하고 끼니도 거른 채 서둘러 방제에 나섭니다. 그 순간의 행동을 놓치면 한 해 농사는 다 망쳐버리기 때문입니다.

성경에서 이스라엘 백성들을 포도나무이고 하나님(예수님)은 주인(농부)이라고 비유합니다(요 15:1-5). 하나님은 자기 백성, 특별히 의인을 향하여 한순간도 눈을 떼지 아니하시는 분이십니다(7절). 여기서 의인이란 완벽한 사람을 의미하는 것이 아니라 하나님을 믿고 섬기는 일에 특출했던 사람을 말합니다(겔 14:14, 눅 1:6, 2:25,). 의인은 극히 드물지만 하나님의 뜻대로 살려고 몸부림치는 자를 찾으시고 주목하시는 하나님이심을 잊지 말아야 합니다. 이런 애씀에도 불구하고 신앙인은 기복이 있고 과오에 빠지는 것이 현실입니다.

(전 7:20) "선을 행하고 전혀 죄를 범하지 아니하는 의인은 세상에 없기 때문이로다"

하나님께서는 누구를 편애하시는 것은 결코 아니지만 의인을 향하여 살피시고 지키십니다(신 32:10). 그러나 자유의지를 가진 인간은 연약하여 실수를 하고 죄를 짓습니다. 이 때 병충해에 걸린 곡식에 농부가 비상이 걸리는 것처럼 하나님의 즉각 조치가 발동됩니다. 이것이 인간에게는 여러 가지 현상으로 나타납니다. 불안감이 몰려와서 기도하게 만들고 꿈으로 경고하기도 합니다. 예배드리며 말씀이 생각나게 하시고 멘토를 통해 코칭을 받게도 합니다(8-9절).

신앙인이 자기를 살피는 일을 부지런히, 예민하게 해야 하는 이유입니다(빌 2:4). 다윗이 범죄 하였을 때 즉시 나단을 보내어 회개하게 하신 하나님을 바라봅니다(삼하 12:1). 다윗을 위대한 신앙인으로 평가하는 것은 바로 진정한 참회자였기 때문입니다. 기독교가 타종교와 비교할 수 없이 탁월한 이유는 나무라는 것(유교)과 동정하는 것(불교)으로 그치는 것이 아니라 '구해주는 것'이기 때문입니다.

욥기는 하나님의 현현을 앞두고 엘리후의 변화를 보여 줍니다. 이전의 정죄적인 말투에서 부드러운 조언의 언사가 되고 하나님에 대한 넓은 섭리를 찬양하고 있습니다. 사람을 향한 획일적 시선에서 자연계에 섭리하시는 하나님의 은총을 바라보고 있습니다(24-26절). 크고 작은 기후변화의 손길까지 찬찬히 느끼며 감사하는 찬양이 아주 멋있습니다(27-33절). 나에게 다가오셔서 알려주시고 고쳐주시고 완전한 인도를 하시는 주님을 기뻐합니다.

♦ 욥기 37장 성경칼럼

5절 | 하나님은 놀라운 음성을 내시며 우리가 헤아릴 수 없는 큰 일을 행하시느니라
7절 | 그가 모든 사람의 손에 표를 주시어 모든 사람이 그가 지으신 것을 알게 하려 하심이라

"숨겨진 의도"

이 말을 듣는 순간 일단 부정적 이미지가 떠오르고 경계심이 생깁니다. 이 말 앞에 대부분 '악한'이라는 형용사가 붙는다는 선입견 때문입니다. 사람과의 관계로 볼 때 '선한'이라는 형용사가 붙는 경우는 훨씬 적습니다. 사이좋은 가족과 진실한 친구와 신실한 교우관계에 붙일 수 있을 것입니다. 하지만 위의 관계도 우리의 경험상 어딘가의 허점이 있다는 것을 느낄 수 있습니다.

37장에서 완벽하게 선한 숨겨진 의도를 가지신 하나님이 소개되고 있습니다. 만약 전능하신 하나님께서 악한 숨겨진 의도를 가지고 우리를 대하신다면 마음이 깨지고 천지가 다 흔들릴 일입니다. 엘리후의 4차 변론의 후반부에 속하는 본장은 욥을 굴복시키려는 작은 의도는 살아 있습니다. 그러나 전체적인 메시지는 다음 장의 하나님의 현현(theophany)을 예비하는 전주곡 같은 분위기가 뿜어져 나옵니다. 마치 예수님의 등장 전에 세례 요한이 나타나서 선포하는 내용이 연상 됩니다.

(요 1:29) "이튿날 요한이 예수께서 자기에게 나아오심을 보고 이르되 보라 세상 죄를 지고 가는 하나님의 어린 양이로다"

37장은 자칫 잘못 해석하면 자연계의 모습을 신격화하는 범신론으로 보일 수도 있습니다. 이방종교의 신화에 자연을 우상화하는 내용이 많기 때문입니다. 그러나 분명한 것은 자연실물 자체에 신의 능력이 있는 것이 아니라 만물을 지으시고 운행하시고 통치하시는 하나님을 바라보라고 하는 것입니다. 뇌성, 번개, 눈과 비, 바람을 통해 하나님의 권능이 나타나고(1-10절) 구름의 운행을 통해 하나님의 통치를 설명하고 있습니다(10-13절).

이 큰 자연의 변화 속에 하나님의 숨겨진 선한 의도를 알아채는 자가 있다면 지혜와 행복을 누릴 수가 있습니다. 하나님의 숨겨진 의도를 알 수 있다면 엄청난 비약 같지만 하나님의 벗이라고 칭해 주십니다.

(약 2:23) "이에 성경에 이른 바 아브라함이 하나님을 믿으니 이것을 의로 여기셨다는 말씀이 이루어졌고 그는 하나님의 벗이라 칭함을 받았나니"

모든 인간의 이성을 딛고 이삭을 번제로 드린 아브라함은 하나님의 친구 반열에 오른 것을 성경은 증거 합니다. 우리가 하나님의 오묘한 일을 이해한다는 것은 불가능하지만 매순간 대하는 자연 실물에 담겨오는 하나님의 손길은 느낄 수 있습니다(14-24절). 어느새 내 의복을 따뜻하게 해 주신 하나님은 선한 의도로 다가오신 나의 주인이십니다(17절). 하나님을 경외하며 순종하려는 자에게 주어지는 이 축복에 동참해 봅시다.

드넓은 푸른 하늘에 떠가는 하얀 구름!, 초롱초롱한 새벽별들의 합창, 해안에 하얗게 바스라 지는 물보라, 소슬바람에 떨어지는 오동잎소리, 산등성이를 씻고 와 내 코를 상쾌하게 하는 바람결, 산골짝에 흐르는 맑은 물의 찬 감촉, 작은 나비와 벌레의 세계에서 벌어지는 시크릿 스토리. 문학 청소년의 감성으로 이어가 보세요.

♦ 욥기 38장 성경칼럼

1절 | 그 때에 여호와께서 폭풍우 가운데에서 욥에게 말씀하여 이르시되
41절 | 까마귀 새끼가 하나님을 향하여 부르짖으며 먹을 것이 없어서 허우적거릴 때에 그것을 위하여 먹이를 마련하는 이가 누구냐

"하나님을 보여 주면 믿겠어요"

전도를 할 때 불신자가 약간의 조롱을 담아 던지는 말입니다. 신앙이 궤도에 오르지 못한 신자가 하나님의 나타나심에 대한 직접 증거를 바라는 것도 같은 맥락입니다. 저도 초신자 시절에 반 평도 안 되는 오산리금식기도원 산속 기도 굴에 들어가서 기도하기를 힘썼습니다. 신학을 몰랐던 저는 장기간 무릎 꿇고 정성을 다하면 하나님께서 나타나시고 음성을 들려주실 줄 알았습니다. 이런 생각과 시도는 성경에서 하나님이 인간에게 계시되는 것을 문자적으로 바로 적용하려는 데에서 나오는 오해입니다. 일단 죄인 된 인간은 완전하신 하나님을 직접적으로 만날 수 없다는 것을 알아야 합니다. 하나님의 영광의 빛만 스쳐도 인간은 타들어가는 벌레처럼 되어 버립니다.

(계 1:17) "내가 볼 때에 그의 발 앞에 엎드러져 죽은 자 같이 되매 그가 오른손을 내게 얹고 이르시되 두려워하지 말라 나는 처음이요 마지막이니'

그러면 성경에서 여러 인물들이 하나님을 뵙고 그 음성을 들은 방편은 무엇인지가 궁금합니다. 구약의 전반부에는 하나님께서 직접적인 현실 속에서 나타내신 것을 알 수 있습니다(아브라함, 이삭, 야곱). 구약 후반부에는 하나님께서 상징적 형태로 이스라엘에 거하시는 현현을 하셨습니다(성막, 성전). 이어지는 예언 시대에는 다분히 문학적 형태를 가지고 하나님의 현현 을 보여줍니다(불, 구름, 폭풍). 신약 시대에 들어 와서는 구속과 직접적으로 관련되는 성육신을 하십니다.

(요 1:14) "말씀이 육신이 되어 우리 가운데 거하시매 우리가 그의 영광을 보니 아버지의 독생자의 영광이요 은혜와 진리가 충만하더라"

육신으로 오신 하나님을 만난 제자들은 부활과 승귀를 체험한 후에 위대한 간증을 합니다.

(요일 1:1-2) "태초부터 있는 생명의 말씀에 관하여는 우리가 들은 바요 눈으로 본 바요 자세히 보고 우리의 손으로 만진 바라 이 생명이 나타내신바 된지라 이 영원한 생명을 우리가 보았고 증언하여 너희에게 전하노니 이는 아버지와 함께 계시다가 우리에게 나타내신바 된 이시니라"

이제 신약 교회 시대를 사는 우리는 예수님의 구원 사역을 증거 한 하나님의 현현인 기록된 성경을 만나게 됩니다.

(요 20:31) "오직 이것을 기록함은 너희로 예수께서 하나님의 아들 그리스도이심을 믿게 하려 함이요 또 너희로 믿고 그 이름을 힘입어 생명을 얻게 하려 함이니라"

즉 성경은 완성된 계시가 되는 것이고 이제 하나님을 만나는 것과 음성을 듣는 것은 성경을 통해서 이루어집니다(눅 16:31). 이런 구속사적인 하나님의 현현을 알고 있는 우리이기에 38장의 하나님과 욥의 대면을 깊이 이해할 수 있는 것입니다. 욥이 고통 속에서 사무치게 항변했던 질문들에 대한 하나님의 대답은 이해하기 힘듭니다. 우리 생각에는 항목마다 구체적으로 정답을 주시고 위로해 주셨으면 좋겠는데 단 한 가지만 말씀합니다. '창조자가 누구냐?' 라고 하십니다(4절).

창세기에는 말씀으로 만물을 창조하셨다고 하셨는데 여기서는 하나님의 지혜가 창조하셨음을 강조합니다. '거대한 우주와 별부터(31-35절) 까마귀 새끼의 먹이까지(38-41절) 챙기시는 하나님을 네가 아느냐'라고 질문합니다. 발걸음마다 차이는 흙덩이에도, 한 톨의 쌀에게도 하나님의 손길과 음성과 지혜를 만날 수 있는 우리는 하나님의 기이한 백성입니다.

♦ 욥기 39장 성경칼럼

5절 | 누가 들나귀를 놓아 자유롭게 하였느냐 누가 빠른 나귀의 매인 것을 풀었느냐
17절 | 이는 하나님이 지혜를 베풀지 아니하셨고 총명을 주지 아니함이라

"동문서답?"

어떤 질문에 대답을 하는 형식은 여러 가지가 있습니다. 직문직답은 명쾌해서 선호하지만 깊은 사고를 하기에는 허점이 있습니다. 논리를 동원한 삼단논법과 연역적, 귀납적 방법의 답들은 이성적인 사람들에게 설득력이 있습니다. 인생의 난제에 대한 대답은 정답을 내는 것은 쉬운 일이 아닙니다. 양비론과 회색지대와 상황 윤리와 감성의 다변화 등의 변수가 있기 때문입니다. 인생의 난제중의 난제인 의인에게 닥친 고난에 대한 정답을 인

간에게서 찾는다는 것은 불가능하다는 것이 욥기의 결론입니다.

당대 최고의 석학이요 종교지도자인 4명이 치열하게 변론했지만 욥을 설복시킬 수 없었습니다. 드디어 38장에 등장하신 하나님께서 시원한 해결을 해 주실 줄 기대했는데 분위기가 이상합니다. 38장에서 자연계에 대한 하나님의 주권을 언급하신 하나님께서 39장에서도 동물에 대한 이야기를 이어갑니다. 이는 겉으로만 보면 뜬금없는 동문서답처럼 보입니다. 욥의 고난의 현안에 대한 질문에 반대의 대답처럼 보이기 때문입니다.

그러나 하나님의 말씀을 깊이 묵상한다면 진정한 정답을 만날 수 있습니다. 동물들의 출생과 죽음, 생명의 유지, 음식의 공급 등이 하나님의 세밀하신 보살핌 아래 이루어진다는 사실을 강조합니다. 동물계의 신비로운 생태계가 하나님의 세밀하신 보호와 자상함의 배려로 이루어지고 있습니다(롬 1:20). 그렇다면 욥의 알 수 없는 고난의 비밀에 대한 하나님의 뜻이 있는 것은 당연하지 않겠느냐는 반문을 하고 계시는 것입니다.

인간 눈밖에 있는 산염소와 암사슴의 야생의 삶을 보살피시는 하나님(1-4절), 가축으로는 적합하지 않은 들 나귀에게 자유를 주시려고 인간이 닿지 않는 황야를 거처로 주신 하나님(5-8절), 지혜가 없고 무정한 타조에게 최고로 잘 뛰는 능력을 주신 하나님의 의도(13-18절), 어느 무엇도 두려워하지 않고 위에 탄 조정자에게 순종하는 말의 용맹성(19-25절), 매의 이동 본능과 독수리의 새끼를 돌보는 본능을 주신 하나님을 알려줍니다(26-30절).

우리 눈에는 지구에 사람만 주로 보이지만 개체의 수로 볼 때 동물이 수만, 수억 배가 많습니다. 그들을 지혜로 만드시고 공급하시고 보호하시며 인도하시는 하나님이 하물며 인간을 어찌 생각하시겠느냐고 간접적으로 묻고 계십니다. 더구나 신자는 동물들과는 차원이 다르게 하나님을 아버지로 부를 수 있는 특권이 주어졌습니다.

(갈 4:6) "너희가 아들이므로 하나님이 그 아들의 영을 우리 마음 가운데 보내사 아빠 아버지라 부르게 하셨느니라"

♦ 욥기 40장 성경칼럼

2절 | 트집 잡는 자가 전능자와 다투겠느냐 하나님을 탓하는 자는 대답할지니라
15절 | 이제 소 같이 풀을 먹는 베헤못을 볼지어다 내가 너를 지은 것 같이 그것도 지었느니라

"인간이 가장 하기 어려운 것?"

사람마다 처지가 다르고 사는 목적이 다양하기에 대답도 많을 것입니다. 부귀영화와 만수무강일수도 있고 사랑 채우기와 투병생활일수도 있습니다. 절대 권력에 항거하기도 어렵고 맹수를 만났을 때 이길 수도 없습니다. 지금까지의 사례가 육과 마음에 관한 것이라면 영적으로 가장 어려운 일은 무엇일까요? 성경 전체의 내용으로 볼 때 회개가 가장 어렵습니다. 회개가 어려운 이유는 사람은 자각하는 존재가 아니기 때문입니다.

자각이란 스스로 깨닫는다는 뜻인데 이것이 어렵습니다. 소크라테스가 철학의 전제를 '네 자신을 알라'라고 한 것은 그만큼 어렵다는 의미입니다. 회개를 한다는 것은 자신의 죄를 깨달았다는 것인데 이는 인간의 나약성과 교만을 알아야만 가능합니다. 결국 인간이 얼마나 하나님 앞에서 연약하며 무능한 존재인지를 깨닫지 못하면 회개할 수가 없습니다.

회개는 헬라어로 '메타노에오'로서 깨달은 후의 결과(방향을 바꾸다)를

가리킨 말입니다. 언어와 마음과 행동의 돌이킨 결과가 있는 것을 회개라고 합니다. 영적으로 가장 어려운 것을 회개로 꼽는 이유가 38장부터 42장까지 전개되는 하나님과 욥의 관계에서 드러납니다. 어떤 모양과 방법인지는 잘 알 수 없지만 욥은 하나님을 대면했고 말씀을 듣게 됩니다. 그리고 욥의 첫 반응이 40장 3-5절에 나옵니다.

욥은 일단 입을 닫겠다는 고백을 하지만 완전한 회개의 모양새가 아닌 것 같습니다. 만약 욥의 완벽한 회개가 있었다면 하나님의 두 번째 말씀(40-41장)은 없었을 수도 있습니다. 아무리 하나님이 나타나셔서 직접 말씀하셔도 자신의 생각에 맞지 아니하면 승복하지 않는 인간의 모습을 욥을 통하여 보게 됩니다. 하나님께서는 강퍅한 욥에게 포기하지 않으시고 대못을 박듯이 말씀을 이어가십니다(6-14절).

여기서 하나님께서 예를 든 것이 바로 '베헤못'입니다. 베헤못은 개역성경에는 하마로 번역되어 있지만 우리의 선입견을 초월하는 거대하고 거친 괴물 같은 짐승입니다. 베헤못은 엄청난 몸집과 힘을 가진 동물중의 왕이지만 신비하게도 육식이 아닌 초식을 하고 하나님께 순종하는 피조물입니다(15-24절). 이를 통하여 욥에게 자기중심적인 사고를 떨쳐 버리지 아니하면 진정한 회개에 이르지 못함을 보여 주십니다. 우리 신약성도들이 성령의 감동으로 회개하고 새로운 피조물로 살게 된 것이 얼마나 큰 역사인지를 비쳐보게 됩니다.

(고전 12:3) "그러므로 내가 너희에게 알리노니 하나님의 영으로 말하는 자는 누구든지 예수를 저주할 자라 하지 아니하고 또 성령으로 아니하고는 누구든지 예수를 주시라 할 수 없느니라"

♦ 욥기 41장 성경칼럼

1절 | 네가 낚시로 리워야단을 끌어낼 수 있겠느냐 노끈으로 그 혀를 맬 수 있겠느냐
11절 | 누가 먼저 내게 주고 나로 하여금 갚게 하겠느냐 온 천하에 있는 것이 다 내 것이니라

"왜 코스모스가 아니고 리워야단일까?"

욥기를 수도 없이 읽으면서 가졌던 의문입니다. 많은 곡절 끝에 욥에게 나타나신 하나님께서 마지막 말씀을 하필 하마(베헤못, 40장)와 악어(리워야단, 41장)로 마감했는지 매우 궁금한 것입니다. 하나님의 권능과 주권을 아름답게 예시해 줄 다른 피조물이 얼마든지 있는데 말입니다(11절). 광대한 우주(Cosmos)를 알아듣게 설명해 주면 하나님의 존재를 더욱 깊이 알 수 있지 않겠느냐는 반문입니다.

물론 하나님께서는 38장 31-33절에서 하늘과 별에 대한 창조를 말씀하셨습니다. 그에 비해 악어에 대한 언급은 양도 많을 뿐더러 말씀의 마지막에 위치한 비중이 너무 큽니다. 이는 피조물 중의 가장 크고 신비한 우주보다 악어에 대한 말씀이 욥에게 합당했다는 결론에 도달합니다. 그 이유는 지금 욥에게 가장 필요한 것은 진정한 회개이기 때문입니다. 결국은 악어를 묘사한 하나님의 의도가 성공하여 욥은 42장에서 하나님이 받으시는 회개를 하게 됩니다.

리워야단(악어)에 대한 이미지를 한 마디로 정의하면 '매우 두려운 존재'입니다. 악어는 인간이 만든 어떤 도구로도 길들여지지 않고 어떤 수단으로도 순종하지 않는 불가항력적인 힘을 가진 존재입니다(1-9절). 그 몸의 구조는 완벽하게 견고하고 어떤 지경에도 요동하지 않는 마음을 가진 제어

불능의 동물입니다(12-17절). 특히 두려움을 불러일으키는 악어의 동작에 대한 묘사는 일품입니다(18-24절). 어떤 무기를 들이대도 웃어버릴 수 있는 악어는 모든 피조물 중에서 가장 교만합니다(25-34절).

악어의 험악함을 창조하신 하나님(33절)은 또한 그 험악함을 다스리는 분입니다(10-11절). 1차적으로 하나님께서는 악어에 비해 나약한 욥의 모습을 비교하여 보여줍니다. 나아가 교만한 악어가 하나님께 순종하는 모습을 통해 욥의 불순종을 책망하시고 깨닫게 합니다. 비록 악어를 통한 강한 메시지였지만 욥에게는 인격적으로 다가오시는 온화하신 하나님이심을 알 수 있습니다. 회개는 하나님을 두려워하는 기본자세를 가져야 합니다. 그 후에 하나님의 자상한 사랑을 바로 알 때 이루어지게 됩니다.

우리를 먼저 사랑하셔서 고난과 죽음을 당하신 예수님이 연상됩니다. 그 사랑이 너무 크고 고마워 두려운 사랑(경외)으로 주님께 나아갈 수밖에 없습니다.

(요일 4:10) "사랑은 여기 있으니 우리가 하나님을 사랑한 것이 아니요 하나님이 우리를 사랑하사 우리 죄를 속하기 위하여 화목 제물로 그 아들을 보내셨음이라"

♦ 욥기 42장 성경칼럼

5절 | 내가 주께 대하여 귀로 듣기만 하였사오나 이제는 눈으로 주를 뵈옵나이다
10절 | 욥이 그의 친구들을 위하여 기도할 때 여호와께서 욥의 곤경을 돌이키시고 여호와께서 욥에게 이전 모든 소유보다 갑절이나 주신지라

"내민 내 손을 그대가 잡았을 때 사랑은 시작되었다"

어느 시구인데 손잡은 작은 한 동작이 거대한 다음으로 확대될 수 있다는 의미입니다. 인생에서 의미 있는 일은 반드시 연결되는 무엇이 있습니다. 나쁜 후유증이 있고 좋은 축복이 되기도 합니다. 욥기에서 41장까지의 대 주제는 고난의 신비 속에 드리워진 인간(욥)의 회개라고 볼 수 있습니다. 하나님과의 대면과 말씀을 통하여 인간의 나약함과 교만을 깨달은 욥이 이제 진정한 회개를 하고 있습니다. 자신의 미천함을 자각하고 무지한 말을 한 것과 하나님께 교만했던 것을 고백하고 있습니다(1-4절).

남들에게 의인이라 칭함을 받았지만 하나님을 향하여서는 어린아이같이 귀로만 듣는 차원이었음을 자백합니다. 이제 깨달음의 단계와 하나님을 만나는 곳에까지 이름에 감사하고 있습니다(5절). 이 회개가 진실이었음을 확증하는 모습이 6절입니다. '스스로 거두어드린다'는 것은 자신의 모든 말과 행동을 싫어하며 거부한다는 뜻입니다. '티끌과 재 가운데 회개 한다'는 것은 슬픔과 비하를 뒤집어쓰고 자신을 먼지보다 못하게 생각하는 뉘우침을 말합니다. 인생에서 가장 하기 어렵고 큰일인 진정한 회개의 다음은 어떤 일이 일어났을까요?

첫째, 하나님과의 온전한 관계로 들어가게 됩니다. 회의적인 희미한 음성이 아닌 믿음의 눈으로 하나님을 볼 수 있는 축복입니다. 둘째, 친구로 시작했다가 원수의 수준까지 간 논쟁자 세 친구와의 관계회복입니다. 이는 인간적인 감정을 가지고는 불가능한 일이지만 하나님의 중재와 명령으로 순종하게 됩니다(7-9절). 예수님께서도 기도의 결과는 형제와의 화해임을 말씀하십니다(마 5:13-15). 셋째, 이전보다 갑절의 축복이 주어진 것입니다(10절). 물질적 축복은 구약에서 하나님의 축복의 상징이며 보너스의 성격을 가지고 있습니다. 이미 아브라함은 축복의 근원이고 솔로몬은 최고의 지혜를 받았기에 보이는 축복은 보너스가 된다는 원리입니다.

넷째, 욥은 가정적 축복으로 가정이 회복되고 10명의 새 자녀를 얻고 건강의 표인 장수의 복을 받게 됩니다(11-15절). 그 풍성함이 얼마나 큰지 딸에게도 기업이 돌아가고 4대의 후손을 보게 합니다(16-17절). 이 모든 욥의 회복과 영광으로 하나님은 선하시며 은총이 한이 없다는 것이 증명되었습니다. 욥기를 만남으로 하나님의 깊은 섭리의 비밀에 접근한 우리는 능력 있는 행복자입니다.

부록

경건 생활과 영적 열매를 위한 도구(tool)

1. 목적

그리스도인으로서 경건생활에 몸부림친 분들이 많을 것입니다. 열정과 성실을 위한 도구로서 3가지를 만들었습니다. 제자훈련을 할 때 사용한 것입니다. 우등생은 20-30% 정도 되지만 성장과 성숙에 도움을 주는 것은 분명합니다. 사정에 맞게 편집해서 사용하셔도 좋습니다. 각 도구를 매월 한 장씩 사용하도록 되어 있어 실천에 미흡하더라도 새 달에 다시 도전할 수 있는 장점이 있습니다. 멘토와 멘티 관계를 맺거나 영적 교제 권을 형성해서 사용하면 더욱 효과를 볼 수 있습니다.

2. 사용법

① 개인 경건 Ten-step 점검표

학습과 성숙과 실천의 항목을 10가지 단계로 일기처럼 점검하는 것입니다. 다 채우기보다 매일 영적 감각을 위해 씨름한다고 생각하고 시작하면 됩니다. 매월 도전하면서 성숙의 사이클을 높여가면 좋겠습니다.

② 나의 기도세계

은혜의 방편인 기도를 온전하고 규칙적으로 할 수 있는 도구입니다. 기도의 대상과 기도의 내용을 확실히 하여 기도할 수 있습니다. 매일 체크하며 기도하고 1개월 단위로 새로운 전환이 가능합니다. 기도의 응답을 확인함으로 주님과의 깊은 영적 관계를 체험하게 됩니다.

③ 3015 구령운동

신앙생활의 면류관인 전도를 능력 있게 하는 도구입니다. 30은 1달을 의미하고 15는 전도의 실행을 말합니다. 한 달 동안 전도대상자 1명을 향하여 기도하고 전도하는 것입니다. 2명이면 2장을 사용하면 됩니다. 매월의 결과를 보고 다음 달로 연장해 나가면 됩니다.

3. 부언

도구를 만들기 어려운 분은 저자에게 e-메일을 보내 신청하시면 파일로 보내 드리겠습니다.

e-mail : kmj-0245@hanmail.net

202 년 월 성명 :

개인경건 Ten-Steps 점검표

이라 너희 안에서 착한 일을 시작하신 이가 그리스도 예수의 날까지 이루실 줄을 우리는 확신하노라" (빌 1:5-6)

Step / 일자(요일)		학 습			실 천				성 숙		
		①성경읽기 (시간,내용)	②기도,찬양 (시간,장소)	③예배,모임	④교제 (양육,상담)	⑤복음전도	⑥봉사.헌신	⑦생업성실도 (최선,평범,미흡)	⑧희생,인내	⑨약속,신뢰	⑩비전,확인
1											
2											
3											
4											
5											
6											
7											
8											
9											
10											
11											
12											
13											
14											
15											
16											
17											
18											
19											
20											
21											
22											
23											
24											
25											
26											
27											
28											
29											
30											
31											

♦ 나의 비전 ♦

♦ 나의 기도 ♦

♦ 나의 태신자 ♦

♦ HELPER 평가 ♦

나의 기도세계

"우리 가운데서 역사하시는 능력대로 우리가 구하거나 생각하는 모든 것에
더 넘치도록 능히 하실 이에게 교회 안에서와 그리스도 예수 안에서
영광이 대대로 영원무궁하기를 원하노라 아멘" (엡 3:20-21)

구분	이름 or 내용	응답 내용
전도대상자		
연약한자		
사역자		
가족		
영적 목표		
육적 필요		
기타		

일	체크
1	
2	
3	
4	
5	
6	
7	
8	
9	
10	
11	
12	
13	
14	
15	
16	
17	
18	
19	
20	
21	
22	
23	
24	
25	
26	
27	
28	
29	
30	
31	

202 년 월 기도자:

3015 구령운동 (개인전도 카드)

♦ **전도자 :** 성명 (   ) 소속 (   )

♦ **태신자 :** 성명 (   ) 전화 (   )
주소 (   )

집중 기도 30번

회	월/일	기도 시간	확인
1			
2			
3			
4			
5			
6			
7			
8			
9			
10			
11			
12			
13			
14			
15			
16			
17			
18			
19			
20			
21			
22			
23			
24			
25			
26			
27			
28			
29			
30			

접촉 및 전도 15번

회	월/일	방법 (전화, 문자, 방문)	결과 (예배, 모임, 등록)
1			
2			
3			
4			
5			
6			
7			
8			
9			
10			
11			
12			
13			
14			
15			

"내가 천국 열쇠를 네게 주리니..."(마 16:19)

MEMO

성경과 함께 읽는 성경1장 칼럼 2권 (사무엘상-욥기)

1판 1쇄 발행 2023년 12월 31일

지은이 김명제

편집 이새희
마케팅 · 지원 김혜지

펴낸곳 (주)하움출판사 **펴낸이** 문현광

이메일 haum1000@naver.com **홈페이지** haum.kr
블로그 blog.naver.com/haum1000 **인스타** @haum1007

ISBN 979-11-6440-488-9 (94230)

좋은 책을 만들겠습니다.
하움출판사는 독자 여러분의 의견에 항상 귀 기울이고 있습니다.
파본은 구입처에서 교환해 드립니다.